Grenzübergreifende Raumplanung
Erfahrungen und Perspektiven der Zusammenarbeit mit den Nachbarstaaten Deutschlands

Deutsche Bibliothek - CIP-Einheitsaufnahme

Grenzübergreifende Raumplanung: Erfahrungen und Perspektiven der Zusammenarbeit mit den Nachbarstaaten Deutschlands / Akademie für Raumforschung und Landesplanung . - Hannover: ARL, 1992
    (Forschungs- und Sitzungsberichte / Akademie für Raumforschung und Landesplanung; 188)
    ISBN 3-88838-014-6
NE: Akademie für Raumforschung und Landesplanung <Hannover>:
    Forschungs- und Sitzungsberichte

Best.-Nr. 014-6
ISBN 3-88838-014-6
ISSN 0935-0780

Alle Rechte vorbehalten • Verlag der ARL • Hannover 1992
© Akademie für Raumforschung und Landesplanung
Druck: poppdruck, 3012 Langenhagen
Auslieferung
VSB-Verlagsservice Braunschweig

FORSCHUNGS- UND
SITZUNGSBERICHTE 188

Grenzübergreifende Raumplanung

Erfahrungen und Perspektiven
der Zusammenarbeit
mit den Nachbarstaaten Deutschlands

AKADEMIE FÜR RAUMFORSCHUNG UND LANDESPLANUNG

Autoren dieses Bandes

Walter Braun, Dr. agr., Dipl.-Landw., Ministerialrat, Innenministerium Baden-Württemberg, Stuttgart, Korrespondierendes Mitglied der Akademie für Raumforschung und Landesplanung

Ulrich Brösse, Dr. rer. pol., Dipl.-Wirtsch.-Ing., Univ.-Professor, RWTH Aachen, Institut für Wirtschaftswissenschaften, Ordentliches Mitglied der Akademie für Raumforschung und Landesplanung

Jens Gabbe, Dipl.-Volksw., Geschäftsführer der EUREGIO, Gronau

Hans Kistenmacher, Dr. rer. pol., Dipl.-Volksw., Univ.-Professor, Leiter des Lehr- und Forschungsgebietes Regional- und Landesplanung, Universiät Kaiserslautern, Ordentliches Mitglied der Akademie für Raumforschung und Landesplanung

Til P. Koch, Dipl.-Volksw., Ministerialrat, Ministerium für Naturschutz, Umwelt und Landesentwicklung des Landes Schleswig-Holstein, Kiel, Ordentliches Mitglied der Akademie für Raumforschung und Landesplanung

Wolfgang Maier, Dipl.-Ing., Ministerialrat, Ministerium für Bundes- und Europaangelegenheiten des Landes Baden-Württemberg, Stuttgart

Viktor Frhr. von Malchus, Dr. rer. pol., Dipl.-Volksw., Direktor des Instituts für Landes- und Stadtentwicklungsforschung des Landes Nordrhein-Westfalen, Dortmund, Ordentliches Mitglied der Akademie für Raumforschung und Landesplanung

Gunther Manthey, Dipl.-Verwaltungsw., Kommission der Europäischen Gemeinschaften, Generaldirektion XVI Regionalpolitik, Brüssel

Hans Mayer, Dr. oec. publ., Dipl.-Handelsl., Ministerialrat, Bayerische Staatskanzlei, München

Peter Moll, Dr. phil., Dipl.-Geogr., Ministerialrat, Ministerium für Umwelt des Saarlandes, Saarbrücken, Ordentliches Mitglied der Akademie für Raumforschung und Landesplanung

Günter Mudrich, Dipl.-Volksw., Hauptverwaltungsrat im Europarat, Abt. Regional- und Gemeindewesen, Grenzüberschreitende Zusammenarbeit und Raumordnung, Strasbourg, Korrespondierendes Mitglied der Akademie für Raumforschung und Landesplanung

Eckhard Reis, Dipl.-Volksw., Ministerium für Umwelt, Raumordnung und Landwirtschaft des Landes Nordrhein-Westfalen, Düsseldorf

Karl Ruppert, Dr. rer. nat., o. Univ.-Professor, Institutsvorstand, Universität München, Institut für Wirtschaftsgeographie, Ordentliches Mitglied der Akademie für Raumforschung und Landesplanung

Niko Verspohl, Dr., Dipl.-Ing., Ltd. Regierungsdirektor, Dezernatsleiter für Raumordnung und Landesentwicklung, Bezirksregierung Weser-Ems, Oldenburg

INHALTSVERZEICHNIS

Viktor Frhr. von Malchus
Dortmund

I. Staatsgrenzen überschreitende Raumordnung und Landesplanung als Aufgabe und Verpflichtung für die Europäische Integration ... 1

II. Kurzberichte über europäische Ziele, Aufgaben und Instrumente grenzüberschreitender Zusammenarbeit ... 9

Günter Mudrich
Strasbourg

1. Grenzüberschreitende Zusammenarbeit im Europarat ... 9

Gunther Manthey
Brüssel

2. Möglichkeiten der gemeinschaftlichen Regionalpolitik für die Entwicklung der Grenzregionen: Die INTERREG-Initiative und andere begleitende Maßnahmen ... 31

Viktor Frhr. von Malchus
Dortmund

3. Raumordnerische Zusammenarbeit der Bundesrepublik Deutschland mit dem benachbarten Ausland ... 45

III. Raumordnungspolitische Zusammenarbeit mit dem benachbarten Ausland der Bundesrepublik Deutschland ... 50

Til P. Koch
Kiel

1. Raumordnung im deutsch-dänischen Grenzraum ... 50

Niko Verspohl
Oldenburg

2. Niedersachsen/Niederlande - Unterkommission Nord der Deutsch-Niederländischen Raumordnungskommission ... 57

Eckhard Reis
Düsseldorf

3. Nordrhein-Westfalen / Niederlande Unterkommission Süd der Deutsch-Niederländischen Raumordnungskommission ... 74

Ulrich Brösse
Aachen

4. Deutsch-belgischer Grenzraum Institutionen, Probleme und Stand des Erreichten ... 87

Peter Moll
Saarbrücken

5. Stand und Probleme der grenzüberschreitenden Zusammenarbeit im Raum Saarland/Lothringen/Luxemburg/Westliches Rheinland-Pfalz ... 101

Hans Kistenmacher Kaiserslautern Wolfgang Maier Stuttgart	6.	Grenzüberschreitende Zusammenarbeit bei der Raumplanung am Oberrhein zwischen Baden-Württemberg, Rheinland-Pfalz, Elsaß sowie Basel-Stadt und -Landschaft 122
Walter Braun Wolfgang Maier Stuttgart	7.	Stand und Probleme der Planung im Hochrheingebiet 139
Hans Mayer Karl Ruppert München	8.	Der deutsch-österreichische Grenzraum - Raumfunktionale Verflechtungen und grenzüberschreitende Zusammenarbeit 144
Hans Mayer Karl Ruppert München	9.	Grenzüberschreitende Zusammenarbeit zwischen der Bundesrepublik Deutschland bzw. Bayern und der Tschechischen und Slowakischen Föderativen Republik 154
Viktor Frhr. von Malchus Dortmund	10.	Deutsch-polnische grenzübergreifende Zusammenarbeit Erste Überlegungen und Folgerungen 160
	IV.	*Kommunale grenzüberschreitende Zusammenarbeit* 174
Jens Gabbe Gronau	1.	Institutionelle Aspekte der grenzüberschreitenden Zusammenarbeit 174
Jens Gabbe Gronau	2.	EUREGIO - Regionale grenzüberschreitende Zusammenarbeit an der Basis 187
Viktor Frhr. von Malchus Dortmund	V.	*Empfehlungen für die künftige grenzübergreifende Zusammenarbeit auf dem Gebiet der Raumplanung an den deutschen Staatsgrenzen* 209

Gliederung

I.   Staatsgrenzen überschreitende Raumordnung und Landesplanung als Aufgabe und Verpflichtung für die Europäische Integration

Viktor Frhr. von Malchus
1.	Politische und rechtliche Grundlagen der grenzüberschreitenden Zusammenarbeit	1
2.	Zur Bedeutung der neuen europäischen Diemensionen für die grenzüberschreitende Zusammenarbeit	3
3.	Aufgaben und Ebenen grenzüberschreitender Zusammenarbeit auf dem Gebiet der Raumplanung	5
4.	Arbeitsinhalte und Arbeitsplanung des Arbeitskreises "Staatsgrenzenübergreifende Raumplanung"	7
Anmerkungen		8

II.   Kurzberichte über europäische Ziele, Aufgaben und Instrumente grenzüberschreitender Zusammenarbeit

Günter Mudrich
1.	Grenzüberschreitende Zusammenarbeit im Europarat	9
1.1	Grenzüberschreitende Zusammenarbeit - ein europäisches Anliegen	9
1.1.1	Bedeutende Ziele	9
1.1.2	Die Anfänge	9
1.1.3	Konkretisierungen in der grenzüberschreitenden Zusammenarbeit	10
1.1.4	Problemanalyse der Grenzregionen	10
1.2	Entwicklung eines zwischenstaatlichen Arbeitsprogrammes	13
1.2.1	Der Ad-hoc-Ausschuß für grenzüberschreitende Zusammenarbeit	13
1.2.2	Expertenausschuß für grenzüberschreitende Zusammenarbeit	13
1.3	Die Schaffung von Strukturen zur Unterstützung der Grenzregionen	14
1.4	Erarbeitung eines juristischen Instruments: Das europäische Rahmenübereinkommen über die grenzüberschreitende Zusammenarbeit zwischen Gebietskörperschaften	14
1.5	Die Fachministerkonferenz für Raumordnung	16
1.6	Ein Sonderprojekt - der Eurodistrikt	19
1.7	Ein ungelöstes Problem - die Grenzpendler	20
1.8	Neuere Entwicklungen: Außenpolitik der Regionen	20
1.9	Abschließende Bemerkungen	21
Anhang		22
Literatur		27

Gunther Manthey
2.	Möglichkeiten der gemeinschaftlichen Regionalpolitik für die Entwicklung der Grenzregionen: Die INTERREG-Initiative und andere begleitende Maßnahmen	31

2.1	Die Förderung der grenzübergreifenden Zusammenarbeit durch die Kommission: Entwicklung und Ausblick	31
2.2	Jetzige und zu erwartende Probleme der Grenzgebiete	31
2.2.1	Derzeitige Probleme der Grenzgebiete	31
2.2.2	Die Grenzgebiete und der einheitliche Binnenmarkt	32
2.3	"INTERREG" - Eine Gemeinschaftsinitiative für die Grenzgebiete	33
2.3.1	Zu den Zielen von INTERREG	33
2.3.2	Mittelausstattung von INTERREG	34
2.3.3	Zuständigkeiten	34
2.3.4	Förderungswürdige Maßnahmen	34
2.3.5	Gemeinsame Durchführung von Maßnahmen	35
2.4	Geplante Begleitmaßnahmen	36
2.4.1	Das "LACE"-Projekt, ein "Observatorium für grenzüberschreitende Zusammenarbeit"	36
2.4.2	Förderung grenzüberschreitender Informationsprojekte der Gewerkschaften und der Industrie- und Handelskammern durch die EG	36
Anmerkungen		37
Anhang		38

Viktor Frhr. von Malchus

3.	Raumordnerische Zusammenarbeit der Bundesrepublik Deutschland mit dem benachbarten Ausland	45
3.1	Politischer Ansatz	45
3.2	Rechtliche Grundlagen	45
3.3	Berichterstattung über die raumordnerische "Internationale Zusammenarbeit"	46
3.4	Zusammengefaßte, neuere Ergebnisse der raumordnungspolitischen Zusammenarbeit mit dem benachbarten Ausland	47
3.5	Vorschläge zur Intensivierung der grenzüberschreitenden Zusammenarbeit	48
Anmerkungen		49

III. Raumordnungspolitische Zusammenarbeit mit dem benachbarten Ausland der Bundesrepublik Deutschland

Til P. Koch

1.	Raumordnung im deutsch-dänischen Grenzraum	50
1.1	Informelle Zusammenarbeit als Grundlage	50
1.2	Grenzüberschreitendes Entwicklungsprogramm	51
1.3	Geographische Voraussetzungen in der Grenzregion	52
1.4	Verflechtungen und Verkehrsbeziehungen im Grenzraum	52
1.5	Wissenschaftliche Untersuchungen im Grenzraum	54
1.6	Tendenzen der weiteren Entwicklung	55
1.7	Deutsch-dänische Kontakte über den Fehmarnbelt	55
Anmerkungen		56

Niko Verspohl

2.	Niedersachsen/Niederlande - Unterkommission Nord der Deutsch-Niederländischen Raumordnungskommission	57
2.1	Deutsch-Niederländische Raumordnungskommission - Einführung	57
2.2	Niedersachsen/Niederlande - Unterkommission Nord der Deutsch-Niederländischen Raumordnungskommission -	58
2.2.1	Rechtliche und organisatorische Grundlagen	58
2.2.1.1	Zwischenstaatliche Rechtsgrundlagen	58
2.2.1.2	Rechtliche Besonderheiten im Ems-Dollart-Ästuar	59
2.2.1.3	Nationale verwaltungsrechtliche Grundlagen	59
2.2.1.4	Organisation der grenzüberschreitenden Zusammenarbeit	60
2.2.2	Raumstruktur und grenzüberschreitende Verflechtungen	61
2.2.3	Probleme der grenzüberschreitenden Zusammenarbeit	62
2.2.3.1	Räumliche Probleme	62
2.2.3.2	Verfahrensrechtliche Probleme	63
2.2.3.3	Probleme der Planungsgrundlagen	64
2.2.3.4	Probleme des Informationsaustausches zwischen den verschiedenen grenzüberschreitenden Kontaktebenen	64
2.2.4	Wichtige Inhalte und Ergebnisse der bisherigen Zusammenarbeit	65
2.2.5	Perspektiven	66
Anmerkungen		67
Anhang		68

Eckhard Reis

3.	Nordrhein-Westfalen / Niederlande - Unterkommission Süd der Deutsch-Niederländischen Raumordnungskommission	74
3.1	Rechtliche Grundlagen	74
3.2	Ziele und Instrumente der grenzüberschreitenden Zusammenarbeit in der Deutsch-Niederländischen Raumordnungskommission/Unterkommission Süd	76
3.2.1	Übergeordnete Ziele	76
3.2.2	Unterkommissionen	76
3.2.2.1	Raumstruktur der Unterkommission Süd	76
3.2.3	Wichtige Ergebnisse der bisherigen grenzüberschreitenden Zusammenarbeit in der DNRK/UK Süd	78
3.2.3.1	Empfehlung der Deutsch-Niederländischen Raumordnungskommission zum Verfahren zur grenzüberschreitenden Information und Abstimmung von Planungen der Raumordnung und Landesplanung im deutsch-niederländischen Grenzgebiet vom 26.4.1979	78
3.2.3.2	Empfehlung der DNRK für die grenzüberschreitende Information und Abstimmung der Bauleitplanung der Gemeinden im deutsch-niederländischen Grenzgebiet vom 3.9.1980	79
3.2.4	Empfehlungen der UK Süd zu raumbedeutsamen Planungen und Maßnahmen	80
3.3	Aktuelle Fragen und Probleme der grenzüberschreitenden Zusammenarbeit in der UK Süd	80
3.3.1	Strukturprobleme	80
3.3.2	Aktuelle inhaltliche Fragen und Probleme in der UK Süd	81

3.4	Perspektiven der grenzüberschreitenden Zusammenarbeit in der UK Süd	82
Anmerkungen		84

Ulrich Brösse

4.	Deutsch-belgischer Grenzraum Institutionen, Probleme und Stand des Erreichten	87
4.1	Einführung und Problemstellung	87
4.2	Die speziell mit dem deutsch-belgischen Grenzraum befaßten Institutionen	87
4.3	Probleme der deutsch-belgischen Grenzregion	91
4.3.1	Probleme im Bereich der Raumplanung	91
4.3.2	Umweltprobleme	91
4.3.3	Wirtschaftliche und soziale Probleme	91
4.3.4	Probleme im Bereich der Infrastruktur	93
4.4	Stand des Erreichten, Ausblick und Kritik	93
Literatur		95
Anmerkungen		98

Peter Moll

5.	Stand und Probleme der grenzüberschreitenden Zusammenarbeit im Raum Saarland/Lothringen/Luxemburg/Westliches Rheinland-Pfalz	101
5.1	Grundlagen der grenzüberschreitenden Zusammenarbeit	101
5.1.1	Formalisierte Zusammenarbeit	101
5.1.1.1	Staatlich-regionale Ebene	101
5.1.1.2	Kommunale Ebene	103
5.1.2	Andere Formen der Zusammenarbeit	104
5.1.2.1	Kammern	104
5.1.2.2	Parlamente	105
5.2	Raumstrukturelle Verhältnisse	105
5.2.1	Grenzzonen	105
5.2.2	Siedlungsstruktur und Bevölkerungsverteilung	107
5.2.3	Strukturräumliche Gliederung	109
5.2.3.1	Ländliche Räume	109
5.2.3.2	Ordnungs-/Verdichtungsräume	109
5.3	Grenzüberschreitende Verflechtungen	110
5.3.1	Arbeits-, Einkaufs- und Freizeitbeziehungen	110
5.3.2	Verkehrsbeziehungen	111
5.4	Inhalte und Ergebnisse der grenzüberschreitenden Abstimmung	111
5.4.1	Kommissionsarbeit	111
5.4.2	Förderprogramme	113
5.5	Probleme der Zusammenarbeit	113
5.5.1	Recht und Verwaltung	113
5.5.2	Räumliche Schwerpunktbildung	114
5.6	Entwicklungstendenzen und Perspektiven	114
Literatur		117
Anhang		117

Hans Kistenmacher / Wolfgang Maier

6.	Grenzüberschreitende Zusammenarbeit bei der Raumplanung am Oberrhein zwischen Baden-Württemberg, Rheinland-Pfalz, Elsaß sowie Basel-Stadt und -Landschaft	122
6.1	Einleitung: Raumstruktur des Oberrheingebietes	122
6.2	Deutsch-Französisch-Schweizerische Regierungskommission	124
6.2.1	Mandatsgebiet und Arbeitsstruktur der Regierungskommission	124
6.2.2	Zusammensetzung der Regierungskommission	124
6.2.3	Zusammensetzung der Regionalausschüsse	126
6.2.4	Kompetenzen	127
6.2.5	Arbeitsergebnisse und deren Umsetzung	127
6.2.6	Aufgabenschwerpunkte der Arbeitsgruppen	128
6.2.7	Vorschläge der Arbeitsgruppe "Bilanz und Perspektiven" zur Verbesserung der grenzüberschreitenden Zusammenarbeit	130
6.3	Drei-Länder-Symposien, Drei-Länder-Kongresse	131
6.4	Weitere Kooperationsformen am Oberrhein	131
6.4.1	Konferenz Oberrheinischer Regionalplaner	132
6.4.2	"Konferenz Kleiner Oberrhein"	132
6.4.3	Arbeitsgemeinschaft der Gewählten	133
6.4.4	Teilräumliche Kooperationsformen	133
6.5	Grenzüberschreitende Entwicklungskonzepte	134
6.6	Zusammenfassung und Bewertung	135
Literatur		135
Anmerkungen		136
Anhang		

Walter Braun / Wolfgang Maier

7.	Stand und Probleme der Planung im Hochrheingebiet	139
7.1	Einleitung	139
7.2	Deutsch-schweizerische Raumordnungskommission	139
7.2.1	Gründung	139
7.2.2	Zusammensetzung, räumliche Zuständigkeit, Arbeitsweise	140
7.2.3	Arbeitsergebnisse	140
7.2.4	Laufende Arbeiten	141
7.2.5	Orientierungen	142
7.2.6	Arbeitsweise	142
7.3	Weitere Institutionen	142
7.4	Ausblick	143

Hans Mayer / Karl Ruppert

8.	Der deutsch-österreichische Grenzraum - Raumfunktionale Verflechtungen und grenzüberschreitende Zusammenarbeit	144
8.1	Raumfunktionale Verflechtungen	144
8.2	Grenzräume deutscher Behörden	147
8.3	Grenzüberschreitende Zusammenarbeit	148
8.3.1	Deutsch-österreichische Raumordnungskommission	148
8.3.2	Grenzüberschreitende Zusammenarbeit Bayerns mit österreichischen Ländern	148

8.3.2.1	Bilaterale Zusammenarbeit	149
8.3.2.2	Multilaterale Zusammenarbeit	149

Hans Mayer / Karl Ruppert

9.	Grenzüberschreitende Zusammenarbeit zwischen der Bundesrepublik Deutschland bzw. Bayern und der Tschechischen und Slowakischen Föderativen Republik	154
9.1	Rechtliche Grundlagen	154
9.2	Institutionalisierte Zusammenarbeit zwischen der Bundesrepublik Deutschland und der Tschechischen und Slowakischen Föderativen Republik	154
9.2.1	Treffen der Grenzbevollmächtigten	154
9.2.2	Treffen der Bevollmächtigten der Bundesrepublik Deutschland und der CSFR für die Grenzgewässer	155
9..2.3	Bayerisch-Tschechische Arbeitsgruppe	155
9.2.4	Treffen von Umweltexperten	155
9.2.5	Treffen von Verkehrsexperten	156
9.2.6	Arbeitsgemeinschaft Donauländer	156
9.2.7	Gründung einer deutsch-tschechoslowakischen Raumordnungskommission	156
9.3	Entwicklungstendenzen	156
Literatur		159

Viktor Frhr. von Malchus

10.	Deutsch-polnische grenzübergreifende Zusammenarbeit Erste Überlegungen und Folgerungen	160
10.1	Vertragliche Grundlagen für die grenzübergreifende Zusammenarbeit	160
10.2	Über die bisherige grenzüberschreitende Zusammenarbeit zwischen der DDR und der Volksrepublik Polen	164
10.3	Zur Struktur der Grenzgebiete der Länder Mecklenburg-Vorpommern, Brandenburg und Sachsen	165
10.4	Wichtige vordringliche Aufgabenbereiche der grenzüberschreitenden Zusammenarbeit	166
10.5	Förderung der grenzüberschreitenden Zusammenarbeit durch wissenschaftliche Forschung	171
Anmerkungen		172

IV.	*Kommunale grenzüberschreitende Zusammenarbeit*	

Jens Gabbe

1.	Institutionelle Aspekte der grenzüberschreitenden Zusammenarbeit	174
1.1	Einleitung	174
1.2	Probleme in den Grenzregionen	177
2.	Beispiele aus der Praxis	178
2.1	Zusammenarbeit auf regionaler Ebene	179
2.2	Nationale Rahmenbedingungen	180
3.	Europäische Entwicklungen	181
4.	Empfehlungen	184

Jens Gabbe
2.	EUREGIO - Regionale grenzüberschreitende Zusammenarbeit an der Basis	187
2.1	Name, Arbeitsgebiet, Bevölkerung und Wirtschaftsstruktur	187
2.2	Grenzüberschreitende Organisation	190
2.3	Grenzüberschreitende Strategie	195
2.4	Bisherige Ergebnisse der EUREGIO-Arbeit	196
2.5	Schlußfolgerungen	201
Anhang		203

V.	*Empfehlungen für die künftige grenzübergreifende Zusammenarbeit auf dem Gebiet der Raumplanung an den deutschen Staatsgrenzen*	

Viktor Frhr. von Malchus
1.	Neuer Stellenwert der grenzübergreifenden Zusammenarbeit	209
2.	Empfehlungen an den Europarat	210
2.1	Parlamentarische Versammlung	210
2.2	Europäische Raumordnungsministerkonferenz	211
3.	Empfehlungen an die Europäischen Gemeinschaften	211
3.1	Europäisches Parlament	211
3.2	EG-Kommission	212
3.2.1	Regionalpolitik	212
3.2.2	Raumordnungspolitik	213
4.	Empfehlungen an die Bundes- und Länderregierungen der Bundesrepublik Deutschland	214
4.1	Verbesserung der rechtlichen Grundlagen	214
4.2	Schaffung institutioneller Voraussetzungen	216
4.3	Grenzübergreifende Raumplanung	217
4.4	Grenzübergreifende Regionalpolitik	219
4.5	Verfahren zur Intensivierung der grenzübergreifenden Zusammenarbeit	220
5.	Empfehlungen für die Gebietskörperschaften	221
5.1	Grenzübergreifende Kooperation - ein Gebot der Stunde	221
5.2	Schaffung neuer rechtlicher Grundlagen zur Verbesserung der grenzübergreifenden Zusammenarbeit der Kreise und Gemeinden	221
5.3	Verbesserung der institutionellen Voraussetzungen	222
5.4	Förderung und Ausbau der grenzübergreifenden Zusammenarbeit	223
Anmerkungen		225
Anhang		226

Viktor Frhr. von Malchus

I. Staatsgrenzen überschreitende Raumordnung und Landesplanung als Aufgabe und Verpflichtung für die Europäische Integration

1. Politische und rechtliche Grundlagen der grenzüberschreitenden Zusammenarbeit

Die staatsgrenzenübergreifende Zusammenarbeit auf dem Gebiet der Raumordnung hat in der Bundesrepublik Deutschland bereits Tradition. Seit vielen Jahren wird auf der Grundlage des Raumordnungsgesetzes und der Landesplanungsgesetze Raumordnung und Landesplanung über die Staatsgrenzen hinweg - allerdings mit unterschiedlicher Intensität - betrieben.

Seit Beginn der 60er Jahre, also seit fast 30 Jahren, sind die Fragen der grenzüberschreitenden Raumplanung in den Grenzgebieten der Bundesrepublik Deutschland immer mehr in den Vordergrund der raumplanerischen Diskussion getreten[1]). Politikern, Planungspraktikern und Wissenschaftlern wurde zunehmend deutlich, daß im Rahmen der europäischen Integration eine großräumige grenzüberschreitende Zusammenarbeit anzustreben ist, der Rahmenkonzepte für eine erstrebenswerte räumliche Entwicklung zugrunde gelegt werden sollten.

In den "Programmatischen Schwerpunkten der Raumordnung" vom 1. Februar 1985, in der dazu abgegebenen Stellungnahme des zuständigen Ausschusses des Deutschen Bundestages vom 15.10.1985 (Bundestagsdrucksache 10/4012), in der 7. Europäischen Raumordnungsministerkonferenz des Europarates vom 23. Oktober 1985, in der Europäischen Raumordnungscharta von 1983, im Entwurf eines Vertrages zur Gründung einer Europäischen Union von 1984, in Empfehlungen der Europäischen Gemeindekonferenz des Europarates der letzten Jahre, in neuesten Empfehlungen des Europäischen Parlaments vom Oktober 1990, auf den Konferenzen Europäischer Grenzregionen des Europarates von 1972 bis 1991, auf den Kongressen der Arbeitsgemeinschaft Europäischer Grenzregionen 1987, 1988, 1989 und 1990 ist der Lösung der Probleme der grenzüberschreitenden Zusammenarbeit ein hoher Stellenwert eingeräumt worden. Auch die Bundesregierung hat sich in ihrer Antwort auf die Kleine Anfrage des Abgeordneten Dr. Osswald und der Fraktion der SPD "Grenzüberschreitende Zusammenarbeit" am 26.01.1990 für eine Unterstützung der grenzüberschreitenden Beziehungen ausgesprochen[2]).

In der Beschlußempfehlung des Ausschusses für Raumordnung, Bauwesen und Städtebau des Deutschen Bundestages hatte einer von sechs Punkten folgenden Wortlaut: "Der Deutsche Bundestag bittet die Bundesregierung, auch ihre Bemühungen um die Förderung der grenzüberschreitenden Zusammenarbeit in Europa, insbesondere im Umwelt- und Verkehrsbereich, fortzusetzen" (Bundestagsdrucksache 10/4012, S. 3). In Fortführung ihrer bisherigen Bemühungen haben alle an Staatsgrenzen liegenden alten Bundesländer der Bundesrepublik Deutschland ihre Bemühungen um eine Verbesserung und Intensivierung der grenzüberschreitenden Zusammenarbeit weiter ausgebaut, wie dies aus dem Raumordnungsbericht 1990 deutlich hervorgeht[3]).

Mit dem Inkrafttreten der "Einheitlichen Europäischen Akte" vom 1. Juli 1987, der ersten großen Revision der Römischen Verträge, haben sich die Mitgliedstaaten der Europäischen Gemeinschaft verpflichtet, den vollkommenen Binnenmarkt bis Ende 1992 schrittweise zu verwirklichen[4]). Nach Art. 8 a EWGV soll mit dem Europäischen Binnenmarkt ein "Raum ohne Binnengrenzen" geschaffen werden. Die Vollendung des Binnenmarktes ist eine wichtige Etappe auf dem Weg zu einer Europäischen Union, über die das Europäische Parlament in Teilbereichen voraussichtlich in ihrer Legislaturperiode 1989 bis 1993 debattieren und die sie womöglich bis zum Jahre 2000 vorsehen wird. Über diese Beschlüsse muß dann der Rat entscheiden, und er wird dies nach dem Stand der derzeitigen Überlegungen voraussichtlich bis zum Jahre 2000 tun.

Die Binnenmarktintegration erfordert eine wirtschaftspolitische Flankierung durch eine intensive regionalpolitische und grenzüberschreitende Intervention und Kooperation im Binnenmarkt und eine offene Handelspolitik nach außen. Die wirtschaftspolitische Kooperation muß auf der Grundlage föderativer Tradition verbindlich gestaltet, die Kooperation der Wirtschafts-, Umwelt-, Finanz- und Währungspolitik verstärkt, die wirtschaftlichen und sozialen Unterschiede zwischen den Mitgliedsländern und ihren Regionen müssen durch eine aktive Regional- und Sozialpolitik vermindert werden; und den wettbewerbsschädlichen Subventionen sowie wettbewerbsschädlichen Unternehmungspolitiken muß durch eine intensive Wettbewerbspolitik entgegengewirkt werden. Zur Binnenmarktintegration gehört auch eine offene Handelspolitik nach außen, die durch eine gemeinsame, stärkere Außenpolitik der EG-Mitgliedstaaten unterstützt werden muß. Ziel der EG sollte deshalb nach wie vor eine Stärkung des offenen multilateralen Handelssystems sein, durch die die internationale Arbeitsteilung gestärkt wird. Für die grenzüberschreitenden Beziehungen in Europa gilt dies vor allem aber für die Handelsbewegungen zu den EFTA-Staaten. Hier ist auf der Grundlage eines Arbeitsprogramms der EG mit der EFTA vom 2. Februar 1988 beabsichtigt, parallel zur Vollendung des EG-Binnenmarktes Regelungen mit den anderen EFTA-Staaten in der Zukunft zu treffen, die dann zu einem großen europäischen Wirtschaftsraum führen werden. Eine derartige Beseitigung von Handelshemmnissen ist für die grenzüberschreitende Zusammenarbeit mit Drittländern, insbesondere mit der Schweiz und Österreich, besonders wichtig. Für die Zusammenarbeit in Europa bleibt auch zu hoffen, daß in nicht allzu ferner Zukunft auf dem Hintergrund der politischen und wirtschaftspolitischen Veränderungen auch entsprechende Vereinbarungen mit unseren östlichen Nachbarn möglich sein werden, die dann auch eventuell nach weiterer Öffnung der Grenzen eine räumliche grenzüberschreitende Zusammenarbeit ermöglichen.

Auf diesem Hintergrund sind auch die Bemühungen der Bundesrepublik Deutschland zu sehen, wie etwa im neuen Raumordnungsgesetz vom 19. Juli 1989, in dem sich die Bundesrepublik im § 1 (3) gemeinsam mit den Ländern zu einer Raumordnung verpflichtet, die die räumlichen Voraussetzungen für die Zusammenarbeit im europäischen Raum schafft und fördert. Nach Auffassung des Ausschusses für Raumordnung, Wohnungswesen und Städtebau des Deutschen Bundestages sind in dieser Formulierung die übergeordneten Leitvorstellungen des § 1 ROG auch zur Förderung der Grenzregionen inhaltlich enthalten. In Verbindung mit den Raumordnungsgrundsätzen des § 2 ROG für die Regionen mit zurückgebliebenen Gebieten, Verdichtungsräumen und ländlichen Räumen sind die Leitvorstellungen des § 1 ROG in ihrer unterschiedlichen Betroffenheit und im Bezug zu den verschiedenen Entwicklungs- und Handlungsfeldern voll auf die grenzüberschreitende Zusammenarbeit zu beziehen. Einer besonderen Erwähnung bestimmter Regionen, wie etwa der Grenzregionen, oder einer besonderen Herausarbeitung der Auswirkungen europäischer Entwicklungsvorschriften bedarf es deshalb im § 2 ROG nicht (Bundestagsdrucksache 11/4678, S. 13).

Auch die Landesplanungs- bzw. Landesentwicklungsprogrammgesetze der meisten Bundesländer enthalten einschlägige Bestimmungen, wonach der geographischen Lage im europäischen Raum bei der Raumplanung Rechnung zu tragen ist und die Interessen und natürlichen Gegebenheiten bei der Raumordnung und Landesplanung zu berücksichtigen sind (Art. 2 BayLplG vom 03.08.1982, GVBl S. 500). In Nordrhein-Westfalen zum Beispiel soll die Raumordnung die europäische Zusammenarbeit entsprechend der verkehrsgünstigen Lage, der Bedeutung der Bevölkerungskonzentration und der zunehmenden wirtschaftlichen Verflechtungen Nordrhein-Westfalens insbesondere im nordwesteuropäischen Raum fördern (§ 3 LEPr. vom 19. März 1974, GV. NW., S. 96 - SGV. NW. 230). Diese Formulierungen werden im § 3 vom neuen LEPr. NW 1989 vollinhaltlich übernommen[5]).

Wie all diese Hinweise auf politische Entscheidungen und auf die rechtlichen Grundlagen zeigen, ist die grenzüberschreitende Zusammenarbeit als wichtiges Anliegen von Bund und Ländern allgemein anerkannt. Im europäischen Zusammenhang kommt ihr für die künftige politische, räumliche und wirtschaftliche Integration eine besondere Bedeutung zu. Deshalb hat sich die Akademie für Raumforschung und Landesplanung (ARL) auch der Bearbeitung der staatsgrenzenübergreifenden Raumplanung angenommen. Schon in früheren Veröffentlichungen und ihren Plenartagungen 1987, 1988 und 1989 hat sie sich mit diesem Themenbereich befaßt[6]). Auf der Plenarsitzung 1991 will sie die damit zusammenhängenden Fragen weiter vertiefen.

Die Akademie für Raumforschung und Landesplanung (ARL), die selbständig und im Zusammenwirken mit ähnlichen Einrichtungen des In- und Auslandes die wissenschaftlichen Erkenntnisse auf dem Gebiet der Raumforschung fördert und sie für die Raumordnung und Landesplanung nutzbar machen will, hat deshalb 1988 den Beschluß gefaßt, die Möglichkeiten zur Verbesserung der grenzüberschreitenden Zusammenarbeit von einem Arbeitskreis untersuchen zu lassen. Dieser soll von den bestehenden grenzüberschreitenden Gegebenheiten und Problemen ausgehen und Vorschläge zur Intensivierung der grenzüberschreitenden Zusammenarbeit ausarbeiten. Auch die ARL hat 1988 noch nicht die Möglichkeiten erahnen können, die sich für die grenzüberschreitende Zusammenarbeit aus der Demokratisierung der Ostblockstaaten und dem neuen Ost-West-Verhältnis ergeben können bzw. notwendig werden (vgl. hierzu die Beiträge III. 8 und III 9).

2. **Zur Bedeutung der neuen europäischen Dimension für die grenzüberschreitende Zusammenarbeit**

In den Jahren 1989 und 1990 hat sich die europäische Dimension der grenzüberschreitenden Zusammenarbeit verändert. Die "geschlossene Grenze" an den Grenzen zu Osteuropa ist weiter nach Osten verschoben worden und hat sich darüber hinaus auch dort ein wenig geöffnet. Aus dem "Eisernen Vorhang" an der deutsch-deutschen Grenze ist zum Jahreswechsel 1989/90 zunächst eine offene Staatsgrenze zur DDR entstanden, und seit dem 3. Oktober 1990 sind durch den Beitritt aus dieser Grenze Landesgrenzen der neuen Bundesländer zu den alten Ländern der Bundesrepublik Deutschland geworden. Die deutsche Staatsgrenze im Osten ist seither die deutsch-polnische Grenze an der Oder-Neiße-Linie. Sie wurde mit dem Grenzvertrag vom 14.11.90 von Polen und Deutschland als "unverletzliche" Staatsgrenze endgültig festgelegt.

Mit diesen Veränderungen und mit den friedlichen Revolutionen und der darauf folgenden Demokratisierung in den übrigen östlichen Ländern haben sich auch völlig neue Grundlagen und Möglichkeiten für die grenzüberschreitende Zusammenarbeit im Osten ergeben. Vor allem die Zusammenarbeit mit Polen und mit der CSFR kann auf eine neue Basis gestellt werden. Hierzu sollte alsbald die Zusammenarbeit auf Regierungsebene eingeleitet werden, um bilaterale staatliche Raumordnungskommissionen zu schaffen, wie sie an fast allen Außengrenzen der Bundesrepublik Deutschland mit gutem Erfolg tätig sind (vgl. hierzu auch den Beitrag II. 3).

Darüber hinaus erscheint es aber auch wichtig und von großer Bedeutung, vor Ort, zwischen den Gemeinden, Städten und Regionen an den Staatsgrenzen, grenzüberschreitende Zusammenarbeit in all den Bereichen zu fördern, die an den südlichen und westlichen Grenzen der Bundesrepublik Deutschland zum Tagesgeschäft gehören. Der kulturellen, infrastrukturellen, wirtschaftlichen und sozialen Zusammenarbeit kommt dabei besondere Bedeutung zu, weil das Verständnis der Bevölkerung beiderseits der Grenzen füreinander wachsen, der gemeinsame Ausbau der Infrastruktur vorangetrieben und das wirtschaftliche Gefälle abgebaut werden muß.

Auch an der ehemaligen deutsch-deutschen Grenze gilt es, die Arbeit vor allem in diesen drei Bereichen voranzutreiben. Das Verständnis füreinander muß auch hier im alten Grenzgebiet wachsen. Die West-Ost-Infrastruktur, insbesondere die Verkehrs- und Kommunikationsinfrastruktur (Telefon, Telefax etc.), muß dringend wiederhergestellt und weiter ausgebaut werden.

Die harten Übergänge im wirtschaftlichen Gefälle West-Ost sollten auf der Grundlage der sogenannten "Rampentheorie" alsbald ausgeglichen werden. Dies erfordert eine schnelle regionalwirtschaftliche Entwicklung in den Grenzräumen östlich der alten Grenze zur DDR und östlich der deutsch-polnischen Grenze (als räumliche Rampen), vor allem um die Lebensverhältnisse der Bevölkerung in diesen Gebieten relativ schnell zu verbessern. Es gilt damit, vor allem größeren Wanderungsbewegungen von Ost nach West entgegenzuwirken und das Entwicklungspotential in diesen Grenzräumen durch Hilfe zur Selbsthilfe besser zu nutzen.

Darüber hinaus muß sich die Raumplanung in den neuen ostdeutschen Ländern auf allen Planungsebenen mit den gewaltigen Erfordernissen der grenzüberschreitenden Zusammenarbeit auseinandersetzen und sie im Sinne der guten Nachbarschaft und der europäischen Integration ausbauen und intensivieren.

Mit der Aufgabe der "Grenzübergreifenden Zusammenarbeit" hat sich auch die erstmals in Nantes (1989) und in Turin (1990) informell zusammengetretene Konferenz der für die Raumordnung und Regionalpolitik zuständigen Minister der EG-Mitgliedstaaten befaßt und ihr u. a. im Zusammenhang mit den räumlichen Auswirkungen des Binnenmarktes und der europäischen Integration einen hohen Stellenwert eingeräumt. Auch die EG-Kommission unterstützt zunehmend die europäischen Grenzregionen mit dem sogenannten INTERREG-Programm (vgl. Kap. II. 2) und geht auch im Strategiepapier "Europa 2000: Perspektiven der künftigen Raumordnung der Gemeinschaft" auf die Grenzregionen ein[7]). Die grenzüberschreitende Politik erhält damit für die europäische Raumordnung eine zunehmende Bedeutung.

3. Aufgaben und Ebenen grenzüberschreitender Zusammenarbeit auf dem Gebiet der Raumplanung

Viele Regionen an den innereuropäischen Staatsgrenzen leiden noch heute unter mannigfaltigen Benachteiligungen, die sich aus ihrer nationalen Randlage und aus der Nationalpolitik der europäischen Staaten ergeben haben. Diese Regionen haben sich deshalb überwiegend nicht in dem gleichen Maße entwickelt wie die übrigen Regionen innerhalb der jeweiligen Staaten. Diese Entwicklung dauert trotz zunehmender europäischer Integration an und verschärft sich sogar zum Teil. So werden sich voraussichtlich an den EG-Binnengrenzen und an den EG-Außengrenzen unterschiedliche Situationen ergeben. Es kann heute schon als gesicherte Erkenntnis gelten, daß durch die zunehmende Integration Europas viele Probleme der Grenzregionen auch an den Binnengrenzen der EG kurzfristig nicht gelöst und an den Außengrenzen sich zum Teil sogar noch kräftig verschärfen werden[8]). Einige Schwierigkeiten können sich verringern, andere, z. B. infolge von Strukturentwicklungsprozessen, neu entstehen. Auch die Situation an den Grenzen zu unseren östlichen Nachbarn kann sich mittel- und langfristig verändern und bedarf einer besonderen Aufmerksamkeit. An allen Grenzen bestehen auf dem Gebiet der räumlichen Planung zahlreiche Notwendigkeiten und Möglichkeiten zum Abbau der lagebedingten Nachteile. Diese zu analysieren und neue problemlösende Ansätze zu finden, soll eine der Aufgaben dieses neuen Arbeitskreises sein, der hiermit seine erste Teilarbeit vorlegt.

Zur grenzüberschreitenden Zusammenarbeit in Europa und in der Bundesrepublik Deutschland gibt es bereits eine Fülle von Verbesserungsvorschlägen und Empfehlungen für eine entsprechende Politik der Raumordnung und der Fachressorts. In der Regel werden diese Vorschläge an die Institutionen der verschiedenen Planungsebenen gerichtet, die sich mit Angelegenheiten der grenzüberschreitenden Zusammenarbeit befassen:

- Europäische Ebene: Europarat (ERMK), EG-Kommission (Generaldirektionen Regionalpolitik, Verkehr, Umwelt), Fachpolitiken; Aufgabe: Schaffung rechtlicher Grundlagen, Ausarbeitung europäischer Ziele und Maßnahmen, Förderung der Verbesserung der grenzüberschreitenden Zusammenarbeit, Möglichkeiten zur gezielten Förderung von Grenzregionen;

- staatliche Ebene: Raumordnungsbehörden des Bundes und der Länder; Aufgabe: Information, Konzertierung bis hin zur gemeinsamen Planung; Verbesserung der Zusammenarbeit auf der Ebene Bund und Länder, insbesondere durch bi- und trilaterale Regierungs- und Raumordnungskommissionen; Erarbeitung von Leitbildern, Modellen und konkreten Empfehlungen für die zuständigen Institutionen einschließlich von Koordinationen der Raumplanung mit den verschiedenen Fachplanungen (z. B. Nordischer Rat, ARGE ALP);

- staatlich/regionale Ebene: Regionale Raumordnungsbehörden und Kommunalverbände; Aufgabe: Konkretisierung von Rahmenzielsetzungen seitens des Bundes und der Länder, Erarbeitung konkreter Möglichkeiten grenzüberschreitender Zusammenarbeit durch die Regionalplanung; enge Zusammenarbeit auch mit den kommunal verfaßten "Regios";

- regional/kommunale Ebene: Zusammenschlüsse der Gemeinden wie etwa EUREGIO; Aufgaben: wie auf der staatlich/regionalen Ebene in Verbindung mit enger Zusammenarbeit mit den staatlichen Raumordnungsbehörden und den Gemeinden;

- kommunale Ebene: Kommunalbehörden; Aufgabe: Prüfung insbesondere der rechtlichen Möglichkeiten für die Kommunen, über die Grenzen hinweg die Zusammenarbeit mit Nachbarkommunen zu vertiefen; Erarbeitung von Hinweisen an den Gesetzgeber, wie die Möglichkeiten der "Europäischen Rahmenkonvention zur Verbesserung der grenzüberschreitenden Zusammenarbeit von Gebietskörperschaften" erweitert, realisiert und durchgeführt werden können; enge kommunale grenzüberschreitende Zusammenarbeit auf allen Ebenen, so z.B. in dem grenzübergreifenden Stadtentwicklungsprojekt Maastricht, Heerlen, Aachen, Lüttich (MHAL).

Nach den 1988/89 geleisteten Vorarbeiten des Arbeitskreises und den bisherigen Erfahrungen mit der grenzüberschreitenden Zusammenarbeit schälen sich folgende zu behandelnde Problemkreise und Aufgaben für eine Verbesserung der künftigen grenzüberschreitenden Zusammenarbeit besonders heraus:

a) Rechtliche Fragen: Anwendung der "Europäischen Rahmenkonvention zur Verbesserung der grenzüberschreitenden Zusammenarbeit von Gebietskörperschaften" des Europarates; Verankerung der grenzüberschreitenden Zusammenarbeit in Landesplanungsgesetzen bzw. in bilateralen und trilateralen Verträgen zur staatsgrenzenüberschreitenden Zusammenarbeit der Bundesländer mit den ausländischen Nachbarn; Unterschiede in den Planungssystemen, Planungsstrukturen und/oder des Planungsrechts; Unterschiede in den Verwaltungsstrukturen; Umweltverträglichkeitsprüfung (UVP);

b) Organisation: Bilaterale/trilaterale Raumordnungskommissionen - bilaterale/trilaterale Regierungskommissionen; Einbeziehung der regionalen und kommunalen Ebenen - personelle und institutionelle Besetzung der Kommissionen - Zusammenarbeit zwischen den Ebenen; Information, Konsultation, gemeinsame Planung; Zuständigkeiten; Schnittstellen zur Problembehandlung über die Grenze;

c) Berichterstattung über die grenzüberschreitende Planung in Regierungsberichten;

d) Programme und Pläne: Pläne mit Inselcharakter, die an den Grenzen aufhören, gemeinsame grenzüberschreitende Leitbilder, Programme und Pläne mit den Nachbarstaaten oder Durchsetzung gemeinsamer Raumordnungsziele auf der Grundlage von Raumordnungsskizzen in grenzüberschreitenden Aussagen der Planungsträger in den Programmen und Plänen und Erläuterungen zu den jeweiligen textlichen Darstellungen der Pläne;

e) Infrastrukturprogramme: Großräumige Verkehrsplanungen - Ausbau der Verkehrsinfrastruktur beiderseits der und über die Grenzen hinweg nach gemeinsamen Vereinbarungen; Darstellung der fachlichen Infrastrukturplanungen z.B. in den Bereichen Gesundheit, Kultur und Sport;

f) Umweltkonzepte: Abstimmung der Umweltziele beiderseits der Grenze, Aufstellung grenzüberschreitender Umweltkonzepte, losgelöst von Raumordnungsplänen oder im Rahmen gemeinsamer grenzüberschreitender Planungen - Inhalte und Methoden insbesondere zur Abfallplanung;

g) Umweltverträglichkeitsprüfungen: Inhalt, Methoden, Beteiligung der Öffentlichkeit im Zusammenhang mit grenzüberschreitenden Umweltverträglichkeitsprüfungen nach ROG und nach einem Artikelgesetz; Abstimmung und Durchführung über die Grenze im Raumordnungsverfahren - vorausschauende Projektplanung;

h) grenzüberschreitende Entwicklungs- und Handlungskonzepte (früher "grenzüberschreitende Aktionsprogramme"): Aufstellung, Inhalte, Ergebnisse, Ziele und Maßnahmen, Defizite, Umsetzung, Erfolgskontrolle und Fortschreibung der Entwicklungs- und Handlungskonzepte;

i) Kartengrundlagen und Statistik: Entwicklung und Fortschreibung gemeinsamer grenzüberschreitender Kartengrundlagen in den Maßstäben 1 : 50 000, 100 000, 250 000 und 500 000; Luftbildauswertung, - Beschaffung von Datengrundlagen auf Gemeindeebene für Strukturanalysen - EUROSTAT - grenzüberschreitende Statistik mit Definitionsklärung; Raumordnungskataster;

j) Aufstellung von Terminkalendern: Frühzeitige Festlegung von Besprechungserfordernissen bei der grenzüberschreitenden Raumplanung hinsichtlich Planungsberichte, Pläne, neuer Gesetzes- und Planungsvorhaben und Planungsmaßnahmen der Grenznachbarn, um rechtzeitige und umfassende Informationen und die entsprechenden Reaktionen zu ermöglichen;

k) Mitsprache- und Beteiligungsmöglichkeiten: Verbesserte Mitsprache- und Beteiligungsmöglichkeiten der Bevölkerung, der Nachbarn, der Fachbehörden auf allen Planungsebenen bei der grenzüberschreitenden Zusammenarbeit;

l) Sprachen- und Minderheitenprobleme;

m) Finanzierung der grenzüberschreitenden Zusammenarbeit - fehlende Finanzausstattung der Kommissionen und grenzüberschreitend tätigen Gremien;

n) Verbesserung der Möglichkeiten für grenzüberschreitenden Beamtenaustausch;

o) gemeinsame Fortbildung - Weiterbildung.

Vorschläge und Empfehlungen zur Verbesserung der grenzüberschreitenden Zusammenarbeit sollten sich soweit wie möglich an die oben geschilderten Aufgabenbereiche und Probleme anlehnen und zwecks besserer Durchsetzung der Vorschläge auf die jeweiligen Adressaten der verschiedenen Planungsebenen ausgerichtet sein.

4. Arbeitsinhalte und Arbeitsplanung des Arbeitskreises "Staatsgrenzenübergreifende Raumplanung"

Generelles Ziel des Arbeitskreises ist es, Empfehlungen zur Verbesserung der grenzüberschreitenden Raumplanung zu formulieren.

Der vorliegende Gesamtbericht über staatsgrenzenüberschreitende Zusammenarbeit der Bundesrepublik Deutschland soll dem Bundesminister für Raumordnung, Städtebau und Wohnungswesen, den Raumordnungsministern der Länder, den Regionen, den Städten und Gemeinden als Information und als Entscheidungshilfe für die praktische Politik zwecks Verbesserung der grenzübergreifenden Zusammenarbeit zur Verfügung gestellt werden.

Die Arbeit des Arbeitskreises selbst wird 1991/92 mit der Erarbeitung eines "Memorandums zur Verbesserung der Effizienz der grenzüberschreitenden Zusammenarbeit an den bundesdeutschen

Grenzen" weitergeführt werden. In diesem Memorandum sollen aktuelle Fragen grenzüberschreitender Zusammenarbeit, wie in diesem Bericht aufgezeigt, diskutiert und mit Empfehlungen für die verschiedenen Planungsebenen versehen werden. Auf der Grundlage von bereits vorliegenden Unterlagen, Berichten und den Ergebnissen der Besprechungen im Arbeitskreis "Staatsgrenzenübergreifende Raumplanung" soll dann 1991/92 das Memorandum fertiggestellt, der Akademie vorgelegt und gegebenenfalls veröffentlicht werden.

Anmerkungen

1) Malchus, V. Frhr. v.: Partnerschaft an europäischen Grenzen - Integration durch grenzüberschreitende Zusammenarbeit, Bonn 1975.

2) "Grenzüberschreitende Zusammenarbeit", Antwort der Bundesregierung auf die Kleine Anfrage des Abgeordneten Dr. Osswald u. a. Fraktion der SPD (BT-Drucksache 11/5916), BT-Drucksache 11/6322 vom 26.01.1990.

3) Raumordnungsbericht 1990, Unterrichtung des Deutschen Bundestages, 11. Wahlperiode, durch die Bundesregierung, BT-Drucksache 11/7589 vom 19.07.90, S. 197 - 199.

4) Läufer, Th. (Bearb.): EWG-Vertrag, Grundlage der Europäischen Gemeinschaft, Text des EWG-Vertrages und der ergänzenden Bestimmungen nach dem Stand vom 1. Juli 1987, hrsg. von der Bundeszentrale für Politische Bildung, Bonn 1989.

5) Minister für Umwelt, Raumordnung und Landwirtschaft des Landes Nordrhein-Westfalen (MURL): Landesentwicklungsprogramm und Landesplanungsgesetz, Düsseldorf 1989, S. 14.

6) Akademie für Raumforschung und Landesplanung (Hrsg.): Ansätze zu einer europäischen Raumordnung, Hannover 1985.

7) Kommission der Europäischen Gemeinschaft (Hrsg.): Mitteilung der Kommission an den Rat und das Europäische Parlament: "Europa 2000: Perspektiven der künftigen Raumordnung der Gemeinschaft - vorläufiger Überblick", KOM (90) endg. Brüssel, den 27. November 1990.

8) Malchus, V. Frhr. v.: Perspektiven für Regionen an den EG-Binnengrenzen, Vortrag auf der Tagung der AGEG "Europäische Integration und Regionalpolitik für die Grenzregionen" in Brixen/Südtirol am 11.10.1990, gekürzt abgedruckt in Raumforschung und Raumordnung, Heft 5 (1991).

Günter Mudrich

II. 1 Grenzüberschreitende Zusammenarbeit im Europarat

1.1 Grenzüberschreitende Zusammenarbeit - ein europäisches Anliegen

1.1.1 Bedeutende Ziele

Grenzregionen und europäische Raumordnung stehen in einer engen Wechselbeziehung. Die Notwendigkeit, grenzüberschreitende Zusammenarbeit auf dem Gebiet der Raumordnung zu entwickeln, kann als einer der Hauptgründe für die Schaffung einer europäischen Raumordnung im Europarat angesehen werden. Grenzregionen sind im Bereich der Umwelt- und Regionalentwicklung Nahtstellen und Konfliktbereiche, je nach dem von welcher Perspektive aus sie betrachtet werden.

Grenzüberschreitende Zusammenarbeit auf dem Gebiet der Raumordnung und Umweltplanung stellt ein europäisches Anliegen von höchster Wichtigkeit dar und zielt letztlich auf die Hebung des Lebensstandards und die Verbesserung der Lebensqualität der Menschen in diesen Gebieten ab. Darüber hinaus entwickelt sie die regionalpolitischen Potentiale dieser Regionen, die sowohl für das eigene wie für das Nachbarland von großer Bedeutung sein können.

Heute haben die Grenzen in Westeuropa ihre nationalstaatliche Sperrwirkung verloren. Die Strukturschwächen in diesen Regionen bestehen aber noch weiter, ebenso wie administrative und juristische Hemmnisse.

Ziel der Arbeit in Grenzregionen und für grenzüberschreitende Zusammenarbeit ist letztlich die Überwindung der Grenze, d. h. das Absenken ihrer Bedeutung zu einer Verwaltungsgrenze mit positiv stimulierender Wirkung. Daß dieses Ziel nur mit Hilfe der europäischen Institutionen zu erreichen ist, liegt auf der Hand, denn es sind diese Organisationen und Institutionen, die von der europäischen Ebene aus, oft gemeinsam mit den betroffenen Gemeinden, die Negativwirkungen der Grenze auf eine harmonische Planung immer wieder aufzeigen, die europäische Solidarität entwickeln und daraus hervorgehend regelmäßig Aufforderungen an die nationalen Behörden zu einem Aufbau und einer Intensivierung der wirtschaftlichen, kulturellen, aber auch administrativen und juristischen grenzüberschreitenden Zusammenarbeit lancieren.

1.1.2 Die Anfänge

Die Problematik der grenzüberschreitenden Zusammenarbeit wurde in den Europarat durch die Gemeindevertreter eingeführt, die schon frühzeitig die Notwendigkeit einer europäischen grenzübergreifenden Abstimmung im Bereich der Raumplanung und Regionalentwicklung erkannten. Daher gehen die ersten Überlegungen auch auf diese Ebene zurück. Sie wurden später von der Parlamentarischen Versammlung aufgegriffen und letztlich von den Vertretern der Außenminister als europäische Aufgabe anerkannt.

Die folgenden drei Texte können als Ursprung der Arbeiten des Europarates auf diesem Gebiet angesehen werden:

- 1960: Entschließung 15 (1960) der Europäischen Gemeindekonferenz über die Integration von grenzüberschreitenden Naturregionen;
- 1966: Empfehlung 470 (1966) der Beratenden Versammlung über einen Konventionsentwurf zur europäischen Zusammenarbeit der Gemeinden;
- 1974: Entschließung (74) 8 des Ministerkomitees über die Zusammenarbeit der lokalen Gebietskörperschaften in den Grenzregionen.

In diesem Text wird die grenzüberschreitende Zusammenarbeit als Mittel und Weg anerkannt, um die Benachteiligungen, unter denen die Grenzgebiete leiden, auszugleichen. Gleichzeitig wird ein Themenkatalog für die praktische Zusammenarbeit aufgestellt.

1.1.3 Konkretisierungen in der grenzüberschreitenden Zusammenarbeit

Nach der politischen Anerkennung des Problems folgte eine Vielzahl von Arbeiten, die, je nach politischer Ebene, Teilaspekte untersuchten und Lösungsansätze erarbeiteten.

Dabei muß auf die vielfältigen Arbeitsstrukturen und -ebenen des Europarates verwiesen werden, welche teilweise autonom, parallel oder komplementär arbeiten. Es sind hier die Ständige Europakonferenz der Gemeinden und Regionen aufzuführen, die Beratende bzw. Parlamentarische Versammlung, das Ministerkomitee mit seinen Expertenausschüssen sowie die verschiedenen spezialisierten Ministerkonferenzen.

Die Arbeiten des Europarates lassen sich folgendermaßen gliedern:

1.1.4 Problemanalyse der Grenzregionen

Wie es im allgemeinen ein Anliegen des Europarates ist, die gewählten Vertreter der Gemeinden und Regionen am Aufbau Europas direkt zu beteiligen, so war es auch auf dem Gebiet der grenzüberschreitenden Zusammenarbeit. Ein ständiger Dialog mit den benachteiligten Grenzregionen sollte hergestellt werden, um aus dem täglichen Leben die Probleme und Alltagsnöte kennenzulernen und einen Erfahrungsaustausch zu ermöglichen. In diesem Sinne engagierte sich besonders die Beratende Versammlung und legte im Jahr 1971 einen Bericht vor (Doc 2876), der zu der Entschließung 472 (1971) führte und die Durchführung der ersten europäischen Konferenz der Grenzregionen empfahl.

Erste Europakonferenz der Grenzregionen - Strasbourg, 29.6. - 1. Juli 1972

Diese Konferenz diente der Bestandsaufnahme und endete mit einer gemeinsamen Erklärung, in der sowohl die Ebenen wie die Methoden und Formen der Zusammenarbeit dargestellt wurden.

Zweite Europakonferenz der Grenzregionen - Innsbruck, 11. - 13. September 1975

Auf der Grundlage eines umfassenden Basisberichtes von Herrn V. von Malchus wurden die Fortschritte und Möglichkeiten der Weiterentwicklung der grenzüberschreitenden Zusammenarbeit untersucht. Die Ergebnisse gingen in den Bericht von Herrn Ahrens (Doc 3807) an die Parlamentarische Versammlung ein, der zu der Empfehlung 784 führte, in der u. a. die Erarbeitung einer Rahmenkonvention für grenzüberschreitende Zusammenarbeit gefordert wurde, eine Öffnung der Grenzkommissionen für die Beteiligung der regionalen und lokalen Vertreter sowie die Schaffung eines Informationsbüros beim Europarat.

Dritte Europaratskonferenz der Grenzregionen - Borken, 4. - 6. September 1984

Die Schlußerklärung beleuchtete den Fortschritt, der seit 1975 erzielt wurde, und nahm zu einer Reihe spezieller Probleme Stellung, so zu Raumordnung und Regionalentwicklung, Probleme der Grenzgänger, Verkehrs- und Umweltpolitik, zur kulturellen Zusammenarbeit und den alltäglichen Grenzproblemen in einem Europa der Bürger.

Vierte europäische Konferenz der Grenzregionen - Saragossa, 23. - 26. März 1987

Auf dieser Veranstaltung wurden u. a. die europäischen Grenzgebiete ermutigt, interregionale Arbeitsgemeinschaften zu bilden, die Grundsätze der europäischen Raumordnungscharta zur Anwendung zu bringen, die Zusammenarbeit zwischen Europarat und der Europäischen Gemeinschaft zur Förderung der grenzüberschreitenden Zusammenarbeit zu entwickeln und ein Europäisches Zentrum für die grenzüberschreitende Zusammenarbeit zu schaffen. In einem umfangreichen Anhang werden sodann Sonderbereiche für ein Europa der Bürger in vielfältigen Einzelanalysen abgehandelt.

Zu dem Bereich Raumordnung und Regionalpolitik wurde folgendes ausgeführt:

"Die Teilnehmer ...

- fordern die Grenzregionen auf, Aktionsprogramme aufzustellen, deren wichtigstes Ziel eine gemeinsame grenzüberschreitende Regional- und Umweltpolitik ist;

- weisen darauf hin, daß bei der Erarbeitung derartiger grenzüberschreitender Aktionsprogramme alle sozialen und beruflichen Instanzen aktiv beteiligt werden müssen, um eine tragfähige Grundlage für diese Programme zu schaffen;

- fordern die nationalen und europäischen Instanzen auf, die integrierten grenzüberschreitenden Aktionsprogramme finanziell auch in der Umsetzung bevorzugt zu fördern;

- betonen mit Nachdruck, daß die Europäische Gemeinschaft mit den grenzüberschreitenden Aktionsprogrammen nicht nur solche an den gemeinschaftlichen Binnengrenzen fördern soll, sondern auch solche, die an den Außengrenzen der Gemeinschaft liegen;

- weisen darauf hin, daß die Forderungen der 3. europäischen Konferenz der Grenzregionen in Borken weitgehend in den Empfehlungen der 7. Europäischen Raumordnungskonferenz enthalten sind, bedauern aber in diesem Zusammenhang:

  - die unzureichende Bekanntmachung und Anwendung der europäischen Raumordnungscharta;
  - das Fehlen von Vereinbarungen über gemeinsame Regierungs- und Raumordnungskommissionen in einigen Staaten;
  - die unzureichenden gemeinsamen Konsultationen über Ziele und Maßnahmen raumwirksamer Planungen;

- fordern deshalb nachdrücklich zur Verbesserung der Umwelt- und Lebensbedingungen in den Grenzgebieten:

  - die Ausarbeitung eines europäischen Raumordnungsschemas durch den Europarat mit differenzierten grenzüberschreitenden Raumordnungskonzepten;
  - die weitgehende Abstimmung vorhandener Raumordnungspläne und raumwirksamer Maßnahmen durch verstärkte Konsultationen auf allen Ebenen;
  - die Beteiligung aller auf regionaler und kommunaler Ebene politisch Verantwortlichen am grenzüberschreitenden Planungsprozeß.

Fünfte europäische Konferenz der Grenzregionen - Rovaniemi (Finnland), 18. - 21. Juni 1991

Fast zwanzig Jahre nach dem ersten europäischen Treffen der Vertreter der Grenzgebiete und der grenzüberschreitenden Organisationen wird die nächste Konferenz in Finnland, dem 23. Mitgliedsland des Europarates, abgehalten. Diese wird ganz im Lichte der neuen europäischen geopolitischen Konstellation stehen und folgende Themen behandeln:

- grenzüberschreitende Zusammenarbeit und die europäische Integration;
- neue Perspektiven der grenzüberschreitenden Zusammenarbeit auf den Gebieten der Kontrolle der Umweltverschmutzung und des Landschaftsschutzes;
- Grenzgänger und ihre Alltagsprobleme;
- 10 Jahre europäische Rahmenkonvention für grenzüberschreitende Zusammenarbeit - Ergebnisse und Perspektiven.

Die periodischen Treffen im Rahmen der europäischen Konferenzen ermöglichen es den politischen, administrativen und wissenschaftlich arbeitenden Vertretern dieser spezifischen Regionen, Informationen und Erfahrungen auszutauschen, Problemgebiete aufzuzeigen und Empfehlungen mit Lösungsvorschlägen an die europäischen Institutionen zu richten. In diesem Rahmen hat sich in der Vergangenheit eine starke Solidarität entwickeln können, die sich in einem immer enger werdenden Zusammenschluß innerhalb einer gemeinsamen europäischen Interessenvertretung auf europäischer Ebene manifestiert, und dies mit seinen Auswirkungen sowohl auf die gouvernementale wie auf die nicht-gouvernementale Ebene.

1.2 Entwicklung eines zwischenstaatlichen Arbeitsprogrammes

1.2.1 Der Ad-hoc-Ausschuß für grenzüberschreitende Zusammenarbeit

Das Ministerkomitee des Europarates schuf 1987 einen Ad-hoc-Ausschuß für grenzüberschreitende Zusammenarbeit (CAHCT), in dem Regierungsvertreter und Beobachter der europäischen Grenzregionen folgende Arbeiten durchführten:

- Untersuchungen über die Formen der grenzüberschreitenden Zusammenarbeit sowohl auf zwischenstaatlicher wie auf privatrechtlicher Ebene;
- Sammlung und Darstellung der existierenden Kommissionen und Organisationen für grenzüberschreitende Zusammenarbeit sowie die Analyse der juristischen Bedeutung ihrer Arbeiten;
- Analyse der Mechanismen für die Anwendung der Europäischen Rahmenkonvention für grenzüberschreitende Zusammenarbeit;
- Ausarbeitung von zusätzlichen Modellabkommen für die Rahmenkonvention.

In diesem Zusammenhang wurden folgende Modellabkommen dem Ministerkomitee vorgelegt und von diesem angenommen:

1. Modellabkommen für die wirtschaftliche und soziale Zusammenarbeit auf interregionaler und/oder interkommunaler Ebene,
2. Modellabkommen für die zwischenstaatliche Zusammenarbeit auf dem Gebiet der Raumordnung,
3. Modellabkommen für die interregionale und/oder interkommunale Zusammenarbeit auf dem Gebiet der Raumordnung,
4. Modellabkommen für die Schaffung von grenzüberschreitenden Naturparks.
   (Dieser Text wurde für drei Varianten ausgearbeitet).

Außerdem wurde von dem Ausschuß aus Anlaß des 40jährigen Bestehens des Europarats eine Erklärung zur grenzüberschreitenden Zusammenarbeit in Europa erarbeitet, die im Oktober 1989 vom Ministerkomitee angenommen und an die Regierungen weitergeleitet wurde (s. Anhang 1).

1.2.2 Expertenausschuß für grenzüberschreitende Zusammenarbeit

Im zwischenstaatlichen Arbeitsprogramm 1991 werden die Probleme der grenzüberschreitenden Zusammenarbeit von dem Lenkungsausschuß für regionale und kommunale Angelegenheiten (CDLR) weitergeführt, der dafür eine Arbeitsgruppe (LR-R-CT) eingesetzt hat. In ihr arbeiten elf Staaten zusammen sowie Vertreter der Regionen und der europäischen Grenzregionen. Sie wird sich in diesem Jahr mit folgenden zwei Studienthemen beschäftigen:

- Juristische Probleme der Anwendung der europäischen Rahmenkonvention auf der Grundlage einer vergleichenden Studie, die aus einer allgemeinen Fragebogenaktion hervorgegangen ist,
- Die Auswirkungen des europäischen Binnenmarktes 1993 auf die Grenzregionen (des Europarates).

1.3 Die Schaffung von Strukturen zur Unterstützung der Grenzregionen

Die Intensivierung der Zusammenarbeit an den Grenzen in Europa seit den 70er Jahren fand ihren Niederschlag in einer Reihe von politischen Empfehlungen, in denen eine direkte Unterstützung der Grenzregionen gefordert wurde, besonders bei der Ausarbeitung von Abkommen oder juristischen Texten. Um diesem Bedürfnis nachzukommen, wurde 1982 im Generalsekretariat ein "Studien- und Dokumentationsbüro für die grenzüberschreitende Zusammenarbeit der Gebietskörperschaften" geschaffen. Es ermöglichte, den europäischen Grenzregionen eine Hilfestellung anzubieten, um ihnen eine gutnachbarliche Zusammenarbeit und einen Erfahrungsaustausch zu erleichtern. Es wurden Studien durchgeführt, Fachpublikationen gesammelt, der Informationsaustausch wurde organisiert, um die grenzüberschreitende Zusammenarbeit aller Grenzregionen zu intensivieren.

Ein umfassendes Archiv von grenzüberschreitenden Vertragstexten wurde angelegt, das als Referenzdokumentation allen interessierten Kreisen zur Verfügung steht.

In diesem Rahmen wurde die Schaffung von grenzüberschreitenden Organisationen und Arbeitsstrukturen unterstützt sowie die Erarbeitung von Satzungen und Statuten, so z. B. für die Arbeitsgemeinschaft der Pyrenäenregionen, für die "Association of Irish Border Regions" und für die "Comregio" im Gebiet Saar-Lor-Lux.

Die vierte Konferenz der europäischen Grenzregionen hatte 1987 den Europarat gebeten, in Zusammenarbeit mit der Europäischen Gemeinschaft ein europäisches Zentrum für grenzüberschreitende Zusammenarbeit als Nachfolgeeinrichtung zum o.g. Büro zu gründen. Dieses Projekt konnte jedoch nicht realisiert werden, obwohl ein wachsender Bedarf an Unterstützungsaktionen in den Grenzgebieten festzustellen ist.

1.4 Erarbeitung eines juristischen Instruments: Das europäische Rahmenübereinkommen über die grenzüberschreitende Zusammenarbeit zwischen Gebietskörperschaften

Obwohl eine Vielzahl von Grenzproblemen zufriedenstellend mit den existierenden juristischen Möglichkeiten gelöst werden konnte, waren die lokalen und regionalen Gebietskörperschaften oft durch die Grenze des nationalen Rechts behindert, wenn es um Staatsgrenzen übergreifende Zusammenarbeit ging. Daher wurden schon sehr früh (seit 1965) Stimmen im Europarat laut, die die Erarbeitung eines europäischen Rechtsinstruments vorschlugen. Nach jahrelangem politischen Drängen und anschließender Expertenarbeit wurde schließlich am 21. Mai 1980 die europäische Rahmenkonvention für grenzüberschreitende Zusammenarbeit aus Anlaß der 4. Konferenz der Europäischen Minister für Gemeindeangelegenheiten in Madrid zur Ratifizierung aufgelegt.

Die Konvention hat zum Ziel, wie es in der Präambel heißt, die Zusammenarbeit soweit wie möglich zu fördern und auf diese Weise zum wirtschaftlichen und sozialen Fortschritt der Grenzgebiete und zum Zusammengehörigkeitsgefühl der Völker Europas beizutragen. In Artikel 1 verpflichten sich die Vertragspartner, die grenzüberschreitende Zusammenarbeit zwischen den Gebietskörperschaften zu erleichtern und zu fördern.

Der Struktur nach besteht das Abkommen aus zwei Teilen. Der erste ist der eigentliche Vertragstext, der zweite besteht als Anhang aus einer Reihe von Modellabkommen und Textvorschlägen, die eine Hilfe bei der Ausarbeitung von speziellen Abkommen sein sollen.

Mit dieser Konvention ist eine juristisch relevante Referenz geschaffen worden, auf die sich die Gebietskörperschaften in Grenzgebieten beziehen können.

Das Abkommen löst natürlich noch nicht alle Probleme, da es auf der Grundlage und unter Berücksichtigung der nationalen Hoheitsrechte konzipiert wurde. Daher wurde auch der Begriff der "Rahmenkonvention" gewählt, um deutlich zu machen, daß dieser Rahmen noch von nationalen hoheitsrechtlichen Bestimmungen ausgefüllt werden muß.

Für die Benelux-Staaten wurde bereits ein entsprechender Umsetzungstext ausgearbeitet. Diese Benelux-Konvention für die grenzüberschreitende Zusammenarbeit der Gebietskörperschaften wurde 1986 unterschrieben und 1987 von den Niederlanden und Luxemburg angenommen. In Belgien sprachen sich die Kammer und der Senat 1989 positiv dazu aus. Da sich aber im Rahmen der institutionellen Reform auch der jeweilige Rat der kulturellen Gemeinschaften dazu äußern muß, verzögerte sich dessen Annahme. Die flämische Gemeinschaft gab ihre Zustimmung im Juni 1990, und die frankophone Gemeinschaft nahm am 23. Januar 1991 ein entsprechendes Dekret an.

Damit ist die parlamentarische Prozedur beendet, und das Benelux-Abkommen wird am 1. April 1991 in Kraft treten - etwa 11 Jahre nach Fertigstellung der europäischen Rahmenkonvention.

Ein bilateraler Vertragstext, der die Zusammenarbeit zwischen deutschen und niederländischen Gebietskörperschaften regeln soll, ist ebenfalls fertiggestellt.

Die Vertragsstaaten haben die Möglichkeit, bei der Unterzeichnung oder der Ratifizierung Erklärungen abzugeben; diese Vorbehalte können den Vertragstext in seiner Wirkung einschränken. So hat die italienische Regierung in einer Erklärung genau festgelegt, welche Gebietskörperschaften das Recht bekommen, Abkommen abzuschließen. Sowohl die Regierung Spaniens wie auch Frankreichs haben erklärt, daß sie die Anwendung des Abkommens an den vorherigen Abschluß von zwischenstaatlichen Abkommen binden. Diese Regelung zeigt das starke Interesse der nationalen Regierungsinstanzen, die grenzüberschreitende Zusammenarbeit genau zu verfolgen und jegliches öffentlich-rechtlich verpflichtendes Engagement der Gemeinden über die Grenze hinaus zustimmungsbedürftig zu machen.

Die Methoden der traditionellen Außenpolitik kommen hier in Interessenkonflikt mit den Gebietskörperschaften, die in Grenzgebieten liegen und eine direkte, begrenzte sachbezogene Politik der guten Nachbarschaft mit ihren Partnern auf der anderen Seite der Grenze entwickeln wollen. Eine reiche juristische Fachliteratur ist dazu entstanden (z. B. über "Außenpolitik der Gemeinden", die "Diplomatie der Regionen" usw.).

Die Konvention ist heute von 16 der 25 Mitgliedstaaten des Europarates ratifiziert worden, aber in ihrer Auswirkung doch recht beschränkt. Das liegt an folgenden Schwierigkeiten:

1. Es fehlt an einer ausdrücklichen Anerkennung des Rechts der Gebietskörperschaften auf grenzüberschreitende Zusammenarbeit durch die Staaten, um Abkommen unter denselben Bedingungen wie im innerstaatlichen Bereich abzuschließen (soft law);
2. die juristische Struktur der grenzüberschreitenden Organismen ist nicht definiert;
3. die juristische Natur der Akte dieser Organismen ist nicht geklärt, besonders wenn sie über den rein privatrechtlichen Rahmen hinausgehen und öffentlich-rechtlichen Charakter annehmen.

Um aus diesem Dilemma herauszukommen und um es überflüssig zu machen, daß jeder Vertragspartner über die Konvention hinaus noch bilaterale zwischenstaatliche Abkommen zur Anwendung und Durchführung dieses Textes abschließen muß, wird ein Zusatzprotokoll beim Europarat ausgearbeitet, welches die obigen Probleme auf multilateraler Ebene aufgreift und einer Klärung zuführt.

1.5 Die Fachministerkonferenz für Raumordnung

1968 wurde vom Ministerkomitee auf Empfehlung der Parlamentarischen Versammlung die Einberufung der Europäischen Raumordnungsministerkonferenz beschlossen. Diese Konferenz tritt alle 2 bis 3 Jahre zusammen und diskutiert Themen, die für die europäische Raumordnung von Bedeutung sind.

Fragen der Grenzregionen standen seit Anbeginn auf der Tagesordnung dieser Konferenz, die seit 1970 achtmal tagte. Die Ergebnisse dieser Konferenz werden als Resolutionen mit empfehlendem Charakter formuliert. Sie sind teilweise an den Europarat gerichtet, teilweise an die Nationalregierungen. Sind sie an die eigenen Regierungen gerichtet, so liegt es bei jedem Fachminister, diese Beschlüsse auf nationaler Ebene umzusetzen. Dies betrifft z.B. die Schaffung von bi- und trilateralen Raumordnungskommissionen für Grenzgebiete.

Es war diese Konferenz, die bereits 1970 folgendes zu den Grenzregionen feststellte: "In den Grenzregionen wird der Prozeß der Harmonisierung häufig durch unterschiedliche demographische und wirtschaftliche Entwicklungen erschwert. Die Konferenz richtet an die Regierungen die Bitte, ihre Politik und ihre Maßnahmen auf dem Gebiet der Raumordnung in diesen Regionen unter Beteiligung der unmittelbar Betroffenen aufeinander abzustimmen, besonders durch die Schaffung regionaler Kommissionen, die sich regelmäßig treffen, um die Vorbereitung von Raumordnungsplänen und deren zeitliche Verwirklichung abzustimmen. Eine derartige Abstimmung könnte sich auch auf das Aufspüren von Quellen der Verschmutzung erstrecken, deren Auswirkungen über die Grenzen hinausgehen, sowie auf die Mittel, mit denen diese Quellen kontrolliert und beseitigt werden könnten, weiterhin auf die Luftverkehrs- und Straßenverkehrsinfrastruktur, Krankenhäuser, Einrichtungen des Gesundheitswesens und auf das System der Zentralen Orte."

Grenzüberschreitende Probleme standen auch bei den folgenden Konferenzen im Mittelpunkt der Aufmerksamkeit; besonders 1973 formulierten die Raumordnungsminister einen detaillierten Katalog von staatlichen Maßnahmen, die gerichtet sein sollten auf:

- einen verbesserten Austausch von Informationen;

- eine ständige Zusammenarbeit, einschließlich der Verminderung aller gesetzlichen und administrativen Hindernisse für gemeinsame Maßnahmen auf dem Gebiet der Raumordnung;
- eine gemeinsame Nutzung der Infrastruktur und aller Einrichtungen, wie Kläranlagen, Krankenhäuser, Freizeiteinrichtungen usw.

Sie erklärten die Grenzregionen als Versuchsgebiete für regionale Zusammenarbeit auf europäischer Ebene und forderten u. a. in einer Sonderentschließung die Schaffung von bilateralen und multilateralen regionalen Kommissionen für Grenzregionen. Sie legten ebenfalls fest, daß Planungsarbeiten nicht nur an den Landesgrenzen, sondern auch über die Seegrenzen hinweg betrieben werden müssen.

1983 schließlich nahm diese Konferenz die Europäische Raumordnungscharta an, welche die komprimierte Form der zehnjährigen Arbeit der Ministerkonferenz darstellt. Ziel der Minister war es, mit diesem Projekt der Raumordnung in Europa einen allgemein gültigen Rahmen zu geben, um politisch wirksam zu werden. Dieser Text wurde grundsätzlich von allen Ländern getragen und gilt heute als allgemein gültiger Normenkatalog und europäische Leitlinie.

Das Ergebnis, das aus der multilateralen europäischen Zusammenarbeit hervorging, stellt gleichermaßen die Synthese und den bestmöglichen Kompromiß aus einer Vielzahl von Perspektiven, Normen, Politiken der Einzelstaaten dar, bei denen man sich - wie das in diesem Rahmen üblich ist - nur auf den kleinsten gemeinsamen Nenner hat einigen können.

Dies trifft für die Aussagen zur Kooperation der Grenzregionen zu sowie für die Bürgerbeteiligung oder die Definition der Kompetenzbereiche der Raumordnung.

Verschiedene Passagen der Charta lassen sich auf die Grenzregionen anwenden, obwohl sie allgemeiner Natur sind.

Im besonderen wird die grenzüberschreitende Zusammenarbeit im § 21 der Charta angesprochen, in dem die Koordinationsaufgabe der Raumordnung zwischen den verschiedenen Entscheidungsebenen behandelt wird. Es heißt dort: "Bei ihrer Arbeit müssen die verschiedenen mit Raumordnungsfragen befaßten Behörden stets alle auf höherer oder niedrigerer Ebene beabsichtigten oder geplanten Maßnahmen in ihre Überlegungen einbeziehen und sich gegenseitig regelmäßig unterrichten, damit eine optimale Koordinierung auf örtlicher, regionaler, nationaler und europäischer Ebene sowie auch im Bereich der grenzüberschreitenden Zusammenarbeit erfolgen kann."

Anschließend wird der regionalen grenzüberschreitenden Zusammenarbeit folgender Absatz gewidmet: "Auf regionaler Ebene, der am besten geeigneten Ebene zur Durchsetzung einer regionalen Raumordnungspolitik, ist die Koordination innerhalb der regionalen Behörden selbst, sowie zwischen ihnen und den lokalen bzw. nationalen Behörden wie auch zwischen den Regionen benachbarter Länder, von großer Bedeutung".

Letztlich behandelt die Raumordnungscharta im Anhang die Grenzregionen als Typ mit besonderen Problemen. Es heißt dort: "Grenzräume erfordern mehr als alle anderen Regionen eine Politik der Koordination zwischen den Staaten. Das Ziel einer derartigen Politik muß es sein, die Grenzen zu öffnen, grenzüberschreitende Konsultationen und Zusammenarbeit einzurichten und eine gemeinsame Nutzung von Infrastruktureinrichtungen zu erreichen. Die Staaten sollen direkte Kontakte zwischen den betroffenen Regionen und Orten gemäß dem europäischen Rahmenabkommen über grenzüberschreitende Zusammenarbeit zwischen den Dienststellen der Staaten ermöglichen, um damit zunehmend enge Kontakte zwischen den betroffenen Bevölkerungsgruppen zu fördern.

In Grenzräumen dürfen Vorhaben mit negativen Auswirkungen auf die Umweltverhältnisse der Nachbarstaaten nur mit der ausdrücklichen Zustimmung dieser Staaten durchgeführt werden."

Die 7. Konferenz, die 1985 in Den Haag stattfand, war zu einem großen Teil erneut der grenzüberschreitenden Zusammenarbeit im Bereich der Raumordnung gewidmet.

Unter dem Generalthema: "Entwicklung des Entscheidungsprozesses auf dem Gebiet der Raumordnung" wurde von der französischen Delegation ein Bericht über grenzüberschreitende Zusammenarbeit vorgelegt, der die positiven gesamtwirtschaftlichen Aspekte politisch hervorhob.

Aus der Debatte ging eine gesonderte Resolution hervor, die nicht nur Orientierungen für eine grenzüberschreitende Abstimmung der Raumordnungsprojekte und -politiken gab, sondern diese Zusammenarbeit in den Rahmen der Dezentralisierung stellte und gemeinsame Aktionspläne forderte (Resolution Nr. 2 siehe Anhang 2).

Wie von der deutschen Delegation auf der Konferenz angekündigt, so wurde in den zwei folgenden Jahren ein in zwei Phasen gestaffeltes "Symposium grenzüberschreitende Zusammenarbeit in Europa" von Regierungsstellen der Bundesrepublik Deutschland und des Landes Baden-Württemberg durchgeführt.

Das Symposium gliederte sich in zwei Teile:

1. Teil: Expertengespräch über das Thema
"Entscheidungsabläufe und Probleme der praktischen Zusammenarbeit in den verschiedenen Organisationsformen"
Strasbourg, 3. - 4. Dezember 1986;

2. Teil: Konferenz verantwortlicher Mandatsträger zum Thema
"Die politische Dimension der Zusammenarbeit - Bilanz und Perspektiven"
Badenweiler, 9. Oktober 1987.

Ziel des Expertengesprächs war es, einen Vergleich der verschiedenen Modelle grenzüberschreitender Zusammenarbeit in Europa zu ermöglichen und ihre Besonderheiten zu durchleuchten. Im Rahmen einer Stärken- und Schwächenanalyse sollten die jeweiligen Vor- und Nachteile der einzelnen Organisationsformen und Entscheidungsabläufe am Beispiel von Sachfragen verdeutlicht werden.

Auf der Grundlage eines solchen Vergleichs sollte ein Maßnahmenkatalog erarbeitet werden, der es den politisch Verantwortlichen erleichtern soll, auf den verschiedenen Ebenen Entscheidungen zur Verbesserung der grenzüberschreitenden Zusammenarbeit herbeizuführen.

Bei der "Konferenz verantwortlicher Mandatsträger" im Herbst 1987 (2. Teil des Symposiums) wurden die Arbeitsergebnisse des Seminars als Grundlage für eine Podiumsdiskussion benutzt, die das Spannungsfeld zwischen Erfordernissen aus der Sicht von Experten und Möglichkeiten aus der Sicht der verantwortlichen Politiker der verschiedenen europäischen Handlungsebenen umfaßt. Detaillierte Schlußfolgerungen faßten die Ergebnisse operationell zusammen.

Da diese Arbeiten mit einer gewissen Reduzierung des intergouvernementalen Interesses an der Thematik der Raumordnung und der grenzüberschreitenden Zusammenarbeit zusammenfielen, fanden die Ergebnisse und Empfehlungen sowohl der 7. Ministerkonferenz wie die des Symposiums keinen entsprechenden Rahmen für ihre Umsetzung innerhalb des Europarates.

Die 8. Konferenz der Europäischen Raumordnungsminister fand im Oktober 1988 in Lausanne (Schweiz) statt und stand unter dem Thema "Haushälterische Bodennutzung: Grundlage und Begrenzung für unsere Entwicklung".

Bei diesem Anlaß wurde von der luxemburgischen Delegation der "Entwurf eines europäischen Raumordnungsschemas" vorgelegt. In diesem Werk werden die politischen Referenzen für alle Bereiche der Raumordnung zusammengefaßt. Wie in der Europäischen Raumordnungscharta, so ist auch in dieser Darstellung der großen Raumordnungsprobleme Europas den Grenzregionen ein angemessener Raum gewidmet.

Die 9. Konferenz wird im November 1991 in Ankara (Türkei) durchgeführt. Auf der Tagesordnung stehen:

- ein Bericht des türkischen Minsters über die Verbesserung der Instrumente für eine rationelle Bodennutzung;
- ein Bericht des norwegischen Ministers über die neuen Perspektiven der Raumordnung auf europäischer Ebene.

Es ist zu erwarten, daß Fragen der grenzüberschreitenden Zusammenarbeit, insbesondere mit den Ländern Zentral- und Osteuropas, in diesem Bericht abgehandelt werden.

1.6   Ein Sonderprojekt - der Eurodistrikt

Die Ständige Konferenz der Gemeinden und Regionen Europas hat anläßlich ihrer 22. Plenarsitzung im Oktober 1987 den Resolutionsvorschlag CPL (22) 11 vorgelegt, der die Schaffung eines grenzüberschreitenden Pilot-Raumes vorsieht. Die Konferenz nimmt in diesem Text "Bezug auf die außergewöhnliche Lage des Oberrheingrabens und insbesondere des grenzübergreifenden Raumes, der vom Elsaß, von Baden und der Nord-Westschweiz gebildet wird, und beschließt, eine Studie über die Entwicklungsmöglichkeiten eines gemeinsamen grenzüberschreitenden Pilot-Raumes auszuarbeiten. Diese Studie könnte weiterhin zu der Schaffung eines funktionsfähigen europäischen Distriktes führen, in dem die europäischen Institutionen, wie etwa der Europarat und das Europäische Parlament, angesiedelt sind."

Eine Arbeitsgruppe, an der u. a. Konferenzmitglieder dieses Raumes teilnehmen, hat die vorläufigen Möglichkeiten diskutiert, insbesondere den Vorschlag zur Schaffung eines Gemeindeverbundes, der die Gebiete der Communauté urbaine von Strasbourg und dem Kehl-Offenburger Raum umfassen sollte. Dieses Projekt sollte auf der Grundlage der Rahmenkonvention für grenzüberschreitende Zusammenarbeit entworfen werden.

Dazu wurden bereits der Vorentwurf eines Abkommens zur Schaffung eines grenzüberschreitenden Gremiums ausgearbeitet und konkrete Vorschläge für dessen mittel- und langfristige Ziele formuliert.

Das Projekt hat leider weder auf nationaler noch auf regionaler/lokaler Ebene die notwendige Unterstützung für eine schnelle Umsetzung erfahren.

Ein privatrechtlich konstituierter grenzüberschreitender "Verein Initiative Eurodistrikt" hat sich des Projektes angenommen und am 17. März 1990 ein grenzüberschreitendes Forum organisiert, um in diesem Rahmen die vielen Möglichkeiten aufzuzeigen, den Raum Strasbourg/ Ortenaukreis als grenzüberschreitende Einheit zu planen und zu entwickeln. Die Ergebnisse dieses Kolloquiums gehen an den zuständigen Ausschuß für Raumordnungsfragen der Ständigen Konferenz, wo über die weiteren Schritte entschieden wird.

Bei diesem Projekt handelt es sich um den Versuch, die Patenschaft für einen konkreten Fall grenzüberschreitender Zusammenarbeit zu übernehmen, um die betroffenen Gebietskörperschaften zur Institutionalisierung einer großen Aufgabe zu bewegen.

1.7 Ein ungelöstes Problem - die Grenzpendler

Die Grenzgänger und Tagespendler - allein in die Schweiz sind es täglich 180 000 - sind Bewohner und Arbeitnehmer der Grenzgebiete, die täglich unter den unterschiedlichen Verwaltungsstrukturen beiderseits der Grenze leiden. Diese Probleme wurden 1991 von der Parlamentarischen Versammlung aufgegriffen und im Rahmen mehrerer Analysen diskutiert. Die Überlappungen der Verordnungen sind oft so, daß der Pendler, wie immer er sich auch administrativ verhält, in einem der Länder in jedem Fall eine Verordnung übertritt. Um aus diesem Dilemma zu helfen, schlägt die Versammlung in Empfehlung 1144 (1991) u. a. vor, ein juristisches Instrument (Konvention) auszuarbeiten, besonders für Probleme der Kranken- und Altersversicherung, der Besteuerung und des Beschäftigungsverhältnisses. Außerdem wird auf die nicht gelösten Probleme hingewiesen, die auch nach Schaffung des Europäischen Binnenmarktes 1993 weiterbestehen.

1.8 Neuere Entwicklungen: Außenpolitik der Regionen

Die europäische Integration und Kooperation kann nur erfolgreich sein, wenn sie nicht nur von den Zentralregierungen getragen wird, sondern auch von den Regionen, Ländern und Gemeinden. Während sich die Gemeinden frühzeitig auf europäischer Ebene zusammenschlossen, fehlte den Regionen lange Zeit ein europäisches Forum, um sich gemeinsam politisch auszudrücken.

Heute gibt es mehrere Ebenen der europäischen regionalen Zusammenarbeit, die umfassendste davon ist wohl die Versammlung der Regionen Europas, die ebenfalls eine Arbeitsgruppe für Grenzregionen geschaffen hat.

Die Regionen wollen direkt an der europäischen Politik beteiligt werden und insbesondere an der Regionalpolitik der Europäischen Gemeinschaft. Sie entwickeln darüber hinaus vielfältige interregionale Arbeitsbeziehungen und schließen Kooperationsabkommen über die Staatsgrenzen hinweg. Diese "Diplomatie der Regionen" umfaßt heute nicht nur wirtschaftspolitische Projekte, sondern auch kulturelle, soziale und ökologische.

Der im März 1991 abgehaltenen 26. Tagung der Ständigen Konferenz der Gemeinden und Regionen Europas lagen Berichte vor, die darauf gerichtet sind, den Regionen auch innerhalb dieser Strukturen eine Sonderstellung einzuräumen. In dem "Bericht über die regionale Solidarität" wird u. a. für alle Staaten die Einführung von demokratisch gewählten regionalen Institutionen gefordert, um die überregionale Zusammenarbeit allgemein, die grenzüberschreitende im besonderen, zu erleichtern.

In dem "Bericht über die Außenbeziehungen der Gebietskörperschaften" wird u. a. vorgeschlagen, eine Konvention über die interregionale Zusammenarbeit auszuarbeiten, die unter Wahrung des Prinzips der Subsidiarität u. a. den Gebietskörperschaften die Befugnis zuerkennt, innerhalb ihrer Zuständigkeiten Beziehungen zu Gebietskörperschaften anderer Staaten zu unterhalten.

Es wird außerdem empfohlen, "ein Zusatzprotokoll zu der Rahmenkonvention über die grenzüberschreitende Zusammenarbeit zu erarbeiten, das in der internen Rechtsordnung des jeweiligen Staates die Rechtspersönlichkeit der Gremien der grenzüberschreitenden Zusammenarbeit und die Rechtswirkung der von diesen Gremien vorgenommenen Rechtshandlungen anerkennt".

1.9 Abschließende Bemerkungen

Abschließend kann festgestellt werden, daß grenzüberschreitende Zusammenarbeit zwischen Gebietskörperschaften heute im wesentlichen ein juristisches Problem ist, das auch nach der Schaffung des Europäischen Binnenmarktes bestehen bleibt. Das Aneinanderstoßen von verschiedenen Verwaltungs- und Rechtssystemen wird auch in Zukunft das Leben in den Grenzgebieten stören.

Noch sind die Denkweisen und Arbeitsmethoden auf staatlicher Ebene von den Traditionen der souveränen nationalstaatlichen Außenpolitik geprägt, die europäische Realität verlangt jedoch neue Lösungsansätze innerhalb einer europäischen Innenpolitik. Diese kann durch die Definition gleicher Entwicklungsziele und durch die Harmonisierung der politischen, administrativen und juristischen Strukturen und Instrumente erreicht werden.

Die politische Realität der europäischen Zusammenarbeit der letzten Jahrzehnte zeigt jedoch, daß dies noch ein langer Weg sein wird.

Wird sich aber die letztlich von den Bürgern getragene grenzüberschreitende Zusammenarbeit weiter intensivieren, dann wird auch das notwendige Rechtsinstrumentarium folgen.

Anhang 1

COUNCIL OF EUROPE
COMMITTEE OF MINISTERS

DECLARATION

ON TRANSFRONTIER CO-OPERATION IN EUROPE
ON THE OCCASION OF THE 40th ANNIVERSARY OF THE COUNCIL OF EUROPE

*(Adopted by the Committee of Ministers on 6 October 1989
at the 429th meeting of the Ministers' Deputies)*

The Committee of Ministers of the Council of Europe,

On the occasion of the 40th anniversary of the Council of Europe;

Recalling the Council of Europe's constant and repeated efforts over a period of many years in connection with transfrontier co-operation;

Welcoming the incessant endeavours of the Standing Conference of Local and Regional Authorities of Europe (CLRAE), the European Conference of Ministers responsible for Regional Planning (CEMAT) and the Parliamentary Assembly to combat xenophobia, incomprehension, mistrust and intolerance, so that the psychological barrier established at frontiers by centuries of history shall be dismantled for all time;

Noting with satisfaction the progress achieved in frontier regions towards creating a new spirit and making the peoples of Europe aware of the solidarity among them and their common destiny;

Recognising that frontier regions, the scars of history, now link the peoples of Europe together and that there is now a general consensus among those with political responsibility for territorial authorities on the need to work with their neighbours in a spirit of co-operation, neighbourliness, openness and solidarity;

Convinced of the need to pursue the search for ideas and the work which is under way, while restating the importance of transfrontier co-operation with a view to achieving true solidarity among citizens of Europe by the year 2000,

1. Recalls that co-operation between the states of Europe has developed within the Council of Europe in a very wide range of fields, such as regional planning, the environment, urban and rural development, infrastructure, economic policy, planning, the problems of frontier workers, coping with natural disasters, the harmonisation of law, culture, science, research and technology, and notes with satisfaction that, as far as the frontier regions are concerned, it has been directed towards:

   — identifying the problems of frontier regions and defining appropriate practical solutions;
   — systematising and co-ordinating initiatives;

Forty years
Council of Europe

— informing and raising the awareness of European, governmental, regional and local agencies and the public of the problems and beneficial effects of transfrontier co-operation;

— gradually eliminating the legal, administrative, economic and cultural obstacles still all too frequently encountered in respect of harmonisation;

2. Recognises that their common interests make frontier communities the major protagonists of regional development and an ideal proving ground for co-operation and, this being so, encourages the work being done to prevent these regions from ever again being drawn towards an unbalanced and marginal situation and to commit them instead to the future, thanks to transfrontier co-operation, and to a harmonious process of development with due regard to the powers prescribed by the domestic law of each state;

3. Recalls the existence of the European Outline Convention on Transfrontier Co-operation between Territorial Communities or Authorities of 1980, ratified by fourteen member states, and invites those which have not yet done so to review their position with a view to acceding to the convention, so as to ensure that good neighbourly relations between peoples are furthered on either side of frontiers. It invites the signatory states to the convention to implement it, particularly by concluding bilateral agreements, and to use the model agreements proposed;

4. Thanks all the transfrontier institutions, organisations and associations for their efforts to find solutions to problems relating to their common interests, and urges them to continue these endeavours in future with special emphasis on improving relations with frontier regions of Central and Eastern European states, in the spirit of the Council of Europe outline convention;

5. Encourages continued study, in the most appropriate manner, of the work which is under way in co-operation with the European Community institutions:

— in order to develop the exchange of information between all agencies of transfrontier co-operation, national governments and territorial authorities;

— in order gradually to remove the barriers of every kind — administrative, legal, political and psychological — which might curb the development of transfrontier projects;

6. Declares that the development of transfrontier co-operation, which gives practical expression to a true solidarity between peoples, is a major contribution to the progress of European unification, essential to healthy, fair and balanced growth in the Europe of tomorrow, and important in guaranteeing generations to come a future of peace and freedom.

Anhang 2

Resolution Nr. 2
über die Entwicklung des Entscheidungsprozesses in der Raumordnung

Die an der 7. Europäischen Raumordnungsministerkonferenz (EMKRO) teilnehmenden Minister:

1. in dem Bewußtsein, daß das allgemeine Ziel ihrer Tagungen darin besteht, im Rahmen eines ständigen Erfahrungs- und Informationsaustausches über raumordnungspolitische Systeme und Maßnahmen die Diskussion über aktuelle politische Fragen zu vertiefen und die Suche nach gemeinsamen europäischen Raumordnungskonzeptionen zu intensivieren;

2. eingedenk der Hauptziele der Raumordnung und der auf ihren früheren Tagungen festgelegten Leitlinien zur Verwirklichung dieser Ziele sowie der 1983 verabschiedeten Europäischen Raumordnungscharta;

3. nach Prüfung des Wandels des Entscheidungsprozesses in der Raumordnung auf der Grundlage von drei Berichten, die von den Ministerdelegationen der Niederlande, der Schweiz und Frankreichs vorgelegt wurden, sowie in dem Bewußtsein, daß es in den einzelnen Ländern unterschiedliche Systeme gibt und daß es sich um einen dynamischen Prozeß handelt, der eng mit den Veränderungen in der Gesellschaft verknüpft ist;

4. in der Erkenntnis, daß in bestimmten Ländern bereits regionale Institutionen bestehen, die im Bereich der Raumordnung über eigene Befugnisse auf der Ebene der Gesetzgebung und der Verwaltung verfügen;

5. in der Erkenntnis, daß es auf europäischer Ebene eine deutliche Tendenz zur Dezentralisierung gibt, einer Politik, die letztlich darauf abzielt, den Entscheidungsprozeß der Regierungsstellen möglichst bürgernah zu gestalten;

6. im Hinblick darauf, daß die Dezentralisierung sich nicht auf die Übertragung von Zuständigkeiten von einer Ebene öffentlicher Gewalt auf eine andere beschränkt, sondern daß sie auch die Voraussetzungen für die Mitwirkung der gesellschaftlichen Gruppen, die Beteiligung der Bürger und die Entstehung eines Identitätsgefühls auf regionaler und kommunaler Ebene schafft;

7. in dem Bewußtsein, daß diese Entwicklung auch die grenzüberschreitende Zusammenarbeit erheblich beeinflußt;

8. nachdem sie mit Interesse zur Kenntnis genommen haben, daß die Regierungsstellen der Bundesrepublik Deutschland und des Landes Baden-Württemberg sich verpflichtet haben, im Jahr 1986 in engem Zusammenwirken mit dem Europarat ein Seminar über grenzüberschreitende Zusammenarbeit zu veranstalten;

9. nachdem sie mit Interesse den Vorschlag der Ständigen Konferenz der Gemeinden und Regionen in Europa zur Kenntnis genommen haben, einen Ausschuß zur Untersuchung der Probleme der Grenzregionen zu bilden;

10. in dem Wunsch, daß die grenzüberschreitende Zusammenarbeit auf dem Gebiet der Raumordnung von den Trägern öffentlicher Gewalt auf allen Ebenen im Rahmen der jeweiligen zwischenstaatlichen Zusammenarbeit intensiviert wird, um gemeinsame raumordnerische Entwicklungspläne aufzustellen;

11. in Bekräftigung ihres Willens, ihre politische und technische Zusammenarbeit fortzusetzen und auszubauen -

12. kommen überein, einen regelmäßigen Erfahrungsaustausch über die Arbeitsweise der administrativen und politischen Strukturen der Raumordnung in den Mitgliedstaaten sowie insbesondere über Änderungen in der Aufgabe und Zuständigkeitsverteilung zwischen den nationalen, regionalen und kommunalen Behörden in Gang zu setzen, um auf lange Sicht eine Annäherung ihrer Politik auf europäischer Ebene zu erreichen;

sie empfehlen den Regierungen der Mitgliedstaaten, im Rahmen ihrer Zusammenarbeit:

13. auf den verschiedenen institutionellen Ebenen die erforderlichen Haushaltsmittel und das nötige Personal für die Verwirklichung einer dezentralen Raumordnungspolitik zur Verfügung zu stellen und bei jeder Übertragung von Zuständigkeiten auch die entsprechenden finanziellen Mittel zu gewähren;

14. die kommunalen und regionalen Behörden in den Grenzregionen zu ermutigen, bereits im frühesten Stadium des Entscheidungsprozesses den Dialog, die Abstimmung und die Zusammenarbeit auf dem Gebiet der Raumordnung über die Grenze hinweg im Hinblick auf die Ausarbeitung gemeinsamer Planungen zu intensivieren;

15. gemeinsame Aktionsprogramme zur Raumordnung und Entwicklung aufzustellen und die Ausarbeitung von Raumordnungsleitplänen für die Grenzregionen auf bilateraler oder trilateraler Ebene zu fördern;

16. den zuständigen Stellen die Ausarbeitung von spezifischen Maßnahmen zur Entwicklung der Grenzregionen unter gebührender Berücksichtigung der nationalen und europäischen Rahmenbedingungen zu erleichtern;

17. die zwischenstaatlichen Kommissionen mit Zuständigkeiten und Strukturen auszustatten, die es ihnen ermöglichen, Entscheidungen zugunsten einer gemeinsamen Raumplanung zu treffen, und dafür zu sorgen, daß die regionalen und gegebenenfalls kommunalen Behörden an den Arbeiten dieser Kommissionen beteiligt werden;

18. die Bildung von interkommunalen oder interregionalen Kommissionen für Fragen der Raumordnung in gemeinsamen Grenzregionen weiter zu fördern;

19. soweit sie das Europäische Rahmenübereinkommen über die grenzüberschreitende Zusammenarbeit zwischen Gebietskörperschaften noch nicht unterzeichnet haben, die Unterzeichnung und Ratifikation dieses Übereinkommens ins Auge zu fassen und alle erforderlichen Vorkehrungen für seine Durchführung zu treffen;

sie empfehlen dem Ministerkomitee des Europarats:

20. ein Aktionsprogramm für die grenzüberschreitende Zusammenarbeit aufzustellen, das folgende Maßnahmen vorsieht:

- Veranstaltung einer Seminarreihe über verschiedene Aspekte der grenzüberschreitenden Zusammenarbeit;
- Maßnahmen zur Unterstützung von Pilotprojekten, insbesondere in Grenzregionen, die einen wirtschaftlichen Wiederaufschwung benötigen;

21. den zuständigen Ausschuß mit der Ausarbeitung einer Mustervereinbarung nach dem Rahmenübereinkommen über die grenzüberschreitende Zusammenarbeit auf dem Gebiet der Raumordnung zu beauftragen;

22. die Problematik der Entwicklung der Grenzregionen als vorrangiges Feld der europäischen Zusammenarbeit anzusehen und in den dritten mittelfristigen Plan für die zwischenstaatliche Zusammenarbeit aufzunehmen;

23. in diesem Zusammenhang die Probleme der grenzüberschreitenden Zusammenarbeit im Hinblick auf den erforderlichen Abbau der Disparitäten zu betrachten, die eine Belastung für die europäische Wirtschaft und die europäische Raumordnung, unter anderem in den Meeres- und Küstenregionen wie z.B. den Mittelmeerregionen, darstellen;

24. Forschungsarbeiten über die Auswirkungen der Dezentralisierung auf die grenzüberschreitende Zusammenarbeit im Bereich der Raumordnung zu fördern;

25. den Arbeiten der EMKRO insbesondere hinsichtlich der Veranstaltung von Fachseminaren, z. B. über Grenzregionen, die erforderliche Unterstützung zu gewähren;

26. die Problematik der Raumordnung in die Arbeit des Büros des Europarates für Information und Dokumentation über grenzüberschreitende Zusammenarbeit einzubeziehen;

27. der Empfehlung 1013 (1985) der Parlamentarischen Versammlung über die grenzüberschreitende Zusammenarbeit in Europa und der Resolution 165 (1985) der Ständigen Konferenz der Gemeinden und Regionen in Europa über die Zusammenarbeit zwischen europäischen Grenzregionen Folge zu leisten;

28. die Arbeiten und Zuständigkeiten der zwischenstaatlichen Raumordnungskommissionen zu untersuchen und Vorschläge für eine Verbesserung ihrer Arbeitsmethoden und insbesondere im Hinblick auf die Vertretung der kommunalen und regionalen Behörden in diesen Kommissionen auszuarbeiten;

29. den Generalsekretär zu ersuchen, auf der nächsten EMKRO über die vom Europarat auf dem Gebiet der grenzüberschreitenden Zusammenarbeit eingeleiteten Maßnahmen und deren Ergebnisse zu berichten;

30. die Ständige Konferenz der Gemeinden und Regionen in Europa aufzufordern,

- mit den betroffenen kommunalen und regionalen Behörden Möglichkeiten für eine Verbesserung des gemeinsamen Entscheidungsprozesses in den Grenzregionen, insbesondere in den Bereichen Raumordnung und Umweltschutz, zu untersuchen;
- auf der Grundlage von Vorschlägen kommunaler, regionaler und nationaler Behörden eine Liste der "in Grenzregionen geplanten Entwicklungsvorhaben von europäischer Bedeutung" aufzustellen;

sie beauftragen den Ausschuß der Hohen Beamten:

31. seine Untersuchung über die Entscheidungsstrukturen auf dem Gebiet der Raumordnung in den Mitgliedstaaten im Hinblick auf die Zusammenstellung einer europäischen Vergleichsübersicht fortzusetzen;

32. die Funktion und die Probleme der auf regionaler Ebene aufgestellten Raumordnungspläne und die Einbeziehung dieser Pläne in ein nationales und europäisches Raumordnungssystem zu untersuchen;

33. Möglichkeiten für eine stärkere Förderung der grenzüberschreitenden Zusammenarbeit auf dem Gebiet der Raumordnung zu prüfen.

Literatur

1. G. Mudrich: Internationale Organisationen und Raumordnung
   Akademie für Raumforschung und Landesplanung,, Beiträge, Band 9, Hannover 1978

2. G. Mudrich: Europäische Raumordnung - Probleme und Aufgabenfelder
   Hannover, 1980

3. G. Mudrich:
   - Die Tätigkeit des Europarates auf dem Gebiet der Raumordnung,
   - Raumordnung, angewandte Gesellschaftspolitik,
   - Raumplanung in Grenzregionen,
   - Die Europäische Raumordnungsministerkonferenz,
   In: Das Parlament, N° 33/34 - Sondernummer zur europäischen Raumordnung, Bonn 1977

4. G. Mudrich: Problems of alpine regions
   In: Forum - Council of Europe, N° 3/78, Strasbourg 1978

5. G. Mudrich: Role of the Council of Europe in coastal affairs
   Ekistics - Athènes, 1982

6. G. Mudrich: Europarat und Regionen
   In: Regionalismus - Eine Einführung, Bayerische Landeszentrale für politische Bildungsarbeit, Internationales Institut für Nationalitätenrecht und Regionalismus, München 1978

7. G. Mudrich: Europäische Raumordnungspolitik
   In: Informationen zur Raumentwicklung, Heft 11/12, Bundesforschungsanstalt für Landeskunde und Raumordnung, Bonn 1978

8. G. Mudrich: Internationale Organisationen
   In: "Daten zur Raumplanung, Zahlen, Richtwerte - Übersichten", Akademie für Raumforschung und Landesplanung, Hannover 1981

9. G. Mudrich: Europäische Regionalpolitik - Politik für die Regionen Europas
   In: Regionalismus in Europa, Bayerische Landeszentrale für politische Bildungsarbeit, München 1981

10. G. Mudrich: Die Regionen und die europäische Raumordnungscharta
    In: Regionalismus in Europa, Internationales Institut für Nationalitätenrecht und Regionalismus, München 1983

11. G. Mudrich: Ansätze einer europäischen Raumordnungspolitik im Europarat
    In: Europäische Raumordnung, Akademie für Raumforschung und Landesplanung, Hannover 1984

12. G. Mudrich: European Regional Spatial Planning Policies: Questions and answers
    In: Planning without a passport: the future of European spatial planning, Nederlandse Geografische Studies; N° 44, Amsterdam 1987

13. G. Mudrich:
    - La Charte européenne de l'Aménagement du Territoire: son élaboration, son adoption, sa mise en oeuvre
    - Die Europäische Raumordnungscharta
    In: Faculté européenne des sciences du Foncier, 1988

Rechtsproblematik

1. H. Ch. Heberlein, Kommunale Außenpolitik als Rechtsproblem, Stuttgart 1989
2. H. Beyerlin, Rechtsprobleme der lokalen grenzüberschreitenden Zusammenarbeit
   Springer - Berlin 1988
3. G. Ress, Rechtsprobleme grenzüberschreitender Kooperationsformen
   Universität Saarbrücken 1987
4. Ökologische Planung im Grenzraum
   BOKU Schriftenreihe Nr. 2, Universität Wien 1986
5. Rechtsfragen grenzüberschreitender Umweltbelastungen
   Erich Schmidt Verlag 1983
6. Kommunale Gemeinschaftsstelle für Verwaltungsvereinfachung,
   Interkommunale Zusammenarbeit: Überschreitung von Staatsgrenzen. Bericht Nr. 17, Köln 1975

Council of Europe publications

1. European Convention on Transfrontier Co-operation between Territorial Communities or Authorities
2. International, Interregional and Local Agreements, by subject
3. Declaration on the legal aspects of transfrontier co-operation - European Symposium of Transfrontier Co-operation
   (Jaca, Spain, 29 - 31 August 1987)
4. 4th European Conference of Frontier Regions, Sarragossa (Spain)
   23 - 26 March 1987 - Report (As/Inf (88) 6)
5. Report on Transfrontier Co-operation in Europe -
   23rd session of CLRAE (Strasbourg, 15 - 17 March 1988)
   (CPL (23) 4 Part II)
6. Committee of Ministers: Declaration on transfrontier co-operation in Europe on the occasion of the 40th anniversary of the Council of Europe
   (adopted on 6 October 1989)
7. La coopération transfrontalière et l'administration francaise
   Pierre Eckly - Etude 1989
8. The Council of Europe's Activities in the field of transfrontier co-operation, Transfront (86) 16
9. Reports of the Symposium on Transfrontier Co-operation in Europe
   - Part I:
   Report of expect colloquy on "Decision making and problems of practical transfrontier co-operation in different types of organisation", Strasbourg 1986
   - Part II:
   Conference report of the policy makers conference on "The political dimension of transfrontier co-operation", Badenweiler (Germany), 9 October 1987 (Transfront (87) 5 rév.) (Transfront (88) 3)

Study Series "European Regional Planning" of the Council of Europe

1. Co-ordination of planning in frontiers regions, M. Arnold, Study No. 1
2. Harmonisation of regional plans in frontier regions, V. v.Malchus, Study No. 8
3. The function of alpine regions in European regional planning, W. Danz, Study No. 20
4. The supply and production of energy in frontier areas within the countries of the Council of Europe,
   J. Diederich, Study No. 21
5. The Pyrenees: their role in European integration and the requirements of transfrontier co-operation,
   J. Robert, Study No. 31

European Conference of Minister responsable for Regional Planning

1. European Regional/spatial Planning, Charter 1984
2. Projet de schéma européen d'aménagement du territoire, 1988
3. Final Resolution of the first Conference, CEMAT (70) 11
4. Frontier regions and Regional Planning
   Conference report, CEMAT (73) 4
5. European co-operation in frontier regions - a study, CEMAT (73) BP 9
6. Frontier regions - an analytical study, CEMAT (73) BP 10
7. Intergouvernemental commissions for co-operation in frontier regions, a-survey, CEMAT (73) BP 11
8. Final Resolutions of the 2nd Conference, CEMAT (73) 7
9. Final Resolutions of the 4th Conference, CEMAT (78) 4
10. Evolution of decision making process in spatial planning -Transfrontier co-operation
    Report by the French Minister, CEMAT (85) 3
11. National reports on transfrontier co-operation, CEMAT (85) 9
12. Final Resolutions of the 7th Conference, CEMAT (85) 7

Resolutions adopted by the Standing Conference of Local and Regional Authorities of Europe - Auswahl -

1. Resolution 90 (1977) on frontier regions and action of the European Ministers responsible for Local Government
2. Resolution 107 (1979) on the Aachen Congress on "Prevention of transfrontier pollution and co-operation between local and regional authorities" (3-5 April 1979)
3. Resolution 109 (1979) on the Conference of Alpine Regions (Lugano, 18-20 September 1978)
4. Resolution 118 (1980) on transfrontier co-operation in Europe
5. Resolution 133 (1982) on the Conference of Pyrenean Regions
6. Resolution 143 (1983) on the co-operation of the Alpine regions
7. Resolution 148 (1984) on the European Regional/Spatial Planning Charter
8. Resolution 162 (1985) on the Conference of the Regions of the Mediterranean Basin
9. Resolution 164 (1985) on the European network of trunk communications
10. Resolution 165 (1985) on co-operation between European frontier regions
11. Resolution 172 (1986) on tourism and environment
12. Resolution 182 (1987) on soil protection
13. Resolution 188 (1988) on regional policy and regional planning policies in Europe
14. Resolution 190 (1988) on transfrontier co-operation in Europe
15. Resolution 192 (1988) on regional or minority languages in Europe
16. Resolution 195 (1988) on regional statistics in Europe
17. Resolution 199 (1989) on free local government: deregulation, efficiency, democracy
18. Resolution 200 (1989) on the 2nd Conference of Mediterranean regions
19. Resolution 202 (1989) on the first European Conference of mountain regions
20. Resolution 203 (1989) on the follow-up to the European Campaign for the countryside
21. Resolution 213 (1990) on the contribution of local and regional authorities to the opening of the Council of Europe towards certain Central and Eastern European countries

Eurodistrikt

1. Prospectives pour un district européen
   Doc CPL/AM (25) 1
2. Forum transfrontalier - Document de synthèse
   Doc CPL/AM (25) 17

3. Un district pour l'Europe - Le Monde 24 janvier 1991
4. Der Rhein - eine Wand mit Durchschlupf. Warum aus dem 'Eurodistrikt' nichts wird
   FAZ 9 Januar 1991
5. Initiative Eurodistrikt, Kehl - Zusammenfassende Dokumentation
   Strasbourg 1990

Empfehlungen der Parlamentarischen Versammlung des Europarats
(mit Angabe des jeweiligen Sitzungsberichts) - Auswahl -

Rec 693 (1973)	Confrontation européenne des régions frontalières - Doc 3228
Rec 723 (1974)	Résultats de la deuxième Conférence européenne des Ministres responsables de l'aménagement du territoire - Doc 3378
Rec 752 (1975)	Politique de l'environnement en Europe - Doc 3530
Rec 754 (1975)	Colloque européen sur l'organisation de la protection des eaux douces - Doc 3545
Rec 784 (1976)	Conclusions de la deuxième confrontation européenne des régions frontalières - Doc 3807
Rec 802 (1977)	Aménagement du territoire - Résultats de la Conférence européenne des ministres européens responsables de l'Aménagement du territoire et de la Conférence des ministres européens responsables des Collectivités locales - Doc 3914
Rec 826 (1978)	Evolution récente des grands axes de communication et aménagement du territoire - Doc 4096
Rés 687 (1979)	Aménagement du territoire européen et role et fonction des régions alpines - Doc 4274
Avis 96 (1979)	Projet de Convention-cadre européenne sur la coopération transfrontalière des collectivités ou autorités territoriales - Doc 4402
Rec 867 (1979)	Pollution atmosphérique transfrontalière à longue distance - Doc 4368
Rec 882 (1979)	Pollution des eaux du bassin rhénan - Doc 4403
Rec 911 (1981)	Impact sur l'environnement des grandes installations industrielles - Doc 4641
Rés 767 (1982)	Projet de tunnel sous la Manche - Doc 4829
Rec 949 (1982)	Concentration d'installations industrielles et de centrales nucléaires dans les régions frontalières - Doc 4871
Rés 791 (1983)	Conférence des régions pyrénéennes - Doc 4991
Rec 997 (1984)	Aménagement du territoire et protection de l'environnement dans les régions cotières européennes - Doc 5280
Rec 1013 (1985)	Coopération transfrontalière en Europe - Doc 5414
Dir 425 (1985)	Médiateur pour les questions transfrontalières - Doc 5414
Rec 1041 (1986)	Trafic transalpin - Doc 5610
Rec 1052 (1987)	Pollution du Rhin - Doc 5686
Rés 876 (1987)	Réseau européen de trains à grande vitesse - Doc 5731
Rec 1079 (1988)	Protection de la mer du Nord contre la pollution - Doc 5881
Rec 1091 (1988)	Campagne européenne pour le monde rural - Doc 5963
Rec 1108 (1989)	20 ans d'aménagement du territoire en Europe - Doc 6034
Rec 1130 (1990)	Charte et convention sur la protection de l'environnement et le développement durable - Doc 6286
Rec 1132 (1990)	Protection de la mer du Nord et de la facade atlantique - Doc 6286
Rec 1133 (1990)	Politiques européennes de tourisme - Doc 6283 (6300)
Rec 1144 (1991)	Situation des populations et des travailleurs frontaliers - Doc 6350

GUNTHER MANTHEY

II. 2 Möglichkeiten der gemeinschaftlichen Regionalpolitik für die Entwicklung der Grenzregionen

Die INTERREG-Initiative und andere begleitende Maßnahmen

2.1 Die Förderung der grenzübergreifenden Zusammenarbeit durch die Kommission: Entwicklung und Ausblick

Als Einführung in das Thema sei zunächst einmal daran erinnert, daß noch vor einigen Jahren nur in sehr geringem Umfang Gemeinschaftsmittel aus dem Bereich der Regionalpolitik für Aktionen der grenzüberschreitenden Zusammenarbeit zur Verfügung standen. So sind in den 80er Jahren, bis 1987 einschließlich, seitens der Kommission weniger als eine Mio. ECU aufgewendet worden, zum größten Teil für Studien zur Erstellung von "Gemeinsamen grenzübergreifenden Entwicklungskonzepten", die damals noch als "Grenzüberschreitende Aktionsprogramme" bezeichnet wurden und die seinerzeit kaum Aussichten hatten, unter einem spezifischen Titel "Grenzregionen" oder "Grenzüberschreitende Zusammenarbeit" für Mitfinanzierungen aus Gemeinschaftsmitteln in Frage zu kommen.

Von 1988 an, vor allem im Hinblick auf die Errichtung des gemeinsamen Binnenmarktes, nahm dann die Entwicklung der zur Verfügung gestellten Beträge einen rasanten "Aufschwung": 1988 zwei Mio. ECU, 1989 über zwanzig Mio. ECU für Pilotvorhaben und Studien und von 1990 an, für einen Zeitraum von zunächst vier Jahren, insgesamt etwa 900 Mio. ECU. Diese Entwicklung zeigt, daß die Kommission den Anliegen der Grenzregionen sehr aufgeschlossen gegenübersteht und bereit ist, zur Lösung der bestehenden oder zu erwartenden Probleme auch mit dem Einsatz nicht unerheblicher Gemeinschaftsmittel beizutragen.

Im nachfolgenden werden zunächst die allgemeinen Probleme der Grenzregionen angesprochen und dann die wichtigsten Aspekte der INTERREG-Initiative sowie anderer von der Kommission geplanter begleitender Maßnahmen aus dem Bereich der grenzübergreifenden Zusammenarbeit behandelt. Da sich bei Abschluß des Manuskriptes die Verhandlungen der Kommission mit den zuständigen Stellen der Mitgliedstaaten noch in einem Anfangsstadium befanden, war es leider nicht möglich, in allen Fällen spezifische - auf die Bundesrepublik Deutschland zugeschnittene - Angaben zu machen.

2.2 Jetzige und zu erwartende Probleme der Grenzgebiete

2.2.1 Derzeitige Probleme der Grenzgebiete

"Einen Raum ohne Binnengrenzen, in dem der freie Verkehr von Personen, Waren, Gütern und Dienstleistungen gewährleistet ist" - dies fordert die Einheitliche Europäische Akte von 1986 (Art. 130A EWGV). Diese Zielsetzung bedingt, daß die Grenzregionen der Gemeinschaft sich so harmonisch wie möglich den auf sie zukommenden Veränderungen anpassen müssen.

Aber auch die zur Zeit noch bestehenden Nachteile, denen viele Grenzgebiete der Gemeinschaft ausgesetzt sind, dürfen nicht vernachlässigt werden; an einige dieser Probleme sei hier erinnert:

- Die Grenzregionen sind in der Regel von den Hauptentscheidungszentren und den wichtigsten Zentren des wirtschaftlichen Geschehens isoliert.

- Häufig trennen Grenzen die kommerziellen Zentren von ihrem natürlichen Hinterland. Dies führt zu Verzerrungen der Handelsstruktur und bei der Dienstleistungserbringung.

- Die Infrastrukturausstattung von Grenzgebieten ist verhältnismäßig gering, weil sie am Rande der innerstaatlichen Verkehrs- und Kommunikationsnetze liegen und die grenzüberschreitenden Kommunikationsnetze - in vielen Fällen aus militärstrategischen Überlegungen früherer Jahre heraus - oft nicht sehr ausgeprägt sind. Dies trifft insbesondere für zahlreiche Gebiete an den Außengrenzen der Gemeinschaft zu.

- Zahlreiche Grenzgebiete, vor allem in den stark benachteiligten Regionen der Gemeinschaft, verfügen über wenig Bodenschätze und weisen häufig eine geringe Produktivität in der Landwirtschaft sowie ein verhältnismäßig niedriges wirtschaftliches Leistungsniveau auf.

- Verschiedenartige Rechts- und Verwaltungssysteme - verbunden mit unterschiedlichen Sozialsystemen, Sprachen und kulturellen Traditionen - behindern häufig die Kommunikation und den Kontakt zwischen den Gebieten beiderseits der nationalen Grenzen.

Nach Ansicht der Kommission haben insbesondere diese Nachteile und Probleme dazu geführt, daß die Grenzgebiete im Durchschnitt ein niedrigeres Pro-Kopf-Einkommen und eine höhere Arbeitslosigkeit aufweisen als andere - zentraler gelegene - Regionen desselben Mitgliedstaates.

2.2.2 Die Grenzgebiete und der einheitliche Binnenmarkt

Bei der Beurteilung der voraussichtlichen Auswirkungen des künftigen Binnenmarktes auf die Grenzgebiete muß zwischen den Gebieten an den Binnengrenzen und denen an den Außengrenzen der Gemeinschaft unterschieden werden.

a) Für die innergemeinschaftlichen Grenzgebiete dürfte der einheitliche Binnenmarkt zu beträchtlichen Veränderungen ihrer wirtschaftlichen und sozialen Strukturen führen:

- Die Beseitigung der Handelsschranken im Waren- und Dienstleistungsverkehr ermöglicht eine neue Handelsstruktur und erleichtert die Ausdehnung wirtschaftlicher Einzugsgebiete über die nationalen Grenzen hinaus.

- Die Freizügigkeit der Arbeitnehmer dürfte in vielen Fällen zu neuen grenzübergreifenden Arbeitsmarktregionen führen.

- Eine engere Koordinierung der räumlichen und wirtschaftlichen Planung zwischen den Grenzgebieten ist in dem Maße erforderlich, wie die Infrastruktursysteme über die nationalen Grenzen hinweg miteinander verbunden werden.

- Die Grenzgebiete kommen in den Genuß der gemeinsamen Planung und Bereitstellung öffentlicher Dienste (Gesundheitswesen, Energie- und Wasserversorgung) und gemeinsam eingeleiteter Programme zur wirtschaftlichen Entwicklung.

Dies sind eigentlich alles recht positive Auswirkungen. Ein negativer Aspekt wird allerdings sein, daß in einigen Grenzgebieten Arbeitsplätze verlorengehen können, da Dienstleistungen im Zusammenhang mit zollamtlicher Abfertigung, mit Personenkontrolle und mit anderen grenzbezogenen Tätigkeiten nach und nach abgebaut werden.

b) Auf die Gebiete an den Außengrenzen der Gemeinschaft dürfte sich die Errichtung des einheitlichen Binnenmarktes sicherlich ganz anders auswirken:

- Die relative Isolierung dieser Gebiete von den Entscheidungszentren und Zentren des wirtschaftlichen Geschehens könnte noch größer werden, wenn die wirtschaftliche Konzentration im Zentrum der Gemeinschaft zunimmt.

- Angesichts ihrer Lage an den Außengrenzen einer stärker integrierten Gemeinschaft müssen sie ihre Tätigkeiten im Zusammenhang mit der Zollabfertigung, Personenkontrolle und anderen Grenzformalitäten anpassen.

- Die Zu- und Abwanderungen von Arbeitnehmern und ihren Familienangehörigen aus einigen Drittländern dürfte bestimmte Gebiete an den Außengrenzen besonders stark belasten.

2.3 "INTERREG" - Eine Gemeinschaftsinitiative für die Grenzgebiete

2.3.1 Zu den Zielen von INTERREG

Im Hinblick auf die bestehenden Probleme, aber auch - und insbesondere - mit dem Ziel, ihre Aktion vor dem Zeithorizont 1992 zu verstärken, hat die Kommission im Juli 1990 beschlossen, eine Gemeinschaftsinitiative für die Grenzgebiete der Gemeinschaft einzuleiten. Mit dieser INTERREG genannten Initiative soll im Interesse der betroffenen Bevölkerung die Integration der internen Grenzgebiete in einen einheitlichen Binnenmarkt beschleunigt und die derzeitige Isolierung der Gebiete an den Außengrenzen verringert werden. Im Zuge der neu entstehenden Möglichkeiten dürfte die Initiative auch die Zusammenarbeit zwischen den Gebieten an den Außengrenzen der Gemeinschaft und den benachbarten Gebieten in den osteuropäischen Ländern fördern.

Die Initiative soll für die unter die Ziele Nr. 1 (rückständige Gebiete), 2 (vom industriellen Niedergang betroffene Gebiete) und 5 b (ländliche Gebiete mit Entwicklungsrückstand) fallenden Grenzgebiete gelten. Die Kommission ist darüber hinaus bereit, in allen Grenzgebieten ergänzende Maßnahmen in Form von Studien und Pilotprojekten nach Art. 10 der EFRE-Verordnung[1]) sowie Maßnahmen nach bestimmten Artikeln der ESF-Verordnung[2]) und der EAGFL-Verordnung[3]) zu unterstützen.

Die entsprechende Mitteilung der Kommission ist am 30. August 1990 im Amtsblatt der EG veröffentlicht worden[4]) (vgl. Anlage).

2.3.2 Mittelausstattung von INTERREG

INTERREG ist eine "Multi-Fonds"-Initiative, an der sich alle drei Strukturfonds beteiligen. Für den Zeitraum von 1990 bis 1993 stehen insgesamt 800 Mio. ECU zur Verfügung; das sind 100 Mio. ECU mehr, als ursprünglich vorgesehen war. Etwa 80 % dieser Mittel sind für die Grenzgebiete des Zieles 1 vorgesehen (Irland - Nordirland, Korsika - Sardinien, Portugal - Spanien, Griechische Außengrenzen). Dazu kommt - für ergänzende Maßnahmen, die u.a. nach Art. 10 der EFRE-Verordnung in Form von Pilotprojekten mitfinanziert werden könnten - ein Beitrag von insgesamt etwa 100 Mio. ECU für den gleichen Zeitraum. Diese Mittel sind in erster Linie für Aktionen in Grenzgebieten vorgesehen, die nicht unter die Ziele 1, 2 oder 5 b) fallen.

2.3.3 Zuständigkeiten

Die nationalen Behörden der Mitgliedstaaten werden in der Mitteilung aufgefordert, gemeinsame operationelle Programm- und Projektvorschläge vorzulegen. Zur Erleichterung der vorbereitenden Arbeiten ist den zuständigen Behörden der Mitgliedstaaten (D: Bundesministerium für Wirtschaft) seitens der Kommission kurz vor der Veröffentlichung der INTERREG-Leitlinien schriftlich mitgeteilt worden, welche Beträge - aufgeteilt nach Mitteln für die Ziele und nach Artikel-10-Mitteln - indikativ für jede Grenze zur Verfügung stehen (im Falle der Bundesrepublik Deutschland für die deutsch-französische, die deutsch-niederländische, die deutsch-belgische, die deutsch-luxemburgische und die deutsch-dänische Grenze sowie für die deutschen Außengrenzen[5]) (vgl. Tabelle).

Zwar sind für die Einreichung der Programm- und Projektvorschläge die nationalen Behörden der Mitgliedstaaten zuständig - aber die Kommission kann jenen Vorschlägen eine gewisse Priorität einräumen, die - ganz im Sinne des Prinzips der "Partnerschaft" - in Zusammenarbeit mit den regionalen und lokalen Gebietskörperschaften entwickelt wurden und die ganz besonders auch die Schaffung oder den Ausbau gemeinsamer grenzüberschreitender Strukturen administrativer oder institutioneller Art betreffen.

INTERREG - Indikative Mittelverteilung auf die Grenzen der Bundesrepublik Deutschland (in Mio. ECU)

Grenze mit ...	Ziele 2 und 5b	Artikel 10 der EFRE-Verordnung
Frankreich	6	12
Belgien	2	1
den Niederlanden	18	12
Dänemark	3	2
Luxemburg	3	1
der Schweiz, Österreich und früheres Bundesgebiet mit der Tschechoslowakei	9	7

N.B.: Diese Mittelverteilung ist indikativ; sie stellt weder eine "Quote" noch ein "Anspruchsrecht" dar. Bei der endgültigen Mittelverteilung wird insbesondere die Qualität der (gemeinsam) eingereichten Vorschläge berücksichtigt werden.

2.3.4 Förderungswürdige Maßnahmen

Zunächst einmal ist klar, daß die in Frage kommenden Gemeinschaftsgebiete in ihrer wirtschaftlichen und sozialen Struktur und den natürlichen Merkmalen beträchtliche Unterschiede aufweisen. Die Spanne reicht von überwiegend landwirtschaftlich ausgerichteten und stark benachteiligten Gebieten in Spanien, Portugal, Irland, Nordirland und Griechenland bis zu den hochindustrialisierten Gebieten in Nordfrankreich, Belgien, den Niederlanden und der Bundesrepublik Deutschland. Die Grenzen fallen oft mit natürlichen Schranken wie Bergketten oder Flüssen zusammen - oder beruhen lediglich auf politischen Trennungen von sonst homogenen geographischen Gebieten.

Daher sehen die Leitlinien für die operationellen Programme eine hinreichende Flexibilität vor, so daß die Mitgliedstaaten ihre Vorschläge auf besondere Erfordernisse und Merkmale ihrer Grenzgebiete abstellen können. Ein großer Fächer von Aktionen ist vorgesehen, die für eine Gemeinschaftsunterstützung in Frage kommen. Detaillierte Angaben hierzu finden sich im Teil III der in Anlage 1 beigefügten Mitteilung, Punkte 12 bis 15. Die Mitgliedstaaten sind aufgefordert, daraus ein begrenzteres - aber ausgewogenes - Maßnahmenbündel auszuwählen, das verschiedene Bereiche umfaßt, entsprechend den in der Mitteilung aufgestellten Kriterien.

2.3.5 Gemeinsame Durchführung von Maßnahmen

Es hat sich bei den Arbeiten der Kommission in den letzten Jahren immer wieder gezeigt, daß die Planung von gemeinsamen Maßnahmen der grenzüberschreitenden Zusammenarbeit in den meisten Fällen ohne größere Schwierigkeiten erfolgen kann und auch erfolgte.

Die eigentlichen Schwierigkeiten beginnen dann bei der gemeinsamen Durchführung dieser gemeinsam geplanten und vorbereiteten Maßnahmen. Diese Probleme sind auch z.B. bei einer Sitzung am 17. September 1990 in Brüssel - bei dieser Sitzung berichteten die für die Durchführung der Ende 1989 von der Kommission beschlossenen Studien und Pilotprojekte Verantwortlichen über den Fortschritt bei deren Durchführung - wiederholt erwähnt worden. Die Kommission ist sich der Tatsache bewußt, daß in vielen Fällen die Beauftragung einer "einzigen" Stelle oder Behörde mit der Abwicklung, insbesondere der Pilotvorhaben, auf Schwierigkeiten stieß und daß deswegen z.B. auch die Nennung eines einzigen Kontos, auf das die Gemeinschaftszuschüsse überwiesen werden sollten, Probleme bereitete. Diese Schwierigkeiten hängen wohl in erster Linie mit mangelhafter "Institutionalisierung" und mit den unterschiedlichen Finanzordnungen der beteiligten Mitgliedstaaten zusammen, aber auch mit den verschiedenartigen Zuständigkeiten der beteiligten Ebenen.

Die Kommission prüft zur Zeit unter anderem, ob vielleicht eine Struktur analog zur "Europäischen Gruppierung für Wirtschaftsinteressen" für bestimmte Fälle in Frage kommen könnte; so etwas wie eine "Europäische Gruppierung öffentlichen Interesses". Diese Prüfung ist noch nicht abgeschlossen, aber es wird darüber hinaus natürlich auch versucht werden, zusammen mit den beteiligten Mitgliedstaaten und Regionen Lösungen für die Durchführung der INTERREG-Programme zu finden, die zugleich flexibel und pragmatisch sind. Wünschenswert wären für die Grenzregionen geeignete juristische Lösungen und funktionsfähige Organisationsstrukturen der Zusammenarbeit.

2.4 Geplante Begleitmaßnahmen

2.4.1 Das "LACE"-Projekt, ein "Observatorium für grenzüberschreitende Zusammenarbeit"

Als begleitende Maßnahme zu der Initiative für Grenzgebiete hat die Kommission Ende Juli 1990 ein Pilotprojekt auf den Weg gebracht und mitfinanziert, das sich an alle Regionen an den Binnen- und Außengrenzen der EG richtet. Hauptsächliches Ziel dieses Projekts ist, die Grenzregionen der Gemeinschaft bei ihren Bemühungen zu unterstützen, die von dem einheitlichen Binnenmarkt geschaffenen - oder zu erwartenden - neuen Möglichkeiten zu nutzen und gleichzeitig Problemen oder Hindernissen entgegenzuwirken, die mit ihrer Randlage zusammenhängen (nationale Peripherie für Binnengrenzen, Gemeinschafts-Peripherie für Außengrenzen).

Das Projekt wird von der "Arbeitsgemeinschaft Europäischer Grenzregionen (AGEG)" durchgeführt. Es läuft unter der Bezeichnung "LACE", d.h. "Linkage, Assistance and Co-operation for the European border regions" (Verbindung, Technische Hilfe und Zusammenarbeit für die Europäischen Grenzregionen). "LACE" - "LACET" in französisch - bedeutet "Schnurband" oder "Schnürsenkel" und bezeichnet damit recht treffend die Aufgaben des Pilotprojektes, das aus vier ineinander übergreifenden "Aktionsfeldern" besteht:

a) Beratungs- und technischer Hilfsdienst für die Grenzgebiete;

b) Einrichtung einer Datenbank zu Kooperationsvorhaben, zu grenzübergreifenden, institutionellen und organisatorischen Strukturen sowie zu bestehenden Hindernissen des grenzüberschreitenden Handels oder anderer wirtschaftlicher und sozialer Beziehungen;

c) Förderung der Vernetzung zwischen den Grenzregionen;

d) Information und Öffentlichkeitsarbeit.

Die Möglichkeiten, die dieses Projekt allen Grenzregionen bietet, könnten und sollten von allen Interessenten genutzt werden[6].

2.4.2 Förderung grenzüberschreitender Informationsprojekte der Gewerkschaften und der Industrie- und Handelskammern durch die EG

Da das "LACE"-Projekt sich an die Grenzregionen richtet, also in erster Linie an die "Verwaltungsebene", hat sich die Kommission darüber hinaus überlegt, ob nicht auch den Gewerkschaftsverbänden und den Industrie- und Handelskammern in den Grenzregionen eine gewisse Unterstützung angeboten werden könnte, die es diesen Organisationen gestatten würde, in einem größeren Umfang ihre Mitglieder "an der Basis" über die vielfältigen Möglichkeiten der grenzüberschreitenden Zusammenarbeit in allen Bereichen zu unterrichten.

Die Kommission hat Ende 1990 für derartige Informationsveranstaltungen, Seminare oder den Austausch von Mitarbeitern usw. sowohl dem Europäischen Gewerkschaftsbund (EGB) als auch "EUROCHAMBRES", der Vereinigung europäischer IHKs, Mittel zur Verfügung gestellt. Beide

Organisationen sind zur Zeit dabei, ihre von der Kommission mitfinanzierten Programmvorschläge durchzuführen. Es wird sich zunächst um "punktuelle" Veranstaltungen in verschiedenen Grenzregionen handeln und dann zum Schluß der Programme, im Herbst 1991, um jeweils eine umfassendere Veranstaltung, bei der Bilanz gezogen und ein weiteres Vorgehen vorgeschlagen werden kann.

Es sollte noch hinzugefügt werden, daß die vom EGB und von EUROCHAMBRES vorgeschlagenen Informationsprogramme in enger Abstimmung untereinander - und natürlich auch mit dem "LACE"-Projekt - durchgeführt werden sollen, damit einander "konterkarierende" Veranstaltungen soweit wie möglich vermieden werden und damit die Expertise und die Orientierungen der drei "Informationsebenen" Gewerkschaften, Industrie- und Handelskammern und Gebietskörperschaften gegenseitig intensiv genutzt werden können.

Anmerkungen

1) Amtsblatt der EG Nr. L 374 vom 31.12.1988, S. 15 (Verordnung (EWG) Nr. 4254/88 des Rates vom 19.12.1988).

2) Ebenda, S. 21 (Art. 1, Abs. 1) (Verordnung (EWG) Nr. 4255/88 des Rates vom 19.12.1988).

3) Ebenda, S. 25 (Art. 8) (Verordnung (EWG) Nr. 4256/88 des Rates vom 19.12.1988).

4) Amtsblatt der EG Nr. C 215 vom 30.8.1990, S. 4.

5) Dies betrifft nur die Gebiete mit Grenzen zur Schweiz, zu Österreich und zur Tschechoslowakei. Für die Gebiete entlang der früheren "Zonengrenze" sowie für die Grenzgebiete der bisherigen DDR mit Polen und der Tschechoslowakei sind zur Zeit spezifische Lösungen im Gespräch; die Arbeiten hieran sind noch nicht abgeschlossen.

6) Auskünfte zu weiteren Einzelheiten des LACE-Projektes erteilt das Sekretariat der "Arbeitsgemeinschaft Europäischer Grenzregionen" in Gronau (AGEG, c/o EUREGIO, Enscheder Str. 362, 4432 Gronau; Tel. (02562) 25062; Fax-Nr. (02562) 1639).

Anhang

Mitteilung C(90) 1562/3 an die Mitgliedstaaten zur Festlegung von Leitlinien für die von ihnen im Rahmen einer Gemeinschaftsinitiative für Grenzgebiete aufzustellenden operationellen Programme (Interreg)

(90/C 215/04)

1. Die Kommission der Europäischen Gemeinschaften hat in ihrer Sitzung am 25. Juli 1990 beschlossen, eine Gemeinschaftsinitiative für Grenzgebiete (nachstehend Interreg genannt) nach Artikel 11 der Verordnung (EWG) Nr. 4253/88 und Artikel 3 Absatz 2 der Verordnung (EWG) Nr. 4254/88 einzuleiten.

2. Im Rahmen der Interreg-Initiative wird eine Gemeinschaftsunterstützung in Form von Darlehen und Zuschüssen für Maßnahmen in Gebieten gewährt, die den in dieser Mitteilung aufgestellten Leitlinien entsprechen und Bestandteil von operationellen Programmen sind, die die Mitgliedstaaten vorgelegt haben und die von der Kommission der Europäischen Gemeinschaften genehmigt wurden.

I. Förderziele

3. Die Initiative zielt darauf ab,

— die Gebiete an den Binnen- wie auch an den Außengrenzen der Gemeinschaft bei der Bewältigung besonderer Entwicklungsprobleme infolge ihrer relativen Isolierung innerhalb der nationalen Volkswirtschaften und der Gemeinschaft insgesamt im Interesse der lokalen Bevölkerung und in einer mit dem Umweltschutz zu vereinbarenden Weise zu unterstützen;

— die Einrichtung und den Ausbau von Kooperationsnetzen über die Binnengrenzen hinweg und gegebenenfalls die Verknüpfung dieser Netze mit umfassenderen Gemeinschaftsnetzen im Kontext des Ende 1992 zu vollendenden Binnenmarktes zu fördern;

— die Anpassung der Gebiete an den Außengrenzen an ihre neue Rolle als Grenzgebiete eines einheitlichen integrierten Marktes zu unterstützen;

— die neuen Möglichkeiten für eine Zusammenarbeit mit Drittländern in den Gebieten an den Außengrenzen der Gemeinschaft zu nutzen.

4. Nach den bisherigen Erfahrungen mit Maßnahmen zur Förderung der Zusammenarbeit zwischen Grenzgebieten in der Gemeinschaft lassen sich im allgemeinen drei Arten von Maßnahmen unterscheiden:

a) gemeinsame Planung und Durchführung von grenzübergreifenden Programmen;

b) Maßnahmen zur Verbesserung des grenzübergreifenden und grenznahen interregionalen Informationsflusses zwischen öffentlichen Stellen, privaten Organisationen und freien Wohlfahrtsverbänden innerhalb der betreffenden Gebiete;

c) Schaffung gemeinsamer institutioneller und administrativer Strukturen, um die Zusammenarbeit zu stützen und zu fördern.

5. Die Mitgliedstaaten und die regionalen und lokalen Behörden werden aufgefordert, bei der Vorbereitung der im Rahmen der Interreg-Initiative vorzulegenden operationellen Programme möglichst die vorstehend unter Ziffer 4 aufgeführten drei Arten von Maßnahmen in abgestimmten Vorschlägen für eine grenzüberschreitende Zusammenarbeit zu unterbreiten und ihre Kooperationsstrategien entsprechend zu entwickeln.

6. Die Kommission, die im Rahmen dieser Initiative eine Gemeinschaftsunterstützung für die internen Grenzgebiete vorsieht, wird den Vorschlägen Vorrang einräumen, die in Zusammenarbeit mit den regionalen und lokalen Gebietskörperschaften der Grenzregionen entwickelt wurden und die die Schaffung oder den Ausbau gemeinsamer institutioneller oder administrativer Strukturen umfassen, mit denen sich die grenzüberschreitende Zusammenarbeit zwischen öffentlichen Stellen, privaten Organisationen und freien Wohlfahrtsverbänden vertiefen und erweitern läßt. Soweit möglich sollten diese gemeinsamen institutionellen oder administrativen Strukturen zur Durchführung gemeinsam aufgestellter Projekte auf eigene Mittel zurückgreifen können.

7. Die durch diese Initiative unterstützten Maßnahmen sollten sich hauptsächlich auf die Bevölkerung der im Rahmen dieser Initiative förderungswürdigen Grenzgebiete auswirken. Besonders zu berücksichtigen wäre dabei die Schaffung alternativer Arbeitsmöglichkeiten in Gebieten, wo es durch veränderte Zollabfertigungs- und andere grenzbezogene Verfahren zu Arbeitsplatzverlusten kommen kann.

II. Bestimmung der förderungswürdigen Gebiete

8. Zu den förderungswürdigen Gebieten im Sinne der Interreg-Initiative gehören alle Ziel 1-, 2- und 5b-Gebiete entlang der internen und äußeren Landesgrenzen der Gemeinschaft, die auf der Verwaltungsebene III der Nomenklatur statistischer Gebietseinheiten (NUTS III) zusammengefaßt sind und die in Anhang 1 zu dieser Mitteilung aufgeführt sind.

9. In außergewöhnlichen Fällen kann Gemeinschaftshilfe für Maßnahmen zur Schaffung oder Förderung von Kooperationsnetzen mit Ausnahme von Infrastrukturinvestitionen gewährt werden, wenn die Maßnahmen der Bevölkerung der betreffenden Grenzgebiete zugute kommen; letztere müssen aber zu den Ziel 1-, 2- oder 5b-Gebieten gehören, ausgenommen die in Ziffer 8 beschriebenen Gebiete.

Aus: Amtsblatt der Europäischen Gemeinschaften Nr. C 215/4 vom 30.8.1990

10. Infrastrukturinvestitionen sollten so weit wie eben machbar auf Verwaltungseinheiten unter der NUTS III-Ebene konzentriert werden, die unmittelbar an der Grenze liegen. Wenn jedoch in dünn besiedelten Gebieten festgestellt wird, daß die ökonomische Entwicklung durch das Fehlen von Straßeninfrastrukturen behindert wird, können diese Infrastrukturen ausnahmsweise im Rahmen dieser Initiative berücksichtigt werden. Dies gilt auch für ein Gebiet, das über das streng definierte NUTS III-Gebiet hinausgeht. Eine Förderung ist nur in dem Rahmen möglich, in dem diese Infrastrukturen zur Entwicklung der betreffenden Regionen beitragen, nicht jedoch der Erleichterung des Transitverkehrs durch diese Regionen dienen.

11. Andere Grenzregionen an den Binnen- und Außengrenzen, die nicht nach den Zielen 1, 2 und 5b förderbar sind, können dennoch begrenzte Förderbeträge nach Artikel 10 der Verordnung (EWG) Nr. 4254/88, nach Artikel 1 Absatz 2 der Verordnung (EWG) Nr. 4255/88 oder nach Artikel 8 der Verordnung (EWG) Nr. 4256/88 erhalten. Operationelle Programme im Rahmen von Interreg können gegebenenfalls Vorschläge zum gesamten Grenzgebiet enthalten, wenn sie Gebiete auf beiden Seiten der Grenze enthalten, die für eine Gemeinschaftsunterstützung nach den Zielen 1, 2 und 5b und damit für Interreg in Betracht kommen. Auch andere anliegende Grenzregionen oder Grenzregionen, für die eine grenzüberschreitende Zusammenarbeit vorgesehen ist, können Unterstützung nach den oben genannten Ziffern erhalten. Siehe Liste in Anhang 2 dieser Mitteilung.

III. Förderungswürdige Maßnahmen

12. Dieser Teil der Mitteilung enthält ein Verzeichnis der für eine Unterstützung im Rahmen der Interreg-Initiative in Frage kommenden Maßnahmen. Bei der Vorlage der operationellen Programme sollten die Mitgliedstaaten aus diesem Verzeichnis ein zwar begrenzteres, aber ausgewogenes Maßnahmenbündel auswählen, auf das die Gemeinschaftshilfe zu konzentrieren wäre. Diese Auswahl sollte den vorstehend unter den Ziffern 6 und 7 beschriebenen Prioritäten Rechnung tragen und mit den Maßnahmen in Einklang stehen, die im Kontext der Gemeinschaftlichen Förderkonzepte (GFK) für die nach der Interreg-Initiative förderungswürdigen Gebiete geplant sind, da die Interreg-Initiative eine ergänzende Aktion zu den GFK darstellt.

13. Die nachstehenden Maßnahmen zur Förderung der Zusammenarbeit zwischen den Gebieten an den Binnengrenzen der Gemeinschaft können unterstützt werden, wenn sie sich entwicklungsfördernd beiderseits der Grenzen auswirken dürften und ihre Planung und soweit möglich ihre Durchführung auf grenzüberschreitender Basis erfolgt. Besondere Aufmerksamkeit sollte der Schaffung von Ersatzarbeitsplätzen in Grenzregionen gewidmet werden, in denen aufgrund der Schaffung des Binnenmarktes deutliche Arbeitsplatzverluste entstehen können:

a) Studien über Entwicklungspläne, die die Grenzgebiete als eine integrierte geographische Einheit behandeln;

b) Investitionshilfen und die Bereitstellung von Diensten und Einrichtungen, um die Entwicklung kleiner und mittlerer Unternehmen und handwerklicher Betriebe zu stützen und zu erleichtern, insbesondere Technologietransfer- und absatzfördernde Dienste. Besonders zu unterstützen wäre der Ausbau grenzüberschreitender Netze für wirtschaftliche Kontakte der kleinen und mittleren Unternehmen;

c) Entwicklung des Fremdenverkehrs (einschließlich Fremdenverkehr auf dem Land) sowie die fremdenverkehrsfördernde Einrichtung und Verwaltung von Naturparks, die durch eine Grenze getrennt sind;

d) örtliche Wasser-, Gas- und Stromversorgung und örtliche Telekommunikationen und Entwicklung erneuerbarer Energiequellen; gemeinsame Erschließung und Nutzung von Wasserquellen und entsprechende Infrastruktur;

e) Verschmutzungsverhütung und -kontrolle, Abfallentsorgung oder Umweltschutzprogramme, sowie die Überwachung von Umweltschutznormen bei Industrieneuansiedlungen in Grenzregionen;

f) Programme für die ländliche Entwicklung zur Diversifizierung der landwirtschaftlichen Einkommen und Abfallentsorgung für die Forstwirtschaft, Fischerei und Landwirtschaft;

g) genetische Verbesserung sowie Tier- und Pflanzenschutzmaßnahmen, um die landwirtschaftliche Produktivität zu steigern und den grenzüberschreitenden Handel zu erleichtern;

h) Maßnahmen zur Verbesserung der landwirtschaftlichen Erzeugnisse und Verfahren, zur Förderung der Produktdiversifizierung und zur Entwicklung von Gütezeichen und Handelsmarken; Maßnahmen zur Verbesserung der Marktstruktur und zur Unterstützung kooperativer Marktstrategien, insbesondere wenn dadurch der grenzüberschreitende Handel erleichtert wird;

i) Gründung oder Ausbau von Handelsorganisationen, Berufsverbänden, Planungs- und Beratergruppen wie z. B. grenzüberschreitende Entwicklungsgesellschaften oder anderer öffentlicher und privater Einrichtungen oder freier Wohlfahrtsverbände, die die grenzüberschreitenden Kontakte im wirtschaftlichen und sozialen Bereich erleichtern sowie Einrichtung von Sprachkursen zu diesem Zweck;

j) in Gebieten mit großem Infrastrukturrückstand die Verbesserung der Transport- und anderer Kommunikationssysteme (einschließlich Mediendienste) in und zwischen den Grenzgebieten durch Schaffung oder Modernisierung von Infrastruktur, sofern sich diese Maßnahmen hauptsächlich entwicklungsfördernd auf die betreffenden Gebiete beiderseits der Grenze auswirken oder eine Lösung für die unmittelbar mit der Existenz der Grenzen verbundenen Probleme darstellen, z. B. durch Erleichterung des grenzüberschreitenden Verkehrs;

k) Maßnahmen zur Förderung der Zusammenarbeit im Hochschulbereich, zwischen den Forschungsinstituten und den berufsbildenden Einrichtungen, insbesondere gemeinsame Inanspruchnahme von Mitteln und Einrichtungen auf grenzüberschreitender Basis;

l) Ausbildung und beschäftigungswirksame Maßnahmen im Zusammenhang mit den vorstehend unter den Buchstaben a) bis k) beschriebenen Maßnahmen, insbesondere für Arbeitslose und Personen, die von Veränderungen grenzbezogener Tätigkeiten infolge des einheitlichen Binnenmarktes umittelbar oder mittelbar betroffen sind.

14. In Gebieten an den Außengrenzen der Gemeinschaft können folgende Maßnahmen unterstützt werden:

a) Verbesserung der Infrastruktur, insbesondere Zugang zu den Gebieten an den Außengrenzen und Verbindungen in diesen Gebieten sowie örtliche Wasser-, Gas- und Stromversorgung;

b) Verhütung und Kontrolle von Umweltverschmutzungen und Abfallproblemen einschließlich der durch die Nähe der Außengrenzen verstärkten Probleme oder möglicher Probleme im Zusammenhang mit den nachstehend aufgeführten Maßnahmen c) bis e);

c) Investitionshilfen und Bereitstellung von Hilfsdiensten und Einrichtungen für kleine und mittlere Unternehmen und Genossenschaften, insbesondere im Bereich des Technologietransfers und des Marketings;

d) Förderung des Fremdenverkehrs (einschließlich des Fremdenverkehrs auf dem Land);

e) Maßnahmen zur Förderung der Landwirtschaft und der ländlichen Entwicklung, wie vorstehend unter Ziffer 13 Buchstaben f), g) und h) beschrieben;

f) Ausbildung und beschäftigungswirksame Maßnahmen im Zusammenhang mit den vorstehend unter den Buchstaben a) bis e) beschriebenen Maßnahmen, insbesondere für Arbeitslose und Personen, die von Veränderungen grenzbezogener Tätigkeiten infolge des einheitlichen Binnenmarktes unmittelbar oder mittelbar betroffen sind.

15. Soweit Möglichkeiten für eine Zusammenarbeit zwischen den Gebieten an den Außengrenzen der Gemeinschaft und benachbarten Gebieten in Drittländern bestehen, können auch Maßnahmen unterstützt werden, die in Ziffer 13 aufgeführten entsprechen. Gleichwohl kann eine Gemeinschaftsunterstützung im Rahmen der Interreg-Initiative nur für förderungswürdige Gebiete innerhalb der Gemeinschaft gewährt werden. Falls Vorschläge für eine grenzüberschreitende Zusammenarbeit mit Grenzgebieten in Drittländern unterbreitet werden, kann die Kommission, soweit möglich und geeignet, eine Finanzierung derartiger Maßnahmen aus anderen Haushaltsquellen in Betracht ziehen.

IV. Der Beitrag der Gemeinschaft zur Finanzierung der Interreg-Initiative

16. Die operationellen Programme im Rahmen der Interreg-Initiative sind von den Mitgliedstaaten und der Gemeinschaft gemeinsam zu finanzieren. Der gesamte Beitrag der Strukturfonds der Gemeinschaft zur Interreg-Initiative im Zeitraum 1990—1993 wird auf 800 Millionen ECU veranschlagt. In Übereinstimmung mit den Prioritäten der Strukturfondsverordnungen werden die Gemeinschaftsmittel hauptsächlich auf die Ziel 1-Gebiete konzentriert. Außerdem kann eine Unterstützung für ergänzende Pilotprojekte nach Artikel 10 der Verordnung (EWG) Nr. 4254/88, Artikel 1 Absatz 2 der Verordnung (EWG) Nr. 4255/88 und Artikel 8 der Verordnung (EWG) Nr. 4256/88 gewährt werden. Auch können Darlehen aus EIB-Mitteln bereitgestellt werden.

17. Die Kommissionsentscheidung über die Höhe des Beitrags aus dem Gemeinschaftshaushalt zu einzelnen operationellen Programmen wird sich nach der Bevölkerung und dem Entwicklungsniveau der betreffenden Grenzgebiete und nach der Qualität der vorgelegten Programme richten. Die Beteiligungssätze werden im Einklang mit den Bestimmungen der Strukturfondsverordnungen beschlossen. Dabei ist der Finanzierungskapazität der betreffenden nationalen und regionalen Behörden Rechnung zu tragen. Bei der Beurteilung der Programmqualität wird die Kommission insbesondere folgende Elemente berücksichtigen:

— Existenz einer kohärenten regionalen Strategie für die als eine geographische Einheit betrachteten betreffenden Grenzgebiete mit klar aufgestellten Entwicklungszielen, denen die Ziele der operationellen Programme entsprechend einzuordnen sind;

— voraussichtlicher Entwicklungseffekt der vorgeschlagenen Maßnahmen in den für diese Initiative in Frage kommenden Gebieten, wobei Defizite im Infrastruktur- und Dienstleistungsbereich sowie Beschäftigungsauswirkungen durch den Abbau der Binnengrenzen berücksichtigt werden;

— im Fall der internen Grenzgebiete Beitrag der vorgeschlagenen Maßnahmen zur grenzüberschreitenden Zusammenarbeit in möglichst zahlreichen Bereichen und damit Beitrag zur Vollendung des Binnenmarktes;

— zusätzlicher Charakter sowohl der von der Gemeinschaft bereitzustellenden Mittel als auch der von den nationalen und regionalen Behörden für das operationelle Programm zur Verfügung gestellten Mittel;

— voraussichtliche Effizienz der Verfahren für die Durchführung, Begleitung und Bewertung. Für die Grenzgebiete innerhalb der Gemeinschaft sollten gemeinsame Verfahren in Betracht gezogen werden;

— Grad einer optimalen Kombination von Darlehen und Zuschüssen.

V. Durchführung

18. Die Mitgliedstaaten, die eine Unterstützung im Rahmen der Interreg-Initiative beantragen möchten, werden aufgefordert, eingehende Vorschläge für operationelle Programme oder geänderte Fassungen eines in Anwendung der Gemeinschaftlichen Förderkonzepte bestehenden oder vorgeschlagenen operationellen Programms innerhalb von sechs Monaten nach Veröffentlichung dieser Mitteilung vorzulegen. Vorschläge für operationelle Programme, die nach diesem Zeitpunkt eingehen, brauchen von der Kommission nicht berücksichtigt werden.

Ausgaben zu den Zielen 2 und 5b sollten gegebenenfalls getrennt ausgewiesen werden.

Vorschläge für interne Grenzgebiete der Gemeinschaft sollten in Form eines einheitlichen operationellen Programms von den betroffenen — beiden oder mehreren — Mitgliedstaaten vorgelegt werden. Strukturen und Verfahren für die Durchführung der Programme auf grenzüberschreitender Basis sollten entsprechend dargestellt werden.

19. Alle Schreiben im Zusammenhang mit dieser Mitteilung sind zu richten an:

Herrn E. Landaburu,
Generaldirektor,
Generaldirektion Regionalpolitik,
Kommission der Europäischen Gemeinschaften,
Rue de la Loi 200,
B-1049 Brüssel.

Soweit sich diese Schreiben auf die Ziel 5b-Regionen beziehen, sind sie auch zu richten an:

Herrn G. Legras,
Generaldirektor,
Generaldirektion Landwirtschaft,
Kommission der Europäischen Gemeinschaften,
Rue de la Loi 200,
B-1049 Brüssel.

ANHANG 1

VERZEICHNIS DER IM RAHMEN VON INTERREG FÖRDERUNGSFÄHIGEN GRENZGEBIETE (NUTS III), AUFGESCHLÜSSELT NACH ZIELEN

BELGIEN

Ziel 2

Turnhout (*)
Thuin (*)
Liège
Maaseik (*)
Tongeren (*)
Arlon (*)

Ziel 5b

Bastogne
Dinant (*)

DÄNEMARK

Ziel 2

Lolland (**)

Ziel 5b

Storstrøms Amt (*)
Bornholms Amt (*)
Fyns Amt (*)
Sønderjyllands Amt (*)

DEUTSCHLAND (¹)

Ziel 2

Emden, Krfr. Stadt
Aachen, Landkreis (*)
Heinsberg (*)
Borken (*)
Pirmasens, Krfr. Stadt
Zweibrücken, Krfr. Stadt
Pirmasens
Saarbrücken, Stadtverb. (*)
Saarlouis (*)
Berlin

Ziel 5b

Nordfriesland (*)
Schleswig-Flensburg (*)
Lüchow-Dannenberg
Aurich (*)
Emsland (*)
Leer (*)
Euskirchen (*)
Fulda (*)
Hersfeld-Rotenburg (*)
Werra-Meissner-Kreis
Bitburg-Prüm (*)

Daun
Trier-Saarburg
Freyung-Grafenau
Passau (*)
Regen
Cham
Neustadt a. d. Waldnaab
Schwandorf
Tirschenreuth
Coburg
Hof
Kronach
Wunsiedel i. Fichtelgeb.
Hassberge
Rhon-Grabfeld
Merzig-Wadern (*)

GRIECHENLAND

Ziel 1

Evros
Xanthi
Rodopi
Drama
Kavala
Thessaloniki
Kilkis
Pella
Serres
Kastoria
Florina
Thesprotia
Ioannina
Kerkyra
Lesvos
Samos
Chios
Dodekanisos
Irakleio
Lasithi
Rethymni
Chania

SPANIEN

Ziel 1

Orense
Pontevedra
Salamanca
Zamora
Badajoz
Cáceres
Huelva
Ceuta
Melilla

Ziel 2

Guipúzcoa
Navarra (*)
Gerona (*)

Ziel 5b

Navarra (*)
Huesca (*)
Gerona (*)
Lérida (*)

FRANKREICH

Ziel 1

Corse du Sud

Ziel 2

Ardennes (*)
Aisne (*)
Nord (*)
Pas-de-Calais (*)
Meurthe-et-Moselle (*)
Meuse
Moselle (*)
Doubs (*)
Territoire de Belfort
Pyrénées-Atlantiques (*)

Ziel 5b

Meuse (*)
Haut-Rhin (*)
Jura (*)
Pyrénées-Atlantiques (*)
Ariège (*)
Haute-Garonne (*)
Hautes-Pyrénées (*)
Ain (*)
Pyrénées-Orientales (*)
Alpes-de-Haute-Provence (*)
Hautes-Alpes (*)

IRLAND

Ziel 1

North East
Donegal
North West

(*) Im Rahmen des betreffenden Ziels teilweise förderungsfähiges Gebiet.
(**) Gebiet ist kleiner als NUTS III.
(¹) Im Zuge der Vereinigung zu überprüfen.

ITALIEN	LUXEMBURG	PORTUGAL
Ziel 1	**Ziel 2**	**Ziel 1**
Sassari	Luxembourg (G.D.) (*)	Minho-Lima Cávado Douro
Ziel 2	**Ziel 5b**	Alto Trás-os-Montes Beira Interior Norte
Torino (*) Novara (*) Valle d'Aosta (*) Sondrio (*)	Luxembourg (G.D.) (*) **NIEDERLANDE**	Beira Interior Sul Alto Alentejo Alentejo Central Baixo Alentejo Algarve
Ziel 5b	**Ziel 2**	**VEREINIGTES KÖNIGREICH**
Cuneo (*) Bolzano-Bozen (*)	Oost-Groningen Zuidoost-Drenthe Twente (*) Zuid-Limburg (*)	**Ziel 1** Northern Ireland (außer der Stadt Belfast)

(*) Im Rahmen des betreffenden Ziels teilweise förderungsfähiges Gebiet.

ANHANG 2

VERZEICHNIS DER GANZ ODER TEILWEISE VON DER EINSTUFUNG UNTER DEN ZIELEN 1, 2 ODER 5b AUSGENOMMENEN GRENZGEBIETE (NUTS III)

BELGIEN	DEUTSCHLAND (¹)	
Antwerpen	Flensburg, Krfr. Stadt	Fulda (*)
Turnhout (*)	Lübeck, Krfr. Stadt	Hersfeld-Rotenburg (*)
Ath	Herzogtum Lauenburg	Trier, Krfr. Stadt
Mons	Nordfriesland (*)	Bitburg-Prüm (*)
Mouscron	Schleswig-Flensburg (*)	Germersheim
Thuin (*)	Wolfsburg, Krfr. Stadt	Südliche Weinstraße
Tournai	Gifhorn	Baden-Baden, Stadtkreis
Verviers	Göttingen	Karlsruhe, Stadtkreis
Maaseik (*)	Goslar	Karlsruhe, Landkreis
Tongeren (*)	Helmstedt	Rastatt
Arlon (*)	Osterode am Harz	Freiburg im Breisgau, Stadtkreis
Neufchâteau	Wolfenbüttel	Breisgau-Hochschwarzwald
Virton	Lüneburg, Landkreis	Emmendingen
Dinant (*)	Uelzen	Ortenaukreis
Philippeville	Aurich (*)	Schwarzwald-Baar-Kreis
Gent	Emsland (*)	Konstanz
Sint-Niklaas	Grafschaft Bentheim	Lörrach
Brugge	Leer (*)	Waldshut
Ieper	Kleve	Bodenseekreis
Kortrijk	Viersen	Rosenheim, Krfr.
Veurne	Aachen, Krfr. Stadt	Altötting
	Aachen, Landkreis (*)	Bad Tölz-Wolfratshausen
DÄNEMARK	Euskirchen (*)	Berchtesgadener Land
Sønderjyllands Amt (*)	Heinsberg (*)	Garmisch-Partenkirchen
	Borken (*)	Miesbach
		Rosenheim
		Traunstein

(*) Auch teilweise unter Ziel 2 oder 5b oder unter beiden eingestuft.
(¹) Im Zuge der Vereinigung zu überprüfen.

DEUTSCHLAND (¹) *(Fortsetzung)*

Passau, Krfr. Stadt
Rottal-Inn
Weiden i. d. Opf., Krfr. Stadt
Coburg, Krfr. Stadt
Hof, Krfr. Stadt
Kaufbeuren, Krfr. Stadt
Kempten (Allgäu), Krfr. Stadt
Lindau-Bodensee
Oberallgäu
Ostallgäu
Saarbrücken, Stadtverb. (*)
Merzig-Wadern (*)
Saarlouis (*)
Saar-Pfalz-Kreis

SPANIEN

Navarra (*)
Huesca (*)
Gerona (*)
Lérida (*)

FRANKREICH

Ardennes (*)
Aisne (*)
Nord (*)
Pas-de-Calais (*)
Meurthe-et-Moselle (*)
Moselle (*)
Bas-Rhin
Haut-Rhin (*)
Doubs (*)
Jura (*)
Pyrénées-Atlantiques (*)
Ariège (*)
Haute-Garonne (*)
Hautes-Pyrénées (*)
Ain (*)
Savoie
Haute-Savoie
Pyrénées-Orientales (*)
Alpes-de-Haute-Provence (*)
Hautes-Alpes (*)
Alpes-Maritimes

ITALIEN

Torino (*)
Vercelli
Novara (*)
Cuneo (*)
Valle d'Aosta (*)
Imperia
Varese
Como
Sondrio (*)
Bolzano-Bozen (*)
Belluno
Udine
Gorizia
Trieste

LUXEMBURG

Luxembourg (G.D.) (*)

NIEDERLANDE

Noord-Overijssel
Twente (*)
Achterhoek
Arnhem-Nijmegen
Zeeuwsch-Vlaanderen
West-Noord-Brabant
Midden-Noord-Brabant
Zuidoost-Noord-Brabant
Noord-Limburg
Midden-Limburg
Zuid-Limburg (*)

VEREINIGTES KÖNIGREICH

Kent

(*) Auch teilweise unter Ziel 2 oder 5b oder unter beiden eingestuft.
(¹) Im Zuge der Vereinigung zu überprüfen.

Viktor Frhr. von Malchus

II. 3 Raumordnerische Zusammenarbeit der Bundesrepublik Deutschland mit dem benachbarten Ausland

3.1 Politischer Ansatz

Der Deutsche Bundestag und die Bundesregierungen haben sich in den letzten Jahrzehnten immer wieder für eine verstärkte grenzübergreifende Zusammenarbeit mit den Nachbarstaaten der Bundesrepublik Deutschland eingesetzt. Dieses Ziel haben die Bundesregierungen durchgehend und umfassend in allen Europäischen Institutionen vertreten und konsequent in allen Gesetzgebungsgremien durchgesetzt. In ihrer neuesten Erklärung hat die Bundesregierung dieses Ziel nochmals umfassend dokumentiert: "Wir wollen in einem vereinten Europa Frieden und Freiheit dienen", heißt es in der Regierungserklärung vom 30.01.1991[1]). "Um dies zu erreichen, brauchen wir einen umfassenden Ansatz":

1. "Wir wollen den großen Europäischen Binnenmarkt mit 340 Millionen Menschen bis zum 31. Dezember 1992 verwirklichen".
2. "Unser Ziel ist das Europa ohne Grenzen".
3. "Wir wollen kein zentralistisches Europa, sondern ein Europa der Vielfalt".

Diese Ziele gelten zunächst für den Bereich der EG. Bei Anerkennung der bestehenden Grenzen, wie dies die Bundesregierung mehrfach deutlich zum Ausdruck gebracht hat, vor allem gegenüber den Staaten an den östlichen Außengrenzen der EG, gelten diese Ziele nur, wenn sie auch Mitglied der EG werden. Ansonsten gilt es dort, die bestehenden Grenzbarrieren soweit wie möglich abzubauen und die bestehenden Wohlstandsgrenzen zu vermindern.

Diese Ziele hat die Bundesregierung weitgehend auch in rechtliche Grundlagen für eine grenzübergreifende Raumordnungspolitik umgesetzt.

3.2 Rechtliche Grundlagen

Bereits im Raumordnungsgesetz (ROG) von 1965 hat der Gesetzgeber u. a. als Aufgabe der Raumordnungspolitik der Bundesregierung gem. § 1 Abs. 3 ROG festgelegt, die räumlichen Voraussetzungen für die Zusammenarbeit im europäischen Raum zu schaffen und sie zu fördern. Dieser gesetzlichen Festlegung entsprechend sind die grenzübergreifende Zusammenarbeit fördernden Bestimmungen auch in fast alle Landesplanungsgesetze, Landesentwicklungsprogramme und Landesentwicklungspläne der Bundesländer eingeflossen.

Das novellierte Raumordnungsgesetz von 1989 geht in den Bestimmungen des § 4 Abs. 6 ROG noch einen Schritt weiter. Danach soll "bei Planungen und Maßnahmen, die Auswirkungen auf Nachbarstaaten haben ... für eine gegenseitige Unterrichtung und Abstimmung der geplanten Maßnahmen Sorge getragen werden."

Im Zusammenhang mit ihren Tätigkeiten im Europarat haben die Bundesregierungen seit 1970 tatkräftig in der Europäischen Raumordnungsministerkonferenz mitgewirkt und dort die grenzübergreifende Zusammenarbeit im Rahmen von vielfältigen Empfehlungen gefördert[2]). So hat die Bundesregierung z.B. auch im Jahre 1983 im Europarat die Verabschiedung und Unterzeichnung der Europäischen Raumordnungscharta kräftig unterstützt. Im Anhang zu dieser Charta heißt es speziell zu den Grenzgebieten: "Grenzräume erfordern mehr als alle anderen Regionen eine Politik der Koordination zwischen den Staaten. Das Ziel einer derartigen Politik muß es sein, die Grenzen zu öffnen, grenzüberschreitende Konsultationen und Zusammenarbeit einzurichten und eine gemeinsame Nutzung von Infrastruktureinrichtungen zu erreichen. Die Staaten sollten direkte Kontakte zwischen den betroffenen Regionen und Orten gemäß dem europäischen Rahmenabkommen über grenzüberschreitende Zusammenarbeit zwischen den Dienststellen der Staaten ermöglichen, um damit zunehmend enge Kontakte zwischen den betroffenen Bevölkerungsgruppen zu fördern"[3]).

Von besonderer Bedeutung für die Förderung der grenzüberschreitenden Zusammenarbeit mit den Nachbarstaaten waren die Abschlüsse bilateraler und trilateraler Raumordnungs- und Regierungsabkommen in den 60er und 70er Jahren. Mit Hilfe dieser Abkommen sind Raumordnungskommissionen gegründet worden, die in den letzten zwei Jahrzehnten eine besonders fruchtbare Zusammenarbeit ermöglicht haben. Lediglich mit Dänemark - aus grundsätzlichen Überlegungen der Dänen - ist es nicht zum Abschluß eines Raumordnungsabkommens gekommen. Mit der CSFR und mit Polen wird eine derartige Zusammenarbeit angestrebt. Nach § 2 (1) 4 ROG vom 25. Juli 1991 gilt dies insbesondere für die Grenzgebiete der jungen Bundesländer.

Ausgehend von der Europäischen Raumordnungscharta und auf Wunsch einiger Grenzregionen ist die Bundesregierung Ende der 80er Jahre - nach einer entsprechenden Anfrage der Niederlande - zusammen mit den Ländern Niedersachsen und Nordrhein-Westfalen zu der Überzeugung gelangt, daß die Anwendung des "Europäischen Rahmenabkommens zur Verbesserung der grenzüberschreitenden Zusammenarbeit der Gebietskörperschaften", das 1981 vom Europarat gebilligt und auch von Deutschland unterzeichnet wurde, nur möglich ist, wenn ein entsprechendes Anwendungsabkommen zwischen den jeweils benachbarten Staaten abgeschlossen wird.

Nach mehreren Jahren der Erarbeitung wurde ein derartiges Abkommen im Mai 1991 zwischen der Bundesrepublik und den Niederlanden unterzeichnet (vgl. Anhang). Nach Ratifizierung ermöglicht es den Gemeinden im Rahmen ihrer Kompetenzen eine direkte grenzüberschreitende, öffentlich-rechtliche Zusammenarbeit. Es bleibt zu hoffen und zu wünschen, daß derartige Abkommen möglichst bald auch zwischen der Bundesrepublik und allen anderen angrenzenden Staaten abgeschlossen werden können. Dies ermöglicht dann auch den sogenannten Grenzregionen, wie etwa der EUREGIO (vgl. Kap. IV), in öffentlich-rechtlicher Form zusammenzuarbeiten.

3.3 Berichterstattung über die raumordnerische "Internationale Zusammenarbeit"

Seit ihrem ersten Raumordnungsbericht 1963 berichtet die Bundesregierung in den Raumordnungsberichten über die "Internationale Zusammenarbeit". Während im Ersten Bericht lediglich über die Auswirkungen zwischenstaatlicher Verträge auf den Raum der Bundesrepublik Deutschland berichtet wurde[4]), wies der Raumordnungsbericht 1966 schon auf die "Raumordnung im europäischen, insbesondere im EWG-Raum" hin und machte Aussagen zur grenzüberschreitenden Zusammenarbeit[5]) im:

- kommunalen Bereich (Beispiel EUREGIO);
- zwischenstaatlichen Bereich (Belgien, Frankreich, Niederlande)
- EWG-Bereich (regionale Wirtschaftspolitik, Agrar-, Verkehrs-und Sozialpolitik);
- europäischen Bereich (Europarat).

Im zwischenstaatlichen Bereich heißt es im Raumordnungsbericht 1966 u. a.: "Bei dieser Zusammenarbeit wird es darauf ankommen, für gemeinsame Planungsräume zusammenfassende Programme und Pläne zu erarbeiten. Auch müssen die Fachplanungen, insbesondere in Grenzgebieten, sowie andere raumbedeutsame Maßnahmen aufeinander abgestimmt werden".

Auch in allen folgenden Berichten wird mehr oder weniger intensiv über die "Internationale Zusammenarbeit" berichtet, von 1978 bis 1986 unter den Überschriften "Europäische Zusammenarbeit" oder "Europa"[6]), im letzten Raumordnungsbericht 1990 unter der Überschrift "Raumordnungspolitische Zusammenarbeit mit dem benachbarten Ausland"[7]). Im Laufe der Berichterstattungen haben sich auch die Schwergewichte in den Berichten verschoben. Sie lagen in den letzten beiden Raumordnungsberichten 1986 und 1990 deutlich bei den zu erwartenden "räumlichen Wirkungen der EG-Politik" und bei der "grenzübergreifenden Zusammenarbeit mit dem benachbarten Ausland". Beide Raumordnungsberichte schließen ihre Aussagen mit Empfehlungen ab[6]),[7]).

Die wichtigsten Beratungsergebnisse bei bi- und trilateralen Raumordnungskommissionen werden in den Raumordnungsberichten in den beiden letzten Jahrzehnten in gesonderten Tabellen jeweils im Anhang aufgelistet und geben damit einen guten Überblick über bedeutende Ergebnisse der raumordnungspolitischen Zusammenarbeit.

3.4 Zusammengefaßte, neuere Ergebnisse der raumordnungspolitischen Zusammenarbeit mit dem benachbarten Ausland

Gerade der letzte Raumordnungsbericht 1990, dem auch schon die wichtigsten Aussagen dieses Berichtsbandes über die Zusammenarbeit an den bundesdeutschen Grenzen zugrunde lagen, berichtet sehr eingehend über

- die Arbeitsweise der Raumordnungskommissionen und
- die wichtigsten Arbeitsergebnisse der Kommissionen im Zeitraum 1986 bis 1990.

Als wesentlicher Erfolg ihrer Tätigkeit wird herausgearbeitet, daß es ihnen gelungen ist, durch festgefügte Formen der behördlichen Zusammenarbeit auf den jeweils zuständigen Ebenen der Landes- und Regionalplanung, die darüber hinaus inzwischen auch die Bauleitplanung der Grenzgemeinden mit einschließt, Empfehlungen für eine verbesserte Zusammenarbeit an ihre Regierungen zu initiieren[8]). Neben diesen Empfehlungen werden besonders herausgearbeitet die grenzübergreifenden Erfolge und Ansätze bei:

- der Ausarbeitung grenzübergreifender raumordnerischer Leitbilder (internationales Leitbild für das Bodenseegebiet; raumordnerisches Leitschema für Aachen, Röttgen und benachbarte belgische Gemeinden; Hochrheinkonzept; Entwicklungsperspektive für den Raum Eifel - Hohes Venn - Ardennen; Raumordnerische Perspektive für den Raum Maastricht, Aachen, Heerlen, Lüttich = MAHL-Projekt);

- den Vereinbarungen grenzüberschreitender Naturparks (Deutsch-Niederländischer Naturpark Maas - Schwalm - Nette; Deutsch-Belgischer Naturpark in den Gebieten Nordeifel - Schneifel/ Hohes Venn-Eifel);
- Verkehrsplanungen (wie z.B. Deutschland - Niederlande; Verknüpfung der internationalen IC-Netze und Hochgeschwindigkeitsbahnen im deutsch-belgischen Grenzraum; deutsch-französisch-schweizerische Verkehrsplanungen; alpenquerender Verkehr durch die Schweiz und Österreich; Elektrifizierung der dänisch-deutschen Eisenbahnstrecke Hamburg - Odense);
- den Raumordnungsüberlegungen zu den "grenzüberschreitenden Entwicklungsprogrammen" entlang der Grenzen von der Nordsee bis in den Raum Basel/Schweiz.

Über die Einzelheiten dieser und anderer raumordnungspolitischer Zusammenarbeit an den bundesdeutschen Grenzen wird in den Kapiteln 3.1 bis 3.10 berichtet. Wünschenswert wäre es sicherlich, wenn künftig im verstärkten Maße im Rahmen der nationalen regionalen und kommunalen grenzübergreifenden Zusammenarbeit auch untersucht werden könnte, welche Wirkungen die Empfehlungen der Raumordnungskommissionen gehabt haben. Eine gewisse Erfolgskontrolle könnte hier z.B. wesentliche Hinweise für die künftige Intensivierung der grenzüberschreitenden Zusammenarbeit geben. Im Bereich der Bauleitplanung sind derartige Erfolgskontrollen im Bereich der Grenzgemeinden bereits eingeleitet worden.

3.5 Vorschläge zur Intensivierung der grenzüberschreitenden Zusammenarbeit

Zur Verbesserung der grenzübergreifenden Zusammenarbeit an den bundesdeutschen Grenzen machte die Bundesregierung in den letzten Jahren folgende Vorschläge[6][7][8]):

- Förderung der Entwicklung ländlicher Räume in den Grenzgebieten im Anschluß an die "Europäische Kampagne für den ländlichen Raum" des Europarates, wie etwa im Raum der Eifel oder im Raum Emsland - Groningen;
- Ausarbeitung grenzübergreifender Programme oder Leitbilder für die räumliche und wirtschaftliche Gebietsentwicklung unter Einschluß der erforderlichen Infrastrukturen vor allem für die Entwicklung größerer Verdichtungsräume (Südlicher Oberrhein; Saar-Lothringen, Aachen - Lüttich - Maastricht);
- Festlegung gemeinsamer grenzübergreifender Naturparks und Abstimmung der Landschaftsplanung bis hin zu gemeinsam festgelegten Kriterien für den verbindlichen Ausweis von Naturschutzgebieten;
- schwerpunktmäßige Abstimmung der Raumordnungsplanungen in den Grenzgebieten, die von großen und auszubauenden europäischen Verkehrsstraßen belastet sind;
- konsequenter weiterer Ausbau der internationalen Umweltvereinbarungen zum Abbau der Umweltbelastungen auch in den Grenzgebieten.

Diese bedeutsamen Vorschläge der Bundesregierung für die nationale grenzübergreifende Raumplanung bleiben verständlicherweise hinter den Wünschen der Grenzgebiete und der Grenzregionen zurück (vgl. Kap. III). Die Grenzregionen streben neben einer verbesserten grenzüberschreitenden Information verstärkte Konsultationen und Kooperationen in der grenzübergreifenden Raumordnungsplanung an. Sie wünschen vor allem, wie dies z.B. auch immer wieder vor allem von den Niederländern vorgetragen wird[9]), ein gemeinsam erarbeitetes grenzübergreifendes Struktur- oder Leitschema für die räumliche Entwicklung beiderseits der

Grenze, in das sich die beiderseits der Grenze verbindlichen kommunalen, regionalen und nationalen Raumordnungs- und Fachplanungen einordnen können. In einem Europa "ohne Grenzen" sollte es eine verbindliche, grenzübergreifende Raumplanung geben.

Es wäre wünschenswert, wenn sich künftig auch die deutsche raumordnungspolitische Zusammenarbeit mit dem benachbarten Ausland der Ausarbeitung derartiger großräumiger Entwicklungsvorstellungen für Teile Europas, wie z.B. für Nordwesteuropa oder Gesamteuropa, im Rahmen der Arbeiten des Europarates, der EG oder der Konferenz für Raumentwicklung in Nordwesteuropa anschließen könnte, um auf diese Weise die grenzübergreifende Zusammenarbeit an den bundesdeutschen Grenzen, insbesondere mit unseren östlichen Nachbarn zu fördern und die europäische Integration für ein "Europa ohne Grenzen" voranzutreiben.

Anmerkungen

1) Regierungserklärung des Bundeskanzlers H. Kohl in der 5. Sitzung des Deutschen Bundestages am 30. Januar 1991 "Unsere Verantwortung für die Freiheit - Deutschlands Einheit gestalten - Die Einheit Europas vollenden - Dem Frieden der Welt dienen", hrsg. vom Presse- und Informationsamt der Bundesregierung, Bulletin, Nr. 11/S. 61, den 31. Januar 1991, S. 72; "Grenzüberschreitende Zusammenarbeit", Antwort der Bundesregierung auf die Kleine Anfrage des Abgeordneten Dr. Osswald u.a., Fraktion der SPD (BT-Drucksache 11/5916), BT-Drucksache 11/6322 vom 26.01.1990.

2) Bundesminister für Raumordnung, Bauwesen und Städtebau (Hrsg.): Ergebnisse der Europäischen Raumordnungsministerkonferenzen, Schriftenreihe "Raumordnung" Bd. 06.034, Bad Godesberg 1979.

3) Europäische Raumordnungscharta, abgedruckt in der Schriftenreihe Landes- und Stadtentwicklungsforschung des Landes Nordrhein-Westfalen, Bearbeitung und Gestaltung: Viktor Frhr. von Malchus, Jan Tech, Bd. 0.028 der ILS-Schriftenreihe, Dortmund 1985.

4) Erster Bericht der Bundesregierung über die Raumordnung, Bundestagsdrucksache IV/1492 vom 1. Oktober 1963, S. 28 ff.

5) Raumordnungsbericht 1966 der Bundesregierung, Bundestagsdrucksache V/1155, Bonn, den 24. November 1966, S. 8 ff.

6) Raumordnungsbericht 1986 der Bundesregierung, Bundestagsdrucksache 10/6027 vom 19.09.1986, S. 165 ff.

7) Raumordnungsbericht 1990 der Bundesregierung, Bundestagsdrucksache 11/7589 vom 19.07.1990, S. 197 ff.

8) Raumordnungsbericht 1990 der Bundesregierung, Bundestagsdrucksache 11/7589 vom 19.07.1990, S. 197 - 199.

9) Rijksplanologische Dienst (Hrsg.): Perspektiven in Europa - eine Studie von Optionen für eine europäische Raumordnungspolitik - Zusammenfassung - Den Haag 1990; Auf dem Wege nach 2015 - gekürzte Ausgabe der 4. Note über Raumordnung in den Niederlanden - Politikvorhaben - Den Haag 1988.

TIL P. KOCH

III.1 Raumordnung im deutsch-dänischen Grenzraum

1.1 Informelle Zusammenarbeit als Grundlage

Im deutsch-dänischen Grenzraum gibt es keine rechtlichen Grundlagen der grenzüberschreitenden Zusammenarbeit auf dem Gebiet der Raumordnung und Landesplanung. Obwohl - wie nachfolgend im einzelnen dargestellt wird - auf vielen Ebenen und insbesondere im Forschungsbereich sehr intensive Untersuchungen für den Grenzraum existieren und viele Kontakte auf vielen Ebenen laufen, ist an eine Institutionalisierung der landesplanerischen Abstimmung nicht gedacht worden. Dies hängt u.a. damit zusammen, daß als Folge der Besetzung Dänemarks durch die Deutschen im 2. Weltkrieg eine gewisse Zurückhaltung gegen formalisierte Beziehungen besteht, die aber auch dem pragmatischen Denken der Menschen auf beiden Seiten der Grenze entgegenkommt.

In Raumordnungsfragen beschränkte sich aufgrund dieser Zurückhaltung bis in die 60er Jahre hinein die Zusammenarbeit auf gegenseitige lockere Information, die in Teilbereichen über die jeweilige nationale Minderheit lief, die eine Besonderheit in diesem Grenzraum darstellt. Es gibt sowohl auf deutscher Seite eine dänische als auch auf dänischer Seite eine deutsche Minderheit, die von dem jeweiligen Mutterland bei ihrer Kulturarbeit in starkem Maße unterstützt wird.

In den 70er und beginnenden 80er Jahren, in denen sowohl auf dänischer als auch auf deutscher Seite intensiv Regionalpläne erarbeitet wurden, fand ein laufender Kontakt zwischen Landesplanungsdienststellen auf beiden Seiten mit mehrmaligen Treffen im Jahr statt, bei denen die Pläne informell abgestimmt wurden, wobei die im folgenden noch zu schildernden geringen Verflechtungen und die ländliche Struktur des Grenzraums nur wenige Probleme aufwarfen.

Während auf dänischer Seite die Ausarbeitung von ergänzenden Teilplänen zur Regionalplanung sich bis heute fortsetzt, ist der Regionalplan V auf schleswig-holsteinischer Seite seit dem Jahr 1973 nicht mehr fortgeschrieben worden.

In jüngster Zeit haben sich durch Planungen von Windkraftanlagen im Grenzraum sowie durch die Planung größerer Einkaufseinrichtungen in unmittelbarer Grenznähe die Kontakte wieder etwas intensiviert. In anderen Bereichen gibt es einige mehr oder minder festinstitutionalisierte Einrichtungen. So existiert nach einem Vertrag zwischen dem Deutschen Reich und dem Königreich Dänemark seit den 20er Jahren kurz nach Bildung dieser Grenze eine Grenzwasserkommission, die sich um Wasserführungsprobleme der Grenzgewässer kümmert. In dieser Grenzwasserkommission ist, um Parteilichkeiten zu vermeiden, der jeweilige Vorsitzende auf deutscher bzw. dänischer Seite der Landrat bzw. der Amtsbürgermeister des Kreises, der an den jeweiligen Grenzkreis angrenzt, in Schleswig-Holstein also der Landrat des Kreises Rendsburg-Eckernförde, in Dänemark der Amtsborgmester der Amtskommune Vejle.

1.2 Grenzüberschreitendes Entwicklungsprogramm

Mit dem Beitritt Dänemarks zur EG und der Initiierung von grenzüberschreitenden Programmen durch die EG wurde 1987 die Zusammenarbeit intensiviert und als Vorstufe eines grenzüberschreitenden Entwicklungsprogramms 1988 ein Konzept für ein gemeinsames Programm für die Grenzregion der Regionalplanung in Sønderjylland und der Landesplanung in Schleswig-Holstein erarbeitet, von dem Amtsborgmester Sønderjyllands und dem amtierenden Ministerpräsidenten Schleswig-Holsteins paraphiert und über die jeweiligen Staatsregierungen der EG-Kommission vorgelegt. Das Konzept enthielt, aufbauend auf einer kurzen Struktur- und Problemanalyse, sieben konkrete grenzüberschreitende Maßnahmen, die nicht in den für beide Teile der Grenzregion vorliegenden "Nationalen Programmen von gemeinschaftlichem Interesse" enthalten waren. Beide Gebietskörperschaften erklärten sich bereit, für die Durcharbeitung und Abwicklung des gemeinsamen Programms die Einrichtungen und Voraussetzungen gemäß EG-Doc XVI/204/864[1]) zu schaffen.

Im Zuge der Regierungsumbildung ging die weitere Verfolgung des Konzeptes in Schleswig-Holstein von der Landesplanung auf das Wirtschaftsministerium über. Der Begleitausschuß hatte seine konstituierende Sitzung am 13. September 1989. Von den im Konzept angelegten Maßnahmen und Untersuchungen sind nach weiterer Durcharbeitung für drei Projekte:

- gemeinsames Deutsch-Dänisches Institut für Information Niebüll/Tønder (ITAI),
- gemeinsame Maßnahmen zur Verbesserung der Wasserqualität der Flensburger Förde und
- Renaturierung des über die Grenze reichenden Frøslev-Jardelunder Moores

sowie eine wissenschaftliche Untersuchung zur Vorbereitung eines grenzüberschreitenden Entwicklungskonzeptes mit einem besonderen Untersuchungsteil zur Analyse des Fremdenverkehrs aus dem Europäischen Regionalfonds 3 Mio. ECU bewilligt worden.

Mit der Einrichtung des dazugehörigen Begleitausschusses ist ein entscheidender Schritt in der Institutionalisierung der gemeinsamen grenzüberschreitenden Entwicklungsplanung erfolgt. Im Zuge dieser Zusammenarbeit ist vor kurzem ein Gutachten für die Entwicklung des Grenzraumes vom Institut für Weltwirtschaft vorgelegt worden[2]) und vom Institut für Grenzregionsforschung in Åbenrå eine Untersuchung über die Fremdenverkehrsentwicklung im Grenzraum erarbeitet worden[3]). Weiterhin gibt es auf kommunaler Ebene die Kommission Flensburger Förde, die im Jahr 1972 gegründet wurde und die sich mit der Verbesserung der Abwasserwirtschaft im Einzugsgebiet dieser Förde befaßt, deren eines Ufer dänisch und das andere deutsch ist. Zwischen den beiden Grenzkreisen Nordfriesland und Schleswig-Flensburg sowie der kreisfreien Stadt Flensburg auf deutscher Seite und dem Amt Sønderjylland gibt es Besprechungen von gemeinsamen Problemen im Rahmen des Dänisch-Deutschen Forums für Kommunalpolitik etwa zwei- bis dreimal pro Jahr. Eine gewisse Formalisierung hat im Jahr 1989 auf kommunaler Ebene die deutsch-dänische Bürgermeisterkonferenz erfahren, die allerdings über den Grenzraum hinaus Bürgermeister von Klein- und Mittelstädten auch aus den angrenzenden Räumen in Dänemark und Schleswig-Holstein zusammenführt, um dem Erfahrungsaustausch von kommunalen Mandatsträgern in 1 bis 2 Tagungen pro Jahr zu dienen.

1.3 Geographische Voraussetzungen in der Grenzregion

Mitverursachend für die geringe Notwendigkeit der Institutionalisierung der Kontakte ist die eindeutige geographische Situation des Grenzraumes bzw. der Grenze. Diese teilt in der Länge von 67 km die jütische Halbinsel etwa zwischen Flensburg und Tønder ziemlich gradlinig. Durch die Lage zwischen Nord- und Ostsee ergeben sich schräge oder komplizierte Querverbindungen in andere Räume hinein nur über See und damit in landesplanerisch nicht relevanter oder bedeutsamer Form. Die Grenze zeichnet sich darüber hinaus durch mehrere Spezifika aus:

1. Es ist die einzige Landgrenze eines skandinavischen Landes zu einem mitteleuropäischen; die einzige Landgrenze Dänemarks überhaupt.

2. Innerhalb des letzten Jahrhunderts hat sich die deutsch-dänische Grenze mehrfach in verschiedene Richtungen hin verschoben. Ihr derzeitiger Verlauf existiert erst seit 1920.

3. Es gibt beiderseits der Grenzen anerkannte Minderheiten des anderen Volkes mit eigenem Bildungs-, insbesondere Schulsystem.

4. Es ist die einzige Grenze der Bundesrepublik im Westen, die auf ganzer Länge durch eine Zone geringer Wirtschaftsaktivität verläuft. Es handelt sich beiderseits der Grenze um ländlichen Raum. Einzig das grenznahe kleine Oberzentrum Flensburg hat geringe grenzüberschreitende Wirkungen.

In dieser Grenzregion leben auf ca. 8 000 km² insgesamt etwa 660 000 Einwohner, davon etwa 410 000 auf deutscher Seite und etwa 250 000 auf dänischer Seite. In dem gesamten Gebiet gibt es nur das Oberzentrum Flensburg und ansonsten auf deutscher und dänischer Seite mehrere Mittelzentren. Die durchschnittliche Bevölkerungsdichte beträgt im dänischen Teil 63,5 Einwohner pro km², im deutschen Teil 98,6 Einwohner pro km². Beide Teile sind mit rd. 4 000 km² etwa gleich groß.

1.4 Verflechtungen und Verkehrsbeziehungen im Grenzraum

Kennzeichnend für die recht geringen Verflechtungen im Grenzraum sind weiterhin die minimalen Zahlen von Pendlern über die Grenze. 1987 waren dies 877 von Deutschland nach Dänemark und 121 Pendler von Dänemark nach Deutschland. Dies hängt neben der geringen Wirtschaftsaktivität in der Region insbesondere damit zusammen, daß die Sozialversicherungssysteme stark unterschiedlich sind und Grunderwerb für Deutsche im dänischen Grenzraum nicht möglich ist. Infolgedessen sind kaum Tagespendelbeziehungen im Arbeits- und auch im Bildungsbereich gegeben. Hierbei spielt auch eine Rolle, daß die kulturelle Identität der Dänen nach den unglücklichen Erfahrungen mit der deutschen Besatzung im 2. Weltkrieg noch stärker betont wurde und sich stark nach England ausrichtete. Groß ist die Zahl der Einkaufspendler, wobei im letzten Jahrzehnt durch die höhere dänische Steuer die Pendelströme in den Süden überwogen; Einkäufe über die Grenze in Dänemark erfolgen nur mehr bei Gütern mit spezifischer skandinavischer Qualität.

Die Grenzregion wird im Norden gebildet aus der Amtskommune Sønderjylland, die in ihrer Selbständigkeit und der Vielseitigkeit der Aufgabenstellung eher einem Bezirk als einem

Deutsch-dänische Grenzregion - Schleswig-Holstein / Sønderjylland

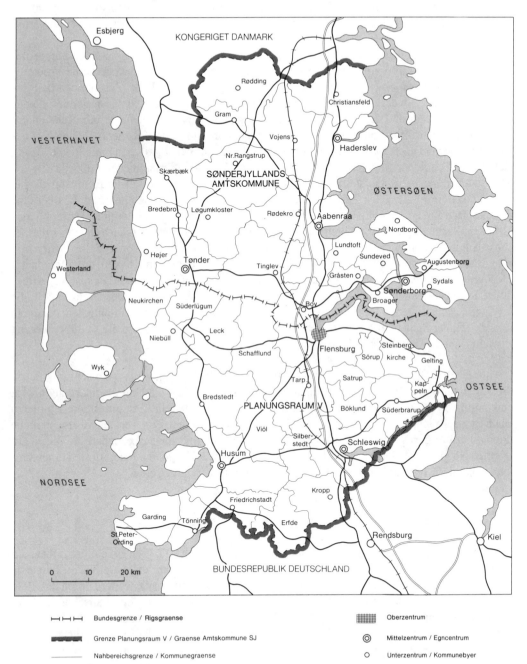

Landkreis ähnelt, die Träger der Regionalplanung ist, und im Süden von dem Planungsraum V - Schleswig - des Landes Schleswig-Holstein, bestehend aus der kreisfreien Stadt Flensburg und den Kreisen Nordfriesland und Schleswig-Flensburg, die alle drei Direktangrenzer sind (vgl. Karte).

Die Regionalplanung wird in Schleswig-Holstein von der Landesplanungsbehörde wahrgenommen. Es gibt eine Fülle von grenzüberschreitenden Beziehungen, die jedoch keine Probleme bereiten. So gibt es eine grenzüberschreitende energiewirtschaftliche Zusammenarbeit zur Stromversorgung in der Form eines Energieverbundes seit 1928 zwischen Sønderjyllands Jøjspaendingsvaerk und den Stadtwerken Flensburg und eine Zusammenarbeit im Rahmen des Küstenschutzes. In Rahmen dieser Zusammenarbeit wurde im Jahr 1982 auch über die Grenze hinweg ein neuer Deich zwischen dem Hindenburgdamm und dem dänischen Emmerlevkliff zum Schutz der Tønderner Marsch gebaut, wobei eine problemlose Zusammenarbeit zwischen den Dienststellen beider Länder stattfand. Von gleicher Bedeutung ist der Bau der Autobahn, die die jütische Halbinsel zwischen Århus und Hamburg der Länge nach erschließt und die über eine Brücke nach Fünen angebunden ist, die in wenigen Jahren dann auch durch ein kombiniertes Brücken-/Tunnelbauwerk eine landfeste Anbindung der Insel Seeland mit sich bringen wird. Über diese Autobahn läuft wertmäßig der größte Teil des Außenhandels des Königreiches Dänemark. Die Bahnverbindung entlang der jütischen Halbinsel ist derzeit noch von untergeordneter Bedeutung. Die wesentlichen Bahntransporte laufen über die "nasse" Grenze der sog. Vogelfluglinie, den Fehmarnbelt. Jedoch sind die Bemühungen auf beiden Seiten der Grenze stark, die Lücke im elektrifizierten Eisenbahnnetz zwischen Odense und Hamburg zu schließen, damit ein großer Teil der Schienentransporte über diese Strecke laufen kann, sobald die Beltüberquerung etwa im Jahr 1995 fertiggestellt sein wird.

Polizeilich lief bisher die Verbindung theoretisch über die jeweils obersten staatlichen Behörden, also über Bonn bzw. Kopenhagen, praktisch wie auch die Notfallversorgung höchst unkompliziert auf örtlicher Ebene. Dies gilt auch für die Feuerwehr. Erst jüngst wurden hierzu auch formal Zustimmungen von Bonn bzw. Kopenhagen gegeben. Eine vergleichweise ähnliche Mentalität mit der Neigung zu pragmatischem Vorgehen und die insbesondere in Dänemark geringe Neigung zu feierlichen Verträgen erleichtern dieses Vorgehen. Insofern sind Grenzprobleme bei der Kommunikation und bei der Infrastruktur nie aufgetreten.

1.5 Wissenschaftliche Untersuchungen im Grenzraum

Durch die feste Definition des Grenzraumes, die in den letzten 20 Jahren gleichblieb, gibt es auf beiden Seiten der Grenze mehrere Zusammenstellungen über vergleichbare Daten. Die erste erfolgte 1979 im Auftrag des Deutschen Grenzvereins aus Flensburg[4]), weitere durch das 1976 gegründete Institut für Graenseregionsforskning[5]), das in Åbenrå in dem dänischen Teil der Grenzregion seinen Sitz hat. Das Institut für Regionalforschung in Flensburg und das Institut für regionale Forschung und Information im Deutschen Grenzbereich, das 1978 gegründet wurde, haben sich in mehreren Untersuchungen[6]) mit Teilaspekten der Grenzbeziehungen befaßt, so daß man mit Recht den deutsch-dänischen Grenzraum als den bestanalysiertesten Grenzraum bezeichnen kann.

1.6 Tendenzen der weiteren Entwicklung

Wesentliche Probleme, die eine verstärkte Zusammenarbeit in naher Zukunft erfordern, sind nicht erkennbar. Einige Ansätze könnten jedoch auf längere Frist zu einer verstärkten Zusammenarbeit führen, die sich aus der laufenden Zusammenarbeit im Begleitausschuß für das grenzüberschreitende Programm ergeben könnten. Diese hängen insbesondere mit den weiteren Entwicklungen im Raum Flensburg zusammen. Bisher ist deutschen Bürgern nicht die Möglichkeit gegeben, in Dänemark Grundstücke zu erwerben, so daß eine von der räumlichen Situation sich anbietende Vorortentwicklung von Flensburg in den nahen Grenzgemeinden in Dänemark nicht stattgefunden hat. Andererseits entstehen in der dänischen Grenzgemeinde Bov Einrichtungen, die in gewissem Maße auf die besondere Grenzlage abgestimmt sind. Dies ist einmal eine Ausbildungseinrichtung für Spediteure in Vorbereitung der Öffnung der Verkehre im Zuge der EG. Zum anderen sind dies Planungen von Großverkaufseinrichtungen, die auch auf Kunden von südlich der Grenze zielen, und auch Planungen von Ferienzentren.

Bei Öffnung der Grenzen für Grunderwerb in Dänemark könnte sich die Notwendigkeit einer Stadt-Umland-Planung für Flensburg zu Beginn des nächsten Jahrzehnts ergeben. Auch das Anwachsen des Verkehrsvolumens mit der festen Beltquerung und der davon zu erhoffenden weiteren wirtschaftlichen Erstarkung des jütischen Teiles des Königreiches Dänemark könnte zu intensiveren Verflechtungen führen. Schon jetzt ist der Raum nördlich der Grenze relativ wirtschaftlich gesünder als der Raum südlich der Grenze und weist bessere Wachstumsdaten auf. Im Raum südlich der Grenze könnte sich mit der zu erwartenden starken militärischen Abrüstung die wirtschaftliche Situation erheblich verschlechtern, so daß bei Öffnung der Sozialversicherungssysteme vielleicht doch ein stärkerer Pendelstrom von Süd nach Nord einsetzen könnte.

1.7 Deutsch-dänische Kontakte über den Fehmarnbelt

In diesem Zusammenhang dürfen auch die kommunalen grenzüberschreitenden Zusammenarbeitsbemühungen an der sog. "nassen" Grenze nicht unerwähnt bleiben. So gibt es eine lockere, insbesondere werbemäßige Zusammenarbeit zwischen dem Kreis Ostholstein und der Storstrøms Amtskommune. Im Rahmen dieser Zusammenarbeit finden einigermaßen regelmäßig gegenseitige Besuche und Beratungen der Verwaltungen und politischen Gremien statt, und die Wirtschaftsentwicklungsgesellschaften unterstützen im gewissen Umfang diese über die Vogelfluglinie laufende Beziehung, ergänzt durch den Fehmarn-Lolland-Verein, der sich auf politischer Ebene um eine feste Querung des Fehmarnbelts im Zuge der Vogelfluglinie bemüht. Diese Bemühungen haben sich in der letzten Zeit wieder intensiviert, insbesondere auch im Zusammenhang mit der Planung einer festen Querung des Oresundes zwischen Schweden und Dänemark.

Anmerkungen

1) Sonderjyllands Amtskommune, Landesregierung Schleswig-Holstein: Konzept für ein gemeinsames Programm für die Deutsch/Dänische Grenzregion Schleswig/Sonderjylland; Aabenraa/Kiel; 5.2.1988, als Manuskript veröffentlicht.

2) Bode, Hoffmeyer, Krieger-Bodem, Laaser, Lammers: Struktur und Entwicklungsmöglichkeiten der Wirtschaft in der deutsch/dänischen Grenzregion; Gutachten Kiel 1990.

3) Holler, L.: Struktur und Entwicklungsmöglichkeiten des Fremdenverkehrs in der deutsch-dänischen Grenzregion; Gutachten Aabenraa 1990.

2) und 3) : unter Titel wie zu 2); in Endfassung gemeinsam veröffentlicht, Kiel 1991.

4) Reimers, W. und Toft, G.: Daten der Grenzregion: Schleswig 1979.

5) Boysen, Thede; Schulz Nielsen, H.: Graensregionale tal, Nord-og Sydslesvig; 1980'erne; Institut for Graensregionsforskning, Arbejdspapir Nr. 41, Aabenraa 1989.

6) Institut for Graensregionsforskning, Aabenraa; gab u.a. in seiner Schriftenreihe ca. 50 Schriften heraus:

- Jeppesen, S. og. Therkildsen, O.: Hvor skaev var den "skaeve" graensehandel i maj 1977? (1977).
- Becker-Christensen sen., H. og Buchwald, H.: Graensekommunalt samarbejde i Norden (1977).
- Graensependler - dine rettigheder (1978).
- Cornett, A. P.: De dansk-tyske graenseregioner i EF-sammenhaeng. En vurdering af det graenseoverskridende samarbejde med udgangspunkt i de politiske integrationsteorier (1979).
- Bygvra, S.: Egnsudvikling i det dansk-tyske graenseomrade (1981).
- Cornett, A. P.: Graensependling - en sammenlignende analyse af graensependlingens arsager or- regionale betydning (1982).

Darüber hinaus sind weitere 50 Arbeitspapiere und 30 Modellpapiere erschienen, die sich meist mit Fragen des dänischen Teils der Grenzregion, aber auch mit grenzüberschreitenden Aspekten befassen.

Institut für Regionale Forschung und Information, IfI:

Hahne, K.: Entwicklungsprogramm für die deutsch-dänische Grenzregion, Vorschläge für den Südteil, Gutachten im Auftrag der Landesregierung, Mai 1985.

Nr. 12 - Weigand, K.: Grenzüberschreitende Reiseströme an der deutsch-dänischen Grenze (1982).

Flensburger Arbeitspapiere zu Landeskunde und Raumordnung; etwa 20 Hefte, u.a. Nr. 14, Cornett, A., Priebs, A. und Toft, G.: Aktuelle Tendenzen der Regionalentwicklung in Nordschleswig, Flensburg 1988.

Niko Verspohl

III.2 Niedersachsen/Niederlande
Unterkommission Nord der Deutsch-Niederländischen Raumordnungskommission

2.1 Deutsch-Niederländische Raumordnungskommission - Einführung

Die deutsch-niederländische Zusammenarbeit auf dem Gebiet der Raumordnung kann auf eine jahrzehntelange erfolgreiche Tätigkeit zurückblicken. Bereits 1950 haben Kontakte zwischen den deutschen Landesplanern und den niederländischen Planologen bestanden. Im Laufe der Zeit wurden die Kontakte häufiger und selbstverständlicher. "In dem Bewußtsein der Notwendigkeit, auf dem Gebiet der Raumordnung zusammenzuarbeiten", haben die Regierung des Königreiches der Niederlande und die Regierung der Bundesrepublik Deutschland im Jahre 1967 beschlossen, eine ständige "Deutsch-Niederländische Raumordnungskommission" einzusetzen. Damit wurde für den gesamten deutsch-niederländischen Grenzraum von der Nordsee bis nach Aachen eine organisatorisch einheitliche grenzüberschreitende Zusammenarbeit aufgebaut. Neben der Raumordnungskommission (Hauptkommission) wurden zwei Unterkommissionen gebildet: die Unterkommission Nord und die Unterkommission Süd.

Die Unterkommission Nord ist für den deutsch-niederländischen Grenzabschnitt vom Küstenmeer bis zum Westmünsterland zuständig. Dies ist der gesamte niedersächsisch-niederländische Grenzraum und ein Teil des nordrhein-westfälisch-niederländischen Grenzraumes. Der Bereich der Unterkommission Süd umfaßt den nordrhein-westfälisch-niederländischen Grenzraum vom Münsterland bis nach Aachen.

Nach fast einem Jahrzehnt erfolgreicher grenzüberschreitender raumordnerischer Zusammenarbeit wurde im Jahre 1976 das "Abkommen zwischen der Regierung des Königreiches der Niederlande und der Regierung der Bundesrepublik Deutschland über die Zusammenarbeit auf dem Gebiet der Raumordnung"[1]) geschlossen. 1977 wurde für die deutsch-niederländische Raumordnungskommission (Hauptkommission) eine Geschäftsordnung verabschiedet.

Gemäß dem Abkommen konsultieren sich die Regierungen gegenseitig über Raumordnungsprobleme, um raumbedeutsame Planungen und Maßnahmen aufeinander abzustimmen. Die formellen Konsultationen finden in der Raumordnungskommission (Hauptkommission) statt. Sie kann beiden Regierungen einstimmig angenommene Empfehlungen vorlegen, denen die Regierungen nach besten Kräften Folge leisten sollen. Die Hauptkommission hat je 9 deutsche und 9 niederländische Mitglieder: Vertreter des Bundes, der Länder Niedersachsen und Nordrhein-Westfalen sowie des Königreiches der Niederlande.

Die Unterkommissionen Nord und Süd arbeiten der Hauptkommission zu und können ihrerseits zu regionalen raumordnerischen Problemen Stellungnahmen etc. abgeben.

In den Kommissionen (Hauptkommission und Unterkommissionen) werden raumordnerische Programme und Pläne, raumbedeutsame Fachpläne, raumbedeutsame Maßnahmen und Projekte etc., die das Grenzgebiet betreffen, behandelt. Die Grundsätze und Verfahrensregeln zur grenzüberschreitenden Zusammenarbeit hat die Hauptkommission im "Verfahren zur grenzüberschreitenden Information und Abstimmung von Planungen der Raumordnung und Landesplanung im deutsch-niederländischen Grenzgebiet" (s. Anhang) und in der "Empfehlung für die grenzüberschreitende Information und Abstimmung der Bauleitplanung der Gemeinden im deutsch-niederländischen Grenzgebiet" (s. Anhang) festgelegt. Danach nimmt die Hauptkommission zu Landesentwicklungsplänen, zu Landesraumordnungsprogrammen, zu structuurschemas und structuurschetsen abschließend Stellung. Regionale Raumordnungspläne, regionale Raumordnungsprogramme und streekplannen werden überwiegend in den Unterkommissionen beraten. Die Unterkommissionen können die Angelegenheit aber auch der Hauptkommission zur Erörterung vorlegen.

Die Abstimmung der Bauleitpläne (Flächennutzungspläne, Bebauungspläne, structuurplannen und bestemmingsplannen) der im Grenzgebiet gelegenen Gemeinden soll zwischen den betroffenen Gemeinden direkt erfolgen. Die kommunalen Grenzregionen können bei dieser Abstimmung behilflich sein.

2.2 Niedersachsen/Niederlande - Unterkommission Nord der Deutsch-Niederländischen Raumordnungskommission

2.2.1 Rechtliche und organisatorische Grundlagen

Es wird hier nur auf die niedersächsischen und niederländischen Aspekte eingegangen, da das deutsche Gebiet der Unterkommission Nord überwiegend niedersächsische Bereiche umfaßt. Nordrhein-westfälisch/niederländische Aspekte werden bei der Unterkommission Süd abgehandelt.

2.2.1.1 Zwischenstaatliche Rechtsgrundlagen

Die zwischenstaatlichen rechtlichen Grundlagen für die grenzüberschreitende Zusammenarbeit sind im gesamten deutsch-niederländischen Grenzraum einheitlich und wurden für die Zusammenarbeit auf dem Gebiet der Raumordnung bereits im Abschnitt 1 näher dargelegt. Auf der Grundlage des "Europäischen Rahmenübereinkommens über die grenzüberschreitende Zusammenarbeit zwischen Gebietskörperschaften"[2]) wird gegenwärtig ein "Abkommen zwischen dem Königreich der Niederlande, dem Land Niedersachsen und dem Land Nordrhein-Westfalen über die grenzüberschreitende Zusammenarbeit zwischen Gebietskörperschaften und anderen öffentlichen Stellen" vorbereitet. Die Verhandlungen sind soweit fortgeschritten, daß in nächster Zeit mit dem Zustandekommen dieses Abkommens gerechnet werden kann. Das Abkommen ermöglicht den deutschen Landkreisen, niederländischen Provinzen, den Gemeinden, Zweckverbänden etc. auf öffentlich-rechtlicher Grundlage über die deutsch-niederländische Staatsgrenze hinweg zusammenzuarbeiten.

2.2.1.2 Rechtliche Besonderheiten im Ems-Dollart-Ästuar

Durch den deutsch-niederländischen Grenzvertrag von 1960[3]) ist der Verlauf der deutsch-niederländischen Staatsgrenze an Land von Aachen bis zum Südufer des Dollart eindeutig festgelegt. Dies gilt auch für den Teil der deutsch-niederländischen Staatsgrenze, der im Dollart von Süd nach Nord verläuft. Im westlichen Teil des Ems-Dollart-Ästuars vertreten Deutschland und die Niederlande über den Verlauf der Staatsgrenze unterschiedliche Auffassungen. Das zwischen diesen beiden Grenzauffassungen liegende "strittige Gebiet" beanspruchen beide Staaten als ihre Hoheitsgebiet. Um unter Aufrechterhaltung beider Rechtsstandpunkte über den Verlauf der Staatsgrenze die seewärtige Verbindung der Häfen zum Meer zu gewährleisten, haben Deutschland und die Niederlande für einzelne Rechtsbereiche (z.B. Strompolizei, Wasserbau, Bergbau) im Ems-Dollart-Vertrag 1960[4]) pragmatische völkerrechtliche Regelungen abgeschlossen. Für zahlreiche öffentliche Rechtsgebiete (z.B. Raumordnung, Bauleitplanung, Naturschutz etc.) gibt es im strittigen Gebiet keine völkerrechtlichen Regelungen, so daß hier Deutschland und die Niederlande nebeneinander (z.B. planerisch) tätig sein können.

2.2.1.3 Nationale verwaltungsrechtliche Grundlagen

Die grenzüberschreitende Zusammenarbeit wird spürbar mitbestimmt durch die Gleichartigkeit oder Verschiedenheit der Verwaltungsstrukturen und Verwaltungsverfahren beiderseits der Staatsgrenze. Der niedersächsische und niederländische Verwaltungsaufbau weisen zahlreiche Parallelen auf. Der obersten Verwaltungsebene, dem Land Niedersachsen und dem niederländischen Reich, sind regionale Verwaltungen (niedersächsische Regierungsbezirke, Landkreise und kreisfreie Städte sowie niederländische Provinzen) nachgeordnet. Die untere, relativ selbständige Verwaltungsebene bilden die deutschen Gemeinden und niederländischen gemeenten.

Für planerische Aspekte ergibt sich damit ein im Prinzip dreistufiger Verwaltungsaufbau und eine dreistufige Planungshierarchie. In Niedersachsen werden die großräumigen Entwicklungsziele für das ganze Land im Landesraumordnungsprogramm Niedersachsen festgelegt. In den Niederlanden werden die Grundlagen der räumlichen Entwicklung in der "Note zur Raumordnung" niedergelegt und für einzelne Fachbereiche (z.B. Verkehr und Transport) durch planerische Kernbeschlüsse zu Strukturschemata und Strukturskizzen (planologische kernbeslissen voor structuurschemas und structuurschetsen) landesweit ergänzt.

Auf der regionalen Ebene werden von den niedersächsischen Landkreisen Regionale Raumordnungsprogramme und von den niederländischen Provinzen streekplannen aufgestellt. Diese regionalen raumordnerischen Pläne umfassen alle raumrelevanten Fachbereiche in einer raumordnerischen Zusammenschau und haben im wesentlichen gleichartige Planungsinhalte. Die Bauleitplanung der Gemeinden vollzieht sich in Deutschland und den Niederlanden in prinzipiell gleichartiger Weise. In einem Flächennutzungsplan bzw. structuurplan werden die Grundzüge der Entwicklung für das ganze Gemeindegebiet dargelegt. Für einzelne Teilbereiche werden Bebauungspläne bzw. bestemmingsplannen aufgestellt, die die detaillierten baurechtlichen Festsetzungen enthalten.

Beim Umweltschutz weisen die deutsche "Umweltverträglichkeitsprüfung" (UVP) und der niederländische "milieu-effectrapport" (MER) viele gleichartige Strukturelemente auf. In einzelnen Punkten werden jedoch auch deutliche Unterschiede sichtbar.

Das grenzüberschreitende Verstehen und Abstimmen wird durch die Ähnlichkeiten in der Verwaltungsorganisation und bei raumrelevanten Plan- bzw. Genehmigungsverfahren erleichtert. Auf der anderen Seite gibt es beim Verwaltungsvollzug auch deutliche Unterschiede (z.B. öffentliches Beteiligungsverfahren), die bei der grenzüberschreitenden Zusammenarbeit besondere Beachtung verlangen.

2.2.1.4 Organisation der grenzüberschreitenden Zusammenarbeit

Die Zusammensetzung der Mitglieder in der Unterkommission Nord ist durch die Verwaltungs- und Planungsstrukturen in diesem Teil des Grenzraumes bestimmt. Neben der Bundes-, Landes- und Reichsverwaltung sind die regionalen Behörden besonders stark vertreten. Mitglieder in die Unterkommission Nord entsenden auf deutscher Seite das Bundesbauministerium, die Landesministerien von Niedersachsen und Nordrhein-Westfalen, die Bezirksregierungen, der Niedersächsische Landkreistag, ein grenznaher Landkreis und eine grenznahe kreisfreie Stadt; auf niederländischer Seite: der Reichsplanologische Dienst, die Provinzen und die Vereinigung der niederländischen Gemeinden. Hinzu kommen ständige Sachverständige der Industrie- und Handelskammer/kamer voor koophandel, die Wasser- und Schiffahrtsdirektion, Rijkswaterstaat sowie die provicialen planologischen Dienste. Die Unterkommission Nord tagt ca. zweimal jährlich.

Die Unterkommission Nord hat eine ständige Arbeitsgruppe aus Vertretern von Raumordnungsbehörden gebildet, die in der Region tätig sind. Die Arbeitsgruppe behandelt im Auftrage der Unterkommission bestimmte raumordnerische Probleme und bereitet die Sitzungen der Unterkommission vor. Sie tagt häufiger als die Unterkommission.

Die raumordnerische Zusammenarbeit wird durch verschiedene andere grenzüberschreitende Gremien, Kontakte etc. ergänzt, die bei ihren Arbeiten auch die räumliche Entwicklung mit beeinflussen: deutsch-niederländische Grenzgewässerkommission, Gruppe Deutschland-Niederlande der Europäischen Verkehrsministerkonferenz - CEMT -, Kommunale Grenzregionen: Ems-Dollart-Region und EUREGIO, deutsch-niederländische Gespräche über Fragen der regionalen Wirtschaftspolitik des Fremdenverkehrs, deutsch-niederländische Kommission für kerntechnische Einrichtungen im Grenzgebiet - NDKK -, zahlreiche gemeindliche Kontakte z.B. direkter Grenznachbargemeinden oder des Städtedreieckes Enschede/Hengelo - Münster - Osnabrück etc. Gegenwärtig werden Vorbereitungen für eine engere grenzüberschreitende Zusammenarbeit der Länder Bremen und Niedersachsen mit den vier nordniederländischen Provinzen (Drenthe, Friesland, Groningen, Overijssel) getroffen (s. Anhang).

2.2.2 Raumstruktur und grenzüberschreitende Verflechtungen

Das Gebiet der Unterkommission Nord hat keine exakt festgelegte Begrenzung. Es reicht von der Hohen See im Norden bis ungefähr zum Grenzübergang Borken (D) - Winterswijk (NL) im Süden. Damit umfaßt es einen Grenzabschnitt von ca. 350 km Länge. Davon liegen ca. 240 km der Staatsgrenze an Land und ca. 110 km im Küstenmeer und Ems-Dollart-Ästuar. Die größte Ost-West-Ausdehnung beträgt ca. 160 km.

Innerhalb des Gebietes der Unterkommission Nord genießt der engere Grenzbereich - 20 km beiderseits der Staatsgrenze - besondere Aufmerksamkeit.

Im Gebiet der Unterkommission Nord leben über 5 Mio. Menschen: ungefähr zur Hälfte im deutschen und im niederländischen Teilgebiet.

In Ost-West-Richtung erstrecken sich verschiedene naturräumliche Regionen über das Gebiet: Nordsee, Wattenmeer mit Nordseeinseln, Marsch, Moor, Geest, Osnabrücker Hügelland und Münsterländische Bucht. Da die Staatsgrenze die naturräumlichen Regionen in Nord-Süd-Richtung quert, ergeben sich keine naturräumlichen Unterschiede beiderseits der Grenze.

Die ländliche Struktur mit zahlreichen Dörfern, mehreren Klein- und Mittelstädten und vereinzelten Großstädten ist bestimmendes Element. Der engere Grenzraum weicht von der gesamträumlichen Struktur nicht wesentlich ab. Auf deutscher wie auf niederländischer Seite der Staatsgrenze ist die periphere Lage zu den Wirtschaftszentren beider Länder deutlich zu spüren.

Grenznah hat sich auf deutscher Seite im Emstal eine ausgeprägte Nord-Süd-Achse von Emden bis Rheine gebildet. Enge grenzüberschreitende Verflechtungen bestehen im nördlichen Teil des Grenzraumes (Ems-Dollart-Bereich) und im südlichen Teil (Almelo/Enschede/Hengelo - Gronau/Lingen/Nordhorn/Rheine). Aufgrund der geringen Entfernung ist die grenzüberschreitende Verflechtung zwischen den Städten Enschede und Gronau besonders intensiv. Im Norden des Grenzgebietes haben die Seehäfen mit ihrer Industrie (Delfzijl, Eemshaven, Emden, Leer und Papenburg) zu Verflechtungen besonderer Art geführt.

In erster Linie führen wirtschaftliche Zusammenarbeit, Erwerbstätigkeit, Konsumverhalten, persönliche Kontakte und der Fremdenverkehr zu den grenzüberschreitenden Beziehungen im engeren Grenzgebiet. Dagegen spielt die Inanspruchnahme von Versorgungseinrichtungen (Schulen, Krankenhäusern etc.) keine wesentliche grenzüberschreitende Rolle.

Die Zahlen des grenzüberschreitenden Verkehrs geben Aufschluß über die Intensität der räumlichen Verflechtungen. Die Straßenbelastung ist auf den Strecken Gronau - Enschede, Nordhorn - Oldenzaal und Bad Bentheim - Oldenzaal, also im Süden des Grenzraumes, am stärksten. Für den Norden ist die Straßenverbindung Oldenburg - Groningen von größter Bedeutung, bei der die überregionale und internationale Funktion überwiegt. Die Verbindung Bremen - Meppen - Hoogeveen wird mit der Fertigstellung der Nordumgehung Meppen und der Emslandautobahn BAB A 31 an überregionaler Bedeutung gewinnen.

2.2.3 Probleme der grenzüberschreitenden Zusammenarbeit

Im Gebiet der Unterkommission Nord treten vielfältige grenzüberschreitende Probleme auf. Sie werden sichtbar bei der Abstimmung von Plänen und Programmen, der Durchführung von Raumordnungsverfahren; Umweltverträglichkeitsprüfungen/milieu-rapporten oder anderen raumordnerischen Abstimmungen, bei raumrelevanten Fachgenehmigungen (z.B. atomrechtlichen Genehmigungen) etc. Teilweise sind die geplanten Projekte selbst grenzüberschreitender Natur (z.B. Richtfunkstrecken, Starkstromleitungen, Pipelines u.a.m.). Die Art der Probleme richtet sich wesentlich nach den räumlichen Gegebenheiten und Verflechtungssituationen.

2.2.3.1 Räumliche Probleme

Im Grenzgebiet bestehen besondere Nahtstellen zwischen den nationalen großräumigen Infrastrukturen (z.B. Verkehrsnetze), die in der Regel vom jeweiligen Landesinneren zur Grenze hin entwickelt und gebaut werden. So ist im Gebiet der Unterkommission Nord die Verknüpfung der beiden nationalen Autobahnnetze gegenwärtig noch nicht realisiert. Der größte Teil der noch zu bauenden Autobahnabschnitte liegt in seiner Trassenführung im Grenzgebiet fest; ihr Bau steht jedoch noch in den nächsten Jahren an. In peripheren Grenzbereichen besteht auch leicht die Gefahr, daß grenznahe bzw. grenzüberschreitende Infrastrukturen (z.B. beim Schienenverkehr) weniger gepflegt oder gar zurückgebaut werden.

Die beiden nationalen Eisenbahnnetze haben nur wenige grenzüberschreitende Strecken. Im nördlichen Gebiet der Unterkommission Nord sollten die IC-Bahnhöfe Groningen und Oldenburg durch eine leistungsfähige Verbindung (evtl. als Interregio-Strecke) entwickelt werden. Im südlichen Teilbereich sollte der regionalbedeutsame grenzüberschreitende Personenverkehr z.T. wieder ermöglicht werden.

Für die Telekommunikation im Grenzraum ist eine grenzunabhängige Tarifgestaltung von großer Bedeutung und deshalb nachdrücklich anzustreben.

Die international bedeutsame naturnahe Großlandschaft Wattenmeer ist in Deutschland und in den Niederlanden unter Schutz gestellt. Diesen Unterschutzstellungen liegen Zonierungen unterschiedlicher Schutzintensitäten zugrunde. Beide Staaten streben die Erhaltung des Ems-Dollart-Ästuars als gemeinsames Ziel ihrer Politik an. Dieses Ziel ist in Abstimmung mit den anderen Nutzungsansprüchen in diesem Bereich zu verfolgen.

Im Gebiet der Unterkommission Nord gibt es zwei Teilräume mit engen grenzüberschreitenden Verflechtungen: die Region um die Emsmündung und die Region Twente (Enschede, Hengelo, Almelo) mit den angrenzenden deutschen Gebieten um Gronau und Nordhorn. In der Emsmündungsregion ist die Entwicklung zu einer Hafenregion ein wichtiges Problem. Die niederländischen Häfen Delfzijl und Eemshaven sind in den vergangenen 1,5 Jahrzehnten neu gebaut bzw. wesentlich umstrukturiert worden. In Emden sind die vergleichbaren Hafenprobleme noch nicht gelöst.

In den Niederlanden ist Enschede/Hengelo als städtischer Knotenpunkt euroregionaler Bedeutung (stedelijk knooppunt) raumordnerisch festgelegt. Da sich die engen Verflechtungen über die

Grenze in den deutschen Grenzraum erstrecken und die Städte Gronau und Nordhorn mit erfassen, sollte Enschede/Hengelo in bestimmten Bereichen die oberzentrale Funktion auch grenzüberschreitend wahrnehmen. Eine engere Zusammenarbeit im Städtedreieck Enschede/Hengelo - Münster - Osnabrück versucht die Bedeutung dieser Oberzentren zwischen den Verdichtungsräumen Ruhrgebiet, Randstadt etc. zu betonen.

Große Bereiche der Unterkommission Nord sind dem ländlichen Raum zuzuordnen. Dies gilt überwiegend auch für den engeren Grenzbereich. Neben regionalen Verflechtungen bei der Erholung und dem Fremdenverkehr haben die Probleme der Landwirtschaft und der Ressourcensicherung Bedeutung. Erholungsgebiete und Fremdenverkehrseinrichtungen sollen grenzüberschreitend weiterentwickelt werden. Wertvolle grenzüberschreitende Biotope sollen durch Maßnahmen beiderseits der Grenze in ihrem Bestand gesichert werden. Außerdem wird zusätzlich eine grenzüberschreitende Biotopvernetzung angestrebt.

Im Grenzbereich befindet sich eine Reihe unterirdischer Salzstöcke, die auf verschiedene Weise genützt werden können: als Rohstoffquelle, als Kavernenspeicher für Gas oder als Kavernendeponie für radioaktive Abfälle, wie die niederländische Diskussion zeigt. Diese Nutzungen haben verschiedene Auswirkungen. Sofern bei der Herstellung der Kavernen Salz nicht einer wirtschaftlichen Nutzung zugeführt werden kann - und das ist leider in der Regel der Fall -, muß es ökologisch verträglich als Sole der Nordsee zugeführt werden.

Die Abfallentsorgung ist in beiden Staaten gegenwärtig eine wichtige Frage. Ein weiterer Problemkreis, der in Zukunft die grenzüberschreitende Zusammenarbeit stärker beschäftigen wird, ist der Umweltschutz. Er erhält bei der raumordnerischen Planung und Abstimmung einen immer größeren Stellenwert.

2.2.3.2 Verfahrensrechtliche Probleme

Das deutsche und niederländische Rechtssystem weisen bei der Beteiligung der Öffentlichkeit einige spürbare Unterschiede auf. So ist das Beteiligungsverfahren von dem Betroffenheitsprinzip und dem Souveränitätsprinzip mit bestimmt. Diese Einschränkungen sind für den niederländischen Bürger aus seinem Rechtssystem z.T. ungewohnt. Bei der öffentlichen Auslegung von Plänen oder Antragsunterlagen für Fachgenehmigungen etc. führt dies bei niederländischen Bürgern und Institutionen zu besonderen Forderungen nach Beteiligung. Durch die deutsche Rechtsprechung sind die Modalitäten dieser Beteiligung gegenwärtig gewissen Veränderungen unterworfen, die sich unter dem Einfluß EG-rechtlicher Vorschriften vermutlich noch weiter fortsetzen werden. Die Aufstellung der raumordnerischen Pläne und Programme ist davon bisher nicht berührt, da bei deutschen raumordnerischen Plänen und Programmen keine öffentliche Auslegung bzw. öffentliche Anhörung folgt.

Die EG-Richtlinie zur Umweltverträglichkeitsprüfung und die entsprechenden nationalen Gesetze schreiben für bestimmte Projekte eine Umweltverträglichkeitsprüfung mit grenzüberschreitender Abstimmung vor. Für derartige Projekte sind neben den Verfahrensregelungen der grenzüberschreitenden Zusammenarbeit in der Raumordnung auch die besonderen Rechtsvorschriften zur Umweltverträglichkeitsprüfung zu beachten.

Für den "strittigen Grenzbereich" im Ems-Dollart-Ästuar bestehen für einzelne Rechtsgebiete pragmatische völkerrechtliche Sonderregelungen. Für das Raumordnungsrecht, das Baurecht, das Naturschutzrecht etc. bestehen keine besonderen Regelungen. Dies hat in der Vergangenheit dazu geführt, daß im Bereich der Raumordnung im strittigen Grenzbereich parallel deutsche und niederländische Planungen erfolgten (z.B. Landesraumordnungsprogramm Niedersachsen Teil II, structuurschets waddenzee-gebied, streekplan Groningen). So lange für den strittigen Bereich keine detaillierten Planungsaussagen erforderlich sind und beide Staaten die gleichen raumordnerischen Ziele verfolgen, ergeben sich keine besonderen raumordnerischen Probleme. Bei der Planung mit konkreten Bindungswirkungen für Außenstehende können sich jedoch deutliche Probleme zeigen. Es wurde deshalb bisher Abstand genommen, die Bauleitplanung bis in den strittigen Grenzbereich auszudehnen. Auch für die Unterschutzstellung von Naturbereichen können sich im strittigen Gebiet Probleme auftun.

2.2.3.3 Probleme der Planungsgrundlagen

Durch den Zufall des Blattschnittes im Kartenwerk 1 : 500 000 gibt es in diesem Maßstab eine Karte, die - mit Ausnahme eines kleinen westlichen Randbereiches - das ganze Gebiet der Unterkommission Nord erfaßt. In anderen Maßstäben gibt es keine Karten, die das ganze Gebiet der Untersuchungskommission Nord flächendeckend in gleicher Weise darstellen.

Die amtlichen Statistiken in Deutschland und in den Niederlanden sind in sehr vielen Fachbereichen bei den Definitionen und Begriffsinhalten, den Größen der statistischen Einheiten, den Erfassungsmodalitäten sowie den Erfassungszeiträumen so unterschiedlich, daß sozioökonomische Untersuchungen bei grenzüberschreitenden Analysen auf sehr schwierige Interpretationsprobleme stoßen. Dies hat sich deutlich beim Erarbeiten der Grenzüberschreitenden Aktionsprogramme für Grenzregionen gezeigt.

2.2.3.4 Probleme des Informationsaustausches zwischen den verschiedenen grenzüberschreitenden Kontaktebenen

Durch die vielfältigen Formen der grenzüberschreitenden Zusammenarbeit ist es erforderlich, zwischen den verschiedenen Fachbereichen ständigen Kontakt zu halten. Weitgehend wird dies durch den innerbehördlichen Kontakt bei den Regionalverwaltungen (Regierungsbezirken und Provinzen) gewährleistet. Dabei sind gleichartige bzw. sich stützende Entwicklungsvorstellungen und Handlungskonzepte ebenso wichtig wie das Vermeiden von Doppelarbeit oder gar Handlungskonkurrenz. So gäbe es z.B. wenig Sinn, wenn die Raumordnungskommission den Nutzen einer grenzüberschreitenden Raumordnungsskizze kritisch prüft, während gleichzeitig von einer Grenzregion - ohne raumordnerische Zuständigkeit - eine ähnliche Raumordnungsskizze für einen Teilbereich des Grenzraumes bei einem Fachbüro in Auftrag gegeben würde.

Außerdem ist es notwendig, die grenzüberschreitende Zusammenarbeit zwischen Raumordnung und Umweltschutz möglichst einfach und transparent zu gestalten, da die meisten überörtlichen Umweltprobleme in Niedersachsen bei der Prüfung der Umweltverträglichkeit im Zuge des Raumordnungsverfahrens zur Sprache kommen.

2.2.4 Wichtige Inhalte und Ergebnisse der bisherigen Zusammenarbeit

Die frühzeitige Information und intensive Konsultation hat sich bei der grenzüberschreitenden Zusammenarbeit bisher sehr gut bewährt. Bei vielen Parallelen in der Planungshierarchie, bei den Planungsinhalten und bei den Aufstellungsverfahren in beiden Staaten ergeben sich bei der Planabstimmung keine grundlegenden Probleme.

Bei der Abstimmung raumordnerischer Pläne und Programme hat sich das von der Hauptkommission festgelegte Verfahren besonders bewährt. Danach unterrichtet der Planungsträger zum frühestmöglichen Zeitpunkt den entsprechenden Planungsträger im Nachbarstaat über seine Planungsabsichten. Nach Fertigstellung des Planentwurfes wird in der Zeit des innerstaatlichen förmlichen Beteiligungsverfahrens auch dem Träger des Nachbarstaates Gelegenheit zur Stellungnahme gegeben. Der Planungsträger des Nachbarstaates beteiligt die in seinem Zuständigkeitsbereich Betroffenen von sich aus. In der Unterkommission Nord wird zu jedem raumordnerischen Plan oder Programm eine Empfehlung erarbeitet und gemäß dem Abkommen dem Planungsträger zur Beachtung zugeleitet. Die Pläne und Programme der Länder bzw. des Reiches werden abschließend in der Hauptkommission behandelt. Diese Verfahrensweise stellt eine frühzeitige und eingehende Abstimmung der grenzüberschreitenden Probleme sicher.

Die teilweise unterschiedlichen Planungsinhalte in deutschen und niederländischen Plänen und Programmen führen zu keinen besonderen Problemen, zumal auch deutsche Raumordnungspläne von Bundesland zu Bundesland spürbare Unterschiede im Planinhalt aufweisen.

Da weder in den Niederlanden noch in Deutschland die Aufstellung der regionalen Raumordnungspläne (Gebietsentwicklungsplan, Regionales Raumordnungsprogramm, streekplan) zeitlich koordiniert erfolgt, sondern sich nach den zeitlichen Erfordernissen des jeweiligen Planungsraumes richtet, besteht kein Bedürfnis, die Planaufstellungsverfahren grenzüberschreitend zeitlich zu koordinieren.

Vor vielen Jahren wurde in der Unterkommission Nord auch die Erarbeitung eines grenzüberschreitenden Raumordnungskonzeptes angestrebt. Es hat sich seinerzeit gezeigt, daß die Aufstellung einer derartigen grenzüberschreitenden Konzeption mit vielen Problemen verbunden ist: Planungskompetenz, Verbindlichkeit der Zielaussagen, Übereinstimmung der Zielaussagen mit nationalen Plänen etc. Die Unterkommission Nord hat daher 1987 eine Untersuchung aller raumrelevanten grenzüberschreitenden Probleme[5] für ihren Grenzabschnitt erarbeitet. Darin sind die grenzüberschreitenden Verflechtungen dargestellt, Probleme im Grenzbereich aufgezeigt und Empfehlungen zur Lösung der Probleme erarbeitet worden. Eine Aktualisierung der "Untersuchung grenzüberschreitender Probleme" steht in naher Zukunft an. Dabei wird auch kritisch zu untersuchen sein, welche konzeptionellen Überlegungen für den Grenzraum im Zuge der Verwirklichung des Europäischen Binnenmarktes zu überprüfen bzw. zu überdenken sind. Für die Unterkommission Nord ist gegenwärtig nicht erkennbar, ob z.Z. die Erarbeitung einer grenzüberschreitenden Raumordnungsskizze notwendig ist, die alle raumordnerischen Aspekte erfaßt. Unter Umständen kann es sinnvoll sein, für bestimmte Fachbereiche Empfehlungen zu erarbeiten oder für enger begrenzte Bereiche mit Sonderproblemen (z.B. der Entwicklung oder der Ressourcensicherung) Leitlinien grenzüberschreitend zu entwickeln. Diese Arbeiten sollten jedoch stark problem- bzw. projektorientiert erfolgen.

Die Unterkommission Nord sieht das Schwergewicht ihrer Arbeit mehr im Koordinieren und Abstimmen konkreter Probleme als im Entwerfen grenzüberschreitender Entwicklungsperspektiven. Sie will von sich aus einen Anstoß gegenüber den Fachverwaltungen geben und selbst unter raumordnerischen Gesichtspunkten an der Lösung der Probleme koordinierend mitwirken.

Bei den Sitzungen der Unterkommission und der Arbeitsgruppe, aber auch im direkten Kontakt der deutschen und der niederländischen Geschäftsstelle werden zahlreiche bedeutsame Einzelprojekte oder räumliche Einzelprobleme angesprochen und grenzüberschreitend abgestimmt. Gerade die Arbeit am konkreten Einzelfall ist ein wichtiger Beitrag zur harmonischen räumlichen Entwicklung beiderseits der Staatsgrenze.

2.2.5 Perspektiven

Mit der stärkeren Verknüpfung von Umweltschutz und Raumordnung ergeben sich in Zukunft in der grenzüberschreitenden raumordnerischen Zusammenarbeit neue Aspekte. Neben dem konzeptionellen Erarbeiten von Entwicklungsperspektiven gewinnt im Grenzgebiet die koordinierende Ressourcensicherung zunehmend an Bedeutung. Das wird eine starke Beachtung umweltrelevanter Aspekte zur Folge haben und auch zu einem stärkeren Zusammenarbeiten der betroffenen Fachverwaltungen führen. Der grenzüberschreitenden Raumordnung kommt dabei die neue Aufgabe zu, über die Grenzen hinweg überfachlich zu koordinieren. Das Arbeiten am Einzelprojekt oder Einzelproblem wird noch weiter in den Vordergrund rücken.

Im Hinblick auf die künftigen Entwicklungen werden gegenwärtig in der Unterkommission Nord Überlegungen zur weiteren Intensivierung der Zusammenarbeit angestellt. So sollen künftig neben den raumordnerischen Problemen regelmäßig auch Aspekte der Umwelt zur Sprache kommen. Mit einem Überblick über künftige Entwicklungen, Pläne und Programme sollen sich abzeichnende Fragen möglichst frühzeitig andiskutiert werden können. Auf der Ebene der Geschäftsführer werden regelmäßige Kontakte zu den Grenzregionen gepflegt werden. Auch will sich die Unterkommission verstärkt mit den Anregungen und Bedenken befassen, die grenzüberschreitend in Beteiligungsverfahren aufgezeigt werden.

Mit der Aktualisierung der "Untersuchung grenzüberschreitender Probleme" will die Unterkommission die Probleme an ihrem Grenzabschnitt zeitnah verfolgen und frühzeitig auf die Lösung neuer Probleme einwirken. Nach der Aktualisierung dieser Untersuchung will die Unterkommission Nord noch einmal prüfen, welches Bedürfnis für ein Erstellen einer grenzüberschreitenden Raumordnungsskizze besteht.

Anmerkungen

1) Abkommen zwischen der Regierung der Bundesrepublik Deutschland und der Regierung des Königreichs der Niederlande über die Zusammenarbeit auf dem Gebiet der Raumordnung. In: Bundesgesetzblatt Teil II 1977, S. 35 f.

2) Europäisches Rahmenübereinkommen über die grenzüberschreitende Zusammenarbeit zwischen Gebietskörperschaften. In: Bundesgesetzblatt Teil II 1981, S. 965 ff.

3) Vertrag zwischen der Bundesrepublik Deutschland und dem Königreich der Niederlande über den Verlauf der gemeinsamen Landgrenze, die Grenzgewässer, den grenznahen Grundbesitz, den grenzüberschreitenden Binnenverkehr und andere Grenzfragen (Grenzvertrag)". In: Bundesgesetzblatt Teil II 1963, S. 463 ff.

4) Vertrag zwischen der Bundesrepublik Deutschland und dem Königreich der Niederlande über die Regelung der Zusammenarbeit in der Emsmündung (Ems-Dollart-Vertrag). In: Bundesgesetzblatt Teil II 1963, S. 602 ff.

5) Deutsch-Niederländische Raumordnungskommission: "Untersuchung grenzüberschreitender Probleme", unveröffentlicht, 1987.

Anhang 1

Deutsch-Niederländische Raumordnungskommission

Bek. d. MI v. 18. 12. 1980 — 36.2 — 01 239/10

— GültL 178/109 —

Die Hauptkommission der Deutsch-Niederländischen Raumordnungskommission hat am 26. 4. 1979 den in der **Anlage** abgedruckten Beschluß gefaßt.

Verfahren zur grenzüberschreitenden Information und Abstimmung von Planungen der Raumordnung und Landesplanung im deutsch-niederländischen Grenzgebiet

In Artikel 1 des Abkommens über die Zusammenarbeit auf dem Gebiet der Raumordnung zwischen der Bundesrepublik Deutschland und dem Königreich der Niederlande vom 30. 3. 1976 verpflichten sich die Vertragspartner, raumbedeutsame Planungen und Maßnahmen in den Grenzgebieten aufeinander abzustimmen. Für das Land Nordrhein-Westfalen ergibt sich darüber hinaus eine entsprechende gesetzliche Verpflichtung aus § 2 Nr. 3 des Landesplanungsgesetzes und aus § 3 des Gesetzes zur Landesentwicklung (Landesentwicklungsprogramm).

Bei der grenzüberschreitenden Information und Abstimmung von Planungen der Raumordnung und Landesplanung im deutsch-niederländischen Grenzgebiet ist von folgenden Grundsätzen und Verfahrensregeln auszugehen:

1. Eingrenzung und Begriffsbestimmung

Dieser Regelung unterliegen solche Planungen der Raumordnung und Landesplanung, die innerhalb eines Bereiches von 20 km beiderseits der Staatsgrenze beabsichtigt sind. Sie gilt auch für Planungen außerhalb dieses Bereiches, sofern im Einzelfall erhebliche Auswirkungen im Nachbarstaat zu erwarten sind oder vom Nachbarstaat eine Beteiligung gewünscht wird.

Das Verfahren unterscheidet zwischen grenzüberschreitender Information und grenzüberschreitender Abstimmung.

Die grenzüberschreitende Information bezieht sich auf die Übersendung von

— Veröffentlichungen und Verlautbarungen der Obersten Bundes- und Landesplanungsbehörden und des Niederländischen Ministerie van Volkshuisvesting en Ruimtelijke Ordening,
— parlamentarischen Drucksachen und Verlautbarungen des Bundestages, der Landtage Nordrhein-Westfalen und Niedersachsen und der Tweede Kamer der Staten-Generaal,

die für die Raumordnung und Landesplanung Bedeutung haben und für das Nachbarland von Interesse sein können.

Im einzelnen kommen insbesondere in Betracht:
— auf deutscher Seite:
— die Bundesraumordnungsberichte,
— das Bundesraumordnungsprogramm,
— die Landesentwicklungs-/Raumordnungsberichte.
— auf niederländischer Seite:
— Regierungsnoten für die Raumordnung,
— Regierungsberichte für die Raumordnung.

Entsprechendes gilt für vergleichbare Verlautbarungen und Veröffentlichungen der Träger der Regionalplanung/Provinzen.

Jede Delegation in der Kommission und den Unterkommissionen Nord und Süd kann verlangen, daß die gegebenen Informationen in ihren Gremien beraten werden.

1.2 Der grenzüberschreitenden Abstimmung unterliegen die Raumordnungspläne/Raumordnungsprogramme der Länder sowie die niederländischen planologische kernbeslissingen.

Darunter sind zu verstehen:
— im Lande Nordrhein-Westfalen: die Landesentwicklungspläne;
— im Lande Niedersachsen: das Landes-Raumordnungsprogramm;
— in den Niederlanden: structuurschetsen, structuurschema's.

Entsprechendes gilt für die regionalen Raumordnungspläne/Raumordnungsprogramme.

Darunter sind zu verstehen:
— im Lande Nordrhein-Westfalen: die Gebietsentwicklungspläne;
— im Lande Niedersachsen: die Regionalen Raumordnungsprogramme;
— in den Niederlanden: die streekplannen.

Unter Abstimmung ist das gemeinsame Bemühen zu verstehen, die grenzüberschreitenden Probleme, die bei Planungen der Raumordnung und Landesplanung auftreten oder zu erwarten sind, durch gemeinsame Beratung einvernehmlich zu lösen. Die Abstimmung setzt eine frühzeitige Unterrichtung über beabsichtigte Planungen voraus.

1.3 Dieses Verfahren gilt entsprechend bei wesentlichen Änderungen und Ergänzungen der unter Ziffer 1.1 und 1.2 genannten Programme, Pläne, structuurschetsen und structuurschema's.

2. Verfahren

2.1 Regionale Raumordnungspläne/Regionale Raumordnungsprogramme/streekplannen

2.1.1 Verwaltungsinterne Erarbeitung des Planentwurfs

Der jeweilige Träger der Regionalplanung bzw. dessen Organ hat im frühestmöglichen Zeitpunkt den entsprechenden Planungsträger im Nachbarstaat über seine Planungsabsichten zu unterrichten. Die erforderlichen Informationen und Unterlagen sind der regional zuständigen Stelle (Regionalbehörde) im Nachbarstaat unmittelbar zuzuleiten; zugleich ist die Unterkommission Nord und/oder Süd abschriftlich zu unterrichten.

2.1.2 Beteiligungs- und Erarbeitungsverfahren

Nach Fertigstellung des Planentwurfs ist den betroffenen regionalen Planungsträgern im Nachbarstaat Gelegenheit zur Stellungnahme innerhalb einer gesetzten angemessenen Frist zu geben. Diese Beteiligung hat spätestens dann stattzufinden, wenn innerstaatlich das förmliche Beteiligungsverfahren eingeleitet wird. Hierzu ist der Entwurf auf der deutschen Seite der zuständigen Bezirksplanungsbehörde im Lande Nordrhein-Westfalen bzw. der zuständigen Oberen Landesplanungsbehörde im Lande Niedersachsen, auf niederländischer Seite der zuständigen Provinz zuzuleiten. Die Unterkommission Nord und/oder Süd wird gleichzeitig unterrichtet. Nach Eingang des Entwurfs haben die zuvorgenannten Stellen die Beteiligung aller Betroffenen innerhalb ihres eigenen Zuständigkeitsbereichs sicherzustellen.

Stellungnahmen zum Planentwurf sind unmittelbar dem Träger der Regionalplanung im Nachbarstaat zuzuleiten. Die Unterkommission Nord und/oder Süd erhält ebenfalls eine Ausfertigung der Stellungnahme. Jedes Mitglied der Unterkommission sowie die jeweils zuständigen regionalen Planungsträger beider Staaten haben das Recht, eine Erörterung der Planungsabsichten und/oder der eingegangenen Stellungnahme in der Unterkommission zu beantragen. Dies gilt auch, wenn die Stellungnahme lediglich als positive Bestätigung einer Planungsabsicht anzusehen ist.

Die Unterkommission kann die Angelegenheit der Kommission zur Erörterung vorlegen.

Die Möglichkeit, zwischen den zuständigen Stellen und Behörden der Regionalplanung beider Staaten unmittelbar Kontakte aufzunehmen, bleibt unberührt.

2.1.3 Aufstellung und Genehmigung

Die Kommission oder die Unterkommission Nord/Süd können zu den Planungsabsichten Empfehlungen an den Träger der Regionalplanung richten.

Nach der verbindlichen Aufstellung bzw. Feststellung des Planes wird der regionale Planungsträger des Nachbarlandes über die Behandlung seiner Stellungnahme und das endgültige Ergebnis unterrichtet. Die Kommission wird ggf. über die Unterkommission Nord/Süd darüber unterrichtet, in welchem Umfang ihren Empfehlungen Rechnung getragen wurde.

2.1.4 Beide Delegationen der Kommission verpflichten sich, im Rahmen ihrer rechtlichen Möglichkeiten auf eine Anwendung und Beachtung dieser Regelungen innerhalb ihres Zuständigkeitsbereiches hinzuwirken.

2.2 Landesentwicklungspläne Landes-Raumordnungsprogramm/structuurschema's structuurschetsen

Das für die regionalen Raumordnungspläne vereinbarte Verfahren (Ziffer 2.1) ist hier entsprechend anzuwenden. Die abschließende Stellungnahme obliegt der Kommission. Die erforderlichen Informationen und Unterlagen sind jeweils den Geschäftsstellen der Kommission und der Unterkommissionen zuzuleiten.

Die Möglichkeit, zwischen den zuständigen Planungsträgern beider Staaten unmittelbar Kontakt aufzunehmen, bleibt unberührt.

3. Structuurplannen, bestemmingsplannen/Flächennutzungs- und Bebauungspläne

Für die grenzüberschreitende Abstimmung von Flächennutzungs- und Bebauungsplänen/structuurplannen und bestemmingsplannen der Gemeinden im deutsch-niederländischen Grenzgebiet ergeht eine gesonderte Empfehlung.

Anhang 2

Deutsch-Niederländische Raumordnungskommission

Bek. d. MI v. 18. 12. 1980 — 36.2 — 01 239/10

— GültL 178/110 —

Die Hauptkommission der Deutsch-Niederländischen Raumordnungskommission hat am 3. 9. 1980 den in der Anlage abgedruckten Beschluß gefaßt.

Empfehlung für die grenzüberschreitende Information und Abstimmung der Bauleitplanung der Gemeinden im deutsch-niederländischen Grenzgebiet

Die Deutsch-Niederländische Raumordnungskommission hat am 26. 4. 1979 Grundsätze und Verfahrensregeln für die grenzüberschreitende Information und Abstimmung auf dem Gebiete der Raumordnung und Landesplanung im deutsch-niederländischen Grenzgebiet beschlossen. Die Kommission ist der Ansicht, daß auch auf dem Gebiet der Bauleitplanung (Flächennutzungsplan, Bebauungsplan/structuurplan, bestemmingsplan) im deutsch-niederländischen Grenzgebiet eine Abstimmung zwischen den betroffenen Gemeinden erfolgen soll.[1])

Die Kommission gibt deshalb folgende Hinweise und Empfehlungen:

Um eine geordnete Entwicklung beiderseits der Staatsgrenze zu erreichen, sollen die Bauleitpläne (Flächennutzungsplan, Bebauungsplan/structuurplan, bestemmingsplan) der im deutsch-niederländischen Grenzgebiet gelegenen Gemeinden[2]) aufeinander abgestimmt werden. Die Abstimmung dient insbesondere dem Zweck, die Ausweisung einander störender oder gar einander ausschließender Flächennutzungen zu vermeiden.

Der Abstimmung sollen unterliegen:
1. Die Flächennutzungspläne/structuurplannen der unmittelbar an der Staatsgrenze liegenden Gemeinden,
2. a) Bebauungspläne/bestemmingsplannen dieser Gemeinden für Gebiete, die unmittelbar an die Staatsgrenze angrenzen,
   b) Bebauungspläne/bestemmingsplannen dieser Gemeinden für andere Gebiete, wenn von der beabsichtigten Nutzung nicht nur unerhebliche Auswirkungen auf die angrenzenden Bereiche des Nachbarstaates zu erwarten sind.

Darüber hinaus erscheint es angebracht, auch Bebauungspläne/bestemmingsplannen und Flächennutzungspläne/structuurplannen nicht an der Staatsgrenze liegender Gemeinden in einem Bereich von rd. 20 km beiderseits der Grenze in die Abstimmung einzubeziehen, soweit von der beabsichtigten Nutzung nicht nur unerhebliche Auswirkungen auf die angrenzenden Bereiche des Nachbarstaates zu erwarten sind.

Die für die Aufstellung von Flächennutzungs- und Bebauungsplänen/structuurplannen und bestemmingsplannen geltenden Empfehlungen sollen auch für die Änderungen und Ergänzungen bestehender Bauleitpläne zur Anwendung kommen, wenn davon nicht nur unerhebliche Auswirkungen auf die angrenzenden Bereiche des Nachbarlandes zu erwarten sind.

Die Abstimmung erfordert eine frühzeitige Unterrichtung über bestehende Planungsabsichten; sie ist darauf ausgerichtet, grenzüberschreitende Probleme, die auf Grund der Flächennutzungs- und Bebauungspläne/structuurplannen und bestemmingsplannen auftreten oder zu erwarten sind, durch gegenseitige Information und gemeinsame Erörterung möglichst einvernehmlich zu lösen.

Die Deutsch-Niederländische Raumordnungskommission bittet die zuständigen Behörden und Stellen in der Bundesrepublik Deutschland und im Königreich der Niederlande, in geeigneter Weise auf die Gemeinden im Grenzgebiet mit dem Ziel einzuwirken, bei der Aufstellung und Änderung ihrer Flächennutzungs- und Bebauungspläne/structuurplannen und bestemmingsplannen entsprechend dieser Empfehlung zu verfahren.

---

[1]) Die Empfehlung für eine solche Abstimmung der Bauleitplanung ist nicht Bestandteil der Abstimmungsverpflichtungen nach deutschem Recht. Es handelt sich nicht um eine Abstimmung der Bauleitplanung benachbarter Gemeinden gemäß § 2 Abs. 4 BBauG. Die Empfehlung stellt daher auch keine zusätzlichen rechtlichen Anforderungen dar, die zwingend bei der Aufstellung der Bauleitpläne zu beachten wären.

[2]) Gemeinden im Sinne dieser Empfehlung sind auf deutscher Seite die jeweiligen Träger der Bauleitplanung.
Unter Gemeinden im Sinne dieser Empfehlung sind auf niederländischer Seite auch gewesten zu verstehen, sofern diese befugt sind, einen zwischengemeindlichen structuurplan aufzustellen.

(aus: Niedersächsisches Ministerialblatt Nr. 7/1981)

Anhang 3

Neue Hanse Interregio-Vereinbarung 20.3.1991

Deutsch-Niederländische Raumordnungskommission:

Empfehlung für die grenzüberschreitende Information und Abstimmung der Bauleitplanung der Gemeinden im deutsch-niederländischen Grenzgebiet

Erste gemeinsame Konferenz der Freien Hansestadt Bremen, des Landes Niedersachsen und der nordostniederländischen Provinzen Drenthe, Friesland, Groningen und Overijssel in Bremen am 20. März 1991

VEREINBARUNG

Die Freie Hansestadt Bremen, vertreten durch den Präsidenten des Senats, Bürgermeister Klaus Wedemeier,

das Land Niedersachsen, vertreten durch den Ministerpräsidenten, Gerhard Schröder,

die Provinz Drenthe, vertreten durch den Kommissar der Königin, Wim Meijer,

die Provinz Friesland, vertreten durch den Kommissar der Königin, Hans Wiegel,

die Provinz Groningen, vertreten durch den Kommissar der Königin, Henk Vonhoff, sowie

die Provinz Overijssel, vertreten durch den Kommissar der Königin, Jan Hendrikx,

in Anwesenheit seiner Exzellenz, des Ministerpräsidenten und Ministers für Allgemeine Angelegenheiten des Königreiches der Niederlande, Herrn Drs. Ruud F. M. Lubbers,

unter Hinweis auf

- Art. 20 Abs. 1 und 30 des Grundgesetzes der Bundesrepublik Deutschland,
- Art. 19 Abs. 1, 20 Abs. 1, 21, 22 und 124 der Verfassung des Königreiches der Niederlande,
- das in Art. 130a EWG-Vertrag enthaltene Ziel, den Abstand zwischen den verschiedenen Regionen der Gemeinschaft zu verringern,
- die europäischen Strukturfonds und die darauf gestützten Maßnahmen der interregionalen Zusammenarbeit,
- die Abschlußerklärung der Konferenz der Parlamente der Mitgliedstaaten der Europäischen Gemeinschaften in Rom vom 27.-30.11.1990 (Assisen) sowie die Tagung des Europäischen Rates in Rom am 14./15.12.1990, insbesondere auf die Ausführungen zur Subsidiarität,

in dem Bewußtsein,

- daß der Abbau der realen, technischen und steuerlichen Grenzen im Rahmen des Binnenmarktes allein nicht ausreicht, unterschiedliche, über Jahrzehnte geprägte Denk- und Verhaltensmuster schnell zu verändern,
- daß kontinuierliche gemeinsame Anstrengungen erforderlich sind, um die europäische Dimension im Denken und Handeln der Menschen zu stärken,
- daß es Ländern und Provinzen obliegt, die praktische Zusammenarbeit in wichtigen Aufgabenfeldern zum Wohle aller Bürgerinnen und Bürger zu vertiefen und zu verstetigen,
- daß die unterschiedlichen kulturellen, wirtschaftlichen, sozialen und institutionellen Identitäten unserer Länder und Provinzen Teil der europäischen regionalen Vielfalt sind und nicht eingeebnet werden dürfen,
- daß gegenseitige Offenheit und Verständnis für unterschiedliche Positionen und Interessen in Einzelfragen Grundlage für eine vertrauensvolle Zusammenarbeit sind,
- daß der bisher im Rahmen der grenzüberschreitenden Zusammenarbeit im Rahmen der EUREGIO und der Ems-Dollart-Region geleisteten Basisarbeit ein besonderer Stellenwert zukommt,
- daß die bisherige interregionale Zusammenarbeit der Länder und Provinzen sowie die beiderseitigen umfangreichen Fachbeziehungen (z. B. die Deutsch-Niederländische Raumordnungskommission) durch die neue Kooperation ergänzt und ausgebaut werden, soweit erforderlich unter Einbeziehung der Regierungen der Bundesrepublik Deutschland bzw. des Königreichs der Niederlande,
- daß diese Zusammenarbeit anderen Ländern in Norddeutschland und anderen Provinzen in den Niederlanden zur Mitarbeit offensteht, wenn diese dies wünschen.

In der Erwägung,

- daß im Zuge des Aufbaues eines gesamteuropäischen Wirtschaftsraumes unseren Ländern und Provinzen geographisch eine verstärkte Mittlerrolle zukommt. Die Wirtschaftsbeziehungen von Zentral- nach Nordeuropa, Osteuropa sowie über die Nordsee nach England werden sich deutlich verstärken. Dieser Bedeutungszuwachs muß für unsere Region in vielfältiger Weise nutzbar gemacht werden.

▶ daß die Integration der Europäischen Gemeinschaften sowie ihre Öffnung gegenüber den EFTA-Staaten und den mittel- und osteuropäischen Staaten auch den Wettbewerb der Regionen nicht nur im Europa der Europäischen Gemeinschaften verstärken. Es ist deshalb erforderlich, dem nordwestdeutschen-nordostniederländischen Raum eine gemeinsame regionale Identität zu geben, die seine Stellung sichert und ausbaut.

▶ daß die regionalen und sektoralen Auswirkungen des Binnenmarktes sich voraussichtlich nicht gleichmäßig über das gesamte Gebiet der Europäischen Gemeinschaften verteilen werden. Es bedarf vielfältiger, konkreter eigener Anstrengungen der Kooperationspartner, die positiven Binnenmarktauswirkungen regional zu verstärken sowie evtl. nachteilige Auswirkungen zu verhindern oder abzumildern.

▶ daß im Rahmen der jeweiligen Zuständigkeiten und finanziellen Möglichkeiten darüber hinaus für die Region durch konkrete Maßnahmen die Voraussetzungen für eine zukunftsträchtige wirtschaftliche Weiterentwicklung geschaffen werden müssen.

▶ daß im Interesse dezentraler und demokratischer europäischer Strukturen der Verwirklichung des Subsidiaritätsgrundsatzes eine besondere Bedeutung zukommt. Deshalb müssen Länder und Provinzen Problembewußtsein, Gestaltungskraft und Vollzugswillen im Rahmen der ihnen obliegenden Aufgaben dokumentieren, damit sie dem Anspruch auf orts-, sach- und bürgernahes Handeln gerecht werden und ihre Bürger sich mit ihnen identifizieren können.

▶ daß die Verwaltungen der Länder und Provinzen aufgefordert sind, die notwendigen Impulse zur Weiterentwicklung der Zusammenarbeit zu geben und ihre Erfahrungen, Kenntnisse und Fähigkeiten im Interesse gemeinsamer Problembewältigung zu bündeln. Dem gegenseitigen Erfahrungsaustausch sowie, im Rahmen des möglichen, einem Personalaustausch, kommt dabei besondere Bedeutung zu.

▶ daß der Bewahrung der natürlichen Lebensgrundlagen des Menschen gerade in einem Gebiet, dessen ökologisches Gleichgewicht seit Jahrhunderten durch Naturgewalten herausgefordert wurde, und das sich heute vielfältigen Umweltbelastungen ausgesetzt sieht, eine große Bedeutung zukommt. Ihr muß deshalb bei allen Projekten und Vorschlägen entscheidender Stellenwert eingeräumt werden.

▶ daß bei der Zusammenarbeit in allen Aufgabenfeldern der Förderung der Chancengleichheit von Frauen und Männern eine wichtige Bedeutung zukommt. Bei der Entwicklung gemeinsamer Aktivitäten, Projekte, Konzepte und Strategien muß die Berücksichtigung der Situation der Frauen daher einen besonderen Stellenwert haben.

▶ daß im Hinblick auf die Bevölkerungsentwicklung unserer Gesellschaften der jungen Generation eine besondere Bedeutung zukommt. Die Sicherung ihrer Zukunftschancen ist deshalb ein besonderes Anliegen.

sind am 20. März 1991 in Bremen übereingekommen, ihre Zusammenarbeit insbesondere auf folgenden Gebieten zu intensivieren:

ENTWICKLUNG EINER GEMEINSAMEN EG-STRATEGIE

Der einheitliche EG-Binnenmarkt sowie der Fortschritt bei der Verwirklichung der Europäischen Union werden künftig verstärkt die europäischen Regionen jenseits traditioneller Staatsgrenzen in einen direkten Wirkungszusammenhang zu den Institutionen der EG stellen: das bedeutet sowohl die **Herausforderung** eines größeren, unmittelbaren Einflusses der Gemeinschaft auf die Bedingungen in den Regionen, als auch die **Chance** der stärkeren eigenen Einwirkungsmöglichkeiten auf die Politik der EG.

Bei vielfältigen gleichgearteten Problem- und Interessenlagen zwischen den Ländern Bremen und Niedersachsen sowie den Provinzen Drenthe, Friesland, Groningen und Overijssel ist daher eine intensivere Zusammenarbeit an den Berührungspunkten zur EG geboten.

Die Länder und Provinzen vereinbaren,

▶ künftig verstärkt die Möglichkeiten zur Förderung gemeinsamer Vorhaben grenzüberschreitender und interregionaler Zusammenarbeit im Rahmen der Programme der EG auszuschöpfen,

▶ gemeinsame Belange im Zusammenhang mit Politik und Gesetzgebung der Europäischen Gemeinschaften miteinander abzustimmen und bei den EG-Institutionen zu vertreten,

▶ hierzu eine verstärkte Zusammenarbeit ihrer öffentlichen und privaten Einrichtungen in Brüssel zu fördern, und

▶ insbesondere die Versammlung der Regionen Europas (VRE) als Forum zur intensiveren Darstellung und Durchsetzung gleichartiger Interessen auf europäischer Ebene zu nutzen.

DER REGIONALE WIRTSCHAFTSRAUM IM BINNENMARKT 1992

Durch den einheitlichen EG-Binnenmarkt werden die Barrieren für grenzüberschreitende Zusammenarbeit weitgehend beseitigt. Damit entstehen die Voraussetzungen für die Schaffung eines einheitlichen regionalen Wirtschaftsraumes im Nordwesten Europas, der durch große landwirtschaftliche Anbauflächen, moderne Industrie- und Handelszentren in den Städten sowie seine verkehrsstrategische Bedeutung als Brücke zwischen Osteuropa, Skandinavien, Großbritannien, den industriellen Zentren in Europa und Übersee charakterisiert ist. Die wirtschaftliche Integration dieses Gebietes nach innen zu vertiefen, und seine Darstellung nach außen zu verstärken, wird eine wichtige Aufgabe der Wirtschaftspolitik der Länder Bremen und Niedersachsen sowie der Provinzen Drenthe, Friesland, Groningen und Overijssel in den kommenden Jahren sein.

Die kleinen und mittleren Unternehmen bilden hierbei das ökonomische Rückgrat der Region. Die Erhaltung und Stärkung dieser Struktur im Hinblick auf den Europäischen Binnenmarkt bildet somit ein vorrangiges Ziel der Wirtschaftsförderungs- und Binnenmarktprogramme.

Die Länder und Provinzen vereinbaren,

▶ den gegenseitigen Informations- und Abstimmungsprozeß über vorliegende und künftig geplante EG-Binnenmarkt- und allgemeine Wirtschaftsförderungsprogramme zu verbessern,

▶ die Verbesserung der Rahmenbedingungen grenzüberschreitender Wirtschaftstätigkeit und des Handels zu fördern und hierbei insbesondere die örtlichen und regionalen Kammern und Verbände einzubeziehen,

▶ die Zusammenarbeit regionaler EG-Beratungsstellen zu fördern,

▶ ein gemeinsames Tourismuskonzept für die Gesamtregion zu entwickeln.

VERKEHR

Für die europäische Integration und die Vernetzung der europäischen Regionen zu einem einheitlichen Binnenmarkt ist die Weiterentwicklung und der Ausbau der Verkehrsinfrastruktur eine zentrale Voraussetzung. Dies gilt für die Länder Bremen und Niedersachsen sowie die Provinzen Drenthe, Friesland, Groningen und Overijssel in besonderem Maße: ihre geografische Lage in einem Europa, das sich nach Norden, vor allem aber gegenüber den Ländern Mittel- und Osteuropas öffnet, verschafft ihr eine wichtige verkehrsstrategische Bedeutung. In einen europäischen Gesamtverkehrsplan ist diese Funktion durch die Entwicklung eines regionalen Verkehrskonzepts, das ökonomische Erfordernisse und ökologische Kriterien integriert, rechtzeitig einzubringen. Dabei haben die Verbesserung der Ost-West-Verbindungen und verkehrliche Maßnahmen zur Funktionssicherung der vorhandenen Hafenstandorte im Kooperationsgebiet Priorität.

Die Länder und Provinzen begrüßen die bisher erfolgte enge Abstimmung im Verkehrsbereich zwischen dem Königreich der Niederlande und der Bundesrepublik Deutschland.

Sie vereinbaren,

▶ ein gemeinsames Verkehrsinfrastrukturkonzept der verkehrspolitischen Maßnahmen der Zukunft für die Region zu erstellen,

▶ die gemeinsamen Anstrengungen zu verstärken, die Elemente dieses Konzepts in die europäische Verkehrsplanung einzubringen,

▶ die begonnenen Verkehrsinfrastrukturmaßnahmen zügig zu realisieren,

▶ insbesondere eine deutliche Verbesserung des Eisenbahnnetzes in der Region zu fördern,

▶ sich für die Schaffung einer Interregio-Verbindung sowie die rasche Schließung der Elektrifizierungslücken zwischen Bremen und Groningen als vordringliche Maßnahme zur Verbesserung des regionalen Eisenbahnnetzes und zur Flankierung der strukturpolitischen Ziele in der Region einzusetzen,

▶ die Verbesserung des regionalen Luftverkehrsnetzes zu unterstützen,

▶ ein integriertes Radwegenetz auszubauen.

FORSCHUNG UND ENTWICKLUNG

Die gesellschaftliche, ökonomische und kulturelle Entwicklung der Regionen sowie deren finanzielle und politische Leistungsfähigkeit ist in zunehmendem Maße sowohl auf die Ausbildung einer ausreichenden Zahl qualifizierter Wissenschaftler als auch auf eine gut ausgebaute und qualitativ hochwertige Forschungsinfrastruktur angewiesen.

Für die europäische Integration und die Vernetzung der europäischen Regionen besitzt die grenzüberschreitende Kooperation im Bereich der Hochschulen sowie in Forschung und Entwicklung einen besonderen Stellenwert. Darüber hinaus nehmen Kompetenzen und Mittel der EG in der Forschungspolitik zu. Für die vielen Universitäten, Hochschulen, Wissenschaftlichen Institute und Technologiezentren in den Ländern Bremen und Niedersachsen sowie den Provinzen Drenthe, Friesland, Groningen und Overijssel wächst damit die Bedeutung institutionalisierter, grenzüberschreitender Zusammenarbeit und der gezielten Durchführung gemeinsamer Projekte.

Vor diesem Hintergrund setzen sich die Länder und Provinzen für eine verstärkte Zusammenarbeit der wissenschaftlichen Einrichtungen und Unternehmen im Kooperationsgebiet ein. Die Zusammenarbeit von Universitäten, Hochschulen und privaten Forschungseinrichtungen und Unternehmen soll sich insbesondere konzentrieren auf

▶ die Erarbeitung gemeinsamer Strategien zur Verbesserung der Förderung und Akquisition von Forschungs- und Entwicklungsvorhaben durch die EG,

▶ die Verbesserung der Kooperation in der Forschung und Entwicklung in Schwerpunktbereichen wie Umweltforschung und Umwelttechnik; Meeres- und Polarforschung; regionale Wirtschafts- und Entwicklungspolitik; Technologiebewertung/Arbeit und Technik,

▶ die Weiterentwicklung der Transfer-Kapazitäten zugunsten der regionalen Wirtschaft, z. B. die Herausgabe eines regionalen Transfer-Handbuches,

▶ die Intensivierung eines gemeinsamen Know-how-Transfers im Zusammenhang interregionaler Kooperationsprojekte, sowie

▶ den Austausch von wissenschaftlichem Personal und Studierenden.

UMWELT- UND NATURSCHUTZ

Die Aufgaben im Bereich Umweltschutz setzen in wachsendem Maße die Abstimmung der vorhandenen regionalen Maßnahmen und die Entwicklung zusätzlicher grenzüberschreitender Instrumentarien voraus. Die Verstärkung der jeweils eigenen Aktivitäten zur Verbesserung der Umweltsituation ist mithin künftig zu verbinden mit einer intensiveren und beschleunigten gegenseitigen Unterrichtung über akute Umweltprobleme, einem verstärkten Informationsaustausch über einschlägige innovative Umweltkonzepte sowie einem abgestimmten Vorgehen im Bedarfsfalle.

Die Länder und Provinzen vereinbaren daher,

▶ die Verstärkung gemeinsamer Maßnahmen zum Schutze des Wattenmeeres. Im einzelnen wird angestrebt,

– die vom eigenen Gebiet ausgehenden Schadstoffbelastungen kontinuierlich weiter zu vermindern und nach Möglichkeit die von der Nordseekonferenz vereinbarten Grenzwerte bereits vor dem vereinbarten Zeitpunkt zu realisieren,
– die Nutzung des Wattenmeeres zu Erholungszwecken so anzulegen, daß die natürliche Umwelt nicht gefährdet wird
– sowie darauf hinzuwirken, dem Wattenmeer im EG-Rahmen einen besonderen Schutz-Status und die Möglichkeit von europäischen Förderbeiträgen einzuräumen.

▶ die Einrichtung einer gemeinsamen Arbeitsgruppe „Abfall" mit dem Ziel, Konzepte und Techniken zur Vermeidung, Verminderung und Verwertung von Abfall auszutauschen und zu effektivieren. Die Themen Gülle- und Klärschlamm-Entsorgung, Kunststoffrecycling und Altlastensanierung sind im Hinblick auf mögliche gemeinsame Strategien zu untersuchen.

▶ die Kriterien für die Umweltverträglichkeitsprüfung inhaltlich und verfahrenstechnisch zu harmonisieren,

▶ die Entwicklung eines Informationssystems über aktuelle Umwelt- und Schadstoffdaten zur gegenseitigen Unterrichtung.

LANDWIRTSCHAFT UND AGRARGEWERBE

Im Hinblick auf die Strukturmerkmale des Gebietes kommt dem agrarischen Primärbereich und der verarbeitenden Industrie eine große Bedeutung zu. Die Gebietsmerkmale, die klimatologischen Verhältnisse und das Vorhandensein eines qualifizierten Primärbereichs sowie eine moderne verarbeitende Industrie bilden die Anknüpfungspunkte für gemeinsame Maßnahmen, um die Bedeutung des Gebietes für die Lebensmittelversorgung in Europa zu erhalten und künftig auszubauen. Voraussetzung hierfür ist die Verstärkung der Zusammenarbeit in der Raumordnungs- und Umweltpolitik, der Marktentwicklung und -erschließung, bei der Entwicklung von neuen Produkten und Verfahren sowie der Intensivierung gegenseitiger Kontakte zwischen Unternehmen und Behörden.

Die Länder und Provinzen vereinbaren daher,

▶ den Erfahrungsaustausch über Schwerpunkte und Rahmenbedingungen der Weiterentwicklung und Förderung der Landwirtschaft, insbesondere im Bereich des umweltverträglichen Landbaus zu verstärken,

▶ Konzepte zum Ausbau und zur Förderung von Verarbeitungsunternehmen zu erarbeiten, die dem landwirtschaftlichen Primärbereich nachgelagert sind,

▶ gemeinsame Vermarktungschancen, insbesondere im Hinblick auf neue Märkte in Nord- und Osteuropa, zu analysieren

▶ sowie Förderungskonzepte zur Erschließung neuer Märkte im Bereich der nachwachsenden Rohstoffe, die gleichzeitig zur Umweltentlastung beitragen können, zu entwickeln.

KULTUR UND BILDUNG

Im Zusammenhang mit der europäischen Integration und im Hinblick auf die Vernetzung der Regionen haben der interregionale Kulturaustausch und die grenzüberschreitende Kooperation im Kulturbereich eine herausragende Funktion, indem sie dazu beitragen, die Menschen zusammenzuführen und das gegenseitige Verständnis füreinander zu fördern. Für die vielen kulturellen Institute, Einrichtungen und Verbände in den Ländern Bremen und Niedersachsen sowie den Provinzen Drenthe, Friesland, Groningen und Overijssel wächst damit die Bedeutung institutionalisierter, grenzüberschreitender Zusammenarbeit und der gezielten Durchführung gemeinsamer Projekte. Zunehmende Beachtung verdient in diesem Zusammenhang auch die Förderung des Unterrichts in den jeweiligen Sprachen in der Schule und in allen Bereichen der Erwachsenenbildung.

Vor diesem Hintergrund setzen sich die Länder und Provinzen für eine verstärkte Zusammenarbeit der kulturellen Einrichtungen und im Bildungsbereich des Kooperationsgebietes ein. Diese Zusammenarbeit soll sich insbesondere konzentrieren auf

▶ die Erarbeitung gemeinsamer Strategien zur effektiveren Förderung von kulturellen Maßnahmen und Kooperationen durch die EG,

▶ die Verstärkung des Austausches von kunst- und kulturgeschichtlichen Ausstellungen, Theateraufführungen und Musikveranstaltungen, sowie die gemeinsame Entwicklung grenzüberschreitender Projekte,

▶ die Entwicklung grenzüberschreitender Aktivitäten zur Förderung der Kommunikation sowohl zwischen den Kulturschaffenden als auch zwischen den Betrieben des Kunsthandwerkes,

▶ die Förderung der Pflege der Regionalsprachen und Dialekte in ihren jeweiligen Verbreitungsgebieten,

▶ die Förderung von Projekten der grenzüberschreitenden Zusammenarbeit in der beruflichen Bildung,

▶ die Förderung von Projekten der grenzüberschreitenden Lehrerfortbildung und Lehrerweiterbildung,

▶ die Verstärkung der grenzüberschreitenden Partnerschaften, Kooperationen und Austauschmaßnahmen zwischen den Schulen,

▶ die Ausweitung der Kooperationen im Bibliothekswesen mit dem Ziel, den Literaturbestand aus dem Gebiet des jeweiligen Kooperationspartners zu erhöhen und die grenzüberschreitende Vernetzung der Bibliotheken weiterzuentwickeln,

▶ den Ausbau einer touristischen Route parallel zu den Küsten unter Einbeziehung bedeutsamer kultureller Einrichtungen, Denkmäler und Veranstaltungen,

▶ den Aufbau eines Medieninformationssystems über kulturelle Veranstaltungen.

Im Rahmen jährlich stattfindender Konferenzen der Ministerpräsidenten und Kommissare sollen künftig die Ergebnisse der Kooperation sowie die weiteren Perspektiven beschlossen werden. Zur Abstimmung der laufenden Zusammenarbeit wird eine Steuerungsgruppe aus den Chefs der Staats- und Senatskanzleien, dem Staatssekretär des Niedersächsischen Ministeriums für Bundes- und Europaangelegenheiten und dem jeweils federführenden Kommissar der Königin der beteiligten Provinzen eingesetzt. Die Geschäftsführung wird im Wechsel jeweils für ein Jahr wahrgenommen und liegt zunächst bei der Freien Hansestadt Bremen. Die Umsetzung der Einzelvereinbarungen erfolgt in Facharbeitsgruppen aus Mitarbeitern der zuständigen Stellen in den Ländern und Provinzen.

Bremen, den 20. März 1991

Bürgermeister Klaus Wedemeier,
Präsident des Senats der Freien Hansestadt Bremen

Gerhard Schröder,
Niedersächsischer Ministerpräsident

Wim Meijer,
Kommissar der Königin in der Provinz Drenthe

Hans Wiegel,
Kommissar der Königin in der Provinz Friesland

Henk Vonhoff,
Kommissar der Königin in der Provinz Groningen

Jan Hendrikx,
Kommissar der Königin in der Provinz Overijssel

Eckhard Reis

III.3 Nordrhein-Westfalen / Niederlande
Unterkommission Süd der Deutsch-Niederländischen Raumordnungskommission

3.1 Rechtliche Grundlagen

Die wesentliche bundesrechtliche Vorgabe zur grenzüberschreitenden Zusammenarbeit im Bereich der Raumordnung findet sich im Raumordnungsgesetz vom 19. Juli 1989. Danach hat die Raumordnung im Bundesgebiet die räumlichen Voraussetzungen für die Zusammenarbeit im europäischen Raum zu schaffen und sie zu fördern (§ 1 Abs. 3)[1].

Konkretisiert wird diese Vorschrift in Nordrhein-Westfalen inhaltlich durch das "Gesetz zur Landesentwicklung (Landesentwicklungsprogramm)"[2] und organisatorisch durch das "Landesplanungsgesetz" (LPlG)[3].

Letzteres verpflichtet die für die Raumordnung und Landesplanung zuständige oberste Landesbehörde (Landesplanungsbehörde), auf eine Abstimmung der raumbedeutsamen Planungen und Maßnahmen angrenzender Länder und Staaten, soweit sie sich auf die Raumordnung im Lande Nordrhein-Westfalen auswirken können, hinzuwirken (§ 2 Abs. 3 LPlG).

Die gesetzlichen Vorgaben des Bundes und des Landes NRW werden seit 1977 durch das "Abkommen zwischen der Regierung der Bundesrepublik Deutschland und der Regierung des Königreichs der Niederlande über die Zusammenarbeit auf dem Gebiet der Raumordnung"[4] in grenzüberschreitendes Verwaltungshandeln umgesetzt.

Das Abkommen sieht zwischen dem Königreich der Niederlande und der Bundesrepublik Deutschland gegenseitige Konsultationen über Raumordnungsprobleme sowie die Abstimmung raumbedeutsamer Planungen und Maßnahmen, vornehmlich in den Grenzgebieten, vor. Entsprechende Beratungen finden in der Deutsch-Niederländischen Raumordnungskommission (DNRK) statt.

Die DNRK kann nur einstimmige Empfehlungen verabschieden, die sie beiden Regierungen vorlegt. Die Regierungen sollen den Empfehlungen der Kommission nach besten Kräften Folge leisten[5].

Artikel 8 des Abkommens eröffnet die Möglichkeit, daß zwischen der Regierung des Königreichs der Niederlande einerseits sowie den Ländern Niedersachsen und Nordrhein-Westfalen andererseits - mit Zustimmung der Regierung der Bundesrepublik Deutschland - weitere Abkommen über einzelne raumbedeutsame Planungen und Maßnahmen geschlossen werden können. Auf dieser Regelung basiert das "Abkommen zwischen der Regierung des Landes

Deutsch-Niederländische Raumordnungskommission - Unterkommission Süd
Lage im Raum

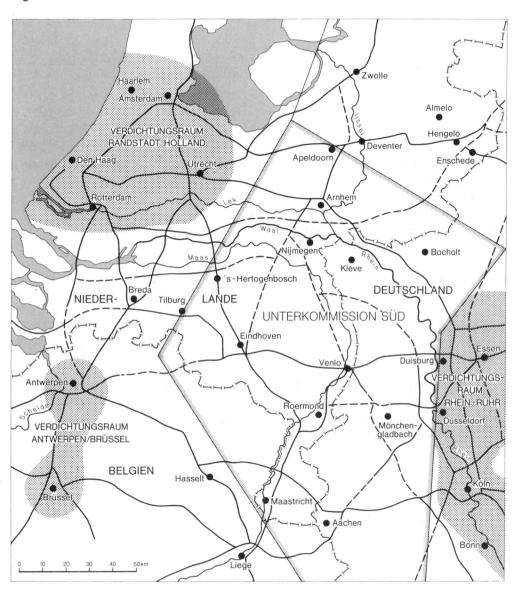

Quelle: Unterkommission Süd der Deutsch-Niederländischen Raumordnungskommission, Das Untersuchungsgebiet Süd, Düsseldorf 1973

Nordrhein-Westfalen und der Regierung des Königreichs der Niederlande über die Zusammenarbeit zur Errichtung und Ausgestaltung eines Naturparks Maas-Schwalm-Nette" vom 26. Januar 1977[6]).

3.2 Ziele und Instrumente der grenzüberschreitenden Zusammenarbeit in der Deutsch-Niederländischen Raumordnungskommission/Unterkommission Süd

3.2.1 Übergeordnete Ziele

Gemäß § 1 ihrer Geschäftsordnung[7]) soll die Kommission insbesondere

- zu den Zielvorstellungen und Maßnahmen der Raumordnung zur Verbesserung der raumstrukturellen Verhältnisse im Grenzgebiet, insbesondere mit den Mitteln der räumlichen Planung, beitragen,
- die beiden Staaten auf dem Gebiet der Raumordnung einander näherbringen,
- Beiträge für eine europäische Raumordnungskonzeption liefern[8]).

3.2.2 Unterkommissionen

Durch Artikel 5 des Regierungsabkommens haben die vertragsschließenden Parteien die Möglichkeit zur Einsetzung von Unterkommissionen und Arbeitsgruppen geschaffen. Die Kommission hat - diesem Vorschlag folgend - gemäß § 3 der Geschäftsordnung die Unterkommissionen Nord und Süd gebildet.

Die Grenzziehung zwischen beiden Unterkommissionen sieht bewußt eine teilweise Überlappung vor, um die inhaltliche und personelle Verbindung zwischen den Unterkommissionen zu gewährleisten. Exakt festgelegte Außengrenzen existieren im übrigen generell weder für die DNRK noch für die Unterkommissionen. Sie variieren mit unterschiedlichen Problemstellungen[9]).

Die Unterkommissionen werden im Rahmen der Aufgaben der Kommission tätig. Darüber hinaus haben sie das Recht, von sich aus Probleme zur Beratung aufzugreifen, soweit diese die in § 1 der Geschäftsordnung festgelegten Aufgaben betreffen bzw. aus der Anwendung von Art. 8 des Abkommens (Abschluß weiterer Abkommen) resultieren.

Die Beratungsergebnisse der Unterkommissionen sind jeweils der Hauptkommission zur abschließenden Behandlung vorzulegen.

3.2.2.1 Raumstruktur der Unterkommission Süd

Die Unterkommission Süd (UK Süd) umfaßt den Grenzabschnitt zwischen Aachen und Arnhem. Dieser Raum ist sowohl durch Gebiete hoher Siedlungsdichte (Aachen/Südlimburg) als auch eher ländlich geprägte Bereiche gekennzeichnet. Im Gebiet der UK Süd leben derzeit ca. 5,6 Mio. Menschen auf einer Fläche von ca. 14.300 km². Die Einwohnerdichte beträgt 391 EW/km²[10]).

Wirtschaft und Arbeitsmarkt werden noch immer durch grenzbedingte Hemmnisse negativ beeinflußt, was sich u.a. in der regionalen Wirtschaftskraft ausdrückt, deren Werte niedriger sind als die jeweiligen Vergleichswerte für die Niederlande bzw. Nordrhein-Westfalen[11]). Die Zahl der Arbeitslosen lag 1988 bei etwa 300.000 mit Schwerpunkten in den Regionen Arnhem / Nijmegen, Zuid-Limburg und Twente. Die Räume Aachen, Wesel und Krefeld wiesen ebenfalls überdurchschnittliche Werte auf.

Hinsichtlich der Raumnutzung stellt die Landwirtschaft den dominierenden Faktor dar. Abbauwürdige Bodenschätze (Braunkohle, Kies und Sand) sind im nordrhein-westfälisch / niederländischen Grenzgebiet in reichem Maße vorhanden.

Der Raum der UK Süd weist aufgrund seiner landschaftlichen Struktur, aber auch wegen vieler in ihm beheimateter Freizeitanlagen, einen hohen Erholungswert auf, der insbesondere von den Bewohnern der nahen Verdichtungsgebiete Rhein-Ruhr und Randstad Holland zur Kurzerholung genutzt wird.

Der Raum beherbergt ausgedehnte Grundwasserreservoirs.

Die Verkehrsströme im Bereich der UK Süd spiegeln - neben den intraregionalen Bewegungen - insbesondere die Verflechtungen zwischen den Verdichtungsräumen Randstad / Rhein / Ruhr wieder.

Im Grenzraum zwischen den Niederlanden und Nordrhein-Westfalen liegt eine Vielzahl belastender Infrastruktureinrichtungen wie kerntechnische Anlagen, Militärflugplätze, Abfallentsorgungsanlagen sowie Kraftwerke. Mit Ausnahme der Militärflugplätze, deren Anzahl aufgrund der Ost-West-Entspannung vermindert werden soll, soll die Zahl dieser Einrichtungen nach derzeitigen nationalen und regionalen Überlegungen noch wachsen. Die Erörterungen in der Unterkommission Süd werden durch derartige Zielsetzungen schwieriger.

Die Verwaltungs- bzw. Planungsstrukturen der Niederlande und Nordrhein-Westfalens ähneln sich hinsichtlich ihrer Dreistufigkeit. Die Kompetenzen der einzelnen Ebenen, aber auch die Beteiligungsrechte von Bürgern und Institutionen in den Verfahren sind jedoch recht unterschiedlich.

So hat der nationale Niederländische Raumordnungsminister beispielsweise Durchgriffsmöglichkeiten bis auf die kommunale Ebene: er kann einen Gemeinderat verpflichten, innerhalb einer bestimmten Frist einen gemeindlichen Zweckbestimmungsplan festzusetzen oder zu ändern. Sofern überkommunale Interessen es erfordern, kann der Minister dabei sogar Weisungen über den Inhalt des Plans erteilen[12]).

3.2.3 Wichtige Ergebnisse der bisherigen grenzüberschreitenden Zusammenarbeit in der DNRK/UK Süd

3.2.3.1 Empfehlung der Deutsch-Niederländischen Raumordnungskommission zum Verfahren zur grenzüberschreitenden Information und Abstimmung von Planungen der Raumordnung und Landesplanung im deutsch-niederländischen Grenzgebiet vom 26.4.1979

Das Verfahren zur grenzüberschreitenden Information und Abstimmung wurde durch die DNRK im Jahre 1979 als gemeinsame Empfehlung verabschiedet[13]). Es gilt sinngemäß auch für beide Unterkommissionen.

Den Regelungen des Verfahrens zur grenzüberschreitenden Information und Abstimmung unterliegen grundsätzlich solche Planungen der Raumordnung und Landesplanung, die innerhalb eines Bereiches von 20 km beiderseits der Staatsgrenze beabsichtigt sind. Sofern Auswirkungen auf das Gebiet des Nachbarstaates zu erwarten sind oder vom Nachbarstaat eine Beteiligung gewünscht wird, können die Bestimmungen des "Verfahrens" auch außerhalb dieses Gebietes Anwendung finden.

Die Verpflichtung zur grenzüberschreitenden Information bezieht sich auf deutscher Seite insbesondere auf

- die Bundesraumordnungsberichte
- das Bundesraumordnungsprogramm
- die Landesentwicklungs-/Raumordnungsberichte.

Die niederländische Seite informiert über die Regierungsnoten zur Raumentwicklung sowie die Regierungsberichte für die Raumordnung.

Der grenzüberschreitenden Abstimmung unterliegen insbesondere die Landesentwicklungspläne des Landes Nordrhein-Westfalen und die niederländischen "planologischen kernbeslissingen" (Strukturskizzen, Strukturschemata) sowie die regionalen Entwicklungspläne beider Seiten (Gebietsentwicklungspläne, Streekpläne). Unter Abstimmung ist dabei das Bemühen zu verstehen, möglicherweise auftretende grenzüberschreitende Probleme durch gemeinsame Beratung einvernehmlich zu lösen.

Beabsichtigte Planungen oder Planänderungen auf der regionalen Ebene werden direkt zwischen den jeweils betroffenen Trägern der Regionalplanung abgestimmt. Die UK Süd wird abschriftlich unterrichtet. Sie kann über die Planungsabsichten eine Erörterung anberaumen, sofern eines ihrer Mitglieder oder der jeweils betroffene regionale Planungsträger dies wünschen.

Sowohl die DNRK als auch die Unterkommissionen können zu den Planungsabsichten Empfehlungen an den entsprechenden Träger der Regionalplanung richten.

Die Abstimmung von Landesentwicklungsplänen und Strukturskizzen bzw. -schemata verläuft analog zwischen den jeweiligen Planungsträgern. Die abschließende Stellungnahme obliegt der Hauptkommission.

3.2.3.2 Empfehlung der DNRK für die grenzüberschreitende Information und Abstimmung der Bauleitplanung der Gemeinden im deutsch-niederländischen Grenzgebiet vom 3.9.1980

Ergänzend zu den Verfahrensregelungen zur grenzüberschreitenden Information und Abstimmung auf dem Gebiet der Raumordnung und Landesplanung hat die DNRK am 03.09.1980 eine Empfehlung für die grenzüberschreitende Information und Abstimmung der Bauleitplanung der Gemeinden im deutsch-niederländischen Grenzgebiet verabschiedet[14]). Danach sollen die Bauleitpläne (Flächennutzungsplan, Bebauungsplan/structuurplan und bestemmingsplan) der im Grenzgebiet gelegenen Gemeinden aufeinander abgestimmt werden. Durch die Abstimmung soll die Ausweisung einander störender oder sich ausschließender Flächennutzungen grenzüberschreitend vermieden werden.

Bei Änderungen oder Ergänzungen der gemeindlichen Pläne, von denen nicht nur unerhebliche Auswirkungen auf Gebiete des Nachbarstaates ausgehen können, soll das beschriebene Verfahren analog angewendet werden. Gleiches gilt für die Bauleitplanung im 20-km-Grenzbereich, sofern auch sie erhebliche Wirkungen auf die angrenzenden Gebiete entfalten kann.

Die UK Süd prüft gegenwärtig durch eine Umfrage bei den betroffenen deutschen Gemeinden, wie die Empfehlung zur Abstimmung grenznaher Bauleitpläne umgesetzt worden ist.

Die Überprüfung erscheint opportun, da in einzelnen Fällen - beispielsweise bei der Erweiterung einer niederländischen Sondermülldeponie in eine grenzüberschreitende, für einige NRW-Gemeinden wichtige Grundwasserschutzzone hinein - die gemeindliche - und in diesem Fall auch regionale Abstimmung - über die Grenze hinweg nicht befriedigend verlief.

Erste Ergebnisse der Gemeindebefragung aus den Regierungsbezirken Düsseldorf, Köln und Münster zeigen, daß das Verfahren grundsätzlich gut funktioniert. Aber auch hier bestätigen Ausnahmen die Regel: Eine Gemeinde berichtet, daß sich die Abstimmung der Bauleitplanung bisher nicht entsprechend der Empfehlung vollzogen habe, da diese nicht bekannt gewesen sei. Die Gemeinde fügt hinzu, daß in den vergangenen Jahren durchaus die Notwendigkeit einer solchen Abstimmung bestanden habe.

Ein Grenzkreis bemängelt Regelungsdefizite in der Empfehlung, die eine Korrektur oder Ergänzung erforderlich machen. Diese werden beispielsweise bei Einzelbauvorhaben gesehen, die nach §§ 34 und 35 Baugesetzbuch genehmigt werden können, ohne daß nach der Empfehlung eine Beteiligung angrenzender niederländischer Gebietskörperschaften notwendig wäre.

Unabhängig hiervon sollten die gegenwärtigen Bemühungen, die grenzüberschreitende gemeindliche Zusammenarbeit durch einen Vertrag zwischen dem Königreich der Niederlande, der Bundesrepublik Deutschland sowie den Ländern Nordrhein-Westfalen und Niedersachsen auf eine öffentlich-rechtliche Grundlage zu stellen, forciert werden. Trotz bereits langjähriger Beratungsdauer ist dieser Vertrag noch nicht über ein Entwurfsstadium hinausgekommen[15]).

3.2.4 Empfehlungen der UK Süd zu raumbedeutsamen Planungen und Maßnahmen

Seit ihrer Gründung hat die UK Süd zahlreiche Empfehlungen und Stelllungnahmen erarbeitet[16]). Dabei wurde inhaltlich ein breites Spektrum unterschiedlicher Problembereiche abgedeckt. Neben Stellungnahmen zu den einzelnen grenzüberschreitenden Aktionsprogrammen der Grenzregionen im deutsch-niederländischen Grenzgebiet äußerte sich die UK Süd in jüngerer Zeit beispielsweise zu Fragen grenzüberschreitender Eisenbahnverbindungen, des geordneten Rohstoffabbaus in Limburg, der Abfallwirtschaft und -entsorgung für den Regierungsbezirk Düsseldorf oder der grenzüberschreitenden Abstimmung von Golfsportanlagen.

Ausführlich diskutiert und kommentiert wurden und werden neue wesentliche Planungsgrundlagen beider Seiten. Hierzu zählen u.a. die Novellierung des Landesentwicklungsplanes III des Landes Nordrhein-Westfalen - Sicherung von natürlichen Lebensgrundlagen - (veröffentlicht im Jahre 1988) oder der Entwurf der Vierten Note zur Raumentwicklung der Niederlande von 1988 und seine Ergänzung durch die "Vierte Note Extra". Intensiv beschäftigt hat sich die UK Süd auch mit den grenzüberschreitenden Aspekten des Zweiten Strukturschemas Transport und Verkehr der Niederlande.

Zur weiteren Verbesserung und sachlichen Fundierung ihrer Stellungnahmen hat die UK Süd eine Studie zu grenzüberschreitenden Verkehrsverflechtungen im Grenzraum[17]) sowie eine Untersuchung zu grenzüberschreitenden Zielen für Wasserwirtschaft, Natur und Landschaft[18]) erarbeiten lassen. Beide Analysen sollen dazu beitragen, die künftige Zusammenarbeit in der UK Süd noch intensiver als bisher gestalten zu können.

3.3 Aktuelle Fragen und Probleme der grenzüberschreitenden Zusammenarbeit in der UK Süd

3.3.1 Strukturprobleme

Grenzüberschreitende Raumordnung und Landesplanung hat mit einem doppelten Durchsetzungsproblem zu kämpfen:

Zum einen ist die Konfliktfähigkeit von Raumordnung und Landesplanung auf Ressortebene gegenüber den Fachplanungen aus unterschiedlichen Gründen eingeschränkt, worunter der von ihr vertretene Koordinierungsanspruch erheblich leidet[19]). Dazu kommt, daß grenzüberschreitende Kommissionen wie die UK Süd im wesentlichen nur Empfehlungen aussprechen - also "moral suasion" betreiben können. Bei Planungen und Maßnahmen von wesentlichem nationalem Interesse der einen oder der anderen Seite stoßen damit die Einflußmöglichkeiten solcher Kommissionen sehr schnell an ihre Grenzen.

Beispiele für derartige "eingeschränkte Handlungsfähigkeiten in sensiblen Fragen" finden sich im Bereich der UK Süd etwa bei Fragen der Standortwahl von Entsorgungseinrichtungen, im Verlauf der Diskussion über den umweltgerechten Betrieb grenznaher Kraftwerke oder jüngst bei der Abstimmung des Strukturschemas Transport und Verkehr der Niederlande.

Die - notwendigerweise - eingeschränkten Möglichkeiten der Kommissionen bedingen darüber hinaus vielfach ein relativ schlechtes Image der grenzüberschreitenden Raumordnung und

Landesplanung auf Ressortebene, was weder für die Umsetzung ihrer Arbeitsergebnisse noch für die Motivation der Mitarbeiter und Kommissionsmitglieder hilfreich ist.

Die UK Süd wird versuchen, diese Strukturprobleme durch die Ausarbeitung gemeinsamer grenzüberschreitender Planungsvorstellungen abzumildern.

3.3.2 Aktuelle inhaltliche Fragen und Probleme in der UK Süd

Mittel- und langfristig wird die Arbeit in der UK Süd wesentlich von folgenden Schwerpunktbereichen geprägt sein:

- der Vorbereitung auf den Binnenmarkt 1992 unter den neuen europäischen Rahmenbedingungen,
- den möglichen grenzüberschreitenden Auswirkungen des rheinischen Braunkohlentagebaus,
- Erarbeitung einer raumordnerischen Entwicklungsperspektive für den Raum Maastricht / Heerlen - Aachen Lüttich - (Hasselt /Genk).

Die frühzeitige und umfassende Diskussion über mögliche negative Folgen des rheinischen Braunkohlentagebaus für niederländisches Staatsgebiet wird - natürlich - von der niederländischen Seite mit Nachdruck gefordert. Die deutsche Delegation hat ihrerseits eine vollständige Information über neue Erkenntnisse und Untersuchungsergebnisse sowie die förmliche grenzüberschreitende Beteiligung der Provinz Limburg bei denjenigen Braunkohlenplanverfahren zugesagt, mit deren Realisierung Auswirkungen auf niederländisches Gebiet verbunden sein könnten.

Darüber hinaus dürfte die Braunkohle / Grundwasserproblematik zum Prüfstein für die grenzüberschreitende Anwendung der Umweltverträglichkeitsprüfung (UVP) im nordrhein-westfälisch/niederländischen Grenzgebiet werden. Das ROG (§ 6 a) und das UVP-Gesetz werden derzeit in nordrhein-westfälisches Recht umgesetzt. Die Frage, wie die UVP bei Maßnahmen mit grenzüberschreitenden Auswirkungen ausgestaltet sein soll bzw. wer Verfahrensträger sein soll, ist noch regelungsbedürftig.

In diesem Zusammenhang ist auf einen Problemkreis hinzuweisen, der künftig erhebliche Bedeutung erlangen dürfte: das Problem der Beteiligung der im Ausland wohnenden Grenznachbarn am innerstaatlichen Verwaltungsverfahren - insbesondere an Umweltverfahren[20]).

Im Gegensatz etwa zum niederländischen Recht, das alle umweltschutzrechtlichen Verfahrensvorschriften im "Gesetz über allgemeine Bestimmungen im Umweltschutz" (WABM) von 1980 zusammenfaßt und jedermann, gleich ob In- oder Ausländer, Betroffener oder nicht Betroffener, die Möglichkeit zur Beteiligung an allen Verfahrensstufen eröffnet[21]), unterscheidet das deutsche Verwaltungsverfahrensrecht zwischen echten Beteiligten und nur zu Einwendungen Berechtigten. So dürfen im Ausland wohnende Personen zwar aufgrund zahlreicher Regelungen auch Einwendungen gegen bestimmte Projekte erheben, als echte Beteiligte am Verwaltungsverfahren teilnehmen dürfen sie jedoch nur in Ausnahmefällen[22]).

Eine Vereinheitlichung der Vorgehensweisen möglichst auf europäischer Ebene und mit weitreichenden Beteiligungsmöglichkeiten auch für ausländische Bürger erscheint angesichts der erforderlichen grenzüberschreitenden Dimension des Umweltschutzes dringend notwendig.

Die Vollendung des Binnenmarktes wird durch verändertes Standortwahlverhalten von Unternehmen und Haushalten neue Anforderungen an die Planungsqualität im Gebiet der UK Süd - und hier vor allem des eng verflochtenen und dicht besiedelten Raums um die Städte Aachen, Maastricht (und Lüttich) - stellen. Die im Rahmen des europäischen Wettbewerbs erforderliche grenzüberschreitende Strukturverbesserung soll zunächst durch eine Analyse eingeleitet werden, mit deren Hilfe derzeit bestehende grenzüberschreitende Probleme und Entwicklungshindernisse im nordrhein-westfälisch/niederländischen Grenzraum aufgezeigt und konkrete Vorschläge für deren Überwindung bzw. Beseitigung unterbreitet werden sollen. Dabei sollen nicht nur räumliche Nutzungskonflikte mit etwaigen grenzüberschreitenden Auswirkungen herausgearbeitet, sondern auch Möglichkeiten zur grenzüberschreitenden Nutzung gemeinsamer Anlagen und zur Entwicklung der regionalen Potentiale aufgezeigt werden. Im einzelnen ist vorgesehen, in die Analyse Probleme der Raumstruktur, der Bevölkerungsentwicklung, der Wirtschaftsstruktur und des Arbeitsmarktes sowie der Landwirtschaft, des Verkehrs und der Energie, Freizeit und Erholung, der Natur und der Landwirtschaft und aus dem Bereich des Umweltschutzes einzubeziehen. Die Analyse wird u.a. wesentlich auf den vorliegenden grenzüberschreitenden Aktionsprogrammen für die vier Grenzregionen im nordrhein-westfälisch / niederländischen Grenzraum aufbauen. Sie selbst wird ihrerseits ein wichtiger Bestandteil der o.g. grenzüberschreitenden Entwicklungsperspektive für den belgisch / niederländisch / deutschen Grenzraum im Dreiländereck sein.

Am Rande sei bemerkt, daß selbst heute - kurz vor der Realisierung des Binnenmarktes - eine gemeinsame kombinierbare topographische Kartengrundlage zur Erarbeitung grenzüberschreitender Karten für die Landesplanung im Bereich der UK Süd fehlt. Aus diesem Grund wurden NATO-Karten geprüft, wobei die Maßstäbe 1 : 250.000 und 1 : 500.000 als sinnvoll erachtet wurden. Gegenwärtig werden in Kooperation zwischen der UK Süd, dem nordrhein-westfälischen Raumordnungsminister und dem Militärgeographischen Dienst (Mil Geo) in Euskirchen entsprechende grenzüberschreitende Karten vorbereitet. Karten im Maßstab 1 : 50.000 und 1 : 100.000 für die Regionalplanung sind vorhanden.

3.4 Perspektiven der grenzüberschreitenden Zusammenarbeit in der UK Süd

Auf der Grundlage der Ergebnisse des Problemkataloges sollen Information, Konsultation und Abstimmung der grenzüberschreitenden Raumplanung verbessert und damit eine neue Planungsqualität erreicht werden[23]). Es bietet sich an, darüber nachzudenken, ob in absehbarer Zeit nicht auch gemeinsam erarbeitete Regionalpläne, die national zu genehmigen wären, realisiert werden könnten.

Zumindest sollten die Möglichkeiten zeitlich synchronisierter Fortschreibungen aneinandergrenzender Pläne geprüft werden.

Gegenwärtig bemüht sich die UK Süd, die u.a. hierfür erste automatisierte kartographische Grundlage zu schaffen: im nordrhein-westfälischen Raumordnungsministerium wird eine digitalisierte grenzübergreifende graphische Darstellung des Streekplanes Zuidlimburg und des Gebietsentwicklungsplanes Aachen mittels des Programmes ALK-GIAP (automatisiertes Liegenschaftskataster - Graphisch Interaktiver Arbeitsplatz) vorbereitet. Mittels dieser automatisierten Darstellung sollen die Möglichkeiten verbessert werden, grenzüberschreitend

- Pläne in einer Datei vorzuhalten,
- unterschiedliche Nutzungsanforderungen an den Raum besser als bisher darstellen zu können,
- Alternativplanungen in ihren flächenhaften und linearen Ausprägungen gegeneinander abwägen zu können,
- stufenlose Vergrößerungen von Planausschnitten herstellen zu können,
- getrennte Darstellungen sachlicher Teilabschnitte der Pläne vorzunehmen und
- die Darstellung mit und ohne Topographie (auf Papier) vorzunehmen.

In Vorbereitung auf den Wettbewerb in einem gemeinsamen europäischen Binnenmarkt gilt es die "Grenzüberschreitenden Aktionsprogramme" der Grenzregionen im Bereich der UK Süd effizienter als bisher umzusetzen. Mit ihren Stärke-/Schwächeanalysen der Regionen sowie den hierauf aufbauenden Maßnahmevorschlägen sind die Aktionsprogramme hervorragend geeignet, grenzüberschreitend regionales Identitätsbewußtsein zu erzeugen sowie Handlungsanleitungen für die Verbesserung des jeweiligen regionalwirtschaftlichen Status zu geben.

Auf Initiative des niederländischen Raumordnungsministers wird derzeit die 4. Note zur Raumentwicklung der Niederlande im Bereich des Verdichtungsraumes Maastricht / Heerlen - Aachen - Lüttich näher konkretisiert. Diese Konkretisierung, die auf der Grundlage einer selektiv angelegten raumordnerischen Skizze mittels strategischer Projekte durchgeführt werden soll, ist als Ergänzung und Teil der Umsetzung des grenzüberschreitenden Aktionsprogramms für die Euregio Maas-Rhein anzusehen. Welche Maßnahmen von grenzüberschreitender Bedeutung im Rahmen dieses Projektes verwirklicht werden sollen, wird derzeit sowohl in den verschiedenen Raumordnungskommissionen, die diesen Raum betreffen, als auch in regionalen Arbeitsgruppen geprüft.

Für die Räume Arnhem / Nijmegen / Kleve / Emmerich und Enschede / Gronau / Osnabrück / Münster können analoge Projekte geprüft werden.

Um die zeitliche Abfolge der Arbeiten innerhalb der UK Süd besser koordinieren zu können, wird durch die Geschäftsführung beider Seiten ein sog. fortschreibungsfähiger Terminkalender geführt. In diesem Terminkalender sind für alle Maßnahmen und Planungen von grenzüberschreitender Bedeutung die für die grenzüberschreitende Abstimmung wesentlichen Termine festgehalten, so daß eine vorausschauende zumindest mittelfristige Terminplanung für die Unterkommission ermöglicht wird.

Die relativ hohe Sitzungsfrequenz von jährlich 3 - 4 Sitzungen der UK Süd und ebenso vieler Treffen ihrer "Ständigen Arbeitsgruppe" haben zu einem kontinuierlichen Dialog über raumordnungspolitische Fragen im nordrhein-westfälisch/niederländischen Grenzraum beigetragen. Hierin liegt eine wesentliche Stärke der UK Süd: sie hat sich zu einer Informationsbörse raumordnerisch - aber auch fachplanerisch - relevanter Informationen entwickelt. Über die UK Süd werden darüber hinaus vermehrt Kontakte zwischen den jeweiligen nationalen Institutionen - ganz gezielt auch zwischen Personen - hergestellt. Diese Funktion sollte bewußt und zielstrebig gestärkt werden.

werden. Dies kann u.a. dadurch geleistet werden, daß bestimmte Aufgaben grundsätzlich auf der betroffenen Ebene (Regierungspräsident/Provinz oder Kommunen) bearbeitet und nur in Problemfällen in die Unterkommission eingebracht werden. Dies gilt beispielsweise für Änderungsverfahren von Gebietsentwicklungsplänen oder Streekplänen. Die Arbeit in der Unterkommission selbst wäre dadurch sinnvoll zu entfrachten. Die stärkere Hinwendung zu einer Moderatorenfunktion könnte darüber hinaus der Kommission zu neuer Reputation verhelfen.

Anmerkungen

1) Raumordnungsgesetz vom 8. April 1965 (BGBl. I S. 306), i.d.F. der Neubekanntmachung vom 19. Juli 1989 (BGBl. I S. 1461).

2) Gesetz zur Landesentwicklung (Landesentwicklungsprogramm) vom 19. März 1974 (GV. NW. S. 96), i. d. F. der Bekanntmachung vom 5. Oktober 1989 (GV. NW. 1989 S. 485).

3) Landesplanungsgesetz (LPlG) i.d.F. der Bekanntmachung vom 5. Oktober 1989 (GV. NW. 1989 S. 476).

4) Das Abkommen wurde am 30. März 1976 geschlossen. Es trat am 1. Februar 1977 in Kraft (BGBl. II 1977, S. 35).

5) Zu Aufbau und Arbeit der DNRK vgl.: Malchus, V. Frhr. v.: Zusammenarbeit auf dem Gebiet der Raumordnung - Bilanz und Perspektiven der Raumordnungskommissionen an den Staatsgrenzen Nordrhein-Westfalens, in: Staatsgrenzenüberschreitende Zusammenarbeit des Landes Nordrhein-Westfalen - Eine Dokumentation -, hrsg. vom Institut für Landes- und Stadtentwicklungsforschung des Landes Nordrhein-Westfalen (ILS) im Auftrage des Ministers für Landes- und Stadtentwicklungsforschung des Landes NRW, 3. ergänzte Auflage, Dortmund 1985, S. 33 ff.

6) GV. NW. 1977, S. 66.

7) Zur Steigerung der verfahrensmäßigen und inhaltlichen Effizienz ihrer Arbeit hat die DNRK am 18.05.1977 eine eigene Geschäftsordnung verabschiedet. In ihr sind die Aufgaben der Kommission, Zusammensetzung der Delegationen, Sitzungsintervalle sowie weitere technische Einzelheiten (Geschäftsführung, Protokollanfertigung, Öffentlichkeitsarbeit, Verhandlungssprachen) näher geregelt. Vgl. dazu: Grundlagen der Raumordnung und Landesplanung in Nordrhein-Westfalen, hrsg. vom Institut für Landes- und Stadtentwicklungsforschung des Landes Nordrhein-Westfalen (ILS); 1. Auflage, Dortmund 1988, S. 274; Bearbeiter: J. Depenbrock und H. Reiners unter Mitarbeit von M. Fink.

8) Ebenda.

9) Vgl. dazu Punkt 3.2.3.1.

10) Diese Zahl sowie die folgenden Ausführungen zu räumlich-funktionalen Verflechtungen sind dem Zwischenbericht einer Studie entnommen, die derzeit vom Stadt- und Regionalplanungsbüro P.G. Jansen, Köln, für den Minister für Umwelt, Raumordnung und Landwirtschaft des Landes NRW erarbeitet wird.

11) Die Werte für die Bruttowertschöpfung / Kopf der Wohnbevölkerung bzw. Bruttowertschöpfung / Erwerbstätigen lagen in 1986/87 im Grenzraum deutlich unter den jeweiligen nationalen Werten. Hinsichtlich der jährlichen Zuwachsraten dieser Indikatoren hat der Grenzraum inzwischen jedoch gleichgezogen.

12) Vgl. zum niederländischen Raumplanungssystem: Brussard, W., Die Spielregeln der Raumordnung 1986, Den Haag, 1988 (veröffentlicht vom Ministerium für Wohnungswesen, Raumordnung und Umwelt der Niederlande); siehe auch: Robert, J.: Räumliche Planung in Belgien, den Niederlanden und Nordrhein-Westfalen; Schriftenreihe des Institutes für Landes- und Stadtentwicklungsforschung des Landes Nordrhein-Westfalen, Band 1.025, Dortmund 1983.

13) Abgedruckt in: Grundlagen der Raumordnung und Landesplanung in Nordrhein-Westfalen, a.a.o., S. 276. Siehe dazu auch den Beitrag zur grenzüberschreitenden Zusammenarbeit zwischen den Niederlanden und Niedersachsen in diesem Band.

14) Im einzelnen sollen abgestimmt werden:
- die Flächennutzungspläne/structuurplannen der unmittelbar an der Staatsgrenze gelegenen Gemeinden,
- Bebauungspläne/bestemmingsplannen dieser Gemeinden für Gebiete, die unmittelbar an die Staatsgrenze angrenzen,
- Bebauungspläne/bestemmingsplannen dieser Gemeinden für andere Gebiete, wenn von der beabsichtigten Nutzung nicht nur unerhebliche Auswirkungen auf die angrenzenden Bereiche des Nachbarstaates zu erwarten sind.

Vgl. dazu auch den Beitrag zur grenzüberschreitenden Zusammenarbeit zwischen den Niederlanden und Niedersachsen in diesem Band.

15) Vgl. dazu Entwurf eines Staatsvertrages zwischen dem Königreich der Niederlande, dem Land Niedersachsen und dem Land Nordrhein-Westfalen über grenzüberschreitende Zusammenarbeit (unveröffentlichtes Manuskript). Dieser Vertrag soll dazu beitragen, das am 21. Mai 1980 in Madrid abgeschlossene "Europäische Rahmenübereinkommen über die grenzüberschreitende Zusammenarbeit zwischen Gebietskörperschaften" umzusetzen.

16) Vgl. dazu: von Malchus, V. Frhr. v.: Zusammenarbeit auf dem Gebiet der Raumordnung - Bilanz und Perspektiven der Raumordnungskommissionen an den Staatsgrenzen Nordrhein-Westfalens, a.a.o., S. 42.

17) Deutsch-Niederländische Raumordnungskommission - Unterkommission Süd - (Hrsg.): Grenzüberschreitende Verkehrsverflechtungen im niederländisch/nordrhein-westfälischen Grenzraum, erarbeitet durch: Stadt- und Regionalplanung P.G. Jansen unter Mitarbeit von E. Rietmann, Dortmund 1988.

18) Grenzüberschreitende Ziele für Wasserwirtschaft, Natur und Landschaft beiderseits der Grenze zwischen den Niederlanden und Nordrhein-Westfalen, ILS Schriften 23, hrsg. vom Institut für Landes- und Stadtentwicklungsforschung des Landes Nordrhein-Westfalen im Auftrage des Ministers für Umwelt, Raumordnung und Landwirtschaft des Landes NRW, 1. Auflage Dortmund 1989.

19) Vgl. dazu: Folkerts, U., Raumordnungsziele und deren Umsetzungsschwierigkeiten für die Adressaten, in: Deutsches Verwaltungsblatt, 104. Jahrgang des Reichsverwaltungsblattes, Heft 15, 1. August 1989, S. 738.

20) Vgl. dazu: Ress, G. / Müller, M.: Die Beteiligung von Personen, die von grenzüberschreitenden Umweltverschmutzungen betroffen sein können, am deutschen Verwaltungsverfahren, in: Ress, G. (Hrsg.), Grenzüberschreitende Verfahrensbeteiligung im Umweltrecht der Mitgliedstaaten der Europäischen Gemeinschaften, Köln, Berlin, Bonn, München, 1985, S. 79 ff.

21) Vgl. dazu: Stein, Th.: Die Beteiligung von Einzelpersonen, die von grenzüberschreitenden Umweltverschmutzungen betroffen sein können, an innerstaatlichen Verwaltungsverfahren in den Niederlanden, in: Ress, G., Grenzüberschreitende Verfahrensbeteiligung im Umweltrecht der Mitgliedstaaten der Europäischen Gemeinschaft, a.a.O., S. 307 ff.

22) Vgl.: Ress, G. / Müller, M.: Die Beteiligung von Personen, die von grenzüberschreitenden Umweltverschmutzungen betroffen sein können, am deutschen Verwaltungsverfahren, a.a.O., S. 80.

23) Vgl. dazu auch: Deutsch-Niederländische Raumordnungskommission - Unterkommission Süd -: Grenzüberschreitende Zusammenarbeit und Folgerungen aus der Schlußresolution der 7. Europäischen Raumordnungsministerkonferenz (EMKRO) in Den Haag 1985 für die künftige Arbeit der Unterkommission Süd der Deutsch-Niederländischen Raumordnungskommission, unveröffentlichtes Manuskript, Maastricht und Düsseldorf 1989.

ULRICH BRÖSSE

III.4 Deutsch-belgischer Grenzraum
Institutionen, Probleme und Stand des Erreichten

4.1 Einführung und Problemstellung

Mit der Verwirklichung des EG-Binnenmarktes ändert sich die Standortsituation der EG-Binnengrenzregionen; denn aus nationaler Sichtweise periphere Räume haben für den gemeinsamen Markt oft eine zentrale Lage. Dies gilt auch für den deutsch-belgischen Grenzraum, den eine gemeinsame 152 km lange Grenze zwischen Aachen und dem Dreiländereck Deutschland, Belgien und Luxemburg verbindet[1]). Auf deutscher Seite grenzen Nordrhein-Westfalen mit dem Regierungsbezirk Köln und Rheinland-Pfalz mit dem Regierungsbezirk Trier an Belgien; auf belgischer Seite grenzt Wallonien mit der Provinz Lüttich an die BR Deutschland (vgl. Karte 1).

Der aus der zentralen Lage in Europa resultierende Lagevorteil des deutsch-belgischen Grenzgebiets führt jedoch allein noch nicht zu einer Lösung der verschiedenen Probleme dieser Grenzregion. Bestimmte strukturelle, ökonomische, ökologische und weitere Probleme treten nicht unabhängig nur in dem einen oder anderen Land auf; sie wirken über die Staatsgrenze hinweg und müssen deshalb auch grenzüberschreitend gelöst werden. Es kommt daher ganz entscheidend darauf an, die Zusammenarbeit beider Länder und Grenzräume zu intensivieren[2]). Wichtige Probleme der deutsch-belgischen Grenzregion sollen nachfolgend dargestellt werden.

Eine Intensivierung der grenzübergreifenden Zusammenarbeit kann nur in begrenztem Umfang unmittelbar von der in der Grenzregion lebenden Bevölkerung ausgehen; ganz wesentlich muß sie durch Institutionen geleistet werden, die sich in mehr oder minder spezieller Form mit dem hier betrachteten Grenzraum befassen. Auf diese Organisationen ist daher ebenfalls einzugehen.

4.2 Die speziell mit dem deutsch-belgischen Grenzraum befaßten Institutionen

Die durch ein Regierungsabkommen zwischen Belgien und der BR Deutschland[3]) gegründete Deutsch-Belgische Raumordnungskommission bezweckt eine enge Zusammenarbeit auf dem Gebiet der Raumordnung und eine Abstimmung raumbedeutsamer Maßnahmen, wobei die bezweckte Abstimmung "vornehmlich in den Grenzgebieten"[4]) erfolgen soll.

Die Beratende Kommission für den Deutsch-Belgischen Naturpark wurde durch ein Regierungsabkommen zwischen Belgien, Nordrhein-Westfalen und Rheinland-Pfalz gebildet[5]) und hat die Aufgabe, die Errichtung und Ausgestaltung des Deutsch-Belgischen Naturparks zu betreuen.

Die Euregio Maas-Rhein ist eine grenzüberschreitende Arbeitsgemeinschaft, bestehend aus den belgischen Provinzen Limburg und Lüttich[6]), dem südlichen Teil der niederländischen Provinz Limburg und der Stadt Aachen sowie den Kreisen Aachen, Düren, Euskirchen und Heinsberg (vgl.

Karte 1: Planungsraum der Deutsch-Belgischen Raumordnungskommission mit Bevölkerungszahlen und Flächen (in km²)

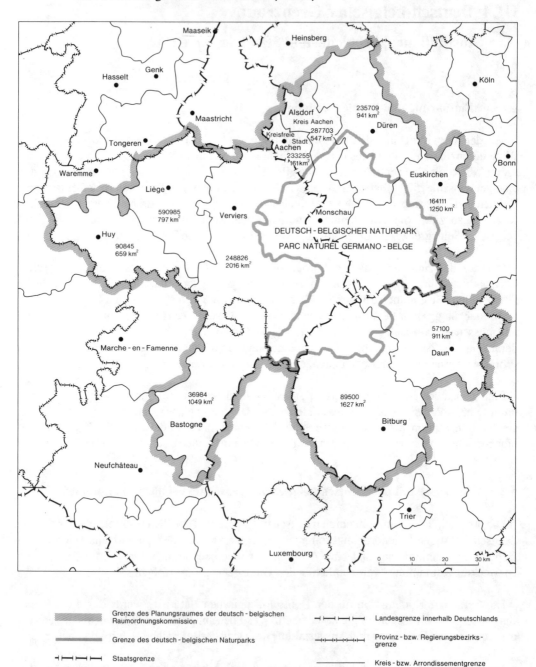

Karte 2: Gebiet der Euregio-Maas-Rhein
mit Bevölkerungszahlen und Flächen (in km²)

Karte2: Die Euregio-Maas-Rhein). Sie besteht formal als "Absprache" der Gouverneure in Lüttich, Hasselt und Maastricht sowie des Regierungspräsidenten in Köln, die als "Gouverneurskonferenz" zugleich das oberste Entscheidungsgremium dieser grenzüberschreitenden Institution bilden. Unterhalb dieser obersten organisatorischen Ebene wurden verschiedene Arbeitsgruppen eingerichtet. Zur Zeit bestehen Arbeitsgruppen für die Bereiche Jugend, Schule, Kunst und Kultur, Sport, Sicherheit, allgemeine und berufliche Weiterbildung, Umwelt und Wirtschaft; dazu kommen noch Studien- bzw. Ad-hoc- und Unterarbeitsgruppen. Das Ziel der Euregio Maas-Rhein ist es, durch Projekte, die die genannten Arbeitsgruppen planen und betreuen, die grenzübergreifende Zusammenarbeit auf regionaler und kommunaler Ebene und zwischen der Bevölkerung in allen Bereichen zu fördern und damit zur Lösung bestehender grenzübergreifender Probleme beizutragen. Als Anlaufstelle für auf regionaler Ebene nicht lösbare Probleme wurde eine Beschwerdestelle eingerichtet, in der sich die Europaabgeordneten aus der Euregio Maas-Rhein als Mittler bei der EG bzw. bei nationalen Gremien um eine politische Lösung bemühen. Daneben berät und informiert diese Stelle auch bezüglich sonstiger grenzübergreifender Probleme.

Die deutschen Partner in der Euregio Maas-Rhein haben sich organisatorisch in einem privatrechtlichen Verein, der Regio Aachen e.V., zusammengeschlossen. Mitglieder dieses Vereins sind der Regierungspräsident in Köln als Vorsitzender, die Stadt Aachen und die bereits genannten Kreise sowie die für die Region zuständigen Kammern, Arbeitgeber- und Arbeitnehmervereinigungen, Europa-, Bundes- und Landtagsabgeordneten sowie weitere Mitglieder. Insgesamt hat der Verein, dessen Mitgliedschaft grundsätzlich jedermann offensteht, derzeit rd. 80 Mitglieder. So wie in der Euregio Maas-Rhein gibt es auch in der Regio Aachen Arbeitsgruppen, die weitgehend denen der Euregio Maas-Rhein entsprechen[7]).

Auch die Kammern der Grenzregion sind bemüht, zur Lösung grenzübergreifender Probleme beizutragen. Die Industrie- und Handelskammern im Gebiet der Euregio Maas-Rhein arbeiten schon seit 40 Jahren sehr eng zusammen, um grenzübergreifende Fragen, soweit sie für ihre Mitglieder von Bedeutung sind, zu klären[8]); die Handwerkskammer Aachen trägt zur Lösung solcher Probleme insbesondere durch die von ihr bereits mehrfach durchgeführten Europäischen Kunsthandwerkermärkte in Aachen bei[9]).

Mit grenzübergreifenden Problemen beschäftigen sich auch die Arbeitgeber- und Arbeitnehmervereinigungen in der Grenzregion. Im Interregionalen Gewerkschaftsrat der Euregio Maas-Rhein haben sich die Gewerkschaften im Gebiet der Euregio Maas-Rhein zusammengeschlossen, um nach Problemlösungen für die hohe Arbeitslosigkeit in dieser Region und für die Benachteiligungen grenzpendelnder Arbeitnehmer zu suchen; die Vereinigung der Unternehmerverbände im Aachener Industriegebiet pflegt regelmäßige Kontakte mit den Arbeitgeberverbänden in den belgischen Nachbarräumen und berät mit ihnen insbesondere auch Fragen über die Auswirkungen der europäischen Integration[10]).

Schließlich sei das Maas-Rhein-Institut für angewandte Geographie und Lehrerbildung e.V. genannt, das sich unter fachwissenschaftlichen und fachdidaktischen Aspekten mit raumwissenschaftlich akzentuierten Fragestellungen im Bereich der Euregio Maas-Rhein beschäftigt, vor allem um damit Lehrern konkretes Arbeitsmaterial für den Unterricht an die Hand zu geben[11]).

4.3 Probleme der deutsch-belgischen Grenzregion

4.3.1 Probleme im Bereich der Raumplanung

In der Europäischen Raumordnungscharta stellt die Europäische Raumordnungsministerkonferenz fest, daß "Grenzräume ... mehr als alle anderen Regionen eine Politik der Koordination zwischen den Staaten"[12]) erfordern. Die Koordinierungsbestrebungen auf dem Gebiet der Raumplanung werden de facto jedoch zum einen durch die unterschiedlichen Raumordnungssysteme und -zuständigkeiten diesseits und jenseits der Grenze erschwert, zum anderen dadurch, daß die Gebietskörperschaften auf regionaler und lokaler Ebene noch nicht genügend rechtlichen und finanziellen Handlungsfreiraum zur Koordination der in ihren Kompetenzbereich fallenden grenzüberschreitenden Aufgaben haben[13]). Die noch mangelnde Koordination räumlicher Planungen wird besonders eindrucksvoll am Beispiel der unterschiedlichen Entwicklung der Siedlungsstruktur beiderseits der Grenze ersichtlich. Die Deutsch-Belgische Raumordnungskommission bemerkt dazu, "daß die Planung der siedlungsstrukturellen Entwicklung in Belgien zwar ebenfalls im Grundsatz eine Zersiedelung der Landschaft zu vermeiden versucht, daß sie jedoch nicht in der gleichen Weise das Konzept der dezentralen Konzentration in zentralen Orten anwendet"[14]). Dies zeigen die Wohngebietsausweisungen im belgischen Grenzgebiet in ihrer Quantität und ihrer räumlichen Verteilung; denn das Angebot an Bauland übertrifft bei weitem den Bedarf, gemessen am Bevölkerungszuwachs, und die Möglichkeiten, die die vorhandene Infrastruktur zuläßt[15]).

4.3.2 Umweltprobleme

Probleme durch Luftverunreinigungen, z.B. das Waldsterben, treten beiderseits der Grenze auf, sind aber wegen der großen Reichweite von Emissionen nicht regional begrenzt bzw. lösbar. Es ist jedoch festzustellen, daß die Umweltschutzanforderungen im Bereich der Luftreinhaltung innerhalb der Grenzregion stark differieren. Der Katalog der Immissionsgrenzwerte auf deutscher Seite ist wesentlich umfangreicher als der belgische, und soweit auf beiden Seiten Immissionsgrenzwerte bestehen, sind diese aufgrund unterschiedlicher Meßmethoden und zahlreicher Einzelregelungen bezüglich zeitlicher und räumlicher Begrenzung sowie zulässiger Überschreitungen kaum miteinander vergleichbar. Für Lärm existieren in Belgien überhaupt keine Immissionsgrenzwerte[16]). Im Zusammenhang mit Überlegungen zur langfristigen Sicherung der Wasserversorgung wird beklagt, daß die Richtlinien beider Staaten zur Ausweisung von Wasserschutzgebieten nicht miteinander vergleichbar sind; bei der Abwasserentsorgung drohen Probleme durch das große Defizit an Kläranlagen auf belgischer Seite[17]). Weiteren Anlaß zur Sorge bereiten die zu geringen Kapazitäten für die Sondermüllentsorgung und die vorhandenen Altlasten[18]). Im Interesse eines verstärkten Natur- und Landschaftsschutzes empfiehlt die Deutsch-Belgische Raumordnungskommission schließlich, im "Gebiet Ardennen und Eifel ... Schwerpunkte für nicht störende gewerbliche Betätigungen einerseits und für den Erholungs- bzw. Fremdenverkehr andererseits"[19]) zu bilden.

4.3.3 Wirtschaftliche und soziale Probleme

Die wirtschaftliche Situation des Grenzraumes wird unterschiedlich beurteilt. Einerseits wird auf eine gewisse Strukturschwäche verwiesen, die sich aufgrund der nur unterdurchschnittlich wachsenden oder sogar schrumpfenden Wirtschaftszweige ergibt[20]). Andererseits wurden sowohl im deutschen als auch im belgischen Teil in den letzten Jahren erhebliche Anstrengungen zur Umstrukturierung und zur Neuansiedlung von Unternehmen unternommen, die recht erfolgreich waren, so daß zahlreiche Neuansiedlungen, Neugründungen und Betriebserweiterungen, vor allem auch von High-Tech-Betrieben, erfolgten.

Außer von der Struktur hängt die Wirtschaftskraft aber auch von der Integration der Gebiete beiderseits der Grenze ab; denn eine Reihe spezieller Probleme läßt sich leichter durch eine verstärkte grenzüberschreitende Zusammenarbeit lösen. Als solche Probleme können genannt werden[21]): die fehlende Abstimmung der Wirtschaftsförderung für den deutschen und belgischen Gebietsteil; die Behinderungen grenzüberschreitender Unternehmenskooperationen und -beteiligungen durch das unterschiedliche Handels- und Gesellschaftsrecht; Probleme im Zusammenhang mit der Grenzüberfahrt im Firmen-PKW und Wohnsitzen der Fahrer im jeweils anderen Land; die unterschiedlichen Ladenschlußzeiten; die Bevorzugung heimischer Unternehmen bei öffentlichen Ausschreibungen; Schwierigkeiten bei der Sicherung von Ansprüchen gegenüber ausländischen Geschäftspartnern; Probleme beim Nachweis der Berufsausbildung gemäß den EG-Niederlassungsrichtlinien; in der BR Deutschland gibt es ein vergleichsweise liberales Gewerberecht (bzgl. Aufnahme einer gewerblichen Betätigung), aber ein restriktives Firmenrecht (bzgl. Geschäftsbezeichnung), während dies in Belgien eher umgekehrt ist; Zeitverlust durch Formalitäten und Kontrollen an der Grenze; mangelnde Informationen über Regelungen und Marktverhältnisse im anderen Land; die Möglichkeiten des grenzüberschreitenden Technologietransfers und der Innovationsberatung sind noch unzureichend ausgeschöpft.

Als problematisch muß auch der manchmal mangelnde politische Wille für eine grenzübergreifende Zusammenarbeit gesehen werden; denn sowohl die deutsche als auch die wallonische Seite betreiben Regionalpolitik teilweise isoliert und jeweils auf eigene Faust, z.B. bei der Technologieförderung und bei der Zusammenarbeit mit US-amerikanischen Regionen.

Die Arbeitslosenquote im deutsch-belgischen Grenzraum liegt deutlich über den jeweiligen Landesdurchschnitten und dem EG-Durchschnitt. Für diese ungünstige Arbeitsmarktsituation ist ebenfalls eine Reihe von Problemen mitverantwortlich, die durch eine verstärkte grenzübergreifende Zusammenarbeit gelöst werden könnten[22]): Grenzpendler müssen an den Grenzen in Stoßzeiten immer noch mit erheblichen Zeitverzögerungen rechnen; Wechselkursschwankungen führen zu unvorhersehbaren Änderungen der Arbeitseinkommen; das Einkommen von Pendlern aus Belgien wird zum Teil doppelt oder überhöht besteuert; in Deutschland arbeitende Belgier erhalten das niedrigere deutsche Kindergeld; Grenzpendler erhalten Arbeitslosengeld mit erheblichen Verzögerungen, und die Höhe der Leistungen ist unterschiedlich; Leistungen nach dem Arbeitsförderungsgesetz werden nur deutschen Arbeitnehmern gewährt; die Arbeitnehmerqualifikationen sind aufgrund unterschiedlicher Ausbildungssysteme nur schwer vergleichbar; Krankmeldungen von Arbeitnehmern sind kaum kontrollierbar; die mißbräuchliche Inanspruchnahme von Sozialleistungen und der illegale grenzüberschreitende Arbeitnehmerverleih sind nur schwer verfolgbar; bei Rentenbezug aus dem Nachbarland gibt es zahlreiche Benachteiligungen in der Krankenversicherung; häufig treten melderechtliche Probleme bei der Wohnsitznahme im benachbarten Ausland auf; im Falle eines Wohnsitzwechsels nach Belgien können Probleme bei der Anerkennung des Führerscheins auftreten.

4.3.4 Probleme im Bereich der Infrastruktur

Im Bereich der Verkehrsinfrastruktur sind der weitere Bau bzw. Ausbau einiger Straßen, Schienen- und Wasserwege ebenso erforderlich wie die Einrichtung weiterer grenzüberschreitender Omnibuslinien und Liniendienste im grenzüberschreitenden Flugverkehr[23]). Im Bereich der Versorgung fehlt in einigen Teilregionen im Eifel- und Ardennenraum noch der Anschluß an das Erdgasnetz[24]). Die grenzüberschreitenden Kommunikationsmöglichkeiten sind noch durch zu hohe Fernsprechgebühren beeinträchtigt, und schließlich bestehen im Bereich der schulischen, beruflichen und der Hochschulausbildung noch erhebliche Unterschiede in den Bildungssystemen und Ausbildungsinhalten sowie Probleme bei der gegenseitigen Anerkennung von Abschlußprüfungen[25]).

4.4 Stand des Erreichten, Ausblick und Kritik

Die Vielzahl und die Bedeutsamkeit der im vorausgehenden Kapitel dargestellten Probleme könnten zu dem voreiligen Urteil verleiten, auf dem Gebiet der Problemlösung sei praktisch noch nichts erreicht. Das ist allerdings nicht zutreffend.

Im Bereich der Raumplanung haben der Bund, Nordrhein-Westfalen und Rheinland-Pfalz in den letzten 25 Jahren wichtige gesetzliche Grundlagen geschaffen, die bestimmen, daß die Raumordnung durch gegenseitige Unterrichtung und Abstimmung die räumlichen Voraussetzungen für eine europäische Zusammenarbeit fördern soll[26]). Außerdem sind folgende Aktivitäten zu nennen[27]): es fanden bereits mehrfach Parlamentariertreffen zur Erörterung grenzüberschreitender Probleme statt; mit einer Fallstudie der Konferenz für Raumordnung in Nordwesteuropa über die Grenzregion in den Räumen Hasselt, Lüttich, Maastricht und Aachen (HALMA), mit den umfangreichen Raumbestandsaufnahmen und der Aufstellung von Kartenwerken durch die Deutsch-Belgische Raumordnungskommission sowie durch eine vom Institut für Landes- und Stadtentwicklungsforschung des Landes Nordrhein-Westfalen in Auftrag gegebene vergleichende Untersuchung der Planungssysteme in Belgien, den Niederlanden und Nordrhein-Westfalen wurde wichtige Analyse- und Grundlagenarbeit für eine grenzüberschreitende räumliche Planung geleistet; insbesondere durch die Tätigkeit der Deutsch-Belgischen Raumordnungskommission und der Euregio Maas-Rhein findet auf allen Ebenen ein Austausch planungsrelevanter Informationen statt; es ist immerhin gelungen, die überregionalen Entwicklungskonzeptionen, wie etwa die Landesentwicklungspläne und Regionalpläne, aufeinander abzustimmen und somit die Grundlage für eine grenzüberschreitende Abstimmung der Fachplanungen und der Kommunalplanung zu schaffen; es wurde ein raumordnerisches Leitschema für Aachen, Roetgen und benachbarte belgische Gemeinden erstellt[28]).

Mit dem Ziel eines grenzübergreifenden Umweltschutzes wurde im Auftrag des Instituts für Landes- und Stadtentwicklungsforschung des Landes Nordrhein-Westfalen ein Handbuch für den grenzüberschreitenden Umweltschutz in der Euregio Maas-Rhein als Informationsgrundlage erstellt; es wurde ein grenzüberschreitender Naturpark Nordeifel/Schneifel/Hohes Venn-Eifel errichtet; die Arbeitsgruppe Umwelt der Euregio Maas-Rhein hat einen Umwelt-EDV-Bericht erstellt und organisiert laufend Ausstellungen, Workshops und weitere Veranstaltungen zu Umweltproblemen in der Region[29]).

Zahlreiche Beispiele grenzüberschreitender Zusammenarbeit können auch für den Bereich der Wirtschaft angeführt werden. Besonders hervorzuheben ist das grenzüberschreitende Aktionsprogramm für die Euregio Maas-Rhein, das sich schwerpunktmäßig mit den wirtschaftlichen und sozialen Problemen der Euregio Maas-Rhein unter Einbeziehung benachbarter Politikbereiche wie der Raumordnung und dem Umweltschutz befaßt, konkrete zu ergreifende Maßnahmen vorschlägt und sogar noch die Zuständigkeiten für den Vollzug der Vorschläge aufzeigt[30]); die Arbeitsgruppe Wirtschaft der Euregio fördert die grenzüberschreitende Zusammenarbeit durch Broschüren (z.B. Unternehmerhandbuch, Forschungshandbuch, Technologie-Transfer-Zeitschrift), Studien (derzeit z.B. über Möglichkeiten zur Verbesserung der touristischen Struktur) und Datenbanken (z.B. Unternehmensdatenbank); die Industrie- und Handelskammern des Grenzraums arbeiten schon seit 40 Jahren erfolgreich zusammen, bieten Beratung (z.B. Benelux-Sprechtag) und Aus- bzw. Weiterbildungsmöglichkeiten auch für Ausländer an; es entwickelten sich grenzübergreifende Zweigwerksgründungen und Firmenkooperationen sowie ein intensiver Einkaufs- und Freizeitverkehr über die Grenze hinweg[31]); auf private Initiative hin wurde eine Euregio-Messe ins Leben gerufen, die 1989 eine sehr große Besucherzahl anzog.

Auch zur Entschärfung der Probleme im Bereich des Arbeitsmarktes konnten bereits einige beachtliche Erfolge erzielt werden. Zwischen den Arbeitsämtern in der Grenzregion wurden vielfältige Informations- und Kooperationsmodelle geschaffen (z.B. Einbeziehung der Bezirke der belgischen Arbeitsämter Eupen und St. Vith in das sogenannte Micros-Stellenvermittlungsverfahren des Arbeitsamtes Aachen); die Euregio Maas-Rhein hat die Durchführung eines Berufsbildungsexperiments, bei dem einerseits ein neues Berufsbild entstehen soll - der Eurofachwirt-, andererseits Fortbildung in Richtung auf CNC-gesteuerte Maschinen mit zusätzlichen euregionalen Aspekten versucht werden soll, begonnen; es existiert schon seit langem ein umfangreicher Grenzpendel von Erwerbstätigen[32]).

Schließlich kann auch für den Bereich der Infrastruktur festgestellt werden, daß bereits einiges zur Verringerung der dort bestehenden Probleme getan wurde. Es existiert schon derzeit eine relativ gute Verkehrsinfrastruktur[33]); das Versorgungsnetz in der Grenzregion ist, insgesamt gesehen, gut ausgebaut[34]); in der Grenzregion besteht ein hohes Ausbildungs- und Technologiepotential mit zum Teil Weltruf genießenden Bildungseinrichtungen[35]); es besteht eine Partnerschaft zwischen den Hochschulen Lüttich und Aachen mit umfangreichen Aktivitäten (z.B. Hochschultage, Studentenaustauschprogramme, belgische Gastprofessuren, Forschungskooperationen); die Euregio Maas-Rhein förderte stets Kontakte in den Bereichen Sport, Schule und Kultur (z.B. Begegnungen, Partnerschaften, Ausstellungen, Turniere, kulturelle Veranstaltungen insbesondere des Euregio Maas-Rhein Jugendorchesters und des Grenzlandtheaters)[36]); die auf regionaler Ebene vorhandenen Medien versorgen die Bevölkerung ständig mit Informationen über das benachbarte Ausland, wodurch in weiten Teilen der Bevölkerung ein regionales Bewußtsein gefördert wird, das über die Staatsgrenze hinausreicht.

Besondere Impulse erhielten grenzüberschreitende Aktivitäten im deutsch-belgischen Grenzraum aus seiner Zugehörigkeit zum deutsch-belgisch-niederländischen Grenzraum und aus niederländischen Initiativen. Eine solche Initiative beispielsweise basiert auf der "vierten Note über Raumordnung" in den Niederlanden und beinhaltet die Erstellung einer gemeinsamen, grenzübergreifenden Entwicklungsperspektive für die Gebiete Maastricht/Heerlen, Aachen, Lüttich und Hasselt/Genk. Gemäß einem zeitlichen Mehrphasenschema sollen Absprachen zwischen den relevanten Verwaltungen erfolgen, eine Lenkungsgruppe eingesetzt und Programme entwickelt und schließlich realisiert werden. Entsprechende Schritte wurden eingeleitet, und erste Vorschläge für gemeinsame Aktivitäten und Programme liegen vor.

Kritisch ist allerdings auch zu sehen, daß ein Zusammenwachsen der beiden Teilräume Zeit erfordert. Beispielsweise ist der zwischenbetriebliche Waren- und Dienstleistungsaustausch diesseits und jenseits der Grenze trotz des Rückgangs der Bedeutung dieser Grenze noch immer relativ gering[37]. Das mag daran liegen, daß das Zulieferer- und Abnehmerpotential zu klein ist. Wahrscheinlich sind aber auch Kommunikationshemmnisse und traditionelle Verhaltensweisen ursächlich dafür.

Festzustellen ist vielleicht auch, daß der Wille zur grenzübergreifenden nachbarschaftlichen Zusammenarbeit manchmal zurücksteht gegenüber dem Willen, in erster Linie wirtschaftliche Vorteile für die jeweilige Teilregion zu realisieren. So wird es dann verständlich, wenn Initiativen vom belgischen Teil für eine wirtschaftliche Zusammenarbeit über den angrenzenden Raum hinweg nach Baden-Württemberg erfolgen[38].

Abschließend kann festgestellt werden, daß es zukünftig vor allem darauf ankommt, bestehende Ansätze auszubauen, Vorschläge und Programme zu realisieren und die bestehenden Institutionen mit den notwendigen Kompetenzen und Mitteln auszustatten. Es bleibt jedoch auch zu beklagen, daß gerade zur Umsetzung einer Politik im Grenzraum vielfach der politische Wille und/oder die finanziellen Möglichkeiten fehlen, weshalb Fortschritte in der Problemlösung nur ganz allmählich und in kleinen Schritten zu erwarten sind. Für die Zukunft sollten dennoch die neuesten Akzente der EG-Regionalpolitik, so wie sie sich im INTERREG-Programm bereits praktisch abzeichnen, hoffnungsfroh stimmen.

Literatur

Bücher und Aufsätze

Albrechts, Louis, Königreich Belgien, in: Daten zur Raumplanung, Teile A und B, Akademie für Raumforschung und Landesplanung (Hrsg.), Hannover, 1981, A II.5.1(1) - A.II.5.1(2) und B II.7(19) - B II.7(22).

Antwerpes, Franz Josef, Euregio Maas-Rhein, in: Staatsgrenzen überschreitende Zusammenarbeit des Landes Nordrhein-Westfalen, Schriftenreihe Landes- und Stadtentwicklungsforschung des Landes NRW, ILS (Hrsg.), Bd 1.036, Dortmund, 1984, S. 73-79.

Breuer, Helmut, Die (EG-Binnen-) Grenzen fallen - steigen die (wirtschaftlichen) Chancen? - Zur wirtschaftsräumlichen Lagebewertung der Euregio Maas-Rhein, in: Informationen und Materialien zur Geographie, Euregio Maas-Rhein, Heft 23, Aachen 1988, S.1-4.

Breuer, Helmut, Die Region Aachen im Europäischen Binnenmarkt, in: Die Wirtschaftsregion Aachen - Ein Grenzraum im Wandel, IHK zu Aachen (Hrsg.), Aachen, 1989, S. 34 - 36.

Brösse, Ulrich, Grenzüberschreitende Regionalpolitik - konkretisiert am Aachener Grenzraum, in: Grenzüberschreitende Regionalpolitik in Nordwesteuropa, Arbeitsgemeinschaft für Rationalisierung des Landes Nordrhein-Westfalen (Hrsg.), Heft 119, Dortmund, 1971, S. 35 - 38.

Brösse, Ulrich und Müller, Johanna, Zulieferbeziehungen der Wirtschaftsregion Aachen, hrsg. von der Industrie- und Handelskammer zu Aachen, Aachen 1990.

Deutsch-Belgische Raumordnungskommission, Der deutsch-belgische Grenzraum, o.O., o.J.

Derselbe, Raumordnerisches Leitschema für Aachen, Roetgen und benachbarte belgische Gemeinden, o.O., o.J.

Eschweiler, Otto, Wirtschaftliche Zusammenarbeit der Grenzregionen - Entwicklung - Hemmnisse - Chancen, in: Prägende Wirtschaftsfaktoren in der Euregio Maas-Rhein - Historische und aktuelle Bezüge, Schinzinger, Francesca, Zapp, Immo (Hrsg.), Aachen, 1987, S.30-38.

Euregio Maas-Rhein und Regio Aachen e.V., Informationsbroschüre, o.O., 1989.

Europäische Raumordnungsministerkonferenz, Europäische Raumordnungscharta, in: Schriftenreihe Landes- und Stadtentwicklungsforschung des Landes NRW, ILS (Hrsg.), Bd. 0.028, Dortmund, 1984.

Forschungsinstitute in der Euregio Maas-Rhein, hrsg. von der Euregio Maas-Rhein mit Unterstützung der EG-Kommission, o.O. 1990.

Gramm, Michael, Die Euregio Maas-Rhein als Gegenstand des Geographieunterrichtes im Aachener Grenzraum - Möglichkeiten und Grenzen, in: Geschichte - Geographie - Beiträge für den Unterricht, Euregio Maas-Rhein (Hrsg.), Maastricht, 1981, S. 113-119.

Industrie- und Handelskammer zu Aachen, Jahresbericht 1988, Aachen.

Institut für Landes- und Stadtentwicklungsforschung des Landes Nordrhein-Westfalen (ILS), Grenzüberschreitendes Aktionsprogramm für die Euregio Maas-Rhein, ILS (Hrsg.), Dortmund, o.J.

Istel, Wolfgang; Robert, Jaques, Raumordnung beiderseits der Grenze der Bundesrepublik Deutschland zu den Nachbarstaaten der europäischen Gemeinschaft sowie der Schweiz und Österreich - unter besonderer Berücksichtigung der Zentren und Achsen, 1. Teil, in: Beiträge, Akademie für Raumforschung und Landesplanung (Hrsg.), Bd. 59 , Hannover, 1982.

Knapp, Wolfgang, Mielke, Bernd, Weber, Roland, Strukturanalyse für die Euregio Maas-Rhein, ILS (Hrsg.), 1. Aufl., Dortmund, 1988.

Leibold, Heinz, Verkehrsinfrastruktur im Dreiländereck - Vergangenheits- und Zukunftsaspekte, in: Prägende Wirtschaftsfaktoren in der Euregio Maas-Rhein - Historische und aktuelle Bezüge, Schinzinger, Francesca, Zapp, Immo (Hrsg.), Aachen, 1987, S.30-38.

Lorenz, Astrid, Aktuelle und zukünftige Verkehrsinfrastruktur, in: Die Wirtschaftsregion Aachen - Ein Grenzraum im Wandel, IHK zu Aachen (Hrsg.), Aachen, 1989, S. 14 - 15.

Malchus, Viktor Frhr. von, Grenzüberschreitende Zusammenarbeit des Landes Nordrhein-Westfalen - ein wichtiger Beitrag zur europäischen Integration in Nordwesteuropa, in: Staatsgrenzen überschreitende Zusammenarbeit des Landes NRW, Schriftenreihe Landes- und Stadtentwicklungsforschung des Landes Nordrhein-Westfalen, Institut für Landes- und Stadtentwicklungsforschung des Landes Nordrhein-Westfalen (Hrsg.), Bd. 1036, Dortmund, 1984, S.9-17.

Derselbe, Konferenz für Regionalentwicklung in Nordwesteuropa, in: Staatsgrenzen überschreitende Zusammenarbeit des Landes Nordrhein-Westfalen, Schriftenreihe Landes- und Stadtentwicklungsforschung des Landes NRW, Institut für Landes- und Stadtentwicklungsforschung des Landes Nordrhein-Westfalen (Hrsg.), Bd. 1.036, Dortmund, 1984, S.46-50.

Derselbe, Zusammenarbeit auf dem Gebiet der Raumordnung - Bilanz und Perspektiven der Raumordnungskommission an den Staatsgrenzen Nordrhein-Westfalens, in: Staatsgrenzen überschreitende Zusammenarbeit des Landes Nordrhein-Westfalen, Schriftenreihe Landes- und Stadtentwicklungsforschung des Landes NRW, ILS (Hrsg.), Bd. 1.036, Dortmund, 1984, S.25-40.

Moltke, Konrad von, Handbuch für den grenzüberschreitenden Umweltschutz in der Euregio Maas-Rhein, in: Schriftenreihe Landes- und Stadtentwicklungsforschung des Landes Nordrhein-Westfalen, ILS (Hrsg.), Dortmund, 1987.

Robert, Jaques, Räumliche Planung in Belgien, den Niederlanden und Nordrhein-Westfalen, in: Schriftenreihe Landes- und Stadtentwicklungsforschung des Landes Nordrhein-Westfalen, Institut für Landes- und Stadtentwicklungsforschung des Landes Nordrhein-Westfalen (Hrsg.), Bd. 1.025, Dortmund, 1983.

Zinn, Karl Georg, Entwicklung der Wirtschaftsstruktur in der Euregio Maas-Rhein - Analyse von Beschäftigung und Produktion anhand von Regional-, Struktur- und Standortfaktoren - Untersuchung im Auftrag der Hans-Böckler-Stiftung, Studien- und Mitbestimmungsförderungswerk des DGB in Zusammenarbeit mit dem Interregionalen Gewerkschaftsrat Maas-Rhein, Aachen,1985.

Gesetze und Verträge

Abkommen zwischen der Regierung des Königreiches Belgien und der Regierung der Bundesrepublik Deutschland über die Zusammenarbeit auf dem Gebiet der Raumordnung vom 3. Februar 1971, in: Deutsch-Belgische Raumordnungskommission, Der deutsch-belgische Grenzraum, o.O., o.J., S. 54 - 59.

Abkommen zwischen der Regierung des Königreiches Belgien, der Regierung des Landes Nordrhein-Westfalen und der Regierung des Landes Rheinland-Pfalz über die Zusammenarbeit zur Errichtung und Ausgestaltung eines Naturparks in den Gebieten Nordeifel/Schneifel/Hohes Venn-Eifel vom 3. Februar 1971, in: Deutsch-Belgische Raumordnungskommission, Der deutsch-belgische Grenzraum, o.O., o.J., S. 60 - 65.

Baugesetzbuch (BauGB) in der Fassung der Bekanntmachung vom 08.12.1986.

Gesetz zur Landesentwicklung (Landesentwicklungsprogramm) in der Fassung der Bekanntmachung vom 05.10.1989.

Landesgesetz für Raumordnung und Landesplanung (Landesplanungsgesetz RhP) in der Fassung der Bekanntmachung vom 22.12.1982.

Landesplanungsgesetz (NW) in der Fassung der Bekanntmachung vom 05.10.1989.

Raumordnungsgesetz des Bundes vom 08.04.1965 (BGBl. I, S. 306) in der Fassung vom 19.07.1989.

Anmerkungen

1) Vgl. Brösse, Ulrich, Grenzüberschreitende Regionalpolitik - konkretisiert am Aachener Grenzraum, in: Grenzüberschreitende Regionalpolitik in Nordwesteuropa, Arbeitsgemeinschaft für Rationalisierung des Landes NRW (Hrsg.), Heft 119, Dortmund, 1971, S. 35 f.

2) Vgl. Breuer, Helmut, Die (EG-Binnen-) Grenzen fallen - steigen die (wirtschaftlichen) Chancen? - Zur wirtschaftsräumlichen Lagebewertung der Euregio Maas-Rhein, in: Informationen und Materialien zur Geographie, Euregio Maas-Rhein, Heft 23, Aachen 1988, S.1- 4.

3) Vgl. Abkommen zwischen der Regierung des Königreichs Belgien und der Regierung der Bundesrepublik Deutschland über die Zusammenarbeit auf dem Gebiet der Raumordnung vom 3. Februar 1971.

4) Ebenda, Artikel 1, Abs.2.

5) Vgl. Abkommen zwischen der Regierung des Königreichs Belgien, der Regierung des Landes Nordrhein-Westfalen und der Regierung des Landes Rheinland-Pfalz über die Zusammenarbeit zur Errichtung und Ausgestaltung eines Naturparks in den Gebieten Nordeifel / Schneifel / Hohes Venn - Eifel vom 3. Februar 1971.

6) Der Gouverneur von Lüttich vertritt in der Euregio Maas-Rhein auch die Deutschsprachige Gemeinschaft Ostbelgiens. Verfassungsrechtlich besitzt diese Kulturgemeinschaft eine gewisse Eigenständigkeit, die durch den sogenannten Rat der Deutschsprachigen Gemeinschaft wahrgenommen wird. Dieser Rat unternimmt derzeit Bestrebungen, im Rahmen seiner Zuständigkeiten (Kultur, personenbezogene Angelegenheiten und Unterrichtswesen) autonom in der Euregio Maas-Rhein mitzuwirken. Über eine Beteiligung der Deutschsprachigen Gemeinschaft in der Euregio Maas-Rhein wird auf belgischer Seite noch verhandelt.

7) Vgl. Antwerpes, Franz Josef, Euregio Maas-Rhein, in: Staatsgrenzen überschreitende Zusammenarbeit des Landes Nordrhein-Westfalen, Schriftenreihe Landes- und Stadtentwicklungsforschung des Landes NRW, ILS (Hrsg.), Bd. 1.036, Dortmund, 1984, S. 75 f. und Euregio Maas-Rhein und Regio Aachen e.V., Informationsbroschüre, o.O., 1989.

8) Vgl. Industrie- und Handelskammer zu Aachen, Jahresbericht 1988, Aachen, 1988, S. 64 ff.

9) Industrie- und Handelskammer zu Aachen, a.a.O., S. 66.

10) Vgl. ebenda.

11) Vgl. Gramm, Michael, Die Euregio Maas-Rhein als Gegenstand des Geographieunterrichtes im Aachener Grenzraum - Möglichkeiten und Grenzen, in: Geschichte - Geographie - Beiträge für den Unterricht, Euregio Maas-Rhein (Hrsg.), Maastricht, 1981, S. 117 f.

12) Europäische Raumordnungsministerkonferenz, Europäische Raumordnungscharta, in: Schriftenreihe Landes- und Stadtentwicklungsforschung des Landes NRW, ILS (Hrsg.), Bd. 0.028, Dortmund, 1984, S. 49.

13) Vgl. Institut für Landes- und Stadtentwicklungsforschung des Landes Nordrhein-Westfalen (ILS), Grenzüberschreitendes Aktionsprogramm für die Euregio Maas-Rhein, ILS (Hrsg.), Dortmund, o.J., S. 38 u. 40.

14) Deutsch-Belgische Raumordnungskommission, Der deutsch-belgische Grenzraum, o.O., o.J., S. 50.
15) Vgl. ebenda.

16) Vgl. ILS, Grenzüberschreitendes Aktionsprogramm, a.a.O., S. 34 f. und Moltke, Konrad von, Handbuch für den grenzüberschreitenden Umweltschutz in der Euregio Maas-Rhein, in: Schriftenreihe Landes- und Stadtentwicklungsforschung des Landes NRW, ILS (Hrsg.), Dortmund, 1987, S. 133 ff.

17) Vgl. ILS, Grenzüberschreitendes Aktionsprogramm, a.a.O., S. 35.

18) Vgl. ebenda.

19) Deutsch-Belgische Raumordnungskommission, a.a.O., S.48.

20) Vgl. ILS, Grenzüberschreitendes Aktionsprogramm, a.a.O., S. 15 ff. und Zinn, Karl-Georg, Entwicklung der Wirtschaftsstruktur in der Euregio Maas-Rhein - Analyse von Beschäftigung und Produktion anhand von Regional-, Struktur- und Standortfaktoren, Aachen, 1985, S. 214 f.

21) Vgl. ILS, Grenzüberschreitendes Aktionsprogramm, a.a.O., S. 23; Eschweiler, Otto, Die wirtschaftliche Zusammenarbeit der Grenzregionen - Entwicklung - Hemmnisse - Chancen, in: Prägende Wirtschaftsfaktoren in der Euregio Maas-Rhein - Historische und aktuelle Bezüge, Schinzinger, Francesca, Zapp, Immo (Hrsg.), Aachen, 1987, S. 7 ff. und Knapp, Wolfgang, Mielke, Bernd, Weber, Roland, Strukturanalyse für die Euregio Maas-Rhein, ILS (Hrsg.), 1. Aufl., Dortmund, 1988, S. 61 f.

22) Vgl. ILS, Grenzüberschreitendes Aktionsprogramm, a.a.O., S. 15 ff., Eschweiler, Otto, a.a.O., S. 9 ff. und Knapp, Wolfgang, Mielke, Bernd, Weber, Roland, a.a.O., S. 60 f.

23) Vgl. ILS, Grenzüberschreitendes Aktionsprogramm, a.a.O., S. 23 ff. und S. 115; Deutsch-Belgische Raumordnungskommission, a.a.O., S. 46 ff. und Leibold, Heinz, Verkehrsinfrastruktur im Dreiländereck - Vergangenheits- und Zukunftsaspekte, in: Prägende Wirtschaftsfaktoren in der Euregio Maas-Rhein - Historische und aktuelle Bezüge, Schinzinger, Francesca, Zapp, Immo (Hrsg.), Aachen, 1987, S. 30 ff.

24) Vgl. Deutsch-Belgische Raumordnungskommission, a.a.O., S. 48.

25) Vgl. ILS, Grenzüberschreitendes Aktionsprogramm, a.a.O., S. 31 f. und S. 115.

26) Vgl. §§ 1 Abs. 3 u. 4, Abs. 6 Raumordnungsgesetz des Bundes vom 08.04.1965 (BGBl. I, S. 306) in der Fassung vom 19.07.1989 (BGBl. I, S. 1461), § 2, Nr. 3 Landesplanungsgesetz (NW) in der Fassung der Bekanntmachung vom 05.10.1989 (G.V., S. 476), § 3, Gesetz zur Landesentwicklung (Landesentwicklungsprogramm) in der Fassung der Bekanntmachung vom 05.10.1989 (G.V. S. 485) und §§ 1, Abs. 2 u. 6, Abs. 1, Nr. 1 b) Landesgesetz für Raumordnung und Landesplanung (Landesplanungsgesetz RhP) in der Fassung der Bekanntmachung vom 22.12.1982 (GVBl., S. 476).

27) Vgl. Malchus, Viktor Frhr. von, Grenzüberschreitende Zusammenarbeit des Landes Nordrhein-Westfalen - ein wichtiger Beitrag zur europäischen Integration in Nordwesteuropa, in: Staatsgrenzen überschreitende Zusammenarbeit des Landes NRW, Schriftenreihe Landes- und Stadtentwicklungsforschung des Landes Nordrhein-Westfalen, ILS (Hrsg.), Bd. 1036, Dortmund, 1984, S. 11; derselbe, Zusammenarbeit auf dem Gebiet der Raumordnung - Bilanz und Perspektiven der Raumordnungskommission an den Staatsgrenzen Nordrhein-Westfalens, in: Staatsgrenzen überschreitende Zusammenarbeit des Landes NRW, Schriftenreihe Landes- und Stadtentwicklungsforschung des Landes Nordrhein-Westfalen, ILS (Hrsg.), Bd. 1036, Dortmund, 1984, S. 26 ff.; derselbe, Konferenz für Regionalentwicklung, in: Staatsgrenzen überschreitende Zusammenarbeit des Landes NRW, Schriftenreihe Landes- und Stadtentwicklungsforschung des Landes Nordrhein-Westfalen, ILS (Hrsg.), Bd. 1036, Dortmund, 1984, S. 48.

28) Vgl. Deutsch-Belgische Raumordnungskommission, Raumordnerisches Leitschema für Aachen, Roetgen und benachbarte belgische Gemeinden, o.O., o.J., S. 5.

29) Vgl. Moltke, Konrad von, a.a.O., S. 5; Malchus, Viktor Frhr. von, Zusammenarbeit auf dem Gebiet der Raumordnung - Bilanz und Perspektiven der Raumordnungskommissionen an den Staatsgrenzen Nordrhein-Westfalens, a.a.O., S. 29.

30) Das grenzüberschreitende Aktionsprogramm für die Euregio Maas-Rhein wird derzeit vollständig neu überarbeitet und teilweise ergänzt. Die Fertigstellung des neuen Aktionsprogramms wird zu Beginn des Jahres 1991 erwartet. Aus den neuen EG-Programmen RECHAR (v. 7.1.90) und vor allem INTERREG (v. 30.8.90) sollen bis Ende 1993 auch dem deutsch-belgischen Grenzraum und dem Gebiet der Euregio Maas-Rhein zusätzlich erhebliche finanzielle Mittel zufließen. Dadurch wird auch die finanzielle Basis zur praktischen Durchführung des Aktionsprogramms maßgeblich gestärkt.

31) Vgl. ILS, Grenzüberschreitendes Aktionsprogramm, a.a.O., S. 9 f.; Industrie- und Handelskammer zu Aachen, a.a.O., S. 64 ff.; Breuer, Helmut, Die Region Aachen im Europäischen Binnenmarkt, in: Die Wirtschaftsregion Aachen - Ein Grenzraum im Wandel, IHK zu Aachen (Hrsg.), Aachen, 1989, S. 34. und Knapp, Wolfgang, Mielke, Bernd, Weber, Roland, a.a.O., S. 57 u. 60.

32) Vgl. Industrie- und Handelskammer zu Aachen, a.a.O., S. 66 und Breuer, Helmut, a.a.O., S. 34.

33) Vgl. Lorenz, Astrid, Aktuelle und zukünftige Verkehrsinfrastruktur, in: Die Wirtschaftsregion Aachen - Ein Grenzraum im Wandel, IHK zu Aachen (Hrsg.), Aachen, 1989, S. 14 f.

34) Vgl. Deutsch-Belgische Raumordnungskommission, a.a.O., S. 48.

35) Vgl. Eschweiler, Otto, a.a.O., S. 11.

36) Vgl. Antwerpes, Franz Josef, a.a.O., S. 75 ff.

37) Vgl. Brösse, Ulrich und Müller, Johanna, Zulieferbeziehungen der Wirtschaftsregion Aachen, hrsg. von der Industrie- und Handelskammer zu Aachen, Aachen 1990.

38) Vgl. o.V., Die wallonische Region und Baden-Württemberg, in: Standpunkte, Perspektiven, Kontroversen (SPK), Vierteljahresmagazin der Stiftung Peter Kofferschläger, 2. Jg. (1989), Heft 4, S.6.

*) Abschluß der Arbeit Dezember 1990.

**) Ich danke Herrn Dipl.-Kfm. Reiner Holzem für seine Mitarbeit an dem Beitrag.

Peter Moll

III.5 Stand und Probleme der grenzüberschreitenden Zusammenarbeit im Raum Saarland / Lothringen / Luxemburg / westliches Rheinland-Pfalz

5.1 Grundlagen der grenzüberschreitenden Zusammenarbeit

5.1.1 Formalisierte Zusammenarbeit

Im Saar-Lor-Lux-Raum besteht - wie in allen anderen Grenzgebieten auch - kein Gremium mit hoheitlichen Befugnissen, das für die von der Grenze durchschnittenen Räume zuständig wäre. Daher gibt es auch keine gemeinsame verbindliche Planung, sondern nur Absprachen darüber, was in der jeweiligen Region von der zuständigen Stelle auf den Weg gebracht werden soll.

5.1.1.1 Staatlich-regionale Ebene

Regierungs- und Regionalkommission

Zwischen den Regierungen der Bundesrepublik und der Republik Frankreich wurde am 13./14. März 1969 die Gründung einer deutsch-französischen Regierungskommission für die grenzüberschreitende Zusammenarbeit vereinbart. Sie hat sich am 19. Februar 1970 in Bonn konstituiert. Die Regierung des Großherzogtums Luxemburg ist am 24. Mai 1971 dieser Kommission beigetreten, die seitdem die Bezeichnung "Gemischte deutsch-französisch-luxemburgische Regierungskommission für die Zusammenarbeit im Grenzraum Saarland / Südwestteil Rheinland-Pfalz / Lothringen / Luxemburg" trägt.

Die Regierungskommission beschloß am 24. Mai 1971 die Gründung der "Regionalkommission Saarland/Lothringen/Luxemburg/Rheinland-Pfalz", die sich am 19. Sept. 1971 in Saarbrücken konstituierte. Dadurch wurde die unmittelbare Beteiligung der regionalen Regierungs- bzw. Verwaltungsstellen möglich. Die Regierungen Frankreichs und der Bundesrepublik sind durch ihre Generalkonsulate in Saarbrücken und Nancy in dieser Kommission vertreten.

Am 16. Oktober 1980 haben die Regierungen eine Vereinbarung über die deutsch-französisch-luxemburgische Zusammenarbeit in den Grenzgebieten unterzeichnet, um die seit 1970 praktizierte Kooperation durch eine staatsvertragliche Regelung zu stützen.

Für das Gebiet des Saarlandes, der Region Lothringen (Départements Moselle, Meurthe-et-Moselle, Meurthe und Vosges), des Großherzogtums Luxemburg sowie der rheinland-pfälzischen Regionen Trier und Westpfalz sowie des Landkreises Birkenfeld (siehe den statistischen Überblick in Tabelle 1) wurden von der o.g. Regionalkommission - im folgenden als RK-SLL abgekürzt - sieben Arbeitsgruppen eingesetzt; eine dieser Arbeitsgruppen ("Raumordnung / Aménagement du Territoire") befaßt sich mit Fragen der Landes- und Regionalplanung.

Eine deutsch-französische Raumordnungskommission besteht nicht. Im Rahmen der vorerwähnten Regionalkommission werden Fragen von allgemeinem Interesse aller vier Teilräume behandelt. Bilaterale Fragen werden außerhalb der Kommission im direkten Kontakt zwischen den zuständigen Behörden geklärt; hierfür gibt es keine gesonderte Rechtsgrundlage.

Tab. 1: Bevölkerungs- und Flächenstatistik des Saar-Lor-Lux-Raumes
Fläche, Bevölkerungszahl und Bevölkerungsdichte um 1987/90

	km^2	Mio. E	E/km^2
Lothringen			
Dép. Meurthe-et-Moselle	5.241	0,70	135
Dép. Meuse	6.216	0,20	32
Dép. Moselle	6.216	1,04	167
Dép. Vosges	5.874	0,40	66
Lothringen	23.547	2,34	99
Luxemburg			
Großherzogtum Luxemburg	2.586	0,38	143
Saarland			
Saarland	2.571	1,05	409
Rheinland-Pfalz			
Region Trier	4.926	0,47	96
Region Westpfalz	3.063	0,51	168
Landkreis Birkenfeld	798	0,09	107
Rheinland-Pfälzisches Gebiet	8.787	1,07	122
Saar-Lor-Lux-Raum			
Saar-Lor-Lux-Trier/Westpfalz	37.491	4,84	129

Quellen: Angaben der Statistischen Landesämter Saarland (Saarbrücken), Rheinland-Pfalz (Bad Ems), Lothringen (INSEE, Nancy) und Luxemburg (STATEC, Luxemburg). Eigene Berechnungen.

Die Regionalkommission Saar-Lor-Lux hat mehrere Arbeitsgruppen eingerichtet, und zwar für

- "Raumordnung",
- "Wirtschaftliche Fragen",
- "Verkehr und Straßenverbindungen",
- "Umwelt",
- "Soziale Fragen",
- "Kulturelle Angelegenheiten",
- "Hochschulwesen",
- "Fremdenverkehr" sowie
- "Bilanz und Perspektiven der grenzüberschreitenden Zusammenarbeit".

In der Vergangenheit hat es auch Ad-hoc-Arbeitsgruppen gegeben:

- "Freizeit- und Erholungszentrum Bisten-Merten" und
- "Industrieansiedlung in der Grenzzone Saargemünd-Saarbrücken".

Im allgemeinen - d.h. mit Ausnahme der Ad-hoc-Arbeitsgruppen - werden nur dreiseitig interessierende Themen behandelt. Jedoch können Themen, die auf nationaler Ebene in speziellen Fachkommissionen erörtert werden, wie z.B. zur

- "Reinhaltung von Mosel und Saar von Verunreinigungen" und zur
- "Sicherheit von Kraftwerksanlagen im Grenzraum",

nicht aufgegriffen werden.

Soweit auf deutscher Seite Planungsregionen bestehen (in Rheinland-Pfalz), sind diese über die oberste Landesplanungsbehörde in die Kommissionsarbeit eingebunden. Die Regionalverwaltung von Lothringen ("Région Lorraine") nimmt an der Kommissionsarbeit auf der Ebene der Arbeitsgruppen seit 1988 beobachtend mit teil. Die behördlichen Aufgaben des Politikbereichs Aménagement du Territoire sind Staatsaufgabe und werden daher nur vom Préfet de Région, Metz, wahrgenommen.

Exekutivrat

Es ist vorgesehen, eine neue Arbeitsebene zu schaffen. Das Saarland und die Region Lothringen sind übereingekommen, einen gemeinsamen Ausschuß der regionalen Exekutiven zu gründen ("Conseil Interexecutif Saarlor"); Rheinland-Pfalz, Belgisch-Luxemburg und das Großherzogtum Luxemburg sind eingeladen beizutreten. Ein ständiger Rat und ein Sekretariat sollen ohne Einschaltung der nationalen Ebene regionale grenzüberschreitende Politik betreiben und ermöglichen. Als Aufgaben sind vorgesehen: gemeinsames Auftreten gegenüber nationalen und internationalen Ansprechpartnern, Gewährleistung einer kontinuierlichen Zusammenarbeit der einzelnen Regionen zwischen den gemeinsamen Sitzungen der Ministerräte/Exekutivräte, Überprüfung aller in den Regionen geplanten Einzelprojekte auf ihre Eignung für eine grenzüberschreitende Kooperation, Überprüfung des Fortgangs und der Effizienz von Kooperationsprojekten, Ansprechpartner auf der Ebene der Exekutiven für den Interregionalen Parlamentarierrat SaarLorLux.

Die für 1991 erwartete französische Gesetzesnovelle zur Regionalisierung soll der Region Lothringen die notwendigen Kompetenzen für diese Zusammenarbeit geben. Die Frage wird sich stellen, welche Aufgaben die Saar-Lor-Lux-Regionalkommission neben diesem Exekutivrat noch wahrnehmen soll.

5.1.1.2 Kommunale Ebene

COMREGIO

Auf kommunaler Ebene wurde nach langjährigen informellen Kontakten zwischen den Bürgermeistern und Landräten des Grenzraumes die COMREGIO als Forum für grenzüberschreitende Kontakte auf örtlicher Ebene eingerichtet. Diese Organisation ist noch nicht flächendeckend tätig. Sie versteht sich als Vorschlagsgremium für die in der sog. "Großregion" lebende Bevölkerung. Diesen Raum will sie auf das "Europa ohne Grenzen" vorbereiten. Dazu sind fünf

Arbeitsgruppen eingerichtet worden:

- "Umwelt",
- "Wirtschaftliche Entwicklung",
- "Transport, Kommunikation, Medien",
- "Kultur, Zweisprachigkeit".

Eurodistrict

Die Städte Metz und Saarbrücken haben einen Vertrag zur Einrichtung eines sog. Eurodistricts geschlossen. Es geht dabei um die Zusammenarbeit beider Städte im Bereich der Wirtschafts-, Sozial-, Kultur-, Wissenschafts- und Forschungs-, Verkehrs- und Umwelt- sowie Regionalplanungspolitik. Am Ende sollen gemeinsame institutionelle und administrative Strukturen geschaffen werden, in die auch andere beitrittswillige Gemeinden einbezogen werden können. Aus den bisherigen Grenzgebieten soll eine "integrierte geographische Einheit" gebildet werden. Schwerpunkt der gemeinsamen Arbeit soll die Entwicklung einer wirtschaftlichen Kooperationsstrategie sein. Die EG-Kommission will die Zusammenarbeit unterstützen.

Observatoire économique de l'espace transfrontalier Sarre-Moselle-Est

Im lothringischen Grenzraum zum Saarland wurde auf Betreiben einiger lothringischer Gemeinden und der örtlichen Wirtschaft ein Büro eingerichtet, das zur Aufgabe hat, die wirtschaftlichen Verhältnisse grenzüberschreitend zu beobachten. Im Auftrag des Büros werden grenzraumbezogene Studien erstellt. Dem Lenkungsausschuß gehören auch Vertreter von Kommunalverwaltungen im Saarland an.

5.1.2 Andere Formen der Zusammenarbeit

5.1.2.1 Kammern

Industrie- und Handelskammern

Die Industrie- und Handelskammern in Luxemburg, Metz, Saarbrücken und Trier haben eine Charta zur Intensivierung der Zusammenarbeit verabschiedet. Sie wollen gemeinsam für die sog. "Großregion" werben. In periodischen Arbeitstreffen soll es um den Austausch von Daten über die Region, gemeinsame Projekte und Stellungnahmen gehen. Auf nationaler und internationaler Ebene und gegenüber der EG wollen die Kammern gemeinsam auftreten.

Handwerkskammern

Die Handwerkskammern haben einen "Interregionalen Rat der Handwerkskammern Saar-Lor-Lux" gegründet, der zehn Kammern in Belgisch-Luxemburg, Großherzogtum Luxemburg, Rheinland-Pfalz und Saarland umfaßt; Zielsetzungen sind die Koordinierung von Aktivitäten und die Erarbeitung gemeinsamer Vorschläge - vor allem zur Wirtschafts- und Bildungspolitik - zur Entwicklung einer europäischen Kernregion mit bestmöglichen Rahmenbedingungen für die Entfaltung des Handwerks.

5.1.2.2 Parlamente

Ein weiteres Zusammenarbeitsgremium ist auf der Ebene der Parlamente geschaffen worden (Landesebene Rheinland-Pfalz und Saarland, Regionsebene Lothringen, Staatsebene Luxemburg). Dieser "Interregionale Parlamentarierrat Saar/Lor/Lux" kommt zu regelmäßigem Meinungsaustausch über die Probleme dieses Raumes zusammen.

5.2 Raumstrukturelle Verhältnisse

5.2.1 Grenzzonen

Das Bedürfnis nach gegenseitiger Information und Abstimmung ist entlang den insgesamt rd. 370 km langen Staatsgrenzen gegeben. Planungserfordernisse erwachsen aus Defiziten der räumlichen Entwicklung - z.B. im Vergleich des Gebietes der einen mit dem Gebiet der anderen Seite der Grenze - oder aus der Unverträglichkeit angrenzender bzw. sich überlagernder Nutzungen.

Eine nahezu identische Entwicklungsproblematik beiderseits der Grenze besteht aufgrund gleichartiger Raumstrukturen in folgenden Gebieten (+/- 30 km breite Zonen, in denen sich erfahrungsgemäß die grenzbedingten Entwicklungsprobleme häufen - vgl. Karte -):

- Nordeifel / Nord-Luxemburg:
Beiderseits von Our und Sauer erstreckt sich der deutsch-luxemburgische Naturpark über ein ländliches, schwach strukturiertes und dünn besiedeltes Gebiet. Die Wirtschafts- und Siedlungsstrukturen weisen Mängel auf, die durch fremdenverkehrliche Maßnahmen teilweise ausgeglichen werden sollen. Die relativ verkehrsferne Lage soll durch die Autobahnverbindung Lüttich - Wittlich verbessert werden; sie ist in Teilabschnitten bereits fertiggestellt.

- Mittleres Moseltal:
Das Moseltal zwischen Perl/Schengen und Konz/Langsur wird weitgehend vom Fremdenverkehr bestimmt, dessen Bedeutung weiter verstärkt werden soll. Es handelt sich um ein relativ gut strukturiertes Gebiet mit mittlerer Bevölkerungsdichte.

- Industriegebiet Longwy/Esch - Dudelange:
Diese Altindustriezone (Basis: Eisenerzeugung) im luxemburgisch-lothringischen Minettegebiet kämpft mit Strukturproblemen im gewerblichen, städtebaulichen und ökologischen Bereich. Die Verkehrsinfrastruktur ist günstig; sie bedarf aber teilweise der Modernisierung. Das Gebiet hat eine hohe Bevölkerungsdichte.

- Saar-Mosel-Gau:
Dieses Gebiet ist Teil des ländlichen Raumes, der sich zwischen dem Saar- und dem Moseltal

Karte 1: Die Grenzräume im Gebiet der Saar-Lor-Lux-Regionalkommission

erstreckt. Von den in diesen Tälern verlaufenden Verkehrs- und Siedlungsachsen geht eine starke Sogwirkung auf die Gauhöhen aus. Die Bevölkerung ist weitgehend in den Achsenräumen beschäftigt. Viele Dörfer auf lothringischer Seite haben Probleme mit der Erhaltung einer Mindestbevölkerung am Ort und mit einem Mindestversorgungsniveau. Auf saarländischer Seite sind die Schwierigkeiten geringer.

- Saarländisch-lothringisches Kohlenrevier:
Dieses Montanrevier (im Saarland auf der Basis von Kohle und Stahl, in Lothringen nur auf der Grundlage von Kohle entstanden) wird als weitgehend gleichartig strukturierter Wirtschaftsraum von der Staatsgrenze durchschnitten. Wichtige Merkmale der künftigen Entwicklung sind Flächenengpässe für Wohn- und Gewerbesiedlung, Altlastenbeseitigung, Revitalisierung ehemaliger gewerblicher Bauflächen, städtebauliche Erneuerung und Schaffung von Ersatzarbeitsplätzen für die im Montansektor entfallenen Arbeitsplätze.

- Mittleres Saartal:
Das Saartal im Abschnitt Saargemünd - Saarbrücken ist Teil einer wichtigen Verkehrsachse (OZ Straßburg - OZ Saarbrücken), deren Infrastruktur (Straße) noch nicht genügend ausgebaut ist. Die Flächennutzung wird vor allem vom Gewerbe und Wohnen bestimmt. Die raumstrukturellen Verhältnisse sind als gut zu bezeichnen.

- Raum Pirmasens-Zweibrücken / Bitscher Land:
Große Teile dieses Raumes sind Naturparkgebiete (überwiegend im Verbreitungsgebiet des Buntsandsteins). Geringe Bevölkerungsdichte, wirtschaftliche Strukturschwäche und Verkehrserschließungsmängel kennzeichnen die Defizite dieses Raumes. Der Aufbau eines bedeutenden Tourismus ist wegen der komparativen Nachteile gegenüber attraktiven Konkurrenzräumen (Vogesen, Schwarzwald, Rheintal) schwierig.

Keine identische Entwicklung beiderseits der Grenze nimmt lediglich der

- Warndt:
Auf lothringischer Seite bestimmt eine intensiv genutzte Bergbau- und Industriezone mit dem Chemie-Zentrum Carling den dicht besiedelten Grenzraum, während auf saarländischer Seite das ausgedehnte Waldgebiet mit inselförmiger Nutzung für Bergbau und Wohnen mehr ökologischen und Naherholungszielen dient.

5.2.2 Siedlungsstruktur und Bevölkerungsverteilung

Der oft als "zentraler Raum im Herzen Europas" beschriebene SLL-Raum hat eine für die Entwicklung als Gesamtraum ungünstige Siedlungsstruktur. Die sechs Oberzentren sind so angeordnet, daß fünf - und zwar Luxemburg, Trier, Kaiserslautern, Saarbrücken und Metz - in der nördlichen Hälfte liegen, noch dazu in den weiter oben bereits angesprochenen 30 km breiten Grenzzonen (nur Kaiserslautern und Metz liegen rd. 10 km weiter außerhalb); Nancy ist die einzige Großstadt im gesamten südlichen Teilraum. Die Siedlungsstruktur ist daher in hohem Maße ungleichgewichtig; dementsprechend verhält es sich auch mit den höherqualifizierten Dienstleistungseinrichtungen ("armature urbaine supérieure"). Die Bemühungen Frankreichs, eher das südliche als das nördliche Lothringen mit Hochleistungsinfrastruktur zu fördern (siehe

Standorte des neuen Großflughafens und des "Bahnhofs Lothringen" an der geplanten Hochgeschwindigkeitsbahnstrecke Paris - Straßburg nördlich von Nancy im Gebiet des Dép. Meurthe-et-Moselle), werden damit vielleicht eher verständlich.

Tab. 2: Die Einwohnerzahl der Oberzentren des Saar-Lor-Lux-Raumes und ihrer Agglomerationen

Stadt	Einwohner um 1987/90			
	in der Kernstadt	in der Agglomeration	einschließl. verdichtetem Umland	Verhältnis Spalte (1) zu Sp. (4)
(1)	(2)	(3)	(4)	(5)
Luxemburg	76.000	112.000	202.000 (1)	1 : 2,66
Trier	85.000	115.000	188.000 (2)	1 : 2,21
Kaiserslautern	87.000	102.000	206.000 (2)	1 : 2,37
Saarbrücken	111.000	189.000	610.000 (3)	1 : 5,50
Metz	121.000	176.000	510.000 (4)*	1 : 4,21
Nancy	103.000	282.000	400.000 (5)*	1 : 3,88

Hinweis: Die angegebenen Zahlen sind nicht voll vergleichbar, da ihr Erhebungszeitpunkt und -modus voneinander abweichen. Auch die kommunalen Gebietszuschnitte und Agglomerationskriterien sind nicht einheitlich. In dem hier gegebenen Zusammenhang können diese Ungenauigkeiten aber hingenommen werden.

Anmerkungen: (1) Mittelbereich (2) Verdichtetes Gebiet (3) Verdichtungsraum Saar (4) Summe der Agglomerationen Metz, Thionville, Fensch- und Ornetal (5) Summe der Agglomerationen Nancy, Toul und Lunéville (* entspricht sinngemäß ungefähr dem Gebietstyp "Verdichtungsraum" gem. Entschließung der Ministerkonferenz für Raumordnung von 1968)

Quellen: Angaben der Obersten Landesplanungsbehörden der Länder Rheinland-Pfalz und Saarland, des luxemburgischen Sekretariats für Raumordnung und der OREAM-Lorraine

Nicht zu übersehen ist die Tatsache, daß der SLL-Raum nicht über einen führenden zentralörtlichen Kern verfügt. Geometrischer Mittelpunkt des Raumes ist die ländliche Zone zwischen Metz und Saarbrücken; Metz liegt diesem Mittelpunkt am nächsten. Der Bevölkerungsschwerpunkt befindet sich weiter östlich in Richtung Saarbrücken, und zwar bei St. Avold (Lothringen).

Die Siedlungsstruktur erleichtert es daher nicht, ein raumübergreifendes Identitätsgefühl ("Wir-Gefühl") zu schaffen. Nachteilig ist auch, daß der Gesamtraum in zwei Sprachprovinzen geteilt ist; sie überlagern sich im Großherzogtum Luxemburg, dessen Bevölkerung daher großenteils zweisprachig ist. Auch im östlichen Teil des Département Moselle gibt es noch viele (meist ältere) Menschen, die deutschen Dialekt sprechen. Die wirtschaftliche und übergeordnete kulturelle Ausrichtung ist insgesamt zentrifugal angelegt, nämlich in Richtung Ruhrgebiet / Rheinschiene, Frankfurt / Mannheim, Straßburg / Oberrhein, Pariser Becken sowie Brüssel.

Im Dép. Meuse liegt die Bevölkerungsdichte - vgl. Tabelle 1 - mit 32 E./km² an der Grenze der Raumentwicklungsfähigkeit. Schwierige Entwicklungsbedingungen sind auch im Dép. Vosges mit 66 E./km² gegeben; hier kann aber mit einiger Aussicht auf Erfolg an vorhandene Schwerpunkte (z.B. Landstädte, gewerbliche Standorte) angeknüpft werden. Recht gute Entwicklungsmöglichkeiten können in der Region Trier (96 E./km²) und im Landkreis Birkenfeld (107 E./km²) genutzt werden, und relativ günstig sind die bevölkerungsmäßigen Voraussetzungen auch in den Dép. Meurthe-et-Moselle (135 E./km²) und Moselle (167 E./km²) sowie im Großherzogtum Luxemburg (143 E./km²) und in der Westpfalz (168 E./km²). Im Saarland (409 E./km²) sind erhöhte Probleme infolge von Umweltbelastungen zu erwarten, so z.B. durch Zersiedelung der Landschaft, hohe Freiflächenverluste und Verschmutzung von Boden, Wasser und Luft.

Bei aller Problematik von Durchschnittswerten für größere Teilräume charakterisieren diese Zahlen doch wichtige grundsätzliche Voraussetzungen für die räumliche Entwicklung.

5.2.3 Strukturräumliche Gliederung

5.2.3.1 Ländliche Räume

Die ländlichen Räume, nämlich Ardennen-Eifel, Hunsrück-Nordpfälzer Bergland, Pfälzerwald-Nordvogesen und Lothringische Hochfläche, sind Gebiete mit besonders schwacher Wirtschafts- und Siedlungsstruktur, unbedingt angewiesen auf Entwicklungsimpulse, die von den leistungsstarken Zentren ausgehen - auch von solchen, die außerhalb des Saar-Lor-Lux-Raumes liegen.

In wirtschaftlicher Hinsicht stellen die Weinbaugebiete an Mosel, Saar und Ruwer sowie die Obstbaugebiete in den Tälern und auf den Gauhöhen wirtschaftliche Activräume dar.

Mittelgebirge und Schichtstufenländer verleihen der Landschaft eine besondere Anziehungskraft; es fehlt aber weitgehend an herausragenden landschaftlichen Höhepunkten. Insbesondere in Eifel, Hunsrück, Pfälzer Wald und Buntsandstein- sowie Hochvogesen hat sich ein bemerkenswerter landschaftsbezogener Tourismus etabliert. Mehrere Naturparkgebiete nehmen einen beträchtlichen Teil der Fläche ein.

Für das "flache Land" bedarf es besonderer Anstrengungen, eine Mindestsiedlungsdichte auf Dauer zu erhalten. Grundlage für raumordnungsgerechte Maßnahmen in diesen Entwicklungs- und Stabilisierungsräumen muß ein Zentralorts- und Verkehrskonzept sein, das aus der Verantwortung staatlicher Daseinsvorsorge heraus zu entwickeln ist. Für die französischen Gebietsteile besteht ein solches Konzept noch nicht.

5.2.3.2 Ordnungs-/Verdichtungsräume

Industriell geprägte Aktivräume sind das lothringisch-saarländische Kohlenrevier, die Stahlreviere an Saar, Orne, Fensch, Alzette und Meurthe sowie das Textilrevier in den Vogesen: alles Altindustriegebiete, in denen die Umstellung auf tragfähige moderne Industriestrukturen seit vielen Jahren und mit unterschiedlichem Erfolg in vollem Gange ist.

Gebiete mit erhöhtem Umstrukturierungsbedarf befinden sich in den Altindustriezonen von Kohle und Stahl. Dort häufen sich auch Probleme der Altlasten. Sowohl Kokereien, Bergehalden (für Abraum bei der Kohlegewinnung), Schlackenhalden (für Reste bei der Roheisenerzeugung), ehemalige Müllkippen und zentrale Abfalldeponien haben Flächen zurückgelassen, die neben den Produktionsflächen früherer umweltbelastender Industriebetriebe zu einer Ballung von

Bodensanierungsstandorten geführt haben. Der erhöhte Verlust naturnaher Flächen geht einher mit dichter Bebauung und mit Verkehrskonzentrationen, die den Wohnwert der Siedlungen erheblich beeinträchtigen. Im saarländisch-lothringischen Kohlenrevier kommen Nutzungsbeschränkungen infolge Bergsenkungen hinzu. Darunter leiden teilweise auch die bestehenden städtebaulichen Stukturen der Siedlungen.

Die Ordnungs-/Verdichtungsräume haben insgesamt Erhaltungs- und Erneuerungsprobleme ihrer Siedlungs- und Industriestruktur, da erhebliche Arbeitsplatzdefizite bestehen, die der Abwanderung qualifizierter Arbeitnehmer Vorschub leisten.

5.3 Grenzüberschreitende Verflechtungen

5.3.1 Arbeits-, Einkaufs- und Freizeitbeziehungen

Die Verflechtungen zwischen den engeren Grenzzonen sind im Raum Saarbrücken - Saarlouis relativ intensiv und vielschichtig ausgeprägt. Die Arbeitsbeziehungen sind überwiegend einseitig von Lothringen ins Saarland gerichtet. Auch bei den Einkaufsbeziehungen dominiert diese Richtung. Der Naherholungsverkehr geht andererseits stärker vom Saarland ins lothringische Gebiet. Die staats- und wirtschaftsräumliche Grenze wirkt sich hemmend auf die Ausbildung voller Verflechtungsbereiche des Oberzentrums Saarbrücken und des Mittelzentrums Saarlouis aus (betroffen ist nur der Sektor freie Zentralität, nicht die verwaltungsräumlich fixierte Zwangszentralität).

Über die saarländisch-luxemburgische Grenze bestehen keine zahlenmäßig bedeutenden Verflechtungen. Es gibt jedoch einen bemerkenswerten überregionalen Einkaufsverkehr in die luxemburgischen Grenzorte aufgrund von Verbrauchssteuervorteilen. Der saarländische Obermoselraum profitiert im Sektor Fremdenverkehr von der Infrastruktur am luxemburgischen Moselufer.

Für die in der Region Trier lebende Bevölkerung ist der luxemburgische Arbeitsmarkt in zunehmendem Maße von Interesse. Die Zahl der Grenzpendler nach Luxemburg - dort herrscht praktisch Vollbeschäftigung - ist im Steigen begriffen. Im grenzüberschreitenden Einzelhandelssektor ist eine ungefähr ausgeglichene Kundenbilanz festzustellen. Die Struktur der Einzelhandelsstandorte ist jedoch aufgrund planungsrechtlicher Unterschiede nicht gleichartig: Auf luxemburgischem Gebiet haben sich grenznah zahlreiche Verbrauchermärkte und Tankstellen an Sonderstandorten angesiedelt, während sie auf deutschem Gebiet überwiegend städtebaulich integriert sind und weniger gehäuft vorkommen. Im Bereich der Naherholung gibt es eine intensiv genutzte Erholungszone beiderseits des Grenzflusses Sauer.

Die Verflechtungen im Grenzraum Westpfalz / Lothringen sind insgesamt gering. Auf beiden Seiten der Grenze bestehen (unterschiedliche) Probleme der Wirtschaftsstruktur. Strukturell verbindendes Element ist der Naturpark Pfälzer Wald / Regionaler Naturpark Nordvogesen mit guten Ansätzen eines auf Landschafts- und Naturerlebnis gestützten Fremdenverkehrs.

Auf die im bergbaulichen und industriellen Sektor bestehenden, z.T. intensiven grenzüberschreitenden Wirtschaftskontakte kann hier nur hingewiesen werden.

5.3.2 Verkehrsbeziehungen

Die verkehrlichen Beziehungen sind Ausdruck der o.g. Wirtschafts- und Erholungsverflechtungen. Zusätzlich zu erwähnen ist in diesem Zusammenhang die schwache Struktur des ÖPNV, der auf der Schiene (nur drei Verbindungen) unbedeutend ist.

Die überregionalen Verflechtungen, in die der Grenzraum eingebunden ist, erfordern trotz weitgehend abgeschlossenen Autobahnbaus noch immer Maßnahmen zur Aufhebung grenzbedingter Lagenachteile (A 8, B 269). Wichtigstes Projekt in der Zukunft wird die Realisierung einer Hochgeschwindigkeitsbahnverbindung zwischen Paris und Mannheim sein, in die Metz/Nancy, Saarbrücken und Kaiserslautern mit eingebunden sein müssen. Davon würden auch die Räume Luxemburg und Trier über Anschlußverkehre profitieren können.

Im Luftverkehr bestehen gewisse Defizite der Abstimmung über die Linienflugangebote der untereinander konkurrierenden Standorte Luxemburg-Findel, Saarbrücken-Ensheim, Metz-Frescaty und Nancy-Essey; ein neuer lothringischer Regionalflughafen, der die beiden letztgenannten Flughäfen ersetzen soll, ist z.Zt. bei Louvigny im Bau. In einer von der EG mitfinanzierten Studie sollen die Möglichkeiten einer grenzüberschreitenden Kooperation der Flughäfen im Passagier-Linienluftverkehr (Regionalluftverkehr) untersucht werden.

5.4 Inhalte und Ergebnisse der grenzüberschreitenden Abstimmung

5.4.1 Kommissionsarbeit

Die RK-SLL hat am 22. April 1978 eine Empfehlung zur "Unterrichtung und Abstimmung raumbedeutsamer Planungen und Maßnahmen" beschlossen, die seitdem praktiziert wird (s. Anlage 1).

Am 5. März 1986 hat die RK-SLL eine Empfehlung zur "Gegenseitigen grenzüberschreitenden Information und Abstimmung kommunaler Planungen" verabschiedet, die seit dem 1. Juli 1986 angewandt wird (s. Anlage 2). Sie bezieht sich deutscherseits auf die Flächennutzungs- und Landschaftspläne der Gemeinden.

Eine Broschüre mit einer vergleichenden Übersicht über die Raumordnung in den Gebieten der RK-SLL ist im Entwurf fertiggestellt (Schriftenreihe der RK-SLL, Bd. Nr. 10). Wichtiger Bestandteil sind vier Themenkarten in einheitlichem Maßstab 1:500.000, darunter eine Karte "Leitschema zur Raumordnung", in der die Entwicklungsziele zusammenfassend dargestellt sind. Kartengrundlage und Karten wurden von der AG "Raumordnung" erarbeitet. Weitere thematische Karten sind unter teilweiser Verwendung der vorerwähnten Vorarbeiten in der Saar-Lor-Lux-Atlas-Pilotstudie (1982) angefertigt worden.

Im Rahmen der grenzüberschreitenden Kooperation wurden alle förmlich aufgestellten Pläne der Landes- und Regionalplanung von Rheinland-Pfalz, dem Saarland und dem Großherzogtum Luxemburg mit den Nachbarregionen abgestimmt. Aus Lothringen wurden keine entsprechenden Pläne vorgelegt.

Verschiedene Politikbereiche wurden aus raumordnerischer Sicht diskutiert, z.B. die Straßennetzplanung, die Planung von Naturparkgebieten sowie die planerische Behandlung von Industriebrachen. Auch Verfahrensfragen sind Gegenstand der raumordnerischen Kontakte, so z.B. die Berücksichtigung der Umweltverträglichkeitsprüfung bei Verfahren der Raumordnung und Landesplanung (Raumordnungsverfahren).

Konkrete Ergebnisse waren bisher die Erstellung

- eines Straßennetzplanes,
- eines Planes für ein grenzüberschreitendes Naherholungszentrum ("Bisten-Merten"),
- einer Eisenbahnstudie ("Transcity"),
- einer Touristikwerbung ("Bildatlas Saarland - Lothringen - Luxemburg - Rheinland-Pfalz")

und nicht zuletzt die Vereinbarungen zur

- gegenseitigen Beteiligung bei genehmigungspflichtigen Anlagen (s. Anlage 3),
- Errichtung einer zweisprachigen Fachhochschule (ISFATES) im Ingenieurbereich,
- grenzüberschreitenden Ausbildung im Bereich Glaskunst an der Kunsthochschule des Saarlandes.

Erst in den Anfängen stehen Absprachen zum Schutz einiger Naturgüter (insbesondere der Arten von Flora und Fauna sowie der sonstigen natürlichen Landschaftselemente); grenzüberschreitende Schutzgebietsausweisungen werden angestrebt. Bezüglich Wasser, Boden und Klima/Luft bestehen noch Defizite. Es gibt grenzüberschreitende Abwasserbeseitigungsanlagen, aber keine entsprechende Planung im Sektor Abfallbehandlung. Gespräche darüber haben begonnen.

Schließlich ist darauf hinzuweisen, daß sich die Saar-Lor-Lux-Regionalkommission ein Emblem für ihre Veröffentlichungen gegeben hat (s. Abb.). Es hat eine gewisse raumpsychologische Bedeutung, da es mit dazu beitragen kann, ein grenzüberschreitendes regionales Bewußtsein bei Bürgern und Politikern in Gemeinden, Städten, Kreisen, Regionen und Ländern zu schaffen.

5.4.2 Förderprogramme

Ein "Grenzüberschreitendes Entwicklungsprogramm Saarland-Lothringen-Luxemburg-westliche Teile von Rheinland-Pfalz", das der EG vorgelegt werden soll, ist im Entwurf fertiggestellt. Es enthält eine breite Palette auch raumwirksamer, abgestimmter Maßnahmen.

Auch das "INTERREG-Programm" ist ein auf EG-Fördermittel ausgerichtetes grenzüberschreitendes Programm für die sog. Ziel 2-Regionen Saarland (einschließlich angrenzender Teile von Rheinland-Pfalz) und Lothringen; es wurde Anfang 1991 aufgestellt und soll bis Ende 1993 realisiert werden.

5.5 Probleme der Zusammenarbeit

5.5.1 Recht und Verwaltung

Die Raumordnungsbehörden im SLL-Raum sind mit unterschiedlichen Rechtsinstrumenten ausgestattet. In Lothringen gibt es kein Raumordnungsprogramm und keinen flächendeckenden Raumordnungsplan (beides im deutschen Sinne des Begriffs), weder in Lothringen noch in Luxemburg gibt es Raumordnungsverfahren. So liegt ein entscheidendes Problem in der mangelnden Kongruenz der deutschen "Raumordnung und Landesplanung" einerseits und dem französischen "Aménagement du Territoire".

Ein weiteres Problem beruht auf der unterschiedlichen Verwaltungsstruktur und Kompetenzverteilung auf deutscher und französischer Seite.

Die deutschen Bundesländer entscheiden in Fragen der Raumordnung selbst, wie auch - insofern mit diesen vergleichbar - das Großherzogtum Luxemburg. Raumordnungspolitische Entscheidungen für Lothringen werden dagegen von der französischen Zentralregierung in Paris getroffen.

Die luxemburgische Landesplanung ist nach politischem Auftrag und fachlichem Inhalt grundsätzlich wie die deutsche Landesplanung zu sehen: Sie ist wie diese u.a. mit der Erstellung flächendeckender Programme und Pläne mit langfristiger, zusammenfassender Entwicklungskonzeption für den Raum befaßt.

In Lothringen wird diese Art der Planung nur für ausgewählte Teilräume (z.B. das Moseltal von Nancy-Toul bis Metz-Thionville - also in Form von Inselplänen -) betrieben. Für ganz Lothringen wird eine Investitionsrahmenplanung durch die Region aufgestellt; über den Vollzug wird mit dem Staat ein Vertrag geschlossen.

Die Folge dieser Gegebenheiten ist, daß keine förmlichen lothringischen Raumordnungspläne in die grenzüberschreitende Abstimmung gebracht werden, sondern nur deutsche und luxemburgische Pläne. Diese werden untereinander ausgetauscht und wechselseitig mit Stellungnahmen versehen. Bei dieser Sachlage kann es nicht befriedigen, nur den Versuch unternehmen zu können, in die lothringische Investitionsrahmenplanung sozusagen nachträglich raumordnerische Grundlinien von deutscher Seite einzubringen.

Die Zusammenarbeit in den Gremien der SLL-Regionalkommission (s. Kap. 5.1.1.1) ist so angelegt, daß die Vertreter der staatlichen Ebene untereinander kooperieren und die kommunal verfaßten Regionen von Rheinland-Pfalz und Lothringen informationshalber beteiligt sind. Diese haben die wichtige Aufgabe, die regionsspezifischen Anliegen zu formulieren und zu vertreten. Die Rolle, die die Region Lothringen dabei spielt, ist noch ausgestaltungsfähig.

Nachteilig dürfte sich der häufige Wechsel der oberen Beamten in der staatlichen Verwaltung in Lothringen auswirken. Ihre relativ kurze Wirkungszeit in der Region erschwert die Ausbildung von Regionalbewußtsein und schränkt die Bereitschaft ein, die oft über mehrere Jahre beharrlich zu verfolgende Lösung regionstypischer Probleme, auch und insbesondere im Rahmen grenzüberschreitender Zusammenarbeit, voranzutreiben.

5.5.2 Räumliche Schwerpunktbildung

Ein geographisch bedingtes Problem ist die geringe Bedeutung des lothringischen Grenzraumes innerhalb der gesamtlothringischen Diskussion. Es ist nicht zu übersehen, daß die politische Schwerelinie im Moseltal verläuft und sich daran die innerregionale Konkurrenz zwischen den Führungszentren Metz und Nancy aufhängt. Das lothringische Kohlenrevier, der Raum Longwy und die ländlichen Grenzzonen haben es offensichtlich schwer, sich innerhalb Lothringens mehr Gewicht zu verschaffen. Gerade diese Zonen sind aber die eigentlichen Grenzräume. Als dementsprechend schwach ausgeprägt ist das politische Interesse Lothringens an einer grenzüberschreitenden Raumordnung mit den Nachbarländern einzuschätzen. Insofern liegen in diesem Grenzraum andere Bedingungen vor als z.B. im Elsaß. Empfehlenswert wäre eine Grenzraum-Definition, die aus dem 37.500 km² großen Verwaltungsgebiet diejenigen Zonen herausschneidet, auf die die grenzüberschreitende Kooperation im wesentlichen ausgerichtet werden sollte. Grundlage hierfür könnten die in Kap. 5.2.1 genannten Zonen sein.

Die Staatsgrenze ist eine Infrastrukturbruchlinie; für viele Planungsbereiche gibt es kein koordiniertes Miteinander, sondern nur ein Nebeneinander, z.B. für siedlungsbezogene Planungen (Wohn-, Gewerbegebiete mit Ver- und Entsorgungseinrichtungen). Dies gilt sinngemäß auch für die Planung von Einrichtungen mit sog. Zwangszentralität (Krankenhaus-, Schul-, Bildungswesen, öffentliche Verwaltung).

5.6 Entwicklungstendenzen und Perspektiven

Eine Annäherung der Instrumente und Wirkungsweise der Raumordnung wäre unbedingt erforderlich, um die grenzüberschreitende Zusammenarbeit zwischen der deutschen und der lothringischen Seite zu verbessern; bezüglich der Raumordnungsverfahren gilt dies auch für Luxemburg. Weder in der einen noch in der anderen Hinsicht ist aber aus heutiger Sicht mit konkreten Veränderungen zu rechnen.

Ob die Beschäftigung mit der Umweltverträglichkeitsprüfung gem. EG-Richtlinie - in Frankreich und Luxemburg nur eine fachplanerische, in den Bundesländern eine gestufte raumordnerisch/fachplanerische Aufgabe - mehr Parallelität auf beiden Seiten der Grenze erbringen könnte, kann z.Zt. noch nicht beantwortet werden.

Die Diskussion raumrelevanter Sachverhalte (Industriebrache, Verkehrsnetze usw.) nicht nur unter engen fachplanerischen Gesichtspunkten könnte einen positiven Beitrag zur grenzüberschreitenden Raumordnung leisten. Dieselbe Wirkung hätte sicherlich auch die gemeinsame Vorbereitung von - notwendigerweise unverbindlichen - grenzüberschreitenden Entwicklungsstudien, zumal es dabei möglich sein müßte, auch die Region Lothringen mitarbeitend zu beteiligen; dies wäre in politischer Hinsicht der vielleicht wichtigste Gewinn. Von der AG "Raumordnung" wurden sechs von acht Teilräumen zwischen Longwy / Esch und Bitche / Pirmasens definiert, deren Strukturen untersucht und für die Vorschläge zu einer besseren Entwicklung - insbesondere im Hinblick auf die 1993 wegfallenden EG-Binnengrenzen - im Rahmen von sog. Teilraum-Gutachten gemacht werden sollen. Diese Teilräume sind auf Karte 1 dargestellt.

Eine gewisse Chance, zu mehr abgestimmter Raumordnung im SLL-Raum zu kommen, liegt in der Einbringung dieser Teilraumgutachten als Projekte in ein der EG vorzulegendes "Gemeinsames Entwicklungsprogramm für den SLL-Raum". Sie wären zunächst nur unverbindliche Konzepte, könnten aber Grundlagen für raumordnerische Festlegungen und Investitionsentscheidungen im jeweiligen Zuständigkeitsbereich der Grenzregionen sein. Mit diesen Grenzraumstudien würde eine neue Phase der Zusammenarbeit auf dem Gebiet der Raumordnung eingeleitet: Nach der Anfangsphase des allgemeinen Informationsaustausches über Raumstrukturen und Raumentwicklung folgte eine jetzt zu Ende gehende Phase der intensiven Beschäftigung mit dem Aufgaben- und Organisationsrahmen der Raumordnung in den vier Teilräumen. Die anlaufende dritte Phase wird von dem Bemühen um konkrete programmatische und planerische Arbeit im eigentlichen Grenzraum geprägt sein müssen.

Was die Aufhebung der EG-Binnengrenzen 1993 für die Grenzräume bringen wird, ist weitgehend unklar. Der Wegfall eines Teils der Arbeitsplätze und das Freiwerden von Flächen an den Grenzübergängen werden für die räumliche Entwicklung voraussichtlich nicht von erheblicher Bedeutung sein. Eine erhöhte Nachfrage nach gewerblichen Flächen ist gut vorstellbar; sie wird sich wohl überwiegend auf lothringisches Gebiet konzentrieren (niedrigeres Baulandpreis- und Lohnniveau). Im größerräumigen Zusammenhang werden eher die bedeutenderen Verdichtungen in Europa profitieren, weniger die im Schatten der europäischen Hauptachsen liegenden mittelgroßen Räume, zu denen auch der SLL-Raum zu zählen ist. Um einem etwaigen verstärkten Güterverkehrsaufkommen gewachsen zu sein, sind Güterverkehrszentren in den Räumen Metz und Saarbrücken vorgesehen. Eine abgestimmte Planung zu den vorgenannten Punkten gibt es jedoch noch nicht.

Eine wesentliche praktische Erleichterung der grenzüberschreitenden Zusammenarbeit könnte sich aus der Einrichtung eines umfassenden Übersetzungsdienstes ergeben, der z.B. Planvorlagen nicht - wie bisher üblich - nur in den Grundzügen, sondern im vollen Umfang übersetzt.

Von großem Vorteil wäre auch die Schaffung eines Haushaltstitels, aus dem besondere Investitionen im Grenzraum (teil-) zu finanzieren wären (Finanzierungsziel "Überwindung von grenzbedingten Nachteilen").

Noch weitergehender wäre die Einrichtung eines gemeinsamen Grenzbüros ähnlich dem bei der EUREGIO bestehenden Büro (siehe hierzu den Beitrag Gabbe, J., in diesem Band). Es hätte einen weiter gespannten Aufgabenbereich abzudecken, insbesondere im sozialen Sektor, und wäre auch nach Wegfall der EG-Binnengrenzen vor allem für Arbeitnehmer und Betriebe von Nutzen.

Unzweckmäßig wäre es, die Raumordnungsaufgabe aus der (fast) allzuständigen SLL-RK herauszulösen und eine eigenständige Raumordnungskommission (ROK) nach dem Vorbild der deutsch-schweizerischen, -niederländischen oder -österreichischen ROK zu bilden. Eine wesentliche Voraussetzung für eine ROK, nämlich prinzipiell vergleichbare inhaltliche und instrumentelle Grundlagen der Raumordnung in der Bundesrepublik und in Frankreich, ist nicht gegeben.

Auf EG-Ebene ist die Dimension "Raum" politisch nicht besetzt. Die Ausrichtung der Fachpolitiken auf Raumkategorien kann an den Binnengrenzen nicht besser gelingen als auf EG-Ebene. Auch vom Bund ist keine wesentliche Hilfe zu erwarten, verfügt er doch selbst über kein rahmensetzendes Konzept für das Bundesgebiet, mit dem er den Nachbarländern verdeutlichen könnte, welche Raumentwicklung aus nationaler Sicht von ihm angestrebt wird.

Unter diesen Umständen wird die verwaltungsmäßige Koordinierungsleistung der Raumordnung im Saar-Lor-Lux-Grenzraum relativ bescheiden ausfallen. Die Konstruktion der Regionalkommission schwächt die Koordinierung der Raumordnung eher ab, als daß sie sie fördert, denn Koordinierung findet bereits innerhalb der Fachpolitiken statt, deren sektorale Sichtweisen dominieren und die die Raumordnung in die Nebenrolle eines Kommentators rücken. Ob sich daran etwas durch den neuen regionalen Exekutivrat ändern kann, wird sich zeigen müssen.

In der Vergangenheit haben die staatlichen Stellen viele größere Projekte vorangebracht oder entsprechende Vorhaben diskutiert. In Zukunft werden kommunale Projekte wichtiger sein als staatliche. Aus dem Wegfall der Binnengrenzen werden sich vor allem durch Kooperation auf örtlicher Ebene Entwicklungsvorteile ergeben. Insbesondere der Raum Saarbrücken / Forbach / Saargemünd müßte daraus Nutzen ziehen können. Es wäre anzuregen, Untersuchungen über die voraussichtlichen konkreten Auswirkungen der bevorstehenden Grenzöffnung durchzuführen.

Die interessanteste Entwicklungsperspektive eröffnet sich für den Saar-Lor-Lux-Raum aus heutiger Sicht mit dem Vorhaben einer Schienenschnellverbindung von Paris zum Rhein, insbesondere wenn diese grenzüberschreitend durch die nördliche Hälfte des Saar-Lor-Lux-Raumes gelegt würde. Die in der Nähe der Haltepunkte liegenden Städte - vorgesehen sind Bahnhöfe in Pont-à-Mousson (zwischen Metz und Nancy), Saarbrücken und Kaiserslautern - könnten von einem erheblichen Erreichbarkeitsvorteil profitieren, der die Standortqualität ihres Umlandes deutlich verbessern würde; komparative Vorteile ergäben sich auch für die im Sinne des TransCity-Konzepts anzubindenden Städte Luxemburg, Trier und Epinal.

Der Saar-Lor-Lux-Raum braucht zur zielstrebigen Gestaltung seiner Zukunft sowohl den Vollzug größerer, interregionaler Projekte als auch die Realisierung der kleinen, grenznahen, lokalen Maßnahmen. Außer Projekten von europäischer Dimension wie der Hochgeschwindigkeitsbahn werden die meisten Maßnahmen aus den einzelnen Regionen selbst heraus entwickelt werden müssen. Die Pflege der überregionalen "Bruderschaft mit Brüssel" kann nicht ausreichen, den Grenzräumen entscheidend zu helfen. Beim Saar-Lor-Lux-Raum ist vielmehr zu befürchten, daß er einfach zu groß ist, um auf die EG-Programme richtig reagieren zu können.

Die raumstrukturellen Voraussetzungen für eine einheitliche Entwicklung sind z.Zt. nicht gerade günstig: Die Größe - das ist hier die Leere - des Raumes, die ungleichmäßige Siedlungsstruktur, das Nebeneinander der zwei Sprachgebiete, die weitgehende Inkompatibilität der Verwaltungsstrukturen und Zuständigkeiten wirken nicht positiv. Entscheidungen, die für diesen

Raum wichtig sind, werden großenteils außerhalb getroffen. Sie maßgeblich im Interesse des Gesamtraumes zu beeinflussen, kann nur gelingen, wenn diese Interessen formuliert, abgestimmt und gemeinsam vertreten werden. Dies erscheint gegenwärtig noch nicht möglich; Saar-Lor-Lux bleibt daher weiterhin zunächst nur ein "Zwischenraum".

Literatur

COMREGIO. Geschäftsbericht 1990. Luxemburg (1990).

Hauch, H.J.: Die grenzüberschreitende Zusammenarbeit im SAAR-LOR-LUX Raum. In: Die statistischen Ämter im Grenzraum Saar-Lor-Lux. Schriftenreihe der Regionalkommission Saarland - Lothringen - Luxemburg - Rheinland-Pfalz, Bd. 4. Saarbrücken / Metz / Luxembourg / Trier 1978. S. 174-185.

Moll, P.: Grundlagen und Ergebnisse der grenzüberschreitenden räumlichen Abstimmung und Planung im Raum Saar-Lor-Lux-Trier-Westpfalz. In: Grenzüberschreitender Hochschulkongreß Trier 1990 - Bericht. Hrsg.: Der Präsident der Universität Trier. Trier 1991. S. 83-91.

Pilotstudie zu einem Saar-Lor-Lux-Atlas. Hrsg.: M. Born, W. Brücher, I. Eberle, H. Quasten, F. Reitel. Bd. 8 der Schriftenreihe der Regionalkommission Saarland - Lothringen - Luxemburg - Rheinland-Pfalz. Saarbrücken / Metz / Luxembourg / Trier 1982.

Raumordnung im Gebiet Saarland - Lothringen - Luxemburg -Trier/Westpfalz. Schriftenreihe der Regionalkommission Saarland - Lothringen - Luxemburg - Trier / Westpfalz, Bd. 10. Saarbrücken / Metz /Luxemburg / Trier (im Erscheinen).

Anhang 1

Unterrichtung und Abstimmung raumbedeutsamer Planungen und Maßnahmen
Vom 22. April 1978

Die Regionalkommission Saar-Lor-Lux-Trier/Westpfalz ist der Auffassung, daß eine erfolgreiche grenzüberschreitende Zusammenarbeit im Bereich der Raumordnung eine möglichst frühzeitige Unterrichtung und Abstimmung raumbedeutsamer Planungen und Maßnahmen notwendig macht. Die Kommission empfiehlt den für die Raumordnung zuständigen Stellen im Saar-Lor-Lux-Raum folgendes Verfahren:

- Die für die Raumordnung zuständigen Stellen sollen sich gegenseitig bei raumbedeutsamen Einzelplanungen und -maßnahmen sowie bei förmlichen raumordnerischen Planverfahren beteiligen, wenn die Planung oder die Maßnahme Bedeutung für den Grenzraum haben kann. Die Beteiligung soll möglichst frühzeitig erfolgen.

- Die Beteiligung der Grenzregion(en) bei raumbedeutsamen Planungen und Maßnahmen soll durch folgende Stellen erfolgen:

    - Saarland: Minister für Umwelt, Raumordnung und Bauwesen[1] - Landesplanung
    - Rheinland-Pfalz: Chef der Staatskanzlei - Oberste Landesplanungsbehörde

- Lothringen: Préfet de Région - Mission Régionale[2])
- Großherzogtum Luxemburg: Ministre des Finances et de l'Aménagement du Territoire[3]).

- Bei Fragen von begrenzter Bedeutung oder wenn entsprechende Weisung ergangen ist, kann eine unmittelbare Fühlungnahme und Abstimmung auch durch nachgeordnete Dienststellen erfolgen.

- Die obengenannten Stellen sollen dem jeweiligen Nachbarland mitteilen, unter welcher Zielsetzung die Beteiligung erfolgt (Kenntnisnahme, Stellungnahme, Einholung von Auskünften).

Sie sollen bei Planungen ggfs. insbesondere darauf hinweisen, daß diese mit der Bitte um Abstimmung zugeleitet werden. Als förmlich raumordnerische Planverfahren gelten die Aufstellung und Änderung von

- Raumordnungsprogrammen und Raumordnungsplänen (bzw. -teilprogrammen und -teilplänen)[4]) im Saarland,
- Landesentwicklungsprogrammen und Regionalen Raumordnungsplänen in Rheinland-Pfalz,
- Positions d Aménagement des zones frontalières contenues dans les orientations des plans économiques et sociaux quinquenaux und Schémas d'aménagement et d'urbanisme in Lothringen,

- Programmes directeurs de l' aménagement du territoire und plans d'aménagement partiel ou global im Großherzogtum Luxemburg.

- Bei staatlichen und regionalen raumbedeutsamen Planungen ist grundsätzlich davon auszugehen, daß eine grenzüberschreitende Abstimmung erforderlich ist. Kommunale Planungen sind in diese Regelung nur dann mit einzubeziehen, wenn sich eine Abstimmung mit Planungen des Nachbarlandes aus raumordnerischen Gründen als notwendig erweist oder wenn die planende Gebietskörperschaft dies wünscht.

---

1) Seit 1985: Minister für Umwelt; seit 1990: Ministerium für Umwelt
2) Seit 1982: Secretariat Général pour les Affaires Régionales (S.G.A.R.)
3) Seit 1984: Ministre d'Etat, Ministre de l Aménagement du Territoire; seit 1989: Ministre de l'Aménagement et de l'Environnement
4) Seit 1. Juli 1978: Landesentwicklungsprogramm, -pläne

Anhang 2

Gegenseitige grenzüberschreitende Information und Abstimmung kommunaler Planungen
Vom 5. März 1986

Vorbemerkung

Den im Gebiet der Saar-Lor-Lux-Regionalkommission an den Staatsgrenzen liegenden kommunalen Planungsträgern ist eine Informations- und Abstimmungspflicht zur staatsgrenzenüberschreitenden Harmonisierung ihrer Planungen gesetzlich nicht auferlegt. Eine solche Information und Abstimmung ist im Hinblick auf die Erhaltung gesunder Lebens- und Umweltverhältnisse und auf die Gewährleistung einer geordneten städtebaulichen und landschaftlichen Entwicklung in den Grenzräumen jedoch sachnotwendig. Daher wird folgende Empfehlung über die gegenseitige grenzüberschreitende Information und Abstimmung kommunaler Planungen im Gebiet der Saar-Lor-Lux-Regionalkommission ausgesprochen:

Empfehlung

Um eine geordnete und auf die Erfordernisse des jeweiligen Nachbarlandes abgestimmte Entwicklung, insbesondere in städtebaulicher und landschaftlicher Hinsicht zu erreichen, wird es für erforderlich gehalten, nachfolgend aufgeführte Planentwürfe der in den Grenzgebieten liegenden Gemeinden aufeinander abzustimmen:

- in Lothringen
  - Schémas directeurs (S.D.)
  - Schémas de secteurs
  - Chartes intercommunales
  - Plans d'occupation des sols (P.O.S.)
- in Luxemburg
  - Projets d'aménagement communaux
- in Rheinland-Pfalz und im Saarland
  - Flächennutzungspläne
  - Landschaftspläne (soweit nicht schon Bestandteil der Flächennutzungspläne).

Als Grenzgebiet wird ein Bereich von 15 km beiderseits der Staatsgrenzen definiert.

Information und Abstimmung sollen nicht nur bei der Aufstellung neuer, sondern auch bei Änderung und Ergänzung bestehender Planungen vorgenommen werden, soweit nicht nur unerhebliche Auswirkungen auf das Gebiet des Nachbarstaates zu erwarten sind.

Die Abstimmung erfordert eine frühzeitige gegenseitige Unterrichtung über bestehende Planungsabsichten; sie ist darauf auszurichten, grenzüberschreitende Probleme, die aufgrund von Plänen auftreten oder zu erwarten sind, durch gegenseitige Information und gemeinsame Erörterung zu lösen. Die Abstimmung erfolgt durch Abgabe von Stellungnahmen zu den obengenannten Plänen.

Die gegenseitige Unterrichtung erfolgt

- für die Bundesrepublik Deutschland
  - über die Regierung des Saarlandes - Minister für Umwelt[1]) - in Saarbrücken bzw.
  - über die Bezirksregierung Rheinhessen-Pfalz in Neustadt/Weinstraße oder über die Bezirksregierung Trier in Trier
- für die Französische Republik
  - über den Kommissar der Republik des jeweiligen Departements[2])
- für das Großherzogtum Luxemburg
  - über den Minister für Landesplanung.

Die Stellungnahmen werden über die vorgenannten Stellen dem jeweiligen kommunalen Planungsträger übermittelt. Das nationale Recht bleibt unberührt.

Auf Wunsch informiert der Planaufsteller durch die obengenannten Stellen die beteiligten kommunalen Planungsträger des Nachbarstaates über den Inhalt seiner Entscheidung.

Diese Empfehlung soll ab dem 1. Juli 1986 angewendet werden. Sie ist 3 Jahre gültig. Ihre Verlängerung erfolgt stillschweigend. Im Fall der Kündigung durch eine Delegation wird diese die anderen Delegationen unterrichten.

Anhang 3

Empfehlung der Saar-Lor-Lux-Regionalkommission an die Regierungskommission zur gegenseitigen Unterrichtung über Neu- und Änderungsvorhaben bei genehmigungsbedürftigen Anlagen

Verabschiedet durch die deutsch-französisch-luxemburgische Regierungskommission

Artikel 1
Die Vertragsparteien der Vereinbarung vom 16. Oktober 1980 über die deutsch-französisch-luxemburgische Zusammenarbeit in den Grenzgebieten werden sich gegenseitig über die Vorhaben informieren, die geeignet erscheinen, nachteilige Auswirkungen auf die Umwelt jenseits der Landesgrenze im Vertragsgebiet der dreiseitigen Regierungskommission laut Artikel 2 der obengenannten Vereinbarung hervorzurufen.

Artikel 2
Hierbei handelt es sich um Vorhaben von Anlagen, die nach innerstaatlichem Recht einer Genehmigung auf regionaler Ebene aufgrund einer vorherigen öffentlichen Anhörung bedürfen:
- für die Bundesrepublik Deutschland: Bundesimmissionsschutzgesetz vom 15.03.1974 und dessen Anwendungsbestimmungen
- für Frankreich: Gesetz zum Umweltschutz vom 19.07.1976 bei genehmigungsbedürftigen Anlagen und dessen Anwendungsbestimmungen

---

1) Seit 1990: Ministerium für Umwelt
2) Seit 1988: Präfekt des Departements

- für das Großherzogtum Luxemburg: Gesetz vom 16.04.1979 über gefährliche, gesundheitsgefährdende sowie umweltschädliche Anlagen und dessen Anwendungsbestimmungen.

Artikel 3
Die Antragsunterlagen werden insbesondere dann übermittelt, wenn die Anlage bis zu einer Entfernung von 15 km von der Grenze in einem Gebietsstreifen eines Nachbarstaates liegt, der vom Beurteilungsgebiet nach nationalem Recht des Staates, in dem die geplante Anlage errichtet werden soll, berührt wird.

Es werden die Antragsunterlagen übermittelt, die öffentlich zur Einsicht ausgelegt werden. Die Übermittlung erfolgt baldmöglichst und spätestens am Tag der Eröffnung der öffentlichen Anhörung auf nationalem Staatsgebiet. Die Unterlagen dürfen ausländischen Staatsangehörigen nicht vor der Eröffnung der öffentlichen Anhörung auf nationalem Staatsgebiet übermittelt werden.

Artikel 4
Die Erteilung und Entgegennahme von Informationen erfolgt
- für die Bundesrepublik Deutschland:
  - Saarland: durch den Minister für Umwelt[1])
  - Rheinland-Pfalz: durch die Bezirksregierungen von Rheinhessen-Pfalz und Trier
- für die französische Republik:
  - durch die Präfekten,Kommissare der Republik[2]) für die Départements Meurthe-et-Moselle, Meuse und Moselle
- für das Großherzogtum Luxemburg:
  - Ministère des Affaires Etrangères, du Commerce Extérieur et de la Coopération.

Artikel 5
Von ausländischen Behörden evtl. vorgetragene Einwendungen sind an die in Artikel 4 genannten Dienststellen zur Weiterleitung an die Genehmigungsbehörde zu übersenden. Die in Artikel 4 genannte Behörde des Nachbarstaates wird auf Antrag über den Inhalt der Entscheidung informiert.

Artikel 6
Die Regierungskommission gibt der Regionalkommission den Auftrag, die Anwendung der vorliegenden Bestimmungen zu beobachten und notwendig erscheinende Änderungen vorzuschlagen.

Artikel 7
Diese Empfehlung tritt in Kraft am 1. Juli 1986.

---

1) Seit 1990: Ministerium für Umwelt
2) Seit 1988: nur "Präfekten"

Hans Kistenmacher / Wolfgang Maier

III.6 Grenzüberschreitende Zusammenarbeit bei der Raumplanung am Oberrhein zwischen Baden-Württemberg, Rheinland-Pfalz, Elsaß sowie Basel-Stadt und -Landschaft

6.1 Einleitung: Raumstruktur des Oberrheingebietes

Die traditionell gutnachbarschaftliche Zusammenarbeit im südwestlichen Teil der Bundesrepublik von Baden-Württemberg und Rheinland-Pfalz mit Frankreich und der Schweiz erhält mit der Verwirklichung des Gemeinsamen Marktes eine neue Qualität. Zusätzliche Anforderungen und Herausforderungen im Bereich der Wirtschafts- und Umweltpolitik sowie nicht unerhebliche Auswirkungen auf die Siedlungs- und Infrastruktur als Folge einer neuen Standortqualität sind absehbar. Die Anforderungen für eine neue Qualität grenzüberschreitender Raumplanung treten dabei immer mehr in den Vordergrund.

Ein Spezifikum dieses Grenzraumes wird die künftig unterschiedliche Wirkungsweise seiner Staatsgrenzen sein: die EG-Binnengrenze zwischen der französischen und der deutschen Seite einerseits und die französisch-deutsche EG-Außengrenze zur Schweiz andererseits stellen ein Phänomen dar, das zu Modellregelungen im Bereich der grenzüberschreitenden Zusammenarbeit zwischen EG-Mitgliedern und EG-Nichtmitgliedern führen dürfte.

Die deutsch-französisch-schweizerische Zusammenarbeit insgesamt ist vielseitig und vielschichtig. Dieser Beitrag befaßt sich einerseits mit der institutionalisierten staatlichen Zusammenarbeit in der Deutsch-Französisch-Schweizerischen Regierungskommission mit ihren Regionalausschüssen und Arbeitsgruppen sowie andererseits mit ergänzenden Formen grenzüberschreitender Zusammenarbeit, die z.B. im Rahmen projektorientierter Entwicklungskonzeptionen eine Intensivierung der Kooperation bewirken (siehe Übersichtsskizze in Abb. 1).

Der Oberrheingraben wird geomorphologisch und geographisch durch zahlreiche Gemeinsamkeiten geprägt. Der in Nord-Süd-Richtung verlaufende Rheingraben zwischen Basel und dem nördlichen Kommissionsgebiet (und weiter bis in die Höhe von Mainz) mit der Rheinebene und den östlichen und westlichen Gebirgszügen Schwarzwald-Odenwald und Vogesen-Pfälzerwald stellt einen klar gegliederten und zusammengehörigen Landschaftsraum dar. Der Rhein bildet dabei zwischen Basel und Karlsruhe die deutsch-französische Grenze.

Der Gesamtraum zeichnet sich aufgrund der geographischen Gegebenheiten insbesondere durch seine äußerst bedeutungsvolle Verkehrslage in Europa, vor allem auch für den alpenquerenden Verkehr, aus. Entsprechend kommt der Verkehrsinfrastruktur beiderseits des Rheins eine wesentliche Bedeutung zu. Im Hinblick auf die Schaffung des Europäischen Binnenmarktes wird der Verkehr am Oberrhein Prognosen zufolge weiter erheblich anwachsen und entsprechend grenzüberschreitend abgestimmte Ausbaumaßnahmen erfordern. Dabei sind die verschiedenen Verkehrsträger zu berücksichtigen; vor allem sind die Schienenwege stärker als bisher einzube-

Abb. 1: Oberrheinische Regio-Kooperation

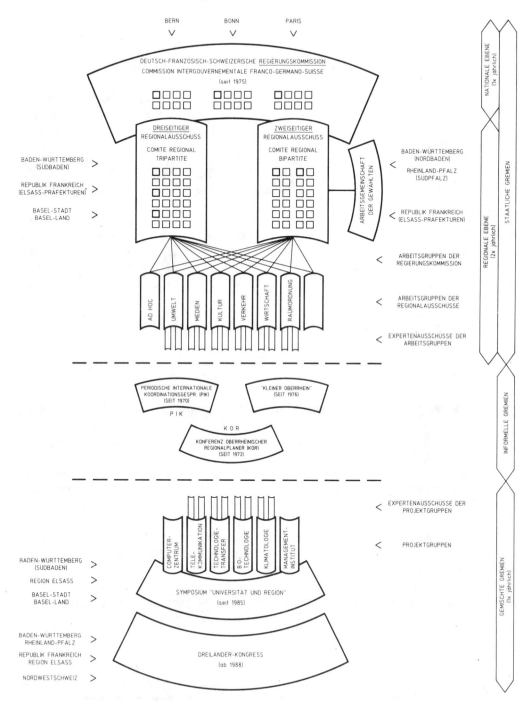

ziehen und beispielsweise durch Formen des kombinierten Verkehrs bei gleichzeitiger Entlastung der Straße besser zu nutzen.

Der Oberrheingraben stellt aufgrund der hervorragenden Standortqualitäten im europäischen Gefüge auch einen wichtigen Wirtschaftsraum dar. Gleichzeitig sind wegen der landschaftlichen Gegebenheiten auch touristische und intensive landwirtschaftliche Nutzungen charakteristisch.

Der Naturschutz spielt insbesondere in den Rheinauen eine zunehmend beachtete Rolle. Der Oberrheingraben zeichnet sich ferner durch reiche Grundwasservorkommen und Rohstofflagerstätten aus, die insbesondere Kies und Sand sowie in den Gebirgszonen weitere Grundstoffe vor allem für die Bauindustrie enthalten.

Neben zahlreichen städtisch geprägten Räumen mit ihren oberzentralen Funktionen gibt es weite Flächen mit ländlichem Charakter und dünner Besiedlung, vor allem in den Gebirgszonen.

Eine derart von natürlichen Gemeinsamkeiten geprägte Landschaft zeitigt selbstverständlich auch starke Verflechtungen (Pendlerströme u.a.) und gegenseitige Beeinflussungen in sozioökonomischer Hinsicht, z.B. von Großinfrastrukturen, der Energieerzeugungen, der chemischen Industrie. Auch die erforderlichen Hochwasserschutzmaßnahmen bedürfen gemeinsamer Lösungen, wozu auch entsprechende Vereinbarungen der Anliegerländer unterzeichnet worden sind.

Grenzüberschreitende Raumplanung stellt alleine aufgrund dieser Vielzahl gemeinsamer Rahmenbedingungen und Probleme eine vitale Notwendigkeit dar.

6.2 Deutsch-Französisch-Schweizerische Regierungskommission

6.2.1 Mandatsgebiet und Arbeitsstruktur der Regierungskommission

Die "Deutsch-Französisch-Schweizerische Regierungskommission zur Prüfung und Lösung nachbarschaftlicher Fragen" repräsentiert die institutionalisierte zwischenstaatlich-regionale Zusammenarbeit im Oberrheingebiet im Raum zwischen Basel und Karlsruhe/Germersheim. Das entsprechende Mandatsgebiet ist in Abbildung 2 dargestellt. Hier leben rund 4,5 Mio. Menschen. Einen Überblick über die Einwohnerzahlen, die Fläche und die Bevölkerungsdichte gibt Tab. 1.

Diese Regierungskommission wurde aufgrund eines Notenwechsels der Regierungen der Bundesrepublik Deutschland, der Französischen Republik und der Schweizerischen Eidgenossenschaft am 22. Oktober 1975[1]) gebildet. Die Arbeitsstruktur umfaßt die Regierungskommission selbst sowie zwei Regionalausschüsse. Die Regierungskommission und die Regionalausschüsse bedienen sich der Zuarbeit von Arbeitsgruppen für bestimmte fachliche Schwerpunkte.

6.2.2 Zusammensetzung der Regierungskommission

Jede der drei Delegationen umfaßt acht Delegationsmitglieder. Experten werden regelmäßig hinzugezogen. Die Delegationsleitung liegt beim Vertreter des jeweiligen Außenministeriums. Den Vorsitz führt der Delegationsleiter des gastgebenden Landes. Die Delegationsleiter der Regionalausschüsse nehmen regelmäßig an den Sitzungen der Regierungskommission teil.

Abb. 2: Gebiet der Deutsch-Französisch-Schweizerischen Regierungskommission

Quelle: Koordinierungsstelle Südpfalz, 2/88

Tab. 1: Deutsch-Französisch-Schweizerische Regierungskommission
Daten der Bevölkerung, Fläche und Bevölkerungsdichte nach Teilräumen

	Einwohner	Fläche km2	Dichte Einwohner/km2
Region Rheinpfalz/ Raum Südpfalz	238.325[1]	1.186[2]	201
Region Westpfalz Kreis Pirmasens (Anteil)	24.434[1]	326[3]	75
Region Mittlerer Oberrhein	898.845[4]	2.137[5]	421
Region Südlicher Oberrhein	900.444[4]	4.072	221
Region Hochrhein-Bodensee	197.457[5]	807	145
Région Alsace	1.620.817[4]	8.280[1]	196
Regio Basiliensis Basel Stadt/Land	567.022[6]	1.615	351
Σ bzw. φ	4.447.496	18.423	230

Datenstand: 1) 1988; 2) 1987; 3) 1976/89; 4) 1990; 5) 1989; 6) 1980.

6.2.3 Zusammensetzung der Regionalausschüsse

Im zweiseitigen Regionalausschuß (Comité Bipartite) zur Beratung deutsch-französischer Angelegenheiten umfaßt jede Delegation 12 Mitglieder und im dreiseitigen (deutsch-französisch-schweizerischen) Regionalausschuß (Comité Tripartite) zur Beratung aller drei Staaten betreffender Fragen acht Mitglieder. Der französischen Delegation gehören an: der Regionalpräfekt, der Präfekt, der Präsident des Conseil Régional d'Alsace, die Präsidenten des Conseil Général du Bas-Rhin und des Conseil Général du Haut-Rhin sowie weitere Repräsentanten dieser Institutionen. Die schweizerische Delegation setzt sich zusammen aus Regierungsräten der Kantone Basel und Basel-Land, dem Präsidenten der Regio Basiliensis sowie Vertretern der Kantone Jura und Aargau. Die deutsche Delegation wird gebildet aus den Regierungspräsidenten der Regierungsbezirke Karlsruhe, Freiburg und Rheinhessen-Pfalz, Vertretern der Landesministerien von Baden-Württemberg und Rheinland-Pfalz sowie den Vorsitzenden der beteiligten Regionalverbände bzw. Planungsgemeinschaften. Experten werden jeweils zugezogen. Die Delegationsleitung liegt beim Vertreter der im o.g. Notenwechsel bezeichneten "regionalen Stelle", d.h. beim Regierungsrat des Kantons Basel-Stadt oder -Landschaft, beim Präfekten der Region Elsaß und bei den Landesregierungen von Rheinland-Pfalz und Baden-Württemberg, vertreten durch die Regierungspräsidenten.

6.2.4 Kompetenzen

Die Regierungskommission arbeitet Empfehlungen an die Vertragsparteien aus und bereitet gegebenenfalls Entwürfe von Übereinkünften vor.

Die Kommission behandelt insbesondere Fragen betreffend Raumordnung, Umwelt, regionale Wirtschaftspolitik, Energie, Verkehrs- und Nachrichtenwesen, Arbeits- und Sozialfragen, insbesondere der Grenzgänger, Errichtung industrieller und landwirtschaftlicher Betriebe, Städtebau und Siedlungswesen, Wohnungsbau, Bodenpolitik, Unterrichtswesen, Berufsausbildung und Forschung, Gesundheitswesen, Kultur, Freizeit, Sport und Fremdenverkehr, Katastrophenhilfe.

Die beiden Regionalausschüsse befassen sich mit Angelegenheiten von regionaler Bedeutung und grenzüberschreitendem Interesse. Die Kommission wird über deren Beratungsergebnisse laufend unterrichtet, ebenso über die Entscheidungen, die von den jeweiligen regionalen Stellen im Rahmen ihrer Kompetenzen auf Vorschlag dieser Ausschüsse getroffen werden.

Die Kommission kann die Regionalausschüsse beauftragen, ihr Vorschläge zu unterbreiten und Entwürfe für Übereinkünfte vorzulegen. Die regionalen Stellen können ihre Regierungen bitten, die Kommission mit Fragen von allgemeinem Interesse zu befassen, die über die Zuständigkeit der Regionalausschüsse hinausgehen.

Die Abstimmung der jeweiligen Tagesordnungen sowie die Beratungen und Beschlußfassungen erfolgen im Vorfeld der Sitzungen in der Regel aufgrund von Vorschlägen der eingesetzten Arbeitsgruppen. Zur Straffung der Tagesordnungen werden "Schwerpunktthemen" gebildet, insbesondere auf der Ebene der Regionalausschüsse.

6.2.5 Arbeitsergebnisse und deren Umsetzung

Die Arbeitsergebnisse finden ihren Niederschlag in Empfehlungen, Beschlüssen und Absprachen. Sie beziehen sich auf vergleichende Analysen und daraus zu ziehende Folgerungen z.B. im Bereich der regionalen Wirtschaftspolitik, auf Empfehlungen zur gegenseitigen Unterrichtung über neue Projekte (Anlage 1), auf die gegenseitige Unterrichtung über Planungs- und Umweltschutzvorhaben (Anlage 2), auf grenzüberschreitende Grundlagenuntersuchungen (z.B. Gewässergüte, Luftverunreinigung, Waldsterben), auf gemeinsame Konzeptionen und Maßnahmen z.B. im Verkehr (Rheinübergänge u.a.) und Kommunikationsbereich oder auf die Durchführung gemeinsamer Programme und Maßnahmen im Bereich von Kultur, Unterricht in der Sprache des Nachbarn etc. Die Umsetzung erfolgt im jeweiligen nationalen oder regionalen Kompetenzbereich.

Die Regierungskommission und die Regionalausschüsse verstehen sich gleichermaßen als Impulsgeber für die grenzüberschreitende Zusammenarbeit, auch außerhalb ihrer unmittelbaren Zuständigkeit. So wurde z.B. eine Machbarkeitsstudie für ein S-Bahn-Projekt im Dreiländereck bei Basel gemeinsam vorbereitet und finanziert.

6.2.6 Aufgabenschwerpunkte der Arbeitsgruppen

Im Rahmen der Deutsch-Französisch-Schweizerischen Regierungskommission mit ihren beiden Regionalausschüssen sind fachspezifische Arbeitsgruppen für die Themenbereiche Regionale Verkehrspolitik, Regionale Wirtschaftspolitik, Umwelt, Raumordnung, Neue Medien und Kultur eingesetzt worden. Für spezielle Sachfragen bedient man sich sog. Expertenausschüsse sowie bedarfsweise spezieller Ad-hoc-Ausschüsse.

Neben der Erstellung gemeinsamer Planungsgrundlagen durch den Austausch und die Aufbereitung von Informationen aus den drei Mitgliedsräumen steht in wachsendem Maße auch die Entwicklung gemeinsamer Zielvorstellungen und Projekte im Vordergrund der Kooperation in den Arbeitsgruppen. Hierbei sind beispielsweise die Arbeitsgruppe (AG) Raumordnung und die AG Regionale Verkehrspolitik hervorzuheben. Erstere befaßt sich mit der Frage eines raumordnerischen Leitbildes für das Kommissionsgebiet, indem über die o.g. Abstimmung von Einzelplänen und -maßnahmen hinaus auch gemeinsame Vorstellungen hinsichtlich einer Rahmenkonzeption für die räumliche Entwicklung des Gesamtraumes erarbeitet werden sollen.

Die AG Regionale Verkehrspolitik hat beispielsweise infolge des Drei-Länder-Kongresses "Verkehr am Oberrhein" (1988 in Kehl) verschiedene zukunftsweisende Projekte aufgegriffen und konkretisiert, u.a. die Schaffung eines grenzüberschreitenden regionalen Schienenschnellverkehrs für das Oberrheingebiet zwischen Basel und Karlsruhe/Wörth, den sog. EURO-RHIN (siehe Abbildung 3). Aufgrund der Vorarbeiten dieser AG wird nach Beratung in den Regionalausschüssen eine gemeinsam finanzierte Machbarkeitsstudie für dieses Projekt in Auftrag gegeben. Weiterhin wurde aus aktuellem Anlaß (TGV-Est-Anschluß an das ICE-Netz im Oberrheingraben) ein spezieller Expertenausschuß im Rahmen dieser AG eingesetzt, der sich mit einem integrierten Schienennetz Oberrhein befaßt.

Die AG Regionale Wirtschaftspolitik hat als praxisrelevantes Arbeitsergebnis beispielsweise eine Synopse der jeweiligen Wirtschaftsförderungsmaßnahmen erstellt. Sie befaßt sich regelmäßig mit Fragen der Wirtschaftsstruktur und der Grenzpendler, mit den Auswirkungen des Binnenmarktes am Oberrhein, mit Rohstofflagerstätten u.a.

Die AG Umwelt hat neben den o.g. Empfehlungen - ausgelöst durch die Sandoz-Katastrophe - weitergehende Kooperationsmaßnahmen bezüglich des Meldewesens und des Informationssystems in Katastrophenfällen veranlaßt. Sie hat außerdem schwerpunktmäßig Fragen des Waldsterbens behandelt und einen Waldschadensbericht[2]) erarbeitet. Weiterhin wurde eine Karte der Wasserqualität in Fließgewässern erarbeitet, die sehr anschaulich den Stand der Schutzmaßnahmen und weitere Schutzerfordernisse darstellt.

In der AG Neue Medien werden beispielsweise die Möglichkeiten grenzübergreifender Telekommunikationsnetze, die Anpassung von technischen Einrichtungen u.ä. behandelt.

Die AG Kultur hat u.a. ein "Handbuch Kultur" für das Oberrheingebiet erstellt, das eine umfassende Bestandsaufnahme des reichen kulturellen Angebotes und seiner grenzüberschreitenden Implikationen umfaßt.

Abb. 3: Projekt Euro-Rhin - Internationale Oberrheinschnellbahn

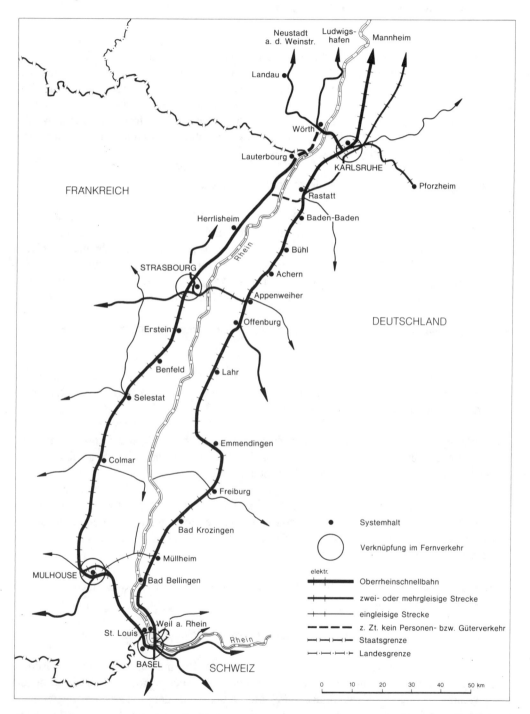

6.2.7 Vorschläge der Arbeitsgruppe "Bilanz und Perspektiven" zur Verbesserung der grenzüberschreitenden Zusammenarbeit

Auf Anregung der beiden Regionalausschüsse Nord und Süd (bipartite und tripartite) der Deutsch-Französisch-Schweizerischen Regierungskommission wurde Ende 1982 eine Arbeitsgruppe "Bilanz und Perspektiven der grenzüberschreitenden Zusammenarbeit" eingesetzt. Auf der Grundlage der gesammelten Erfahrungen und der vertraglichen Vereinbarungen erarbeitete sie Verbesserungsvorschläge, die in den folgenden Jahren in weiterentwickelten Fassungen den zuständigen Gremien zur Beratung vorgelegt wurden. Einige wesentliche Punkte daraus werden anschließend wiedergegeben, da ihnen grundsätzliche Bedeutung zukommt. Leider wurden diese Vorschläge bisher erst zum geringen Teil aufgegriffen.

Vorschläge zur Verbesserung der derzeit praktizierten Zusammenarbeit:

- die Regionalausschüsse sollten generell - über ihr gegenwärtiges Selbstverständnis als Informations- und Abstimmungsgremium hinaus - ihre Verantwortlichkeit für den Grenzraum als Gremium der Exekutive auf regionaler Ebene stärken. Sie sollten dazu das ihnen eingeräumte Recht, von sich aus Probleme aufzugreifen und Lösungsvorschläge auszuarbeiten (Selbstbefassungs- und Vorschlagsrecht), in dem Sinne vermehrt nutzen, daß sie regionalpolitische Aspekte überregionaler Probleme (wie dies im Falle des "Waldsterbens" erfolgt ist) behandeln;

- die Regionalauschüsse sollten in stärkerem Maße für Anliegen der kommunalen Ebene offenstehen;

- die Regionalausschüsse sollten die "Prüfung und Lösung nachbarschaftlicher Fragen" nicht zuletzt dadurch "erleichtern", daß sie ein koordiniertes Arbeitsverhältnis zu anderen grenzüberschreitend tätigen Gremien begründen;

- zur Verbesserung der kontinuierlichen Zusammenarbeit sowohl über die Staatsgrenzen wie auch über die Landesgrenzen hinweg erscheint insbesondere auf deutscher Seite eine zeitliche und sachliche Ausweitung der Arbeitskapazitäten erforderlich;

- die in der Regierungsvereinbarung vom 22. Oktober 1975 eröffneten Möglichkeiten der Zusammenarbeit mit der Regierungskommission sollten vermehrt genutzt werden; regionale Initiativen sollten in stärkerem Maße als bisher in Beschlüssen der Regierungskommission ihren Niederschlag finden.

Daraus ergaben sich weitere arbeitstechnische und organisatorische Konsequenzen, die u.a. folgende Punkte umfassen:

- Stärkung der Arbeitskapazität und Sachausstattung der Delegationssekretariate;

- maßgebliche Verbesserung der Kontinuität der laufenden Zusammenarbeit, wozu die Bildung eines gemeinsam getragenen Verbindungsbüros vorgeschlagen wurde, das u.a. insbesondere als ständige Kontakt-, Verbindungs- und Informationsstelle der Grenzregion fungieren und zwischen den Delegationssekretariaten der Regierungskommission und der Regionalausschüsse koordinierend tätig werden sollte.

6.3 Drei-Länder-Symposien, Drei-Länder-Kongresse

Die institutionalisierte staatlich/regionale grenzüberschreitende Zusammenarbeit wird ergänzt durch politische Initiativen zur verstärkten grenzüberschreitenden Zusammenarbeit in wichtigen Aufgabenfeldern.

So ist im Rahmen von "Drei-Länder-Symposien"[3]) ein grenzüberschreitender Technologie- und Kommunikationsverbund geschaffen worden, der beispielsweise in der Gründung des Deutsch-Französischen Instituts für Automatik und Robotik (Karlsruhe/Straßburg) oder in der Einrichtung des Supercomputerzentrums Freiburg seinen Ausdruck findet. Die Einrichtung eines gemeinsamen Studiengangs "Biotechnologie" der Oberrheinuniversitäten, ein gemeinsam finanziertes Managementinstitut sowie das Regio-Klima-Projekt Oberrhein (Reklip) sind weitere Beispiele dieser Zusammenarbeit.

Zur Entwicklung weiterführender konkreter Zukunftsperspektiven für wichtige Aufgabenbereiche hat man sich über die Durchführung einer Serie von Drei-Länder-Kongressen im Oberrheingebiet verständigt. Die erste Veranstaltung dieser Art hat im September 1988 unter baden-württembergischer Federführung zum Thema "Verkehr" in Kehl stattgefunden[4]). Resultat dieser Veranstaltung ist ein "Verkehrspolitisches Aktionsprogramm" mit 42 Projekten (u.a. TGV-Est, Regio-S-Bahn Basel, Flughafen Basel-Mühlhausen, Güterabfertigung Grenzübergang Weil, Internationale Oberrheinschnellbahn usw.).

1989 fand der 2. Drei-Länder-Kongreß zum Themenkomplex "Kultur" in Colmar statt. Ziel dieses Forums war es, sich mit Perspektiven des Oberrheingebietes im Hinblick auf den europäischen und weltweiten kulturellen Wandel auseinanderzusetzen. Auch bei diesem Kongreß wurde eine Reihe von gemeinsamen Projekten vorgeschlagen.

Für 1991 ist vorgesehen, das Thema "Umwelt" in den Mittelpunkt des 3. Kongresses dieser Reihe zu stellen, der in Basel durchgeführt werden soll. 1992 wird voraussichtlich ein weiterer Kongreß stattfinden; er soll dem Thema "Wirtschaft" gewidmet sein.

6.4 Weitere Kooperationsformen am Oberrhein

Neben den genannten Gremien im Rahmen der Deutsch-Französisch-Schweizerischen Regierungskommission bestehen noch weitere Kooperationsformen am Oberrhein, die durch einen informellen Charakter geprägt sind.

Hier sind zu nennen:

- Konferenz Oberrheinischer Regionalplaner
- Konferenz "Kleiner Oberrhein"
- Periodische Internationale Koordinierungsgespräche (PIK) (siehe Bericht über die Kooperation am Hochrhein)
- Deutsch-Französische Arbeitsgemeinschaft der Gewählten für grenzüberschreitende Zusammenarbeit am Oberrhein.

6.4.1 Konferenz Oberrheinischer Regionalplaner

Das räumlich umfassendste Gremium für grenzüberschreitende Zusammenarbeit ist die "Konferenz Oberrheinischer Regionalplaner" (KOR). Hier arbeiten bereits seit 1972 - ebenfalls informell - Planer des gesamten Oberrheingebietes zwischen Frankfurt und Basel zusammen. Dabei stehen neben dem kollegialen Meinungsaustausch großräumige Probleme der Raumordnung im Oberrheingraben im Vordergrund der Arbeit der KOR.

Von Siedlungsplanung über Energieversorgung bis zu Verkehrsplanung und Technologietransfer werden raumplanerische Belange aus einer für das gesamte Gebiet des Oberrheingrabens adäquaten großräumigen Perspektive behandelt. Gegenwärtig werden gerade auch in diesem Gremium neue Möglichkeiten der grenzüberschreitenden Zusammenarbeit am Oberrhein diskutiert, die auch neue und weitergehende Organisationsformen für die KOR umfassen.

6.4.2 "Konferenz Kleiner Oberrhein"

Wenn es im Rahmen der offiziellen Oberrheingremien immer wieder zu fruchtbaren grenzübergreifende Aktivitäten und intensiven Beratungen gekommen ist, so ist dies auch auf die von Anfang an praktizierte grenzüberschreitende Zusammenarbeit der Planer und Verwaltungsbeamten über die offiziellen Gremien hinaus zurückzuführen, wie sie durch die "Konferenz Kleiner Oberrhein" stattfindet.

Im Rahmen dieser inoffiziellen Arbeitsgruppe, die sich aus Planern und mit grenzüberschreitenden Angelegenheiten betrauten Verwaltungsbeamten zusammensetzt, finden erste und intensive Vorabklärungen insbesondere auch raumplanerischer Fragen statt, die letztlich den Informationsaustausch und die Abstimmung wesentlich erleichtern.

Besonders hervorzuheben ist die dabei praktizierte frühzeitige Information über regionale Planungskonzeptionen und die intensive gegenseitige Beschäftigung mit den Entwürfen der Regionalpläne. Auch in den offiziellen Gremien waren diese Konzeptionen mehrfach Gegenstand intensiver Beratungen.

So wurde der Entwurf des Regionalen Raumordnungsplanes Rheinpfalz im Rahmen des Regionalausschusses Nord behandelt, und von französischer Seite erfolgte dazu die Abgabe von Stellungnahmen mit konstruktiven Vorschlägen. In ähnlicher Weise wurde früher bereits beim Entwurf des Landesentwicklungsplanes Baden-Württemberg sowie bei den Regionalplanentwürfen der Regionen Mittlerer Oberrhein und Südlicher Oberrhein und beim "Schéma d'Orientation et d'Aménagement de la Région Alsace" verfahren.

Die Planungsexperten der "Konferenz Kleiner Oberrhein" sind auch darum bemüht, das gegenseitige Verständnis für die Inhalte und die unterschiedlichen Vorgehensweisen bei raumbezogenen Planungen zu fördern.

Schließlich ist darauf hinzuweisen, daß von der "Konferenz Kleiner Oberrhein" schon 1975 eine "Vergleichende Karte über Planungsvorstellungen der Räume Straßburg-Mittelbaden-Karlsruhe-Südpfalz" erarbeitet und veröffentlicht wurde. Sie bildete die erste Arbeitsgrundlage für den damals neu geschaffenen Deutsch-Französischen Regionalausschuß (comité bipartite). In den folgenden Jahren wurden räumlich-strukturelle Gesamtdarstellungen sowie Zustands- und Problemdarstellungen für bestimmte Aufgabenfelder, wie z.B. die Abwasserbehandlung und die Gewässergüte oder die Rohstoffgewinnung und -sicherung, erarbeitet. Auch die Kartierung der Freiflächen und der Flächennutzungen sei hier erwähnt.

Erwähnt sei auch das "Raumnutzungskonzept für die Rheinniederung von Iffezheim bis zur Mainmündung", das im Auftrag der Obersten Landesplanungsbehörden von Baden-Württemberg, Hessen und Rheinland-Pfalz von den für die Regionalplanung zuständigen Stellen erarbeitet und 1986 vorgelegt wurde. Aufgabe dieses Konzeptes ist es, unter besonderer Berücksichtigung des Rheinausbaus, des Hochwasserschutzes, der Wasserversorgung, der Rohstoffsicherung, der Landespflege, der Erholung und der Siedlungsentwicklung zunächst Konflikte zwischen heutigen Nutzungen, konkreten Planungen und möglichen Maßnahmen aufzuzeigen. Darauf aufbauend werden sachliche Prioritäten festgelegt und räumliche Dispositionen für wichtige Nutzungsarten im Sinne einer geordneten Entwicklung getroffen. Im Rahmen des Deutsch-Französischen Regionalausschusses wurde an die französische Seite die Anregung herangetragen, dieses Konzept mit empfehlendem Charakter in südlicher Richtung weiterzuführen.

6.4.3 Arbeitsgemeinschaft der Gewählten

Die Deutsch-Französische Arbeitsgemeinschaft der Gewählten ist durch eine formlose mündliche Vereinbarung 1976 ins Leben gerufen worden, wenige Monate nach Konstituierung der durch Regierungsvereinbarung der beteiligten Staaten gebildeten Deutsch-Französisch-Schweizerischen Regierungskommission und deren zweiseitigem und dreiseitigem Regionalausschuß.

In der Arbeitsgemeinschaft der Gewählten für grenzüberschreitende Zusammenarbeit am Oberrhein treffen sich in regelmäßigen Abständen - etwa zweimal im Jahr - deutsche und elsässische Politiker, um Fragen von gemeinsamem regionalem Interesse zu erörtern und Anregungen für die grenzüberschreitende Zusammenarbeit in den staatlichen Gremien zu geben.

Mit der Bildung der Arbeitsgemeinschaft der Gewählten ist für den Bereich des zweiseitigen Regionalausschusses den Politikern am Oberrhein die Möglichkeit einer stärkeren Mitwirkung an der grenzüberschreitenden Zusammenarbeit eröffnet worden, nachdem die Regionalauschüsse gemäß Regierungsvereinbarung insbesondere auf deutscher Seite überwiegend mit Vertretern der staatlichen Verwaltung besetzt worden sind.

6.4.4 Teilräumliche Kooperationsformen

Neben den o.g. Kooperationsformen am Oberrhein, die mehr oder weniger den Oberrheingraben oder größere Teile davon umfassen, bestehen weitere Kooperationsformen auf teilräumlicher Ebene. Dazu gehört beispielsweise die Arbeitsgemeinschaft Mittlerer Oberrhein/Südpfalz, die sich auf Grundlage eines Staatsvertrages zwischen den beteiligten Bundesländern Rheinland-Pfalz und Baden-Württemberg gebildet hat. Ferner sei hier auch die CIMAB (Communauté d'Interêt Moyenne Alsace-Brisgau) angeführt, die auf kommunaler Ebene im Raum Colmar/Freiburg kooperiert.

Daneben existieren spezifische Vereinigungen mit grenzüberschreitendem Bezug wie die Regio Basiliensis, die Regio du Haut-Rhin und die Freiburger Regio-Gesellschaft.

6.5 Grenzüberschreitende Entwicklungskonzepte

Mit der Neufassung der Verordnungen für die Strukturfonds und damit auch für den "Europäischen Fonds für regionale Entwicklung" (EFRE) können von der EG-Kommission Studien zur Untersuchung von Maßnahmen, mit denen den spezifischen Problemen von Regionen an den Binnen- und Außengrenzen der Gemeinschaft abgeholfen werden soll, ebenso wie Pilotprojekte, die einen Anreiz für Infrastrukturen, produktive Investitionen und andere spezifische Maßnahmen darstellen und von ausgeprägtem Gemeinschaftsinteresse sind, vor allem in Regionen an den Binnen- und Außengrenzen der Gemeinschaft, gefördert werden[5]).

Die erste Entwicklungsstudie im deutsch-französischen Grenzgebiet ist für den Raum Nordelsaß-Südpfalz-Mittlerer Oberrhein Ende 1989 abgeschlossen worden[6]). Nachdem sich für diesen Raum die ersten acht grenzüberschreitenden Projekte bereits in der Realisierungsphase befinden und einen positiven Umsetzungsstand erreicht haben, hat der eingesetzte Lenkungsausschuß für die Grenzüberschreitende Entwicklungskonzeption beschlossen, die begonnene konkrete Zusammenarbeit fortzusetzen. Dies soll im Rahmen des neuen EG-Programmes "INTERREG" erfolgen, mit dem speziell die Grenzregionen gefördert werden. Für den Zeitraum zwischen 1990 und 1993 stehen dafür insgesamt 800 Mio. ECU seitens der EG zur Verfügung. Davon sind für den gesamten deutsch-französischen Grenzraum 18 Mio. ECU von der EG vorgesehen worden.

Die vom Lenkungsausschuß vereinbarten Orientierungen für die neuen Projekte beinhalten, daß die Bereiche Technologie- und Wirtschaftsförderung, Raumordnung, öffentlicher Personenverkehr, Umweltschutz, Aus- und Weiterbildung, Tourismus, Naherholung und Kultur dabei berücksichtigt werden sollen. Derzeit werden die neuen Projekte definiert.

Eine weitere derartige Studie für das räumlich im Süden daran anschließende Gebiet, bis in den Raum Basel-Mulhouse-Lörrach reichend, soll diesen neuartigen Aktivitätsbereich vervollständigen. Für den Raum Südbaden-Elsaß-Nordwestschweiz liegt diese Studie mittlerweile ebenfalls vor. Auch dort wird eine Reihe grenzüberschreitender Projekte bei der EG zur Förderung beantragt. Neuartig an dieser Kooperation ist die Einbeziehung eines EFTA-Staates.

Diese Entwicklungskonzepte bilden eine abgestimmte Grundlage für gemeinsame grenzüberschreitende Entwicklungsmaßnahmen. Sie enthalten als Ergebnis konkrete und abgestimmte Vorschläge für grenzüberschreitende Projekte. Diese Form der Kooperation dient somit ebenfalls der Weiterentwicklung und Intensivierung der Zusammenarbeit.

6.6 Zusammenfassung und Bewertung

Das Beispiel der Zusammenarbeit am Oberrhein zeigt, daß die grenzüberschreitende Zusammenarbeit - soll sie über die Beratung von Tagesthemen hinausreichen - auf eine längerfristige Orientierung in Form von abgestimmten Zielvorstellungen sowie entsprechende gemeinsame Maßnahmen und Projekte für die weitere Entwicklung des gemeinsamen Grenzraumes nicht verzichten kann.

Da auch im Hinblick auf die Vollendung des Gemeinsamen Marktes eine Harmonisierung der sehr unterschiedlichen Raumplanungssysteme nicht zu erwarten ist, bedarf es zusätzlicher Instrumentarien, um grenzüberschreitend abgestimmte Entwicklungen einzuleiten.

Der konzeptionelle Ansatz der EG-Kommission, wie er in Art. 10 der EFRE-Verordnung (grenzüberschreitende Entwicklungskonzepte) zum Ausdruck kommt und letztlich eine Verknüpfung bisheriger Regionalpolitik mit raumordnerischen Zielvorstellungen vorsieht, erscheint in dieser Hinsicht erfolgversprechend und geeignet, systemimmanente Schwächen in der grenzüberschreitenden Raumplanung gegenwärtiger Prägung überwinden zu helfen.

Die Ausarbeitung grenzüberschreitender, räumlich und inhaltlich konkretisierter Entwicklungskonzepte, die gemeinsame Finanzierung entwicklungs- oder integrationsrelevanter Maßnahmen sind jedoch immer nur - wenn auch wichtige - Beiträge zu einer Entwicklung der Grenzräume.

Die Stärkung der politischen Verantwortlichkeit für eine kontinuierliche Entwicklung der Grenzräume bleibt eine Aufgabe, deren Lösung noch ansteht und ohne Wahrung des Subsidiaritätsprinzips und der damit verbundenen Delegation von Kompetenzen nicht gefunden werden dürfte.

Literatur

Akademie für Raumforschung und Landesplanung (ARL), Die Auswirkungen der Dezentralisierung auf die Verwaltungsstruktur sowie auf das Raumordnungssystem in Frankreich und Erfordernisse der grenzüberschreitenden Zusammenarbeit, Hans Kistenmacher, Roland Lemmel, Hans-Joachim Fette, Dieter Gust, Hannover 1988.

Arnold-Palussière, Martine, Die grenzüberschreitende regionale Zusammenarbeit auf dem Gebiet der Raumordnung, Fallstudie für das Rheintal, Elsaß, Pfalz, Baden, Nordwestschweiz. In: Beiträge der Akademie für Raumforschung und Landesplanung, Band 71, Hannover 1983.

Auctor/Algoe, Grenzüberschreitende Entwicklungskonzeption, Nordelsaß/Südpfalz/Mittlerer Oberrhein, 1990.

Becker-Marx, Kurt und Fricke, Werner, Stand der grenzüberschreitenden Raumordnung am Oberrhein, Kolloquium am 24.6.1980. In: Heidelberger geographische Arbeiten, Heft Nr. 71, Heidelberg 1931.

Deutsch-französisch-schweizerische Regierungskommission für nachbarschaftliche Fragen, Arbeitsgruppe Umwelt, Waldschäden 1985/86, Situation, Entwicklung, Forschung, Bericht der Expertengruppe "Waldschäden", Mai 1987.

Regierungspräsidium Freiburg, 1. Drei-Länder-Kongreß, 22./23. September 1988 in Kehl am Rhein, Verkehr am Oberrhein, Berichte - Thesen - Projekte, Freiburg 1988.

Regio Basiliensis, Basler Zeitschrift für Geographie, Planung, XVII/1, Basel 1976, XVII. Jg., Heft 1, Juni 1976.

Regio Basiliensis, Französische Grenzgänger in der Nordwestschweiz (mit Fallstudien über vier grenznahe Herkunftsgemeinden), Schriften der Regio 9.2, A. Burgin, St. Meyer, Basel im Februar 1986.

Regio Basiliensis, 3. Oberrhein-Symposium, Universitäten und Region, Tagungsbericht, Schriften der Regio 11, Basel 3/87.

Regio Basiliensis, Grenzüberschreitende Verflechtungen und regionales Bewußtsein in der Regio, Schriften der Regio 10, Uwe Fichtner, Regio-Forschungsinstitut Wenkenhof, März 1988.

Anmerkungen

1) Siehe Arnold-Palussière, Martine, Die grenzüberschreitende regionale Zusammenarbeit auf dem Gebiet der Raumordnung, Fallstudie für das Rheintal, Elsaß, Pfalz, Baden, Nordwestschweiz. In: Beiträge der Akademie für Raumforschung und Landesplanung, Band 71, Hannover 1983.

2) Siehe Arbeitsgruppe Umwelt der Deutsch-Französisch-Schweizerischen Regierungskommission für nachbarschaftliche Fragen, Waldschäden 1985/86, Situation, Entwicklung, Forschung, Bericht der Expertengruppe "Waldschäden", Mai 1987.

3) Siehe Regio Basiliensis, 3. Oberrhein-Symposium, Universitäten und Region, Tagungsbericht, Schriften der Regio 11, Basel 3/87.

4) Siehe Regierungspräsidium Freiburg, 1. Drei-Länder-Kongreß, 22./23. September 1988, Kehl am Rhein, Verkehr am Oberrhein, Berichte - Thesen - Projekte, Freiburg 1988.

5) Siehe Verordnung (EWG) Nr 2052/88 des Rates vom 24. Juni 1988, veröffentlicht im Amtsblatt der Europäischen Gemeinschaften L 185 vom 15. Juli 1988.

6) Siehe Auctor/Algoe, Grenzüberschreitende Entwicklungskonzeption Nordelsaß/Südpfalz/Mittlerer Oberrhein, 1990.

Anlage 1

Empfehlung zur gegenseitigen Unterrichtung über neue Projekte im Zuständigkeitsbereich der Deutsch-Französisch-Schweizerischen Regierungskommission für nachbarschaftliche Fragen

1. Die Vertragsparteien der Vereinbarung vom 22.10.1975 über die Bildung einer Kommission zur Prüfung und Lösung von nachbarschaftlichen Fragen werden sich gegenseitig über die Vorhaben informieren, die in den Anhängen der Empfehlung bestimmt werden und geeignet erscheinen, nachteilige Auswirkungen auf die Umwelt jenseits der Landesgrenze im Vertragsgebiet der Dreiseitigen Regierungskommission hervorzurufen. Hierbei handelt es sich um Vorhaben von Anlagen ..., die nach innerstaatlichem Recht der Genehmigung auf regionaler Ebene auf Grund einer vorherigen öffentlichen Anhörung bedürfen. Bestehende zwischenstaatliche und sonstige internationale Regelungen über die grenzüberschreitende Zusammenarbeit bleiben unberührt.

2. Die Erteilung und Entgegennahme von Informationen erfolgt

- für die Bundesrepublik Deutschland durch die Regierungspräsidien Freiburg, Karlsruhe und Neustadt/Weinstraße;
- für die Französische Republik durch die Kommissare der Republik für die Departements Hochrhein und Niederrhein;
- für die Schweizerische Eidgenossenschaft durch das Amt für Kanton- und Stadtplanung Basel und die Regionalplanungsstelle beider Basel.

3. Die von den ausländischen Behörden gegebenenfalls formulierten Stellungnahmen werden an die unter Nr. 2 oben vorgesehene Behörde gerichtet, die sie - wenn nötig - an die Entscheidungsbehörde übermittelt. Das nationale Recht bleibt unberührt.

4. Die unter Nr. 2 oben vorgesehene Behörde des Nachbarstaats wird auf Wunsch über den Inhalt der Entscheidung einschließlich ihrer Nebenbestimmungen unterrichtet.

5. Die Verpflichtung zur Wahrung der gewerblichen, handels- sowie personenbezogenen Geheimnisse und des öffentlichen Interesses einschließlich der Belange der Landesverteidigung bleiben unberührt.

6. Die Regierungskommission beauftragt die Arbeitsgruppe Umwelt, die Anwendung der vorliegenden Empfehlung zu verfolgen und - wenn nötig - die Anhänge zu ändern.

7. Diese Empfehlung wird am 15.10.1982 angewendet. Sie ist ein Jahr gültig. Ihre Verlängerung erfolgt stillschweigend. Sie kann drei Monate vor ihrer Beendigung durch eine Delegation gegenüber den beiden anderen Delegationen gekündigt werden.

Anlage 2

Empfehlung zur gegenseitigen Unterrichtung über Planungs- und Umweltschutzvorhaben im Zuständigkeitsbereich der Deutsch-Französisch-Schweizerischen Regierungskommission für nachbarschaftliche Fragen vom 20.6.1984

1. Die Vertragsparteien der Vereinbarung vom 22.10.1975 über die Bildung einer Kommission zur Prüfung und Lösung von nachbarschaftlichen Fragen in den Grenzregionen werden sich gegenseitig über die Planungen und Vorhaben zum Schutz von Natur, Landschaft und Grundwasser sowie über Bauleitplanungen im Gebiet der Dreiseitigen Regierungskommission unterrichten, die in den Anlagen der Empfehlung bestimmt sind.

Hierbei handelt es sich um Vorhaben ..., die nach innerstaatlichem Recht einer Genehmigung durch die zuständige Verwaltungsbehörde aufgrund einer öffentlichen Bekanntmachung auf örtlicher Ebene bedürfen. Bestehende zwischenstaatliche und sonstige internationale Regelungen über die grenzüberschreitende Zusammenarbeit bleiben unberührt.

2. Die gegenseitige Unterrichtung erfolgt ...

- für die Bundesrepublik Deutschland über die Regierungspräsidien Freiburg oder Karlsruhe oder über die Bezirksregierung Rheinhessen-Pfalz;
- für die Französische Republik über die Kommissare der Republik für die Departements Hoch-Rhein oder Nieder-Rhein;
- für die Schweizerische Eidgenossenschaft über das Amt für Kantons- und Stadtplanung Basel oder das Amt für Gewerbe, Handel und Industrie Basel-Landschaft.

3. Die von den ausländischen Behörden gegebenenfalls formulierten Stellungnahmen werden gemäß Nr. 2 oben übermittelt. Das nationale Recht bleibt unberührt.

4. Die unter Nr. 2 vorgesehene Behörde des Nachbarstaates wird auf Wunsch über den Inhalt der Entscheidung einschließlich ihrer Nebenbestimmungen ... unterrichtet.

5. Die Regierungskommission beauftragt die Arbeitsgruppe Umwelt, die Anwendung der vorliegenden Empfehlung zu verfolgen und gegebenenfalls Änderungen der Anlagen vorzuschlagen.

6. Diese Empfehlung wird ab dem 20. Juli 1984 angewendet. Sie ist 1 Jahr gültig. Ihre Verlängerung erfolgt stillschweigend. Im Fall der Kündigung durch eine Delegation wird diese die beiden anderen Delegationen unterrichten.

Walter Braun / Wolfgang Maier

III.7 Stand und Probleme der Planung im Hochrheingebiet

7.1 Einleitung

Die traditionell gutnachbarschaftliche Zusammenarbeit im südwestlichen Teil der Bundesrepublik mit der schweizerischen Eidgenossenschaft wird mit der Verwirklichung des Gemeinsamen Marktes zu einer neuen Herausforderung. Die Grenze zwischen EG und EFTA oder die mögliche Verwirklichung eines europäischen Wirtschaftsraumes stellen zusätzliche Anforderungen im Bereich der Wirtschafts- und Umweltpolitik mit erheblichen Auswirkungen auf die Siedlungs- und Infrastruktur als Folge der veränderten Standortqualität.

Die Bundesrepublik Deutschland und die schweizerische Eidgenossenschaft haben eine gemeinsame Staatsgrenze von mehr als 330 km Länge. Die deutsch-schweizerische Zusammenarbeit ist vielseitig und vielschichtig. Sie hat insbesondere auf den Gebieten der Wirtschaft, der Kapitalverflechtungen, der Nutzung des Wassers im Hochrhein für die Energiegewinnung eine lange Tradition. Im Westteil werden die engen Beziehungen zudem durch das Grenzgängertum geprägt, im Ostteil - am Bodensee - durch die Attraktivität dieser europäischen Kulturlandschaft mit vielen Gemeinsamkeiten, auch gemeinsamen Problemen. So bestehen schon lange eine Reihe offizieller und inoffizieller Gremien und Kontakte, die sich mit Fragen des deutsch-schweizerischen Grenzraumes befassen.

Dieser Beitrag konzentriert sich vor allem auf die institutionalisierte staatliche Zusammenarbeit in der deutsch-schweizerischen Raumordnungskommission sowie auf ergänzende Hinweise auf andere Formen politischer und fachlicher Zusammenarbeit.

7.2 Deutsch-schweizerische Raumordnungskommission

7.2.1 Gründung

Die Deutsch-schweizerische Raumordnungskommission wurde 1973 in Neuhausen am Rheinfall durch ein Protokoll zur Geschäftsordnung gegründet. Nach dieser Geschäftsordnung ist es Aufgabe der Kommission, beide Staaten berührende Fragen der Raumordnung gemeinsam zu beraten und darüber Empfehlungen abzugeben. Die Beratungen sollen vor allem dazu dienen, die raumbedeutsamen Planungen und Maßnahmen vornehmlich in den Grenzgebieten aufeinander abzustimmen. Die Kommission hat ihren grenzüberschreitenden Koordinationsauftrag im Laufe ihrer Tätigkeit pragmatisch auch auf abstimmungsbedürftige Fragen ausgedehnt, die nicht unmittelbar zur Raumordnung zählen.

7.2.2 Zusammensetzung, räumliche Zuständigkeit, Arbeitsweise

Die Kommission besteht aus höchstens 18 Mitgliedern. Sie setzt sich je zur Hälfte aus schweizerischen und deutschen Regierungsvertretern zusammen. Auf deutscher Seite sind vertreten: der für die Raumordnung beim Bund zuständige Minister, die für die Landesplanung in Baden-Württemberg und in Bayern zuständigen Minister, Regierungspräsidien und Regionalverbände.

Auf schweizerischer Seite sind vertreten: der für die Raumplanung zuständige Bundesrat, das Politische Departement und die für die Raumplanung zuständigen Departementsvorsteher der 7 Grenzregionen.

Die Zusammenarbeit erstreckt sich somit im westlichen Teil auf den Grenzraum von Basel bis zum Bodensee (Hochrhein) und umfaßt östlich anschließend das gesamte Bodenseegebiet.

Der Vorsitz wechselt alle 2 Jahre.

Die wichtigsten Instrumente der Kommission sind Bestandsaufnahmen, gemeinsame Empfehlungen und gegenseitige Orientierungen. Die Empfehlungen der Kommission werden einstimmig abgegeben.

Die Kommission bedient sich einer (ständigen) Arbeitsgruppe, die ihre Sitzungen vorbereitet, die laufenden Geschäfte abwickelt und viele beidseitige Fragen auf unmittelbarem Wege löst. Zur Behandlung von Fach- oder Einzelfragen setzt die Arbeitsgruppe besondere Ad-hoc-Ausschüsse ein.

7.2.3 Arbeitsergebnisse

Am Anfang der Tätigkeit der deutsch-schweizerischen Raumordnungskommission stand die Darstellung der Ausgangslage. Dazu hat die Kommission u.a. Berichte über "Ziele und Prognosen" und über die "Fachplanungen" erarbeitet und 1978 für den westlichen Teil eine umfassende "Hochrhein-Analyse" durchgeführt.

Ergebnisse und Erkenntnisse dieser analytischen und bewertenden Arbeit sind dann in der Regel in Empfehlungen berücksichtigt worden.

Die Kommission hat sich 1975 in einer Empfehlung zu den Energieplanungen im gemeinsamen Grenzraum geäußert. Dabei wurden vor allem Standort- und Umweltfragen im Zusammenhang mit Kernkraftwerken abgestimmt.

Mit den Verkehrsempfehlungen von 1980, 1982 und 1989 wurden in enger Zusammenarbeit mit den für den Verkehr zuständigen Stellen die Abstimmung im Verkehrsbereich verbessert, langfristige Konzeptionen festgelegt und die Verkehrssituation aus der Sicht der Raumordnung und Landesplanung beurteilt. Die nationalen Verkehrspolitiken orientieren sich weitgehend an diesen Empfehlungen.

Mit der Empfehlung von 1980 zur grenzüberschreitenden Abstimmung der Bauleitplanungen/ Ortsplanungen der Gemeinden im deutsch-schweizerischen Grenzgebiet wurden bereits bestehende Kontakte bei der Information und Konsultation auf Gemeindeebene vertieft, ausgebaut oder geschaffen.

Die Umweltempfehlung von 1982 befaßt sich mit dem rechtzeitigen Informationsaustausch über Vorhaben, die sich möglicherweise nachteilig auf die Umwelt im Grenzgebiet des Nachbarstaates auswirken könnten. Es wird empfohlen, zweiseitige Imformations- und Konsultationsabsprachen zwischen den für Immission und Umweltschutz zuständigen Stellen abzuschließen; dies ist mittlerweile zwischen dem Land Baden-Württemberg und den Kantonen Argau und Schaffhausen erfolgt. Weitere Absprachen werden vorbereitet.

Das wichtigste Ergebnis der Arbeit in der deutsch-schweizerischen Raumordnungskommission ist ohne Zweifel das Internationale Leitbild für das Bodenseegebiet. Darin einigen sich alle Anrainerländer und -kantone auf gemeinsame Leitvorstellungen für die Entwicklung im Bodenseeraum. In die Zusammenarbeit wurde von Anfang an das österreichische Bundesland Vorarlberg einbezogen. So konnte auch die deutsch-österreichische Raumordnungskommission das Bodensee-Leitbild als Empfehlung verabschieden. 1987 hat sich die deutsch-schweizerische Raumordnungskommission eingehend mit der Umsetzung des Leitbildes und der Verwirklichung seiner Zielsetzungen befaßt; in einem umfangreichen Bericht wurde festgestellt, daß sich die nationalen, regionalen und lokalen Planungen und Maßnahmen am Leitbild orientieren und daß so auch bei konkurrierenden Interessen und Ansprüchen tragfähige Kompromisse erreicht werden konnten.

1990 hat der Landtag von Baden-Württemberg beschlossen, einige Leitsätze aus dem Internationalen Bodensee-Leitbild in die Fortschreibung des Landesentwicklungsplanes zu übernehmen und sie so für die öffentlichen Planungsträger bei raumrelevanten Planungen und Maßnahmen verbindlich zu machen.

Außer diesen Empfehlungen hat die Raumordnungskommission bei der Lösung fachlicher Fragen, z.B. von Fluglärmproblemen, im Grenzraum mitgewirkt und zahlreiche andere gemeinsame Grenzprobleme erörtert.

Die deutsch-schweizerische Raumordnungskommission hat 1984 in einem Tätigkeitsbericht ihre bisherige Arbeit bewertend dargestellt und einen Ausblick auf die künftigen Schwerpunkte der Zusammenarbeit gegeben.

7.2.4 Laufende Arbeiten

Die Erfahrungen mit dem Internationalen Bodensee-Leitbild waren Anlaß, auch für das Hochrheingebiet zwischen dem Bodensee und dem Rheinknie bei Basel ähnliche Leitlinien zu erarbeiten. Diese sollen als "Offenes Hochrheinkonzept" angelegt werden. Erste Bausteine wurden dafür mit Aussagen zu den Problembereichen "Bootsliegeplätze und Sportbootverkehr" und "Grundwasserschutz und hydrogeologische Verhältnisse" vorbereitet. Das Institut für Kulturgeographie an der Universität Freiburg im Breisgau hat im Auftrag des Innenministeriums Baden-Württemberg das "Raumordnungsmuster im deutsch-schweizerischen Hochrheingebiet" untersucht. Die Untersuchung enthält wichtige Erkenntnisse für die weitere Arbeit am "offenen Hochrheinkonzept".

Dafür wird auch eine Empfehlung zum "Grundwasserschutz in der Klettgaurinne" vorbereitet.

Nach dem Vorbild des "Deutsch-Französisch-Schweizerischen Kulturhandbuches" wird die Raumordnungskommission ein "Deutsch-Schweizerisches Kulturhandbuch" herausgeben, das derzeit zusammen mit den zuständigen Verwaltungen und Kulturträgern im Grenzraum, einschließlich des Landes Vorarlberg und des Fürstentums Liechtenstein, erarbeitet wird. Die Arbeit soll Impulse für die kulturelle Zusammenarbeit über die Grenze geben und die Intensivierung der regionalen nachbarschaftlichen Beziehungen am Hochrhein und am Bodensee unterstützen.

Die Verkehrsempfehlung von 1989 zu den "Verkehrsplanungen zwischen Basel und Bodensee" wird derzeit durch eine Empfehlung für den östlich anschließenden Raum ergänzt. Sie wird die gesamte Verkehrssituation für dieses Gebiet neu beurteilen müssen, die sich insbesondere durch nationale Entscheidungen und durch die Auswirkungen des Europäischen Binnenmarktes nach 1992 ergeben werden.

7.2.5 Orientierungen

Seit ihrem Bestehen pflegt die deutsch-schweizerische Raumordnungskommission zunehmend einen intensiven Informationsaustausch über aktuelle Vorhaben und Maßnahmen. Durch eine frühzeitige und differenzierte Information vor allem zwischen den Arbeitsgruppenmitgliedern konnte die jeweils andere Seite rechtzeitig Stellung beziehen oder die Absichten des Partners bei eigenen Überlegungen, Planungen oder Maßnahmen berücksichtigen.

7.2.6 Arbeitsweise

Entsprechend hat sich die Arbeitsweise der deutsch-schweizerischen Raumordnungskommission gewandelt. Am Anfang stand die Denkweise in großräumigen Plänen und Konzepten im Vordergrund; in dieser Phase war die Raumordnungskommission selbst mehr gefordert. Neuerdings ist es mehr die Arbeitsgruppe, die die Behandlung einzelner Fragen aufgreift. Voraussetzung dafür ist, daß eine Atmosphäre der Zusammenarbeit besteht, die auch eine offene Aussprache bei unterschiedlichen Positionen ermöglicht. Dieses gute und konstruktive Arbeitsklima beruht auf einer langjährigen Zusammenarbeit bei weitgehend gleicher personeller Zusammensetzung und guten persönlichen Kontakten.

7.3 Weitere Institutionen

Im deutsch-schweizerischen Grenzraum wirkt - neben dem dreiseitigen Regionalausschuß der deutsch-französisch-schweizerischen Regierungskommission im Bereich der beiden Halbkantone Basel-Stadt und Basel-Landschaft - auch noch die internationale Bodenseekonferenz. Sie wurde bereits 1972 durch eine Resolution der Bodensee-Anrainerländer in Konstanz gegründet und war bisher - durchaus erfolgreich - auf dieser nicht förmlichen Grundlage tätig. Erst 1990 hat sie ein Statut beschlossen, daß die bewährte Form der Zusammenarbeit im wesentlichen festgeschrieben hat. Die wichtigsten Organe sind die Konferenz der Regierungschefs der Bodensee-Anrainerländer und -kantone, der Ständige Ausschuß und sachbezogene Subkommissionen. Die Arbeit ist vielseitig und war bislang vor allem auf die Lösung spezieller Probleme des Bodensees und der Bodenseelandschaft ausgerichtet: Schiffahrt auf dem Bodensee, Bootsliegeplätze, Waldschäden, Bodenseeradwanderweg u.a.m. Demnächst werden "Abgasvorschriften für Bootsmotoren" verabschiedet, die den Schadstoffeintrag der motorisierten Schiffahrt in den Bodensee erheblich reduzieren; diese Vorschriften wurden auf der Basis eines gemeinsam finanzierten Forschungsauftrages von der Bodenseekonferenz erarbeitet; sie werden voraussichtlich auch auf andere Seen übertragen werden. Ein weiterer Arbeitsschwerpunkt ist die Begrenzung der Zahl der Boote auf dem Bodensee und der Liegeplätze auf ein Maß, das der Bedeutung des Bodensees als Trinkwasserspeicher für Millionen von Menschen Rechnung trägt, seine limnologische Empfindlichkeit berücksichtigt, aber auch Fremdenverkehr und Erholung ermöglicht.

Die Konferenz der Regierungs- bzw. Ressortchefs der Bodensee-Anrainerländer hat 1990 zusammen mit dem Organisationsstatut noch "Leitlinien" für die weitere Entwicklung der Bodenseeregion zu einem einheitlichen, attraktiven Lebens-, Natur-, Kultur- und Wirtschaftsraum beschlossen.

7.4   Ausblick

Deutsch-schweizerische Raumordnungskommission, deutsch-französisch-schweizerische Regierungskommission und Internationale Bodenseekonferenz ergänzen sich; sie konkurrieren aber auch miteinander. In einem kommenden Europa der Regionen muß auch für bisher noch durch nationale Grenzen getrennte Räume eine ganzheitliche Entwicklung möglich sein, die alle dafür bedeutsamen gesellschafts-, wirtschafts- und umweltpolitischen Gesichtspunkte einbezieht, die regionale Kompetenz stärkt und das regionale Identitätsbewußtsein kräftigt. Eine solche Entwicklung wird auch entsprechende Organisationsformen bei der grenzüberschreitenden Zusammenarbeit erfordern. In diesem Zusammenhang wird auch die künftige Arbeit der deutsch-schweizerischen Raumordnungskommission zu sehen sein.

Hans Mayer / Karl Ruppert

III.8 Der deutsch-österreichische Grenzraum
Raumfunktionale Verflechtungen und grenzüberschreitende Zusammenarbeit

8.1 Raumfunktionale Verflechtungen

Eine offene Grenze, wie sie seit Jahrzehnten zwischen Deutschland und Österreich bzw. zwischen dem Freistaat Bayern und den Bundesländern Oberösterreich, Salzburg, Tirol und Vorarlberg besteht, erlaubt vielfältige Kontaktmöglichkeiten. Attraktive Funktionsstandorte bewirken häufig die Ausbildung von Beziehungsfeldern, die als grenzüberschreitende Verflechtungsräume durch mehr oder weniger häufige Verkehrsbewegungen z.B. zwischen Wohnstandort einerseits und Arbeitsplatz, Freizeit-, Versorgungs- und Bildungsstandort andererseits gekennzeichnet sind.

Das Ausmaß grenzüberschreitender Beziehungen läßt sich in erster Näherung durch die Daten des grenzüberschreitenden Reiseverkehrs der Grenzbehörden aufzeigen (Tab. 1).

Tab. 1: Grenzüberschreitender Reiseverkehr (Bayern mit Österreich, CSFR und DDR)

Gesamtzahl der Ein- und Ausreisen 1988			264,7 Mio. Personen
	Österreich	CSFR	innerdeutsche Grenze
Straße	235,13 Mio.	2,05 Mio.	8,47 Mio.
Bahn	8,96 Mio.	0,285 Mio.	1,53 Mio.
Wasser	0,899 Mio.	-	-

Die Rangfolge der am stärksten frequentierten Grenzübergänge lautet für den Personenverkehr: Bad Reichenhall/Kiefersfelden/Freilassung/Lindau; für den Güterverkehr (Kfz): Kiefersfelden/Bad Reichenhall/Neuhaus am Inn/Lindau.

Die Intensitätsskala dieser Beziehungen wird von freizeit- und arbeitsfunktionalen Verflechtungen angeführt, wobei letztere am besten zu quantifizieren sind (vgl. Karte 1). Die österreichische Statistik nennt z.B. für 1981 etwa 33 800 Arbeitspendler in die Bundesrepublik Deutschland, davon 21 400 Nichttagespendler. Der stärker nach Österreich orientierte Freizeitverkehr ist nicht exakt erfaßt. Die saisonalen Schwankungen der Bewegungen des Reiseverkehrs können jedoch als Basis für eine Typisierung der Grenzgänger benutzt werden. Das Ergebnis zeigt, daß der Grenzabschnitt zwischen Bad Reichenhall und Oberstdorf überwiegend durch freizeitfunktionale, der Abschnitt Passau - Freilassing stärker durch arbeitsfunktionale Ein- und Ausreisen

---

Der Beitrag gibt den Stand Juni 1990 wieder; so sind hier neue Aspekte der Zusammenarbeit zwischen Sachsen und der CSFR nicht berücksichtigt.

Karte 1: Österreichische Auspendler nach Bayern

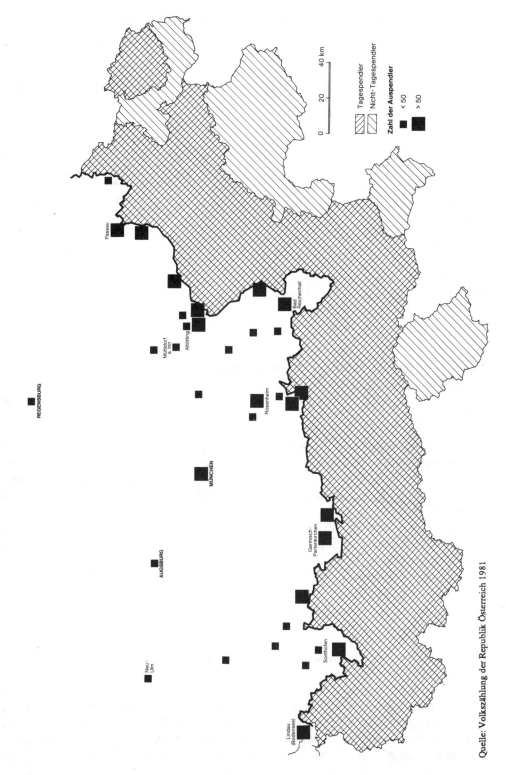

Quelle: Volkszählung der Republik Österreich 1981

Schema 1: Grenzüberschreitende Beziehungen im deutsch-österreichischen Grenzraum

Funktion	Reichweite	Häufigkeit	Beteiligung	Motivation
Arbeit	Pendler - tägl. i.d.R. < 30 km - nicht tägl. < 200 km	- täglich - nicht täglich	zumeist Grundschicht z.T. Mittelschicht	Arbeitsplatz/Lohn
Freizeit	im Grenzraum < 50 km > 50 km	gelegentlich	alle Schichten steigender Anteil Mittel- u. Oberschicht	räumliche Attraktivität für die Freizeitgestaltung
Bildung	meist < 30 km	zeitweise	Theaterbesucher, Teilnehmer von Fachkursen	Angebot
Kommunikation	- 30 km	täglich	alle Schichten	Telefongespräche Zeitungsinformation
Versorgung	- 50 km	gelegentlich	alle Schichten obere Sch. mit der Entfernung	Angebot, Kauferlebnis Preis
	- 10 km	ständig	grenznahe Gemeinden	Infrastrukturergänzung
Entsorgung	ca. 20-100 km	ständig	hydrogr. Netz	Abwasserbeseitigung

Quelle: Gräf, 1984; Ergänzungen: Ruppert

bestimmt ist. Daneben sind häufige Einkaufsfahrten (Kaufkraftabfluß aus Österreich), in geringerem Maße bildungsfunktionale Bewegungen zu beobachten. Das beigefügte Schema 1 versucht eine Grobgliederung grenzüberschreitender Beziehungen an der deutsch-österreichischen Grenze zu verdeutlichen.

Ein spezielles Problem, das weit über den Grenzraum hinausreicht, stellt der alpenquerende Transitverkehr dar. Vor der Tauernautobahn ist vor allem die Brennerroute mit ihren Zulaufstrecken durch den Nord-Südgerichteten Straßengütertransit betroffen, weniger noch die im Bau befindliche Route der Pyhrn-Autobahn. Die Belastung wird durch den Umwegverkehr verstärkt, der infolge restriktiver verkehrspolitischer Maßnahmen der Schweiz auf die Brennerroute ausweicht. Lärm- und Umweltbelastung betreffen aufgrund der Reliefgestaltung besonders die alpinen Täler. Die Bundesrepublik Deutschland unterstützt die Bemühungen zur Verlagerung des Transitverkehrs von der Straße auf die Schiene durch Mitarbeit in einer trilateralen Arbeitsgruppe gemeinsam mit Österreich und Italien. Angesichts der zu erwartenden weiteren Zunahme des alpenquerenden Güterverkehrs sind neben dem längerfristigen Ziel eines Brennerbasistunnels kurz- und mittelfristig durchführbare Maßnahmen zur Erweiterung der Förderkapazität der Bahn im Gange.

Raumfunktionale Verflechtungen bestehen auch im ökologischen Bereich. Als Beispiel sei hier auf die über die Landesgrenze nach Süden ausgreifenden hydrographischen Einzugsgebiete und die damit verbundene grenzüberschreitende Abwasserbelastung verwiesen. Eine von der deutsch-österreichischen Raumordnungskommission durchgeführte Bestandsaufnahme grenzüberschreitender Probleme nennt u.a. die Verschmutzung der Salzach, Hochwasserprobleme der Vils usw. Zahlreiche wasserwirtschaftliche Maßnahmen beiderseits der Grenze (Chiemseekanalisation, Kläranlagenbau in Tirol) haben bereits zur Verbesserung der ökologischen Situation beigetragen.

Abstimmungsbedarf besteht auch bei der Festlegung von Schutzgebieten beiderseits der Staatsgrenze.

Es soll jedoch nicht übersehen werden, daß zahlreiche Probleme des Grenzraumes nur auf der gesamtstaatlichen Ebene gelöst werden können.

8.2 Grenzräume deutscher Behörden

Neben den bisher angesprochenen aktionsräumlichen Beziehungen tragen öffentlich-rechtliche, auf politischen Entscheidungen beruhende Festlegungen von Grenzräumen in unterschiedlicher Weise den grenzüberschreitenden Verflechtungen Rechnung (Schema 2). P. Gräf (1964) verweist darauf, daß 1956 zur Erleichterung zwischenstaatlicher arbeitsfunktionaler Beziehungen in einem Staatsvertrag zwischen der Bundesrepublik Deutschland und Österreich eine "Grenzzone" mit 30 - 50 km Ausdehnung beiderseits der Grenze ausgewiesen wurde, aus der Tagespendler, sog. Grenzgänger, in vereinfachtem Verfahren die Grenze überschreiten können.

Schema 2: Verwaltungsjuristische Definitionen im Grenzraum Bayer/Österreich

Bezeichnung	Festlegung durch	Reichweite in km	Funktionale Bedeutung	Aktionsräumliche Bedeutung für
Grenzzone	Bilaterales Abkommen Abkommen BRD-Österreich	ca. 30 km (Kreisbasis)	Arbeiten (Versorgung)	Grenzgänger Bewohner der Grenzzone
Zollgrenzbezirk	OFD Bayern	ca. 20 km (Gemeindebasis)	Versorgung	Bewohner des Zollgrenzbezirks
Grenznahzonen 1 u. 2	Bundespost	Zone 1: ca. 10 km Zone 2: 10-30 km	Kommunikation	Fernsprechteilnehmer innerhalb der Nahzonen für Gespräche in die benachbarte Grenzzone
Touristenzone	Bayer. Grenzpolizei	1-20 km	Freizeit	jedermann

Quelle: P. Gräf, 1984

Zur Kontrolle und Reglementierung des grenzüberschreitenden Warenverkehrs haben die Finanzministerien einen etwa 20 km breiten "Zollgrenzbezirk" ausgewiesen, der das Einkaufsverhalten im Grenzraum nachhaltig beeinflußt.

Differenzierter betrachtet die Bundespost den Grenzraum. Sie unterscheidet im Telefonverkehr zwischen einer engeren (Grenzanliegergemeinden) und weiteren "Grenznahzone", in denen günstigere Auslandstarife gelten.

Schließlich wird auch noch den besonderen Bedürfnissen grenzüberschreitender Freizeiträume durch Abgrenzung von 21 inselartigen "Touristenzonen" von 5 - 20 km Durchmesser Rechnung getragen, innerhalb derer beim Wandern und Skifahren ein vereinfachter Grenzübertritt möglich ist.

Die Vielfalt der kommunikativen und infrastrukturellen Verflechtungen zwischen den österreichischen Bundesländern und Bayern läßt im Vergleich zu den bis vor kurzem stark eingeschränkten Beziehungen zur CSFR den großen Unterschied in der Durchlässigkeit der EG-Außengrenzen erkennen.

8.3 Grenzüberschreitende Zusammenarbeit

Bestehende reale Verflechtungen, bisweilen auch Problemsituationen waren der Anlaß für eine grenzüberschreitende Zusammenarbeit sowohl auf der Basis der Nationalstaaten als auch der Bundesländer im Bereich der Raumordnung.

8.3.1 Deutsch-österreichische Raumordnungskommission

Ein im Jahr 1973 zwischen der Bundesrepublik Deutschland und Österreich geschlossenes Abkommen sieht die Schaffung einer gemeinsamen Kommission zur Förderung und Erleichterung der grenzüberschreitenden Zusammenarbeit vor, deren Konstitution 1974 stattfand. Neben den beiden Bundesregierungen sind auch die Anrainerländer Bayern, Baden-Württemberg, Oberösterreich, Salzburg, Tirol und Vorarlberg in der Kommission vertreten.

Raumordnungsrelevante Fragen der grenznahen Gebiete beiderseits der Staatsgrenze sollen hier behandelt, Raumordnungsmaßnahmen erörtert und abgestimmt werden. Zum Arbeitsprogramm gehört auch ein vielseitiger Erfahrungs- und Informationsaustausch. Empfehlungen wurden zu mannigfaltigen grenzüberschreitenden Fragestellungen erarbeitet wie z.B. zu den Themen Verkehr, Energie, Naturschutz, Landschaftspflege, Raumordnung grenznaher Gemeinden (Bauleitplanung), Gewässer- und Umweltschutz usw. Eine eigene Empfehlung betraf 1983 das Internationale Leitbild für das Bodenseegebiet.

Eine Bestandsaufnahme grenzüberschreitender Probleme zwischen Bayern einerseits und Oberösterreich, Salzburg und Tirol andererseits wurde 1987 vorgelegt, wobei besonders die Thematik der Entwicklung der zentralen Orte und der Abstimmung des Natur- und Landschaftsschutzes berücksichtigt wurde. In letzter Zeit gewannen verkehrspolitische Fragen zunehmend an Bedeutung.

8.3.2 Grenzüberschreitende Zusammenarbeit Bayerns mit österreichischen Ländern

Die Kontakte Bayerns vor allem mit den angrenzenden österreichischen Ländern sind außerordentlich vielfältig. Das Spektrum der Zusammenarbeit reicht von den hier nicht näher angesprochenen Kontakten der grenznahen Kommunen und Behörden bis zu einer institutionalisierten Zusammenarbeit bilateraler und multilateraler Art des Freistaats Bayern mit den Nachbarländern.

Diese Zusammenarbeit erfolgt unterhalb der Ebene des Völkerrechts, d.h. ohne rechtsverbindliche Verträge oder Absprachen. Dennoch ist es gelungen, in den Gremien, die im folgenden näher erläutert werden, im beiderseitigen Interesse zahlreiche Probleme zu lösen.

8.3.2.1 Bilaterale Zusammenarbeit

Die konkrete grenzüberschreitende Zusammenarbeit Bayerns mit österreichischen Ländern nahm nach fruchtbaren Ansätzen im Jahr 1969 mit der Gründung der Gesprächsgruppe Bayern - Tirol ihren Anfang. Diese ist inzwischen zu 33 Sitzungen zusammengetreten. Sie wurde zum Modell für die Gründung weiterer Gesprächsgruppen mit den anderen angrenzenden österreichischen Bundesländern Salzburg (1971), Vorarlberg (1972) und Oberösterreich (1973). Nach den positiven Erfahrungen zwischen Bayern und Tirol richtete Bayern auch mit mehreren jugoslawischen Republiken bzw. italienischen Regionen Gesprächsgruppen bzw. "Ständige Kommissionen" ein.

In diesen bilateralen Gremien wurden und werden Fragen des grenzüberschreitenden Verkehrs, der Beschleunigung der Grenzkontrollen, des grenzüberschreitenden Umwelt- und Naturschutzes, gemeinsame wasserwirtschaftliche Vorhaben, grenzüberschreitende Luftrettungsdienste, Fragen der wirtschaftlichen Kooperation, der wissenschaftlichen und kulturellen Zusammenarbeit und vieles andere mehr erörtert und, soweit möglich, einer einvernehmlichen Lösung zugeführt.

Sehr konkrete Ergebnisse ließen bzw. lassen sich dabei vor allem in der Zusammenarbeit mit den vier angrenzenden österreichischen Nachbarländern erzielen. Die Vereinbarungen reichen bis zu gemeinsamer grenzüberschreitender Verkehrsplanung, gemeinsamem Straßen- und Brückenbau im Grenzgebiet, der Errichtung gemeinsamer Naturschutzgebiete oder dem Bau gemeinsamer Kläranlagen für Gemeinden diesseits und jenseits der Grenze.

8.3.2.2 Multilaterale Zusammenarbeit

Gleichzeitig entwickelte sich in Mitteleuropa eine grenzüberschreitende multilaterale Zusammenarbeit, an der neben Bayern und österreichischen Ländern noch weitere Regionen und Republiken aus anderen Staaten beteiligt sind. Die Ursache für die zunehmende multilaterale Zusammenarbeit war die frühzeitig einsetzende Erkenntnis, daß bilateral nur ein Teil der raumübergreifenden Probleme einer Lösung nähergebracht werden konnte. Der alpenüberquerende Verkehr sowie die keine Grenzen kennenden Umweltprobleme sind nur zwei Beispiele dafür.

Arbeitsgemeinschaft Alpenländer (ARGE ALP)

Die enge Berührung der Länder des mittleren Alpenbogens, eine Vielzahl von geographischen und kulturellen Gemeinsamkeiten, von wirtschaftlichen und sozialen Bindungen, aber auch ein gewisser partei- und gesellschaftspolitischer Gleichklang waren die Grundlage für grenzüberschreitende Kontakte. Nach bilateralen Ansätzen wurde auf Vorschlag des damaligen Tiroler Landeshauptmanns E. Wallnöfer und nach Abstimmung mit dem damaligen bayerischen Ministerpräsidenten Dr. h.c. A. Goppel 1972 die Arbeitsgemeinschaft Alpenländer (ARGE ALP) gegründet. Neben einem turnusmäßigen Vorsitzenden (Regierungschef eines Landes) und den regelmäßigen Konferenzen der Regierungschefs in den einzelnen Mitgliedsländern verfügt die Arbeitsgemeinschaft über Kommissionen zur Vorbereitung der Beschlüsse, über die Arbeitsgruppe der leitenden Beamten und eine Geschäftsstelle (vgl. Auflistung der Mitglieder).

Karte 2: ARGE ALP - ARGE ALPEN-ADRIA

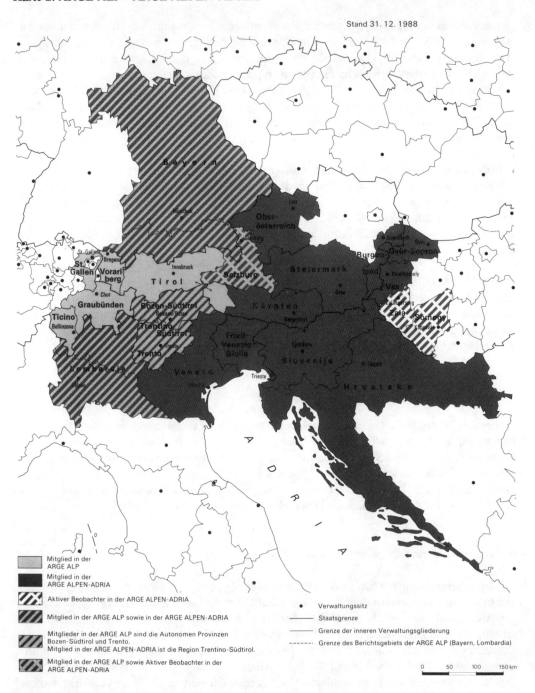

Baden-Württemberg seit Juni 1989 Beobachterstatus. Neueste Abgrenzung vgl. Anhang.
Herausgeber: Bayerisches Staatsministerium für Landesentwicklung und Umweltfragen, 10 Raumordnungsbericht der Bayerischen Staatsregierung 1987/88

Die Konferenzen auf Regierungsebene dienen einerseits der Auftragserteilung an die Kommissionen, andererseits der Beschlußfassung über die Arbeitsergebnisse aus den Kommissionen. Diese treten unter Leitung eines auf drei Jahre bestellten Vorsitzenden zwischen den Konferenzen der Regierungschefs zusammen. Ihre Arbeitsgebiete sind:

- Verkehrsangelegenheiten
- Umweltschutz, Raumordnung und Landwirtschaft
- Kulturelle Zusammenarbeit
- Gesundheitswesen und Familienpolitik
- Wirtschaft.

Ein "Gemeinsames Leitbild für die Entwicklung und Sicherung des Alpengebietes" wurde 1981 von den Regierungschefs beschlossen. Ziele, Mitgliedschaft, Arbeitsweise und Kostentragung wurden 1986 in einem eigenen Organisationsbeschluß fixiert, der derzeit überarbeitet wird.

Die ARGE ALP ist seit 1980 auch Mitglied in der Arbeitsgemeinschaft Europäischer Grenzregionen (AGEG). Ihre Vertretung erfolgt durch die Bayerische Staatskanzlei.

Arbeitsgemeinschaft Alpen-Adria

Politische und wirtschaftliche Umwälzungen als Folge zweier Weltkriege trennten insbesondere im Südosten der Alpen Gebiete, zwischen denen jahrhundertelang enge Kontakte bestanden. Mit der Konsolidierung der politischen Verhältnisse entwickelten sich in den letzten beiden Jahrzehnten aber immer deutlicher räumliche Verflechtungen zwischen dem Südosten Österreichs, dem Westen Ungarns, dem Norden Jugoslawiens und dem Nordosten Italiens. Insbesondere die Entwicklung der versorgungs-, aber auch der freizeitfunktionalen Verflechtungen ließen den Wunsch einer Koordination räumlicher Entwicklungen entstehen. Je durchlässiger die Grenzen wurden, um so mehr trat an die Stelle der Trennwirkung die Bereitschaft zu einer grenzüberschreitenden Kooperation.

Am 20. November 1978 wurde daher - im wesentlichen nach dem Vorbild der ARGE ALP - eine Arbeitsgemeinschaft der Länder, Regionen und Republiken des Ostalpenbereiches (ARGE ALPEN-ADRIA) in Venedig gegründet (vgl. Auflistung der Mitglieder).

Die Arbeitsgemeinschaft umfaßt nicht nur politisch sehr unterschiedlich orientierte Gebiete, sondern reicht inzwischen auch geographisch weit über den eigentlichen Alpenbereich hinaus. Der Name ALPEN-ADRIA verdeutlicht nicht nur die unterschiedliche physisch-geographische Struktur, sondern auch die Vielschichtigkeit sachlicher Probleme des Planungsbereichs. Ähnlich der ARGE ALP bestehen in der ARGE ALPEN-ADRIA - neben der Konferenz der Regierungschefs und der Kommission der leitenden Beamten - sechs Kommissionen, die folgende Fragenkreise auf fachlicher und informativer Ebene behandeln sollen:

I. Raumordnung und Umweltschutz
II. Verkehr und Verkehrsinfrastruktur
III. Kulturelle und wissenschaftliche Beziehungen
IV. Wirtschaft und Tourismus

V. Land- und Forstwirtschaft, Bergwirtschaft
VI. Gesundheit und Hygiene

Neben verschiedenen problemorientierten Bestandsaufnahmen liegen Arbeitsergebnisse in Form von Raumordnungsberichten vor.

Konferenz der Regierungs- bzw. Ressortchefs der Bodenseeanrainerländer

Grenzüberschreitende Probleme der Bodenseeregion werden nicht nur auf der Ebene der Zentralregierungen, sondern auch auf Länder- und Kantonsbasis diskutiert. Teilnehmer der politischen Konferenz, die durch den "Ständigen Ausschuß" auf Beamtenebene vorbereitet und begleitet wird, sind die unten erwähnten sechs Mitgliedsländer aus der Bundesrepublik Deutschland, der Schweiz und Österreich.

Arbeitsgemeinschaft Donauländer

In den letzten Jahren wurden vor allem von Niederösterreich mehrere Initiativen zur Errichtung einer "Arbeitsgemeinschaft Donauländer" ergriffen. Die Gründung dieser Gemeinschaft, die nach dem Vorbild von ARGE ALP bzw. ARGE ALPEN-ADRIA aufgebaut ist, erfolgte am 17.5.1990 in Niederösterreich. Neben dem Freistaat Bayern und österreichischen Ländern arbeiten Regionen aus Ungarn, Jugoslawien, der UdSSR und CSFR mit (vgl. Auflistung der Mitglieder).

Aufgabe dieser Arbeitsgemeinschaft ist die gemeinsame, informative und sachliche Behandlung und Koordinierung von Fragen, welche im Interesse ihrer Mitglieder liegen. Vor allem sollen dabei Fragen der Wirtschaft, der Raumordnung, des Verkehrs, des Natur- und Umweltschutzes, des Fremdenverkehrs sowie der kulturellen und wissenschaftlichen Kontakte behandelt werden.

Anhang

Grenzüberschreitende Zusammenarbeit Bayerns mit europäischen Ländern und Regionen

1. Multilaterale Gremien

a) *Arbeitsgemeinschaft Alpenländer (ARGE ALP)*
   (gegründet 12.10.1972)
   Mitgliedsländer:
   Freistaat Bayern, Land Salzburg, Land Tirol, Land Vorarlberg, Autonome Provinz Bozen-Südtirol, Autonome Provinz Trient, Region Lombardei, Kanton Graubünden, Kanton St. Gallen, Kanton Tessin; Baden-Württemberg (Beobachter)

b) *Arbeitsgemeinschaft Alpen-Adria (ARGE ALPEN-ADRIA)*
(gegründet 20.11.1978)
Mitgliedsländer:
Freistaat Bayern, Autonome Region Friaul-Julisch Venetien, Region Lombardei, Region Trentino-Südtirol, Region Veneto, Burgenland, Land Kärnten, Land Oberösterreich, Land Steiermark, Republik Kroatien, Republik Slowenien, ungarische Komitate Györ-Sopron, Somogy, Vas und Zala; Land Salzburg, Kanton Tessin, Komitat Baranya als Beobachter

c) *Konferenz der Regierungs- bzw. Ressortchefs der Bodenseeanrainerländer*
Mitgliedsländer:
Freistaat Bayern, Land Baden-Württemberg, Kanton Schaffhausen, Kanton St. Gallen, Kanton Thurgau; Land Vorarlberg

d) *Arbeitsgemeinschaft Donauländer*
(gegründet 17.5.1990)
Mitgliedsländer:
Freistaat Bayern, Land Oberösterreich, Land Niederösterreich, Land Wien, Burgenland, Komitat Györ-Sopron, Komitat Komárom, Komitat Pest, Komitat Fejér, Komitat Bács-Kiskun, Komitat Tolna, Komitat Baranya, SR Serbien, Moldawische SSR; Südmährischer Kreis und Westslowakischer Kreis als Beobachter.

2. Bilaterale Gremien

a) mit österreichischen Bundesländern
    Bayern - Tirol   (seit 1969)
    Bayern - Salzburg   (seit 1971)
    Bayern - Vorarlberg   (seit 1972)
    Bayern - Oberösterreich   (seit 1973)

b) mit italienischen Regionen
    Bayern - Veneto   (seit 1978)
    Bayern - Friaul-Julisch Venetien   (seit 1981)
    Bayern - Autonome Provinz Trient   (seit 1987)

c) mit jugoslawischen Republiken
    Bayern - Serbien   (seit 1970)
    Bayern - Bosnien-Herzegowina   (seit 1972)
    Bayern - Kroatien   (seit 1972)
    Bayern - Slowenien   (seit 1975)

HANS MAYER / KARL RUPPERT

III.9 Grenzüberschreitende Zusammenarbeit zwischen der Bundesrepublik Deutschland bzw. Bayern und der Tschechischen und Slowakischen Föderativen Republik

9.1 Rechtliche Grundlagen

Eine institutionalisierte grenzüberschreitende Zusammenarbeit zwischen der Bundesrepublik Deutschland und der Tschechischen und Slowakischen Förderativen Republik (ČSFR) kam - verglichen mit anderen Nachbarstaaten - erst sehr spät zustande. Die rechtlichen Grundlagen hierfür schuf der Vertrag über die gegenseitigen Beziehungen zwischen der Bundesrepublik Deutschland und der Tschechischen und Slowakischen Föderativen Republik vom 11. Dezember 1973 (Gesetz vom 12. Juli 1974, BGBl. 1974, S. 989), nach dem auch die Erweiterung der nachbarschaftlichen Zusammenarbeit zwischen beiden Staaten angestrebt wurde. Es dauerte allerdings bis Ende 1981, bis diese Absichtserklärung zu ersten konkreten Vereinbarungen über eine institutionalisierte Zusammenarbeit führte (vgl. unten 9.2).

Zwischen dem Freistaat Bayern und der ČSFR bzw. zur Tschechischen Republik (ČR) gibt es demgegenüber noch keine institutionalisierten unmittelbaren Beziehungen, wie sie beispielsweise zwischen Bayern und österreichischen Ländern, jugoslawischen Republiken oder italienischen Regionen und Autonomen Provinzen existieren. Es bestehen jedoch lose Kontakte auf politischer Ebene sowohl mit Dienststellen der ČSFR wie auch der ČR, bei denen bayerische Probleme erörtert und vorgetragen werden, wie auch fachliche Kontakte auf unterer staatlicher Verwaltungsebene und auf kommunaler Ebene. Bayern entsendet allerdings Vertreter in diejenigen Gremien, die zwischen der Bundesrepublik Deutschland und der Tschechischen und Slowakischen Föderativen Republik eingerichtet worden sind.

Ansätze zu institutionalisierten Kontakten zwischen Bayern und Gebietskörperschaften der ČSFR entstehen dagegen über die neugegründete "Arbeitsgemeinschaft Donauländer" (vgl. unten, 9.2.6).

9.2 Institutionalisierte Zusammenarbeit zwischen der Bundesrepublik Deutschland und der Tschechischen und Slowakischen Föderativen Republik

9.2.1 Treffen der Grenzbevollmächtigten

Im November 1981 wurden durch jeweils gleichlautende Noten der Außenministerien beider Staaten die Grenzbevollmächtigten eingesetzt. Grenzbevollmächtigter der Bundesrepublik Deutschland ist ein Beamter des Bundesinnenministeriums, sein Vertreter ein Beamter der Bayerischen

---

Der Beitrag gibt den Stand Juni 1990 wieder; so sind hier neue Aspekte der Zusammenarbeit zwischen Sachsen und der ČSFR nicht berücksichtigt.

Staatskanzlei. Die Grenzbevollmächtigten sind zuständig für die Unterrichtung über Angelegenheiten von beiderseitigem Interesse, Untersuchung von Grenzzwischenfällen, Verhütung von Grenzzwischenfällen, Schadensverhütung und Schadensfeststellung, Grenzvermessung und -markierung, Fragen des Reiseverkehrs an der Grenze, Baumaßnahmen an der Grenze und ähnliches.

Die Grenzbevollmächtigten bedienen sich örtlicher Grenzdienststellen, wobei dies in Bayern der Grenzbeauftragte des Präsidiums der Bayerischen Grenzpolizei mit Sitz in Furth im Wald ist. Er hält für Angelegenheiten von örtlicher Bedeutung den Kontakt zu den örtlichen Grenzbeauftragten der ČSFR an den jeweiligen Grenzübergängen.

9.2.2 Treffen der Bevollmächtigten der Bundesrepublik Deutschland und der ČSFR für die Grenzgewässer

Die Grenzgewässer-Bevollmächtigten wurden im Dezember 1981 durch Noten der beiden Außenministerien eingesetzt. Grenzgewässer-Bevollmächtigter der Bundesrepublik Deutschland ist ein Beamter der Obersten Baubehörde im Bayerischen Staatsministerium des Innern, sein Vertreter ein Beamter der Regierung der Oberpfalz.

Der Zuständigkeitsbereich der Grenzgewässer-Bevollmächtigten bezieht sich auf Veränderungen des Flußregimes, Ausbau und Unterhaltung von Grenzgewässern, Bau von Schutzdeichen, Schutz vor Hochwasser und Eis, Reinhaltung der Gewässer, Nutzung der Wasserkräfte, Wasserversorgung sowie sonstige Fragen wasserwirtschaftlicher Zusammenarbeit.

9..2.3 Bayerisch-Tschechische Arbeitsgruppe

Im Oktober 1989 wurde von tschechischer Seite angeregt, zur Vorbereitung eines Besuches von Ministerpräsident Streibl in der ČR eine Arbeitsgruppe einzusetzen. Sie sollte aus Experten der einzelnen Fachressorts der beiden Länder bestehen.

Mittlerweile hat sich diese Arbeitsgruppe zweimal getroffen und auch einen Programmentwurf für die Zusammenarbeit zwischen der ČR und dem Freistaat Bayern erstellt. So soll vielfältig auf den Gebieten Wirtschaft, Wissenschaft, Technik, Umwelt- und Naturschutz, Kultur, Bildungswesen, Sport und Reiseverkehr zusammengearbeitet werden.

9.2.4 Treffen von Umweltexperten

Im Oktober 1987 wurde zwischen der Bundesrepublik Deutschland und der ČSFR, ausgehend von dem Vertrag vom 11.12.1973 über die gegenseitigen Beziehungen, ein Vertrag über die Zusammenarbeit auf dem Gebiet des Umweltschutzes geschlossen. Gegenstand der Zusammenarbeit sind vor allem Maßnahmen und Technologien zur Verringerung und Messung von Schadstoffen in der Luft sowie zum Schutz oberirdischer und unterirdischer Gewässer, die Feststellung der Ursachen von Waldschäden und Maßnahmen zu deren Minderung, die Vermeidung sowie Verwertung und schadlose Beseitigung von Abfällen sowie die ökologische Beobachtung von Veränderungen in der Umwelt. Das Abkommen schuf die Voraussetzungen für die Einsetzung einer Reihe von Expertengruppen, die sich bereits intensiv mit beiderseitig interessierenden Fragen befaßt haben.

9.2.5 Treffen von Verkehrsexperten

Durch Notenaustausch der beiden Außenministerien wurde im April 1989 eine Expertengruppe für Fragen der Straßengrenzübergänge zwischen der Bundesrepublik Deutschland und der ČSFR eingerichtet. Die Leitung dieser Expertengruppe liegt bei einem Beamten des Bundesinnenministeriums; vertreten sind auch bayerische Beamte. Die Expertengruppe befaßt sich mit dem Neubau und dem Ausbau von Straßengrenzübergängen zur ČSFR und allen damit zusammenhängenden Fragen. Die letzte Tagung, bei der die Öffnung von 7 neuen Grenzübergängen vereinbart wurde, war im Februar 1990. Man ist bestrebt, noch weitere Grenzübergänge zu schaffen.

9.2.6 Arbeitsgemeinschaft Donauländer

Am 17.5.1990 wurde in Niederösterreich nach mehrjährigen Bemühungen die "Arbeitsgemeinschaft Donauländer" gegründet. Diese Arbeitsgemeinschaft hat sich die gemeinsame informative und fachliche Behandlung und Koordinierung von Fragen, welche im Interesse ihrer Mitglieder liegen, zur Aufgabe gemacht. Vor allem sollen Probleme der Wirtschaft, der Raumordnung, des Verkehrs, des Natur- und Umweltschutzes, des Fremdenverkehrs und der kulturellen und wissenschaftlichen Kontakte behandelt werden. Mitglieder in dieser Arbeitsgemeinschaft sind neben dem Freistaat Bayern 4 österreichische Länder, 7 ungarische Komitate, die jugoslawische SR Serbien sowie die Moldawische SSR der UdSSR. Daneben gehören der Arbeitsgemeinschaft aus der ČSFR der Südmährische Kreis sowie der Westslowakische Kreis als Beobachter an.

9.2.7 Gründung einer deutsch-tschechoslowakischen Raumordnungskommission

Im Hinblick auf die wachsende grenzüberschreitende Beziehung und unter Beachtung der Tatsache, daß viele Probleme eines wirksamen Umweltschutzes ohne nachbarliche Zusammenarbeit nicht befriedigend gelöst werden können, sollte die Bundesrepublik Deutschland die Bildung der bereits im Raumordnungsbericht 1974 angesprochenen bilateralen Raumordnungskommission unverzüglich in die Wege leiten.

9.3 Entwicklungstendenzen

Jahrhundertelang bestanden enge Beziehungen zwischen Bayern und Böhmen. Rege Wirtschaftsbeziehungen verliefen z.B. über den Goldenen Steig von Passau nach Pilsen. Nach der abrupten Grenzziehung 1945 verblieben immerhin noch einige Kontakte z.B. im energiewirtschaftlichen Bereich (Porzellanindustrie, Kraftwerk Arzberg). Ihr Ausmaß war jedoch höchst bescheiden. Sie existierten nur vereinzelt auf unterer staatlicher oder kommunaler Ebene ohne feste Institutionalisierung.

1988 bestanden neben fünf Straßenübergängen, die damals von 2,05 Mio. Personen und 750 000 Kfz (290 000 Güter-Kfz) frequentiert wurden, 3 Eisenbahnübergänge (280 000 Personen und 1 200 Züge im Jahr 1988).

Die grenzüberschreitende Zusammenarbeit zwischen der Bundesrepublik Deutschland und der ČSFR ist in der jüngsten Vergangenheit deutlich intensiviert worden. Dies gilt für alle der oben angesprochenen Bereiche, vor allem aber für den Umweltschutz, wobei hier die Probleme der Luftreinhaltung im Vordergrund stehen. Die Hauptproblematik ist dabei nach wie vor die grenzüberschreitende Luftverschmutzung aus dem nordwestböhmischen und nordböhmischen Braunkohlerevier.

Eine künftige Kooperation zwischen der Bundesrepublik Deutschland bzw. Bayern und der ČSFR auf dem Sektor Luftreinhaltung sollte in erster Linie auf Maßnahmen zur Emissionsminderung an Anlagen in Grenznähe ausgerichtet sein. Eine verstärkte Kooperation ist auch auf dem Gebiet der Immissions- oder Umweltüberwachung denkbar und aussichtsreich.

Eine Absprache zwischen dem Tschechoslowakischen Brennstoffministerium und dem Bayerischen Staatsministerium für Landesentwicklung und Umweltfragen führte zur kostenlosen Installierung einer Rauchgasentschwefelungsanlage im Kraftwerk Tísová/ČSFR, die früher im Kraftwerk Arzberg in Betrieb war.

Eine Zusammenarbeit zwischen Bayern und der damaligen ČSSR bestand bereits seit 1984 auf dem Gebiet der Immissionsüberwachung. Gemeinsame Vergleichsmessungen von Schwefeldioxyd wurden beiderseits der Grenze durchgeführt, ein regelmäßiger Datenaustausch findet statt. Dem tschechischen hydrometeorologischen Dienst wurden im Mai 1989 für das Meßnetz Nordböhmen 30 Schwefeldioxyd-Meßgeräte übergeben. 1986 und 1987 wurden im Kraftwerk Prunerov/Nordböhmen Versuche zur Entschwefelung mit einer von Bayern zur Verfügung gestellten Pilotanlage durchgeführt. Eine Container-Meßstation des lufthygienischen Landesüberwachungssystems Bayern soll im Raum Sokolov eingesetzt werden.

Ebenso wird die Zusammenarbeit im Bereich Naturschutz vertieft. Der Minister für Umwelt der Tschechischen Republik und der Bayerische Staatsminister für Landesentwicklung und Umweltfragen vereinbarten im März 1990, daß eine gemeinsame Arbeitsgruppe ökologische Bestandsaufnahmen entlang der Grenze und die Ausweisung grenzüberschreitender Naturschutzgebiete und Naturparks sowie eine Erweiterung des Nationalparks Bayerischer Wald diskutieren soll. Auf tschechischer Seite bestehen bereits entsprechende Planungen, die Abstimmung der Schutzziele steht aber noch aus.

Bemerkenswert ist in diesem Zusammenhang auch der am 19.12.1988 zwischen der Bayernwerk AG und dem Tschechischen Energiekonzern abgeschlossene Vertrag über die Errichtung einer Gleichstromnetzkupplung zum Höchstspannungsnetz der ČSFR. Bestandteil dieses Vertrages über den gegenseitigen Stromaustausch ist eine Erklärung über Belange der Luftreinhaltung, wonach

- der gegenseitige Stromaustausch nicht zu einer Beeinträchtigung der Luftqualität in Bayern oder der ČSFR führen darf,
- das Kraftwerk Tísová bei Smogalarm in Nordostoberbayern in der Leistung reduziert wird (bei Bedarf Stromlieferung aus Bayern),

- bei Smogalarm in Nordwestböhmen die bayerische Seite auf Verlangen mit Stromlieferungen hilft.

Weitere Schwerpunkte der künftigen grenzüberschreitenden Zusammenarbeit zwischen der Bundesrepublik Deutschland und der ČSFR liegen, was konkrete Maßnahmen angeht, beim Aus- bzw. Neubau von Grenzübergängen (vor allem Autobahngrenzübergang Waidhaus auf der künftigen Trasse der Autobahn Nürnberg-Pilsen-Prag) sowie bei Projekten der Wasserversorgung von Gemeinden im Grenzgebiet und bei Projekten zur Reinhaltung der Grenzgewässer.

Für den 1.7.1990 ist die Abschaffung des Visazwanges zwischen der Bundesrepublik Deutschland und der ČSFR geplant, womit der freizügige Reiseverkehr zwischen beiden Staaten ermöglicht wird.

Inzwischen ist auch eine deutliche Belebung der wirtschaftlichen Kontakte zu beobachten. Vielfältige Initiativen entwickeln sich derzeit über die Industrie- und Handelskammern in Regensburg, Passau sowie Bayreuth. Kontaktveranstaltungen und Ausstellungen bieten Ansätze zur Entwicklung von Kooperationsbeziehungen. Nach wie vor aber besteht die dringende Notwendigkeit des Ausbaus der Verkehrsinfrastruktur. So werden zahlreiche neue Grenzübergänge vorerst nur für Fußgänger, Rad- und Motorradfahrer freigegeben. Zunächst stellt die Errichtung des Kleinen Grenzverkehrs zwischen den beiderseitigen grenznahen Gebieten einen ersten Schritt zur Entwicklung intensiverer grenzüberschreitender Beziehungen dar.

Literatur

Amt der Vorarlberger Landesregierung (Hrsg.): Der Grenzraum des Landes Vorarlbergs gegenüber Bayern, Bregenz 1981

ARGE Alp (Hrsg.): Strukturdaten der Alpenländer, Innsbruck 1978

P. Gräf: Funktionale Verflechtungen im deutsch-österreichischen Grenzraum, Beiträge ARL 76/1984, S. 123-142

J. Maier u.a.: Raumstrukturen, aktionsräumliche Verhaltensmuster und Bewertungen an einer partiell offenen Grenze - das nordostbayerische Beispiel, Tagungsberichte des 43. Deutschen Geographentags 1981, Mannheim 1983, S. 334-338

ÖROK (Hrsg.): Regionalpolitik im Grenzgebiet gegenüber Bayern, ÖROK-Schriftenreihe 4/1974

ÖROK (Hrsg.): Empfehlungen der österreichisch-deutschen Raumordnungskommission, ÖROK-Schriftenreihe 44, 1985

Präsidium der Bayerischen Grenzpolizei (Hrsg.): Jahresberichte, versch. Jg., München

Regierung von Oberbayern und Regierung von Schwaben (Hrsg.): Raumordnerische Bestandsaufnahme des deutsch-österreichischen Grenzraumes, München 1983

K. Ruppert: ARGE Alp-ARGE Alpen-Adria - ARGE West, Grenzüberschreitende Zusammenarbeit im Alpenraum, Beiträge ARL 76/1984, S. 109-122

K. Ruppert: Überregionale Raumordnungsprobleme aus der Sicht Bayerns, Berichte z. Raumforschung und Raumplanung, 4/1977, S. 11 ff.

K. Ruppert: Funktionale Verflechtungen im deutsch-österreichischen Grenzraum, Innsbrucker Geographische Studien 6/1979, S. 447-456

K. Ruppert u. Th. Polensky: ARGE Alpenländer, Kartengrundlagen für eine grenzüberschreitende Raumplanung, Raumforschung u. Raumordnung 1/1979, S. 29 ff.

Viktor Frhr. von Malchus

III.10 Deutsch-polnische grenzübergreifende Zusammenarbeit
Erste Überlegungen und Folgerungen

10.1 Vertragliche Grundlagen für die grenzübergreifende Zusammenarbeit

Am 12. September 1990 ist in Moskau der "Vertrag über die abschließende Regelung in bezug auf Deutschland" unterschrieben worden. Zusammen mit dem Einigungsvertrag vom 31. August 1990 und dem Vertrag vom 1. Oktober 1990, mit dem die Rechte und Verantwortlichkeiten der Vier Mächte vom Tage der Vereinigung bis zum Inkrafttreten des Vertrages suspendiert werden, eröffneten diese Dokumente Deutschland den Weg zur Vereinigung in Freiheit. Die Verträge weisen in eine bessere europäische Zukunft. Sie sind Dokumente des Friedenswillens aller Beteiligten. Die friedliche Freiheitsrevolution in der DDR hat die Völker der Welt überzeugt, daß die Deutschen die Chance für Freiheit und Frieden nutzen[1].

Die Deutschen wissen aber sehr genau, daß die Einheit Deutschlands nicht Folge eines nationalen Alleingangs, sondern Teil eines europäischen Prozesses ist, der - durch den Geist von Helsinki beflügelt - von Polen maßgeblich mitbeeinflußt und durch das Abschlußdokument des KSZE-Gipfels, der "Charta von Paris", endgültig besiegelt wurde. Europa ist Quelle und muß das Ziel der deutschen Einheit sein.

Am 3. Oktober 1990 ist die DDR dem Geltungsbereich des Grundgesetzes nach Art. 23 GG beigetreten. Damit entfällt die Grenze zwischen der Bundesrepublik Deutschland und der DDR, und die Bundesrepublik Deutschland bekommt im Osten eine gemeinsame Grenze mit Polen, die gleichzeitig auch östliche Außengrenze der Europäischen Gemeinschaft (EG) wird. Die Unverletzlichkeit der Grenzen ist ein wichtiges Kernelement der Friedensordnung in Europa. Der Warschauer Vertrag und der Moskauer "Vertrag über gute Nachbarschaft, Partnerschaft und Zusammenarbeit" vom 12. September 1990 schaffen nicht nur eine neue, zukunftsgerichtete Grundlage für das deutsch-polnische und das deutsch-sowjetische Verhältnis, sondern sie ensprechen zugleich auch der zentralen Bedeutung dieser Beziehungen für ganz Europa, denn diese Verträge bestätigen den endgültigen Charakter der Grenzen des gesamten Deutschlands. Das vereinte Deutschland hat damit endgültig erklärt, derzeit und in Zukunft keine Gebietsansprüche gegen andere Staaten zu erheben[2].

Deutschland und Polen haben - diesen Zielen entsprechend - innerhalb einer kürzestmöglichen Zeit nach der Herstellung der deutschen Einheit am 3. Oktober 1990 in einem Grenzvertrag vom 14. November 1990 die bestehende deutsch-polnische Grenze bestätigt. Der Grenzvertrag lehnt sich, wie dies auch von Anfang an beabsichtigt war, eng an die Entschließungen des Deutschen Bundestages und der Volkskammer der DDR vom Juni 1990 an, die bereits deutlich von einer gemeinsamen Bereitschaft zur Versöhnung zeugen.

Aus der Volksrepublik Polen (VRP) ist 1989 die Republik Polen geworden. Das neue demokratische Polen hat sich als eine seiner ersten Maßnahmen am 8. März 1990 auf der Grundlage der Europaratscharta der kommunalen Selbstverwaltung ein Kommunalgesetz geschaffen, mit dessen Hilfe die kommunale Selbstverwaltung in ca. 2 400 Städten und Gemeinden Polens mit einer Einwohnerzahl von rund 38 Mio. wiederhergestellt werden konnte. Ende Mai 1990 fand in Polen die erste allgemeine, freie und geheime demokratische Wahl nach dem Kriege statt. Seither wird die deutsch-polnische Zusammenarbeit im kommunalen Bereich konsequent und stetig ausgebaut.

In der Republik Polen wird - wie auch in den anderen Staaten Mittel- und Osteuropas - an eine Verwaltungsreform gedacht. Nach ersten Überlegungen sollen in der Republik Polen die 49 Wojewodschaften mit ihren 254 Kreisen auf 13 Wojewodschaften mit ca. 200 Kreisen reduziert werden. Ähnliche Reformen werden auch in der CSFR und in Ungarn angestrebt. Ungarn hat mit seinen Reformen und mit freien Wahlen die Voraussetzungen für den Beitritt zum Europarat geschaffen. Ungarn trat im Herbst, die CSFR im Frühjahr 1991 dem Europarat bei. Es bleibt zu hoffen und zu wünschen, daß auch Polen - wie beabsichtigt - alsbald dem Europarat beitreten kann. Damit würden weitere Grundlagen für eine verbesserte grenzüberschreitende Zusammenarbeit mit Deutschland geschaffen.

Über den Grenzvertrag hinaus haben die Republik Polen und die Bundesrepublik Deutschland im Juni 1991 einen "Vertrag über gute Nachbarschaft und freundschaftliche Zusammenarbeit" geschlossen, der den Beziehungen zwischen den beiden Ländern einen starken und zukunftsgewandten Impuls geben soll, etwa wie mit unseren französischen Nachbarn im Westen, denn neben Frankreich ist Polen der zweitgrößte Nachbar Deutschlands. Diese zukunftsgewandte Zusammenarbeit umfaßt u.a. Sicherheitspolitik, Wissenschaft, Wirtschaft, Technik, Kultur, eine breite Begegnung der Menschen sowie eine Regelung der Minderheitenfrage. In Art. 13 wurde auch die Grundlage für eine grenzüberschreitende räumliche Planung auf allen Ebenen geschaffen. Zur Förderung der deutsch-polnischen Zusammenarbeit wurde eine Regierungskommission ins Leben gerufen.

Schon in den Gesprächen, die Bundeskanzler Kohl mit dem Ministerpräsidenten der Republik Polen, T. Mazowiecki, in Frankfurt a.d. Oder u.a. auch über die Zusammenarbeit an der Grenze führte, wurden Überlegungen zu Sofortmaßnahmen und zu mittel- und langfristigen Projekten angestellt, wie etwa:

- zu einem sechsspurigen Ausbau der Autobahn Berlin - Warschau beiderseits der Grenze auf einer Länge von je 5 km sowie zu einer beschleunigten Modernisierung der Zollabfertigung;
- Aufhebung der Sichtvermerkspflicht nach Abschluß der Konsultationsvereinbarungen mit unseren Partnern im Schengener Abkommen;
- Ausbau einer grenzüberschreitenden regionalen Zusammenarbeit wie mit unseren Nachbarn im Norden, im Westen und im Süden Deutschlands;
- keine Verfestigung dieser EG-Außengrenze zu einer Wohlstandsgrenze, sondern Abbau der bestehenden Handelshemmnisse mit Hilfe des Kooperationsabkommens der EG mit Polen.

Beide Staatsmänner waren sich einig, daß es an der rund 500 km langen Grenze Polens zu einer möglichst ausgewogenen Entwicklung kommen muß, so vor allem bei der industriellen Entwicklung, dem grenzüberschreitenden Ausbau der Verkehrsinfrastruktur, beim Umweltschutz und bei den vielfältigen gegenseitigen Hilfsleistungen auf kommunaler Ebene. Die grenzüberschreitende regionale Zusammenarbeit ist nach ihrer Auffassung "ein Schlüssel für die künftige Gemeinsamkeit beider Staaten und Völker[3])". Ein erster Schritt dazu soll die Einberufung einer "Kommission für grenzüberschreitende regionale Zusammenarbeit" sein, in der die angrenzenden Bundesländer, die Wojewodschaften auf polnischer Seite und die grenznahen Städte und Gemeinden auf beiden Seiten der Grenze vertreten sein sollen. Eine "Deutsch-Polnische Regierungskommission" wurde im Frühjahr 1991 eingesetzt. Sie beriet Ende April 1991 über weitreichende Formen der Zusammenarbeit. Bereits am 26./27. Juni beriet der Ausschuß für grenznahe Fragen über Perspektiven und Projektionen grenznaher deutsch-polnischer Zusammenarbeit.

Die vorliegenden vertraglichen Grundlagen und Absprachen ermöglichen also künftig auch eine enge grenzüberschreitende Zusammenarbeit der Bundesrepublik Deutschland mit der Republik Polen auf dem Gebiet der Raumordnung und Landesplanung. Diese Zusammenarbeit kann auf den immer noch erstrebenswerten Empfehlungen der Ersten Europäischen Raumordnungsministerkonferenz von 1970 in Bonn aufbauen. In der Schlußresolution dieser Konferenz wird zum Problem der Grenzgebiete folgende Empfehlung ausgesprochen: "In den Grenzregionen wird der Prozeß der Harmonisierung häufig durch unterschiedliche demographische und wirtschaftliche Entwicklungen erschwert. Die Konferenz richtet an die Regierungen die Bitte, ihre Politik und ihre Maßnahmen auf dem Gebiet der Raumordnung in diesen Regionen unter Beteiligung der unmittelbar Betroffenen aufeinander abzustimmen, besonders durch Schaffung regionaler Kommissionen, die sich regelmäßig treffen, um die Vorbereitung von Raumordnungsplänen und deren zeitliche Verwirklichung abzustimmen. Eine derartige Abstimmung könnte sich auch auf das Aufspüren von Quellen der Verschmutzung erstrecken, deren Auswirkungen über die Grenzen hinausgehen, sowie auf die Mittel, mit denen diese Quellen kontrolliert und beseitigt werden könnten, weiterhin auf die Luftverkehrs- und Straßenverkehrsinfrastruktur, Krankenhäuser, Einrichtungen des Gesundheitswesens und das System der zentralen Orte[4])."

Diesen Empfehlungen und den Absprachen zwischen Polen und Deutschland entsprechend sollte alsbald, wie an den übrigen Grenzen der Bundesrepublik Deutschland (Ausnahme: Dänemark), auch zwischen der Republik Polen und der Bundesrepublik Deutschland ein Abkommen über die "Zusammenarbeit auf dem Gebiet der Raumordnung" abgeschlossen werden mit dem Ziel, die Regierung der Bundesrepublik Deutschland und die Regierung Polens konsultieren sich gegenseitig über Raumordnungsprobleme, um raumbedeutsame Planungen und Maßnahmen, vornehmlich in den Grenzgebieten, aufeinander abzustimmen. Die Aufgaben einer künftigen Deutsch-Polnischen Raumordnungskommission (DPRK) könnten sich in etwa an der Aufgaben der Deutsch-Niederländischen Raumordnungskommission ausrichten[5]):

- gegenseitiger Informationsaustausch über raumbedeutsame Vorhaben;
- Konsultation über Raumordnungsprobleme;
- Abstimmung raumbedeutsamer Planungen und Maßnahmen;
- Verbesserung der Raumstruktur mit Hilfe der Planung;
- Erarbeitung von Beiträgen für ein europäisches Raumordnungskonzept.

Es gäbe aber auch die Möglichkeit, unter Federführung der Raumordnung in der 1991 eingerichteten Regierungskommission - in einer besonderen Unterkommission - alle Angelegenheiten grenzübergreifender Raumordnung zu behandeln und über diese Beratungsergebnisse dann fachübergreifend in der Hauptkommission zu verhandeln, um dort verbindliche Beschlüsse zu fassen. Diese Möglichkeit hätte gegenüber einer Raumordnungskommission, die nur Empfehlungen abgeben kann, erhebliche Vorteile und wäre deshalb zu bevorzugen.

Zur Vertiefung der Zusammenarbeit in der einen oder anderen Kommission wäre zu prüfen, ob die Arbeit sich nur in der Hauptkommission für das ganze, doch sehr lange Grenzgebiet (ca. 350 km) vollziehen soll oder ob eventuell für einzelne Grenzgebiete Unterkommissionen, so z.B. für

- Mecklenburg-Vorpommern - Szczecin/Gorzówi Wielkopolski (UK Nord);
- Brandenburg - Szczecin/Gorzówi Wielkopolski/Zielona Gora (UK Mitte);- Sachsen- Jelenia Gora (UK Süd),

an den Grenzen der ostdeutschen Bundesländer gebildet werden sollten. Das Problem ist hier, daß die polnischen Wojewodschaften nicht genau an die ostdeutschen Bundesländer angrenzen, d.h. sich an den Grenzen jeweils überlappen. Im gesamten Polen gibt es 49 Wojewodschaften, von denen vier an Deutschland angrenzen und zu denen eine Vielzahl von Städten und Gemeinden gehört. Diese vier Wojewodschaften überschneiden sich mit ihren Grenzen an den drei ostdeutschen Ländern und müssen deshalb jeweils doppelt mit in die Unterkommissionen einbezogen werden. Die längste Grenze mit der Republik Polen hat das Land Brandenburg.

Innerhalb der Hauptkommission oder der Unterkommissionen könnten thematisch und zeitlich begrenzte Arbeitsgruppen eingesetzt werden, um spezielle Themen zu erarbeiten. Wichtigste Aufgabe der Hauptkommission wäre die Erarbeitung von Leitlinien und die Abstimmung von überregionalen räumlichen Entwicklungskonzeptionen sowie ständiger Austausch von Informationen.

Darüber hinaus wäre zu prüfen, ob eventuell auf der Grundlage der "Europäischen Rahmenkonvention zur Verbesserung der grenzüberschreitenden Zusammenarbeit von Gebietskörperschaften" (Madrid 1980) zwischen den ostdeutschen Bundesländern und Polen Verträge über die Möglichkeit einer direkten Zusammenarbeit der kommunalen Gebietskörperschaften über die Grenze hinweg geschlossen werden könnten[6]. Einen derartigen Vertrag gibt es bereits seit 1986 in den BENELUX-Ländern und seit Mai 1991 zwischen den Niederlanden einerseits sowie der Bundesrepublik Deutschland und den Ländern Nordrhein-Westfalen und Niedersachsen andererseits. Mit Hilfe dieses Vertrages können die Gebietskörperschaften direkt über die Grenze hinweg im Rahmen ihrer Kompetenzen in Verbänden zusammenarbeiten und Verträge auf öffentlich-rechtlicher Basis abschließen (vgl. Kap. IV und V in diesem Band).

Für eine derartige grenzregionale und grenzkommunale Zusammenarbeit sind aber zunächst die personellen und finanziellen Voraussetzungen zu schaffen. Von größter Bedeutung ist deshalb in den nächsten Monaten und Jahren eine intensive Kontaktaufnahme zu den polnischen Wojewodschaften, Städten und Gemeinden an der Grenze, um die Möglichkeiten einer verbesserten Zusammenarbeit aufzuspüren und vor allem um gegenseitiges Vertrauen zu schaffen. Dazu müssen zunächst aber die wichtigsten Probleme und Zusammenarbeitsmöglichkeiten an der Grenze abgeklärt werden.

10.2 Über die bisherige grenzüberschreitende Zusammenarbeit zwischen der DDR und der Volksrepublik Polen

Zwischen der Deutschen Demokratischen Republik (DDR) und der Volksrepublik Polen (VRP) hat es in den 60er und 70er Jahren eine Vielzahl von guten Ansätzen zur deutsch-polnischen grenzüberschreitenden planerischen Zusammenarbeit gegeben, die aber weitgehend in der Zeit des zehnjährigen Kampfes der "Solidarität" in Polen für Freiheit und Selbstbestimmung zum Erliegen gekommen sind. Diese Zusammenarbeit hat sich sowohl zwischen den Städten und Gemeinden an der Grenze als auch zwischen den Regierungen vollzogen, wobei Fragen der Wasserwirtschaft und der Verkehrsplanung im Vordergrund standen. Auch zwischen den Akademien der Wissenschaften in der DDR und Polen soll es Kontakte zu grenzüberschreitenden Fragen gegeben haben, wie sich aus einem Gespräch in der Polnischen Akademie der Wissenschaften ergeben hat. Auf drei Beispiele einer derartigen Zusammenarbeit zwischen Polen und der DDR soll hier hingewiesen werden.

Wohl die älteste Zusammenarbeit vollzog sich in einer Grenzkommission, in der sowohl Fragen der Grenzziehung selbst, so in der Ostsee, im Haff und in der Oder, als auch Probleme auf der Reede vor dem Hafen von Swinoujscie (Swinemünde) zur Sprache kamen, wobei es vor allem wegen der Verschmutzung der Ostsee im Bereich von Swinoujscie zu harten Auseinandersetzungen gekommen sein soll.

In den 60er und 70er Jahren haben die Polen und die Deutschen für die Inseln Usedom und Wolin an der Zatoka Pomorska (Pommersche Bucht) eine beispielhaft gemeinsame und aufeinander abgestimmte Erholungsplanung im Rahmen eines grenzüberschreitenden Regionalplanes ausgearbeitet. Zu welchen Konsequenzen diese gemeinsame Raumplanung letztendlich geführt hat, ist nicht bekannt.

Zu einer länger anhaltenden grenzüberschreitenden Zusammenarbeit ist es jedoch in den 70er und 80er Jahren, trotz der Schwierigkeiten zwischen der DDR und Polen in den 80er Jahren, zwischen den beiden Ländern an der Ostseeküste gekommen, wobei es in einer gemeinsamen Arbeit um die Herausarbeitung der Grundrichtungen zur städtebaulich-architektonischen Gestaltung für die Städte, Dörfer und Erholungsgebiete an der Ostseeküste ging.

In einer gemeinsamen Broschüre und einer Wanderausstellung wurden der Öffentlichkeit Baugestaltungsaufgaben für die Städte und Gemeinden im Küstenraum vorgeführt, um den örtlichen Planern und Künstlern, den Volksvertretungen und ihren Räten Orientierungs- und Entscheidungshilfen bei der Bearbeitung und Bewertung von städtebaulichen Planungen und Projekten für die städtebaulich-architektonische Gestaltung im Küstenbereich zu bieten. Die in 20jähriger enger Zusammenarbeit erreichten Arbeitsergebnisse wurden von den Volksvertretungen, Bezirksrat Rostock und dem Wojewodschaftsnationalrat Szczecin, bestätigt und 1989 gemeinsam zweisprachig als Broschüre herausgegeben[7]. Sie enthält u.a. die:

- gesellschaftlichen Ziele für die planmäßige Zusammenarbeit der grenznahen Verwaltungsbezirke in den Arbeitsgruppen Raumplanung/Städtebau;
- ausgewählte Merkmale der natürlichen und baulichen Bedingungen (bauhistorische Merkmale) sowie des Erholungswesens (Erholungsschwerpunkte an der Ostseeküste, Entwicklung der sozialen und technischen Infrastruktur);

- Grundrichtungen zur städtebaulich-architektonischen Gestaltung der Städte, Dörfer und Erholungsgebiete an der Ostseeküste beider Länder.

Die in dem Dokument vorgestellten "Grundrichtungen zur städtebaulich-architektonischen Gestaltung der Städte, Dörfer und Erholungsorte an der Ostseeküste der DDR und der VRP" wurden u.a. für verbindlich erklärt für:

- die Ausarbeitung von langfristigen territorialen Planungsdokumenten;
- die Ausarbeitung von städtebaulichen Planungen in Form von Richtlinien;
- die städtebaulich-architektonische Gestaltung von Objekten und Anlagen und für
- die operative Zusammenarbeit der Volksvertretungen und deren Räte mit den Bürgern bei Baumaßnahmen sowie für die staatliche Öffentlichkeitsarbeit.

Diese fachlichen Arbeiten grenzüberschreitender Zusammenarbeit im Ostseeraum bieten mit einigen Abstrichen hinsichtlich der politischen und gesellschaftlichen Zielsetzungen eine gute Ausgangslage für künftige grenzüberschreitende Zusammenarbeit in diesem Raum.

10.3   Zur Struktur der Grenzgebiete der Länder Mecklenburg-Vorpommern, Brandenburg und Sachsen

Bei einer Länge der Grenze zwischen Deutschland und Polen von ca. 350 km, wovon etwa 200 km auf das Land Brandenburg entfallen, leben auf deutscher Seite in den Kreisen des Grenzraumes in durchschnittlich 20 bis 30 km Abstand auf rund 13 000 qkm (12 % der Gesamtfläche der früheren DDR) ca. 1,8 Mio. Einwohner (11 % der früheren DDR-Bevölkerung).

Das gesamte Grenzgebiet ist sehr unterschiedlich strukturiert[8]):

- die Bevölkerungsdichte steigt von Norden nach Süden, die Siedlungsstruktur verdichtet sich entsprechend,
- im gesamten Grenzgebiet, vor allem in den ländlichen Räumen liegen die Abwanderungen über dem Durchschnitt der ostdeutschen Länder,
- relativ bedeutende Zentren liegen auf deutscher Seite in unmittelbarer Grenznähe (Schwedt, Frankfurt/O., Eisenhüttenstadt, Görlitz), auf polnischer Seite sind bedeutende Zentren etwas weiter von der Grenze entfernt (mit Ausnahme von Szczecin und Swinoujscie),
- Erholungsfunktionen dominieren vor allem im Kreis Wolgast (Mecklenburg-Vorpommern) sowie in Teilgebieten der Kreise der Oberlausitz,
- landwirtschaftliche Produktion findet sich insbesondere in den Kreisen Ükermünde, Pasewald Angermünde (Mecklenburg-Vorpommern) und dem Kreis Seelow (Brandenburg), also insbesondere in den nördlichen Grenzgebieten,
- Bergbau findet sich in den Kreisen Weißwasser, Niesky, Zittau, Görlitz,
- stark industrialisiert sind die altindustrialisierten Gebiete der Oberlausitz, Guben-Forst sowie die in den 50er und 60er Jahren bis hinein in die 80er Jahre neu ausgebauten Städte (Schwedt, Frankfurt/O., Eisenhüttenstadt, alle im Land Brandenburg),
- auf polnischer Seite befinden sich im Grenzgebiet nur die städtischen Verdichtungen von Zgorzelec, Szczecin, dazwischen im wesentlichen nur Erholungsgebiete entlang der Grenze.

Ähnlich wie in den Südwestgebieten der Bundesrepublik Deutschland am Ober- und Hochrhein sind die Möglichkeiten der grenzüberschreitenden Zusammenarbeit durch die Flußläufe der Oder und Neiße begrenzt. Abgesehen von dem vorpommerschen Bereich westlich und nördlich von Szczecin (Stettin) bis zum Haff besteht die Grenze im Osten ausschließlich aus einer Flußgrenze und einer sehr begrenzten Zahl von Grenzübergängen, die in Qualität und Quantität nicht den künftigen Anforderungen entsprechend ausgebaut sind.

Zur Republik Polen gibt es mehrere Eisenbahngrenzübergänge, wobei die Transportschwerpunkte bei Frankfurt/O. und Görlitz liegen. Die Verbindungen des Fernstraßennetzes Berliner Ring - Pomellen, Berliner Ring - Frankfurt/O. und Berliner Ring - Cottbus - Forst, Görlitz mit den Grenzübergangsstellen zu Polen haben die wesentlichste Bedeutung für die Osteuropaanbindung Deutschlands. Der nördliche und mittlere Teil der Grenzregionen zu Polen ist durch wichtige Binnenwasserstraßen geprägt (oder mit Kanalverbindung nach Berlin): Im Zusammenhang mit der Nutzung der Oder bestehen große Probleme für die Schiffahrt, für die Industrie und für die Wasserwirtschaft.

Besondere Bedeutung wird die grenzüberschreitende Zusammenarbeit vor allem bei der Entwicklung von Natur- und Landschaftsschutzgebieten sowie von Erholungsgebieten erhalten. Hier sind insbesondere drei Bereiche von Norden nach Süden betroffen:

- die Schutzgebiete im Kreis Wolgast und im Raum des Haffs,
- das Gebiet der Schorfheide/Oderbruch,
- der Raum des Oberlausitzer Berglandes[9]).

Faßt man diese raumstrukturellen Gegebenheiten und Überlegungen zusammen, dann kommt man zu folgenden groben Aussagen zu den wichtigsten Aufgaben grenzüberschreitender Zusammenarbeit mit Polen:

- Für die gesamten europäischen West-Ost-Beziehungen und für die Grenzregionen ist der Ausbau der grenzüberschreitenden Eisenbahn- und Straßeninfrastruktur besonders wichtig, wobei auch der Schiffahrt auf der Oder und im Raum von Swinoujscie (Swinemünde) besondere Bedeutung zukommt;
- von besonderer Dringlichkeit sind die Lösungen der Umweltprobleme vor allem in der Pommerschen Bucht und entlang der Oder-Neiße-Grenze, insbesondere im Zusammenhang mit der Schiffahrt auf der Oder und mit der Sicherung der Schutzgebiete;
- die Planung und Sicherung der Erholungsgebiete im nördlichen, mittleren und südlichen Teil des Grenzgebietes ist für die Bewohner auf beiden Seiten der Grenze ein besonders dringendes Anliegen zum Nutzen der Grenzbevölkerung;
- die Schwerpunkte der grenzüberschreitenden Zusammenarbeit sollten vor allem in den Räumen Swinoujscie (Swinemünde), Szczecin (Stettin), Frankfurt/O., Cottbus, Görlitz und Zittau liegen.

10.4 Wichtige vordringliche Aufgabenbereiche der grenzüberschreitenden Zusammenarbeit

Zunächst einmal gilt es für die Bundesregierung, mit der polnischen Regierung endgültig abzuklären, ob die raumordnerische Zusammenarbeit künftig im Rahmen eines bilateralen Raumordnungsabkommens oder im Rahmen der nach dem Freundschaftsvertrag 1991 bereits

Abb. 1:
Große internationale Verkehrsverbindungen

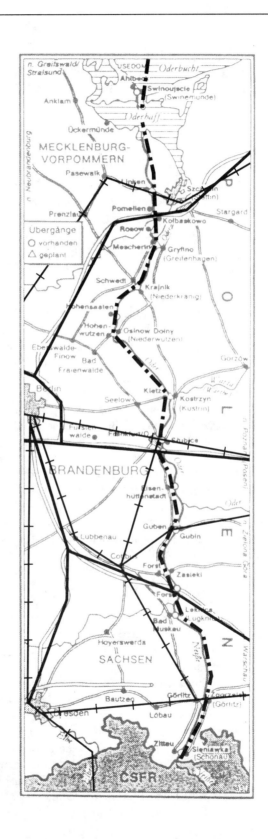

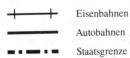

+—+—+ Eisenbahnen
———— Autobahnen
—·—·— Staatsgrenze

gebildeten Regierungskommissionen für die deutsch-polnische Zusammenarbeit erfolgen soll. Die Zusammenarbeit in grenzübergreifenden Raumordnungsfragen im Rahmen der Regierungskommission hätte den Vorteil, daß eventuelle Beschlüsse und Empfehlungen leichter umgesetzt werden können.

Parallel dazu sollten von den drei an Polen angrenzenden neuen Bundesländern und von den noch einzurichtenden regionalen Planungsdienststellen (Regionalplanung) alsbald Kontakte mit den Wojewodschaften und mit den Städten und Kreisen, insbesondere dort, wo Grenzübergänge vorhanden sind, aufgenommen und Vorüberlegungen für eine grenzüberschreitende Zusammenarbeit getroffen werden. All diese Initiativen zur Zusammenarbeit sollten möglichst schnell auf eine Angleichung der Lebensverhältnisse hinarbeiten, insbesondere um das Wohlstandgefälle West-Ost im Grenzraum alsbald abzubauen. Es muß vor allen Dingen eine Abwanderung der Intelligenz und der Jugend nach Westeuropa verhindert werden, um bei offenen Grenzen dieses Bevölkerungspotential der jungen Demokratie in Polen zu erhalten.

Neben der staatlichen Zusammenarbeit in den Kommissionen und Unterkommissionen wäre - wenn möglich - auch eine kommunale grenzüberschreitende Zusammenarbeit zu initiieren. Gerade der kommunalen Zusammenarbeit kommt im Bereich der Grenzübergangsstellen im Hinblick auf Stadtentwicklungsplanung und Verkehrsplanung eine besondere Bedeutung zu. Gegenseitigem Informationsaustausch über raumbedeutsame Vorhaben, Konsultationen über Raumordnungsprobleme und Abstimmungen raumbedeutsamer Planungen und Maßnahmen sollte bei der staatlichen und kommunalen Zusammenarbeit ein besonderes Schwergewicht eingeräumt werden. Nicht zu unterschätzende Bedeutung muß aber auch die kulturelle grenzübergreifende Zusammenarbeit auf breitester Basis erhalten, so z.B. durch grenzüberschreitende Besuchsprogramme, Bildungsveranstaltungen, Sprachunterricht und Presseberichterstattung. Wie die Erfahrung aus anderen europäischen Grenzgebieten lehrt, kann häufig erst durch die vor allem von den Kommunen zu tragende kulturelle Zusammenarbeit die Grundlage für weiterführende grenzübergreifende Kooperation gelegt werden[10]).

Von weitreichender Bedeutung sind darüber hinaus die Förderungsmöglichkeiten, die sich für die wirtschaftliche Entwicklung der Grenzgebiete aus der Regionalpolitik der EG ergeben. Generelle Voraussetzung für die Zuteilung von Mitteln aus den Strukturfonds der EG ist das Vorliegen eines "Regionalen grenzüberschreitenden Entwicklungsplanes" mit der Analyse der sozio-ökonomischen Bedingungen der Region, einer Stärken-Schwächen-Analyse, den regionalen Leitbildern und Entwicklungszielen sowie dementsprechenden Maßnahmen und Maßnahmekatalogen einschließlich der Prioritäten für die Maßnahmen, die Maßnahmeträger und die entsprechenden Kosten (vgl. Abb. 2)[11]). Die Erarbeitung derartiger "Regionaler grenzüberschreitender Entwicklungsprogramme", die im ersten Anlauf und wegen der Eilbedürftigkeit sicherlich nicht so perfekt sein können, ist daher vordringlich. Diese regionalwirtschaftlichen Fachplanungen sollten sich aber gleichzeitig in vorliegende raumordnerische Entwicklungsziele und Raumordnungspläne der Regionen einordnen und die kommunalen Entwicklungspläne beachten.

Nach der deutschen Vereinigung ist das Gemeinschaftsrecht auch auf die drei Bundesländer an der Ostgrenze der Bundesrepublik zur Republik Polen anwendbar. Die EG-Regionalpolitik bezieht sich dann auch auf diese Länder. Da die bis 1993 vorhandenen Strukturfondsmittel bereits auf die Mitgliedstaaten, die Fonds und die Ziele verteilt sind, ist eine Sonderregelung mit eigener Mittelausstattung in Höhe von ca. 3 Mrd. ECU für den Zeitraum 1991 bis 1993 für das Gebiet der

Abb. 2:
Mögliche Räume
für kommunale Zusammenarbeit
und "Grenzüberschreitende
Entwicklungsprogramme"

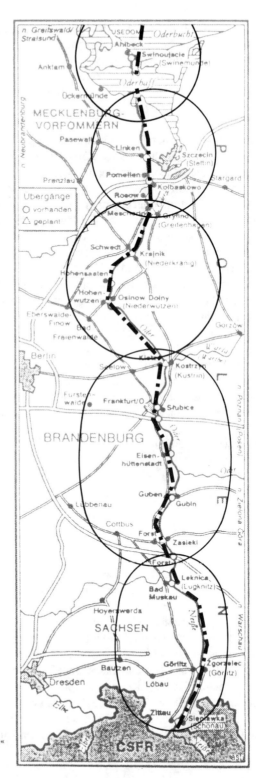

 Mögliche Räume für Kommunale Zusammenarbeit und »Grenzüberschreitende Entwicklungsprogramme«

▬▪▬ Staatsgrenze

ehemaligen DDR erfolgt. Die Bundesregierung mußte der EG-Kommission bis spätestens 31. Januar 1991 für die gesamten Strukturinterventionen in der ehemaligen DDR eine Planung vorlegen. Diese Planung sollte eine Analyse der sozioökonomischen Lage sowie eine Beschreibung der Gemeinschaftsinterventionen erhalten. Nach Vorlage dieses Planes wird die Kommission innerhalb von drei Monaten ein gemeinschaftliches Förderkonzept für Strukturinterventionen bis zum 31.12.1993 erstellen.

Die bereits beschlossenen EG-Programme wie STRIDE und INTERREG werden nicht mehr für die Gebiet der ostdeutschen Länder modifiziert. Die im Rahmen dieser Programme vorgesehenen förderungswürdigen Maßnahmen können jedoch in das Aktionsprogramm, das die Bundesrepublik bis zum 31.01.1991 vorlegen soll, mit aufgenommen werden. Das bedeutet, daß Maßnahmen im Grenzbereich Ostgrenze der ehemaligen DDR adäquat zu den INTERREG-Maßnahmen in das 3-Mrd.-ECU-Programm einbezogen werden können. Die Form der Beteiligung von Polen wird derzeit bei der Kommission noch diskutiert. Es gilt also sehr dringend, möglichst schnell vorläufige Entwicklungsprogramme grenzüberschreitender Art für die Gebiete an der Ostgrenze der Bundesrepublik Deutschland zu Polen vorzulegen. Da verläßliche Statistiken für die Festlegung der in Frage kommenden Regionen und Gebiete noch fehlen, will die Gemeinschaft für eine Übergangszeit bei der Einstufung der Regionen flexibel vorgehen. Dies bedeutet, daß sicherlich das gesamte Grenzgebiet zu Polen mit in die Förderung einbezogen werden kann und Möglichkeiten zur Förderung von Einzelprojekten durch die EG bestehen.

Zur Verbesserung der Förderungsmöglichkeiten und zur Aufstellung "Regionaler grenzüberschreitender Entwicklungsprogramme" ist es aber dringlich, daß in den Grenzgebieten die für die Regionalförderung geeigneten Regionen auf beiden Seiten der Grenze festgelegt werden. Nach ersten Vorüberlegungen kämen dafür eventuell folgende Regionen in Frage:

- Swinoujscie (Swinemünde),
- Szczecin (Stettin),
- Schwedt/Oder,
- Frankfurt/Oder,
- Cottbus,
- Görlitz,
- Zittau.

Es wäre dringend erforderlich, wenn zumindest für diese Regionen "Grenzüberschreitende regionale Entwicklungsprogramme" erarbeitet werden könnten.

Im Rahmen der grenzüberschreitenden Raumordnung und der Regionalen Entwicklungsprogramme hat die Verkehrsinfrastrukturplanung einen hohen Stellenwert. In diesen Räumen befinden sich auch die großen Verkehrsachsen bzw. Verkehrsverbindungen von Polen in die ostdeutschen Bundesländer und insbesondere nach Berlin, so z.B. über Szczecin (Stettin), Frankfurt/Oder und über Görlitz bzw. Cottbus. Es ist zu wünschen und zu hoffen, daß im Rahmen der Verkehrspolitik der ostdeutschen Bundesländer und der Bundesregierung der grenzüberschreitenden Verkehrsplanung im Hinblick auf die Verbindung nach Polen und in die Sowjetunion besondere Bedeutung beigemessen wird. "Grenzen sollen zu Brücken zwischen den Ländern werden."

10.5 Förderung der grenzüberschreitenden Zusammenarbeit durch wissenschaftliche Forschung

Die zunehmende wirtschaftliche (EG-Binnenmarkt), aber auch gesellschaftliche und politische Integration der Staaten der Europäischen Gemeinschaft führt zu Veränderungen der großräumigen Rahmenbedingungen nationaler und teilräumlicher Entwicklungspolitik. Hierauf muß sich die Bundesrepublik Deutschland besonders vorbereiten. Dies gilt u.a. insbesondere für die Ausrichtung der Raumordnungspolitik auf europäische Regelungen sowie auch für die künftigen Möglichkeiten einer eigenständigen Regionalpolitik. Beide Aspekte erhalten zusätzliches Gewicht durch die Vereinigung der deutschen Teilstaaten im Hinblick auf den Einbezug der fünf ostdeutschen Länder in den Geltungsbereich des EG-Rechtes.

Die Vereinigung der deutschen Teilstaaten am 3. Oktober 1990 ist gleichzeitig Chance und Herausforderung für Raumordnung und Landesplanung und die sie unterstützende Raumordnungsforschung. Wegen der besonderen Probleme kommt der grenzüberschreitenden Zusammenarbeit dabei eine besondere Bedeutung zu. Das vereinigte Deutschland erhält eine wichtige Brückenfunktion zu den Staaten Mittel- und Osteuropas. Deshalb muß nach dem Forschungsprogramm der Akademie für Raumforschung der Prozeß der europäischen Integration insbesondere hinsichtlich der osteuropäischen Länder mit in die Forschungen der ARL einbezogen werden[12]. Darüber hinaus gehört die Erforschung von Möglichkeiten, die Situation in Grenzregionen zu verbessern, mit zu den dringlichsten Forschungsaufgaben. Hierbei geht es vor allen Dingen um das Herausfinden der Möglichkeiten verbesserter grenzüberschreitender Zusammenarbeit auf regionaler und kommunaler Ebene.

Im Zusammenhang mit der Erkundung verbesserter Möglichkeiten zur grenzüberschreitenden Zusammenarbeit mit Ost- und Nordeuropa bemüht sich die Akademie zur Zeit vor allem um zwei Forschungsprojekte:

- Forschungskooperation mit Ost- und Nordeuropa, im Rahmen der Zusammenarbeit in einer "Deutsch-Polnischen Arbeitsgemeinschaft",
- vergleichendes Studium ausgewählter Grenzgebiete Niederlande - Bundesrepublik; Bundesrepublik: früheres Gebiet an der Grenze zwischen West- und Ostdeutschland; ostdeutsche Länder - Polen sowie Polen und die Sowjetunion, wobei dieses Projekt an der deutsch-polnischen Grenze voraussichtlich auf das gesamte Grenzgebiet ausgeweitet werden soll.

Im Rahmen der Initiativen der Akademie zum Aufbau einer europäischen Forschungskooperation im Bereich der Raumwissenschaften haben die Gespräche mit einem breit angelegten Meinungs- und Informationsaustausch unter Wissenschaftlern und Planungsfachleuten begonnen[13]. Anfang 1991 wurde die Deutsch-Polnische Arbeitsgemeinschaft für den Ostseeraum gegründet. Wissenschaftler und Fachkollegen aus Deutschland, Polen, der UdSSR und Skandinavien werden sich voraussichtlich mit sechs Themenkomplexen aus der Sicht der Ostseeanrainer befassen:

- Bevölkerungsentwicklung;
- Entwicklungstendenzen in der Industrie und Landwirtschaft;
- Umweltpolitik;
- großräumige Verkehrsverbindungen;

- Zusammenarbeit der großen europäischen Städte;
- Neugestaltung Europas aus der Sicht der östlichen Ostseeanrainer.

Erste Forschungs- und Arbeitsergebnisse sollen Ende 1992 vorliegen und in die Forschungen zum Thema "Perspektiven der Raumentwicklung in Europa" einfließen.

Das Forschungsprojekt "Vergleichendes Studium ausgewählter Grenzgebiete" ist eine Forschungsaufgabe der Polnischen Akademie der Wissenschaften. Unter der Forschungsleitung von Prof. Stasiak/Warschau und Prof. Geißler/Hannover sollen in Zusammenarbeit mit dem Arbeitskreis "Staatsgrenzenübergreifende Raumordnung" auf der Grundlage der deutsch-niederländischen Zusammenarbeit im Bereich der EUREGIO vor allem folgende Regionen miteinander verglichen werden:

- die Region Helmstedt zwischen Braunschweig und Magdeburg als Gebiet, in dem die Grenze weggefallen ist;
- die entlang der westlichen Grenze Polens gelegenen Gebiete:
  a) die Region Szczecin-Swinoujscie, Subice, wobei die Abgrenzung des Untersuchungsgebietes zwischen den ostdeutschen Ländern und Polen erfolgen soll,
  b) die Region Zgorzelec, im Dreiländereck zwischen den ostdeutschen Ländern, Polen und der ČSFR;
- die entlang der östlichen Grenze Polens gelegenen Gebiete um Bialystok, Terespol, Biala Podlask - auch hier soll die genaue Abgrenzung zusammen zwischen Polen und der sowjetischen Seite erfolgen.

In einer späteren Phase der Forschung könnten unter Umständen die Grenzgebiete auf der Kola-Halbinsel und in Karelien mit in die Untersuchung einbezogen werden. Dies sind vor allen Dingen Probleme der Zusammenarbeit zwischen der Sowjetunion und Finnland. Die Untersuchungen, die gemeinsam von der Bundesrepublik, Polen und der Sowjetunion finanziert werden sollen, sind möglichst 1992/93 abzuschließen.

Die vergleichende Studie der Grenzgebiete soll vom Arbeitskreis "Staatsgrenzenübergreifende Raumplanung" der ARL wissenschaftlich mitbetreut werden, der sich 1991/92 insbesondere mit grundsätzlichen Fragen der grenzüberschreitenden Zusammenarbeit auseinandersetzen wird. Die Akademie erhofft sich dadurch, die grenzübergreifende Zusammenarbeit und Partnerschaft[14]) zwischen den ostdeutschen Bundesländern und der Republik Polen sowie mit den Städten und Gemeinden Polens[15]) wirksam zu befruchten.

Anmerkungen

1) Kohl, H.: Initiative Internationaler Partnerschaft, Rede auf einem Kongreß in Wolfsburg, Bulletin, hrsg. vom Presse- und Informationsamt der Bundesregierung, Nr. 110, Bonn, den 19. September 1990, S. 1161 - 1164.

2) Genscher, H.-D.: Erklärung der Bundesregierung zum Vertrag über die abschließende Regelung im Bezug auf Deutschland, Bulletin, hrsg. vom Presse- und Informationsamt der Bundesregierung, Nr. 113, Bonn, den 21. September 1990, S. 1185 - 1188.

3) Regierungserklärung des Bundeskanzlers H. Kohl vor dem Deutschen Bundestag am 15. November 1990 über die Ergebnisse seiner Gespräche mit dem Ministerpräsidenten der Republik Polen, Tadeusz Mazowiecki, und dem Präsidenten der UdSSR, Michail Gorbatschow, sowie zur Unterzeichnung des Vertrages zwischen der Bundesrepublik Deutschland und der Republik Polen über die Bestätigung der zwischen ihnen bestehenden Grenze, Bulletin Nr. 134, hrsg. vom Presse- und Informationsamt der Bundesregierung, S. 1389 ff., vom 16. November 1990.

4) Europäische Raumordnungsministerkonferenz: Resolution der Ersten Europäischen Raumordnungsministerkonferenz (EMKRO) 1970 in Bonn, in: Ergebnisse der Europäischen Raumordnungsministerkonferenz, Schriftenreihe des Bundesministers für Raumordnung, Bauwesen und Städtebau, Bd. 06.034, Braunschweig 1979, S. 14 f.

5) Malchus, V. Frhr. v.: Zusammenarbeit auf dem Gebiet der Raumordnung - Bilanz und Perspektiven der Raumordnungskommission an den Staatsgrenzen Nordrhein-Westfalens - in: Malchus, V. Frhr. v. u.a., Staatsgrenzenüberschreitende Zusammenarbeit des Landes NRW, ILS-Schriften Bd. 1.036, Dortmund 1975, S. 33 ff.

6) Hausmann, H., Malchus, V. Frhr. v., Tech, J.: Dritte Europäische Konferenz der Grenzregionen, Sonderveröffentlichung des ILS, ILS-Schriften Bd. 0.032, Dortmund 1986, S. 31 und S. 208 - 210 (Abdruck des Rahmenabkommens).

7) Rat des Bezirkes Rostock, Bezirksamt, und Wojewodschaftsamt Szczecin, Abteilung Raumplanung, Städtebau, Architektur und Bauaufsicht (Hrsg.): Bauen an der Ostseeküste DDR - VRP, zweisprachig in deutscher und polnischer Sprache, Rostock 1989.

8) Forschungsinstitut für Landeskunde und Raumordnung, Berlin (Hrsg.): Grenzregionen der ostdeutschen Bundesländer, Veröffentlichungsmanuskript des Forschungsinstituts für Landeskunde und Raumordnung, Berlin, Berlin im August 1990, S. 2.

9) Forschungsinstitut für Landeskunde und Raumordnung, Berlin (Hrsg.): Grenzregionen der ostdeutschen Bundesländer, Veröffentlichungsmanuskript des Forschungsinstituts für Landeskunde und Raumordnung, Berlin, Berlin im August 1990, S. 2.

10) Hausmann, H., Malchus, V. Frhr. v., Tech, J., a.a.O.

11) Jansen, P.G., Malchus, V. Frhr. v., Meyer, R.: Grenzüberschreitendes Entwicklungs- und Handlungskonzept der Regio Rhein-Waal, ILS-Schriften Bd. 47, Dortmund 1989.

12) Forschungsprogramm der Akademie für Raumforschung und Landesplanung 1990/91, Manuskript mit dem Stand vom 31.08.1990.

13) Arbeitsausschuß zur Bildung des Landes Brandenburg: "Vorstellungen zur Entwicklung des Landes Brandenburg" (Entwurf) - Arbeitsstand August 1990.

14) Malchus, V. Frhr. v.: Partnerschaft an europäischen Grenzen - Integration durch grenzüberschreitende Zusammenarbeit, Bonn 1975.

15) Mombaur, P.M.: Der Beitrag für Europa: Partnerschaft mit den Gemeinden Polens - jetzt!, Stadt und Gemeinde 1/1991, S. 3 - 6.

JENS GABBE

IV.1 Institutionelle Aspekte der grenzüberschreitenden Zusammenarbeit

1.1 Einleitung

Grenzüberschreitende Zusammenarbeit findet in ganz Europa in sehr unterschiedlichen Strukturen, Rechtsformen und geographischen Abgrenzungen statt. Ziel all dieser Zusammenarbeit ist die Überwindung der staatlichen Grenze als Barriere für die Kooperation auf sozialem, wirtschaftlichem, infrastrukturellem, technologischem und kulturellem Gebiet sowie im Umweltbereich. Im Hinblick auf die Öffnung der Binnengrenzen ab 1993 ist diese grenzüberschreitende Zusammenarbeit in einen sehr dynamischen Prozeß eingetreten.

Eine grenzüberschreitende Zusammenarbeit der lokalen, regionalen und überregionalen Instanzen auf öffentlich-rechtlicher Basis ist bisher in Europa juristisch nicht möglich. Die jetzige Kooperation vollzieht sich daher auf Grundlagen, d.h. Strukturen und Organisationen, die auf nationalen Vorschriften und Gesetzen basieren. Es stellt sich somit die Frage, ob die institutionellen Aspekte mit der Dynamik der praktischen grenzüberschreitenden Zusammenarbeit Schritt halten können.

In dem Maße, in dem grenzüberschreitende Zusammenarbeit sich konkretisiert und verdichtet, zeigt sich in allen Grenzgebieten Europas die Notwendigkeit, Strukturen und Organisationen zu schaffen, die diese grenzüberschreitende Aufgabe ständig betreiben, sozusagen als Kristallisationspunkte grenzübergreifender Tätigkeiten. Die Verbesserung der Organisationen und Strukturen liegt im Interesse der Grenzregionen selber, sie wird aber auch von außen gefordert: durch die nationalen Regierungen oder die EG. In den Fällen, in denen Geldmittel ausgezahlt, Projekte verwirklicht oder Programme vorbereitet werden, Projektverantwortung übertragen, eine Adresse für das Management gesucht und eine Abrechnung erforderlich wird, muß eine Organisation bestehen, die juristisch als grenzübergreifender Ansprechpartner dienen kann. In der EG-Verordnung Nr. 724/75 wird dies ebenso deutlich wie in den Anforderungen des neuen INTERREG-Programms zugunsten der Grenzregionen, indem die Schaffung grenzüberschreitender Strukturen vorrangig unterstützt werden soll.

Privatrechtlich sind viele Formen grenzüberschreitender Zusammenarbeit möglich, bis hin zu kommunalen/regionalen Arbeitsgemeinschaften auf der Basis nationaler Gesetze zur kommunalen/regionalen Gemeinschaftsarbeit.

Wenn auch öffentlich-rechtlich keine Basis für die grenzüberschreitende Kooperation lokaler, regionaler oder überregionaler Instanzen besteht, so vollzieht sie sich aber dennoch in der Praxis. Alle Lösungen, die bisher gefunden wurden, beruhen auf dem Erfindungsreichtum der Grenzregionen. Die quasi-juristische Überwindung der Staatsgrenze erfolgt indirekt, hilfsweise; man kann auch sagen, daß die grenzüberschreitende Zusammenarbeit in der Praxis juristisch auf nationalen "Krücken" läuft. Von dieser nationalen juristischen Basis aus werden Kooperationsfäden über die Grenze geknüpft.

Die im Rahmen des bisher Möglichen gut funktionierende grenzüberschreitende Zusammenarbeit darf aber nicht darüber hinwegtäuschen, daß eine grenzüberschreitende öffentlich-rechtliche Basis und Institutionalisierung für jede grenzüberschreitende Region in der Zukunft gefunden werden muß.

Formen der Institutionalisierung

Eine institutionalisierte grenzüberschreitende Zusammenarbeit ist in einer Organisation mit und ohne Rechtspersönlichkeit denkbar. Obwohl grenzüberschreitend öffentlich-rechtlich bisher keine Rechtspersönlichkeit möglich ist, gibt es Beispiele einer gut funktionierenden grenzüberschreitenden Zusammenarbeit auf der Basis nationaler Rechtsformen.

Eine lange Tradition in der Zusammenarbeit mit gewachsenen Strukturen besteht entlang der deutsch-niederländischen Grenze.

Eine privatrechtliche Organisationsform findet sich in der Regio Ems-Dollart, wo man sich für zwei parallele privatrechtliche Rechtspersonen entschieden hat: auf deutscher Seite ein eingetragener Verein, auf niederländischer Seite eine Stiftung.

Einen anderen Weg wählte die seit 1958 bestehende deutsch-niederländische EUREGIO. In ihr arbeiten jetzt 104 Gemeinden, Städte und Kreise im Raum zwischen Rhein, Ems und Ijssel zusammen. Es handelt sich um rein kommunal/regionale Mitgliedschaften auf beiden Seiten der deutsch-niederländischen Grenze: es sind also nur öffentlich-rechtliche Gebietskörperschaften beteiligt.

Zu erwähnen ist noch eine Organisation zwischen Deutschland und Frankreich am Oberrhein, d.h. im Raum Colmar und Breisgau. Die CIMAB nutzt hier die Rechtsform des eingetragenen Vereins grenzüberschreitend. Denn nach dem 2. Weltkrieg behielt das Vereinsrecht nach dem Deutschen Bürgerlichen Gesetzbuch auch auf elsässischem Territorium weiterhin Rechtsgültigkeit. Insofern konnte man auf beiden Seiten der Grenze dieselbe Rechtsform eines eingetragenen Vereins wählen.

Seit mehr als zwei Jahrzehnten gibt es auf europäischer Ebene eine Reihe von Initiativen, um für die grenzüberschreitende Zusammenarbeit öffentlich-rechtliche Regelungen zu schaffen. Ein wichtiger Schritt nach vorne war der Entwurf des europäischen Rahmenabkommens über grenzüberschreitende Zusammenarbeit zwischen Gebietskörperschaften durch den Europarat.

Dieses Abkommen schlägt eine Reihe von möglichen Rechtsformen vor, hat aber den Nachteil, noch nicht von allen europäischen Staaten ratifiziert worden zu sein (z.B. Griechenland und Vereinigtes Königreich). Aber auch dort, wo Staaten ratifiziert haben, sind zusätzlich besondere bilaterale Abkommen zwischen Nachbarländern notwendig. Denn das Rahmenabkommen stellt nur einen "Rahmen" dar. Die einzelnen Staaten müssen das Abkommen mit ihren eigenen Gesetzen in Einklang bringen bzw. diese Gesetze anpassen.

Im Rahmen der weiteren Umsetzung des Rahmenabkommens des Europarates hat die niederländische Regierung große Aktivitäten entwickelt, um die grenzüberschreitende Zusammenarbeit öffentlich-rechtlich zu ermöglichen. Zu diesem Zweck hat sie einen Vertrag zwischen den Niederlanden, Belgien und Luxemburg über die grenzüberschreitende Zusammenarbeit zwischen lokalen und regionalen Behörden entworfen: "Benelux-Vertrag" (1986, bis heute noch nicht ratifiziert durch Belgien).

Seit Ende 1990 liegt ein ähnlicher deutsch-niederländischer Staatsvertrag (Königreich der Niederlande, Bundesländer Niedersachsen und Nordrhein-Westfalen) vor, der 1991 ratifiziert werden wird und somit erstmals Rechtskraft erlangt. Auch das Europäische Parlament hat in dieser Frage seit mehr als 15 Jahren beachtliche und weitgehende Initiativen entwickelt (siehe Dokumente PE-1-353/76, 1-A404/83 und A2-170/86). Diese Initiativen sind aber von der EG-Kommission nicht weiter verfolgt worden.

Verschiedene Regionen in Europa haben als Organisationsform eine Arbeitsgemeinschaft (Assoziation) gewählt. Sie beruht im allgemeinen auf ihrem nationalen öffentlichen Recht.

1973 gründete sich die "Arbeitsgemeinschaft Alpenländer" (Arge Alp). In dieser Arbeitsgemeinschaft arbeiten neun Regionen aus vier verschiedenen Staaten (Österreich, Italien, Bundesrepublik und Schweiz) zusammen. Ihre Ziele sind: Verbesserung der Wirtschaftsstruktur, Sicherung und Förderung kultureller Errungenschaften sowie Erhaltung der Alpenlandschaft und ihres ökologischen Gleichgewichts.

Eine ähnliche Organisationsform besteht im Osten der Alpen in der "Arge Alpen Adria" mit 14 Regionen aus fünf Staaten. 1978 fand dort erstmals eine grenzüberschreitende Kooperation mit den mittel- und osteuropäischen Staaten statt.

Die Cotrao wurde 1982 als Arbeitsgemeinschaft in den Westalpen gegründet. Sie basiert auf dem französischen lokalen öffentlichen Recht. Grenzregionen aus Frankreich, Italien und der Schweiz arbeiten zusammen. Diese Organisation ist als Folge informeller Kontakte zwischen Frankreich und der Schweiz entstanden. Die Institutionalisierung erfolgte also erst später. Ihre Ziele entsprechen denen der anderen Arbeitsgemeinschaften.

Nach einem ähnlichen Modell wurde die "Arbeitsgemeinschaft der Pyrenäen" 1983 gegründet. Diese Arbeitsgemeinschaft wurde vom Europarat "moralisch" unterstützt und konnte dank der Zustimmung der nationalen Regierungen gegründet werden. Sie finanziert sich durch die Mitgliedsbeiträge. Alle Regionen entlang der Grenze zu den Pyrenäen sind Mitglieder. Die Ziele der Arbeitsgemeinschaft sind: die Koordinierung zwischen allen Instituten und Zentren, die Forschung, Datensammlungen und Studien in der Region betreiben. Ein Schwerpunkt soll auf die regionale Kultur gelegt werden. Sitz dieser Arbeitsgemeinschaft ist Andorra. Die Geschäftsführung wechselt zwischen den Regionen. Im Komitee der Direktoren sitzt je ein Vertreter pro Region (insgesamt 7). Der Direktor übt die Geschäftsführung aus und ist verantwortlich für das Programm und Budget. Arbeitssprachen sind Spanisch und Französisch, aber auch andere Sprachen können verwandt werden.

1.2 Probleme in den Grenzregionen

Das "loi unique"-Prinzip

Das größte Problem bei der Schaffung eines organisatorischen Rahmens für grenzüberschreitende Zusammenarbeit ist die Tatsache, daß es bisher keine Möglichkeit gibt, eine Form der Rechtspersönlichkeit zu wählen, die zu beiden Seiten der Grenze Gültigkeit hat.

Normalerweise kann eine Rechtspersönlichkeit nur aus einer Rechtsordnung abgeleitet werden. Wir sprechen dann von dem "loi unique"-Prinzip. Dieses Prinzip gilt sowohl für die Rechtsformen nach dem Privatrecht als auch für die nach dem öffentlichen Recht. Es bedeutet, daß eine Zusammenarbeit - auch im Falle der Teilnahme von Mitgliedern aus verschiedenen Mitgliedsstaaten - nur im Rahmen eines Rechtssystems beurteilt werden kann. Wenn die Rechtsordnungen zu beiden Seiten der Grenze sich jedoch voneinander unterscheiden, ist es unmöglich, auf der Basis von einem der beiden nationalen Rechtssysteme zu einer Rechtspersönlichkeit zu gelangen.

Souveränität/Territorialität

Abgesehen davon spielt aber auch noch ein anderes Problem eine Rolle: kaum ein Land wird sich auf der Basis der Souveränität entscheiden, Befugnisse an eine übernationale Körperschaft, in diesem Fall eine grenzüberschreitende Gemeinschaft, oder an eine Körperschaft eines anderen Landes zu übertragen. Auch das Territorialitätsprinzip stellt ein Problem dar. Es beinhaltet, daß die Anwendung der Rechtssprechung und Gesetzgebung auf fremdem Gebiet abgelehnt wird.

Zuständigkeitsebenen

Auch hinsichtlich der Zuständigkeitsebenen der Behörden bestehen zu beiden Seiten der Grenze große Unterschiede. Um dieses Problem zu veranschaulichen, sollen hier die Befugnisse einer niederländischen und einer belgischen Gemeinde miteinander verglichen werden.

Wenn in den Niederlanden der Haushalt einer Gemeinde von der zuständigen Provinz genehmigt wird, besitzt diese Gemeinde anschließend Handlungsfreiheit, Ausgaben auf der Grundlage des Haushaltes zu leisten. In Belgien muß eine Gemeinde selbst nach Erstellung des Haushaltes für jede einzelne Ausgabe die Zustimmung der Provinz oder Region, manchmal selbst der Zentralregierung in Brüssel, einholen.

Dieses Beispiel zeigt, daß es zu großen Anpassungsproblemen kommen wird, wenn eine Gemeinde in den Niederlanden mit einer Gemeinde in Belgien zusammenarbeiten will, unabhängig davon, ob es sich um eine privatrechtliche oder öffentlich-rechtliche Zusammenarbeit handelt. Die Probleme liegen im verwaltungsrechtlichen, legislativen, politischen und kulturellen Bereich. Somit erscheint es recht schwierig, eine Rechtspersönlichkeit zu schaffen mit Befugnissen, die ihr von beiden Seiten der Grenze übertragen werden können.

Dieser Unterschied zwischen den Zuständigkeitsebenen bleibt nur eine der zu überwindenden Schwierigkeiten, will man zu einer Rechtspersönlichkeit gelangen. Die Kompetenzen zum Abschluß eines Kooperationsvertrages bedeuten ein weiteres Hindernis bei der Schaffung einer Organisation für grenzüberschreitende Zusammenarbeit.

Keine Gemeinde besitzt die Befugnis, einen solchen Vertrag abzuschließen, der unter das öffentliche Recht fällt. Wie bereits oben erwähnt, wurde zwischen Belgien, den Niederlanden und Luxemburg ein Vertrag entworfen, um den lokalen/regionalen Behörden zu ermöglichen, öffentlich-rechtliche Verträge für grenzüberschreitende Zusammenarbeit abzuschließen.

Wenn die erwähnten niederländisch-deutsch-belgischen Verträge ratifiziert sind, werden die lokalen/regionalen Behörden die Vollmacht erhalten, eine grenzüberschreitende Zusammenarbeit im Rahmen des öffentlichen Rechts und der im Vertrag festgelegten Auflagen zu organisieren.

Es wird deutlich, daß die Europäische Rahmenkonvention Möglichkeiten für grenzüberschreitende Verträge bietet, die durch die Nationalstaaten genutzt werden müssen.

Probleme der Rechtsformen im Privatrecht

Die Formen grenzüberschreitender Zusammenarbeit, die bereits mit der Institutionalisierung begonnen haben, funktionieren auf der Basis des Privatrechts. Dies führt allerdings zu einer ganzen Reihe von Problemen. Da es sich in solchen Fällen um lokale/regionale Behörden handelt, ergeben sich Fragen der Durchführung von Aufgaben im Bereich des öffentlichen Rechts. Eine auf dem Privatrecht basierende Zusammenarbeit gewährleistet nicht automatisch eine demokratische Aufsicht und Publizität, die für die Durchführung von Aufgaben im Bereich des öffentlichen Rechts erforderlich ist. Außerdem ist es in einer solchen Situation unmöglich bzw. nur schwer möglich, Befugnisse zu übertragen. Auch die gemeinsame Regelung finanzieller Verantwortlichkeiten bleibt schwer. Privatrechtliche Organisationsformen grenzüberschreitender Zusammenarbeit können außerdem interne Konflikte zwischen Behörden aus zwei oder mehr Ländern nur über das internationale Privatrecht regeln. Die Beilegung eines solchen Konfliktes durch eine privatrechtliche Institution ist nicht einfach und wird nicht von allen Staaten akzeptiert.

2. Beispiele aus der Praxis

Entlang der Grenzen der gesamten Bundesrepublik Deutschland bestehen Grenzregionen, die in einer Vielfalt von Strukturen, Aufgabenstellungen und Arbeitsweisen grenzüberschreitende Beziehungen pflegen. Die "Arge Alp" umspannt als Arbeitsgemeinschaft der Alpenländer den Alpenbogen in einer Zusammenarbeit von 10 Ländern, Staaten, Regionen usw. Am Oberrhein sind seit vielen Jahren mehrere Planungsgemeinschaften (und die "Freiburger Regio Gesellschaft" seit 1984) Träger der Grenzregionen und damit Partner in der grenzüberschreitenden Kooperation am Bodensee, mit der Regio Basiliensis, der Regio Muhlhouse und dem Elsaß. Trotz der Vielfalt der nationalen Grenzorganisationen bestehen institutionalisierte grenzüberschreitende Strukturen bisher nicht.

Im Grenzraum Saarland, Lothringen, Luxemburg und Rheinland-Pfalz überlagern sich ebenfalls mehrere Organisationen auf verschiedenen politischen und Verwaltungsebenen. Unter dem Begriff "Saar-Lor-Lux" besteht seit den 70er Jahren eine lose Zusammenarbeit. Seit 1989/90 schickt sich die "Comregio" an, feste grenzüberschreitende Strukturen auf kommunaler/regionaler Ebene zu institutionalisieren.

Der dänisch-deutsche Grenzraum (Amt Sonderjylland, Kreis Nordfriesland, Landkreis Schleswig-Flensburg, Stadt Flensburg) arbeitet seit Jahren projektbezogen zusammen. Er widmet den Minderheiten beiderseits der Grenze besondere Aufmerksamkeit.

An der gesamten deutsch/niederländischen/belgischen Grenze pflegen 5 Regionen seit vielen Jahren Beziehungen, die grundsätzlich grenzüberschreitend ausgerichtet sind: die EUREGIO (1958), die EUREGIO-Rhein-Maas (1976), die Regio Ems-Dollart (1977), die Grenzregio Rhein-Maas-Nord (1978) und die Regio Rhein-Waal (1978). Da hier die grenzüberschreitenden Strukturen am längsten und festesten institutionalisiert sind, sollen die folgenden praktischen Beispiele aus diesem Grenzbereich gewählt werden.

2.1 Zusammenarbeit auf regionaler Ebene

Als ein gutes Beispiel funktionierender grenzüberschreitender Zusammenarbeit kann der gesamte deutsch-niederländische Grenzraum gelten, insbesondere die EUREGIO (in Gronau/Enschede).

EUREGIO

Hier haben sich ein deutscher und zwei niederländische Kommunalverbände mit 104 Gemeinden, Städten und Kreisen grenzüberschreitend zusammengeschlossen. Bei der deutschen Organisation, der Kommunalgemeinschaft Rhein-Ems, handelt es sich um einen eingetragenen Verein, der auf dem Gesetz für kommunale Arbeitsgemeinschaften beruht. Auf niederländischer Seite bestehen zwei Samenwerkingsverbände, ebenfalls nur mit Kommunen als Mitgliedern. Die Organisationsform ist öffentlich-rechtlich nach dem Gesetz für Gemeindezusammenarbeit (Wet gemeenschappelijke Regeling). (S. hierzu das Organisationsschema der EUREGIO im nachfolgenden Beitrag Kap. IV.2.)

Die Zusammenarbeit der ausschließlich kommunalen Mitglieder vollzieht sich somit auf öffentlich-rechtlicher nationaler Grundlage. Die EUREGIO verfügt über eine gemeinsame deutsch-niederländische Satzung und Geschäftsordnung mit genau umschriebenen Aufgabenbereichen, die von der kommunalen Ebene übertragen wurden.

Es besteht eine grenzüberschreitende parlamentarische Versammlung, der EUREGIO-Rat, mit grenzüberschreitenden politischen Fraktionen. Ein gemeinsamer Vorstand, die EUREGIO-Arbeitsgruppe, wird zwischen den Ratstagungen tätig. Die laufenden Geschäfte führt ein gemeinsames Sekretariat mit deutsch-niederländischem Personal in einem gemeinsamen Gebäude. Für alle Aufgabenbereiche bestehen grenzüberschreitende Arbeitskreise (Ausschüsse), in denen alle wichtigen Repräsentanten der Region mitwirken. In Teilbereichen besteht ein gemeinsames Budget; ab 1991 wird dies alle Bereiche umfassen. Das beiliegende Organisationsschema vermittelt einen Eindruck über diese Organisation.

Satzung und Geschäftsordnung gelten rein juristisch als privatrechtlich. Wie aber bereits ausgeführt wurde, besteht die Mitgliedschaft bei der EUREGIO ausschließlich aus öffentlich-rechtlichen, kommunalen Instanzen. Die 104 Mitgliedskörperschaften haben einzeln die deutsch-niederländisch gleichlautende EUREGIO-Satzung und Geschäftsordnung, die Fragen der Finanzierung und der Vertretungsbefugnis durch Ratsbeschluß verabschiedet. Dadurch wurde quasi eine öffentlich-rechtliche Klammer geschaffen, die die Mitglieder regional bindet, die Finanzierung sicherstellt und die Haftungsfragen durch die jeweilige Vertretung der nationalen Organisationen ebenso sicherstellt wie die Kontrolle der Finanzierung und Abrechnung. Darüber hinaus ist ein verbindliches Umlagensystem zur Finanzierung von Projekten vorgesehen. Es werden Mehrheitsentscheidungen getroffen, die die anderen Mitglieder verpflichten können. Ein Austritt aufgrund einer aktuellen Entscheidung ist laut Satzung nicht automatisch, sondern nur nach Einhaltung bestimmter Fristen möglich (die Satzung funktioniert seit fast 25 Jahren).

Die grenzüberschreitende Struktur wird also zunächst national in den jeweiligen Kommunalverbänden öffentlich-rechtlich verankert. Auf diesen "nationalen Krücken" hat sich eine funktionierende grenzüberschreitende Organisation entwickelt, an der direkt alle Instanzen, Verbände, Kammern, Arbeitgeber, Arbeitnehmer, soziale Träger usw. in den verschiedenen Arbeitskreisen mitwirken. Diese Organisationsform bedeutet einen Vorgriff auf den deutsch-niederländischen Staatsvertrag, der die grenzüberschreitende Zusammenarbeit auf lokaler und regionaler Ebene Ende 1991/Anfang 1992 in eine öffentliche Rechtsform gießen soll. Darin sind fast gleichlautende Strukturen und Organisationsformen für die grenzüberschreitende Kooperation vorgesehen. Daher sprechen europäische Instanzen und Völkerrechtler bei der EUREGIO bereits von einer grenzüberschreitenden Integration und beginnender Institutionalisierung.

Ems-Dollart-Region

Die Regio Ems-Dollart hat sich für eine privatrechtliche Lösung entschieden. Auf deutscher Seite besteht ein eingetragener Verein, der auch Mitglied der niederländischen "Stichting Eems-Dollard-Regio" ist. Diese Lösung ist nach deutschem Recht möglich. Mitglieder sind Kommunen und Industrie- und Handelskammern. Im Vorstand des Vereins sitzen 5 deutsche und 5 niederländische Vertreter. Im Vorstand der entsprechenden niederländischen Stiftung ist dies ebenso geregelt. Es besteht somit Personenidentität. Bei dieser Mischorganisation gibt es keinen einzelnen Ansprechpartner auf juristischer Grundlage.

2.2 Nationale Rahmenbedingungen

Um zu einer einheitlichen organisatorischen Struktur zu gelangen, die vorrangig auf dem öffentlichen Recht basiert, müssen die betreffenden Staaten rechtliche Grundlagen schaffen. Der Vertrag zwischen den Niederlanden, Belgien und Luxemburg aus dem Jahre 1986 über grenzüberschreitende Zusammenarbeit sowie Kooperationen und Behörden und das nationale Abkommen zwischen den Niederlanden sowie den Bundesländern Niedersachsen und Nordrhein-Westfalen gelten als gute Beispiele für den Versuch, diese Rechtsgrundlagen zum Nutzen der grenzüberschreitenden Zusammenarbeit in die Praxis umzusetzen. Die Abkommen basieren auf dem Rahmenabkommen des Europarats über grenzüberschreitende Zusammenarbeit zwischen territorialen Gemeinden und Behörden. Dieses Rahmenabkommen enthält einen Nachtrag mit Modellen, die die vertragsschließenden Staaten als Ausgangspunkt für Abkommen über grenzüberschreitende Zusammenarbeit nutzen können. Das weitreichendste von allen, das eine Gründung einer öffentlich-rechtlichen Körperschaft für grenzüberschreitende Zusammenarbeit vorsieht, bildet die Basis für die beiden als Beispiel genannten Staatsverträge.

Das BENELUX-Abkommen hat das Ziel "der Erleichterung der Durchführung von Verträgen zwischen Kooperationen und lokalen Behörden, indem eine juristische Basis für die Organisation ihrer gesetzlichen Zusammenarbeit in Übereinstimmung mit ihren eigenen Wünschen und Anforderungen geschaffen wird". Somit sorgt dieses Abkommen für die juristische Grundlage der grenzüberschreitenden Zusammenarbeit zwischen lokalen/regionalen Behörden. Das Abkommen bietet Möglichkeiten an, es schafft aber keine Verpflichtungen. Es bietet die Gelegenheit, auf zwei unterschiedlichen Ebenen zusammenzuarbeiten. Die weitreichendste Ebene ist die Zusammenarbeit im Rahmen einer öffentlich-rechtlichen Körperschaft, einer Form der Rechtspersönlichkeit im öffentlichen Recht, auf der Grundlage des "Nederlandse Wet Gemeenschapelijk Regelingen" (Niederländisches Gesetz über Gemeindezusammenarbeit). Eine andere Möglichkeit ist die Zusammenarbeit im Rahmen einer verwaltungsrechtlichen Vereinbarung, also einer auf dem Verwaltungsrecht basierenden Vereinbarung, und die Gründung einer gemeinsamen Körperschaft. Dabei handelt es sich allerdings nicht um eine Form der Rechtspersönlichkeit.

Das "Abkommen Niederlande, Nordrhein-Westfalen, Niedersachsen" gilt als ein besseres Beispiel für die Methode, nach der ein Rahmenabkommen erarbeitet werden kann. Zwischen den niederländischen und den deutschen lokalen/regionalen Behörden bestehen in den Zuständigkeiten und Aufgabenbereichen nicht so viele Unterschiede wie zwischen den niederländischen und belgischen Behörden. Das deutsch-niederländische Abkommen basiert ebenfalls auf dem niederländischen Gesetz über Gemeindezusammenarbeit und auf den deutschen Gesetzen über Zweckverbände und kommunale Gemeinschaftsarbeit. Es handelt sich um gesetzliche Gemeinschaftsarbeit, die eine solide Basis bildet. Außerdem sind die lokalen/regionalen Behörden in Deutschland und in den Niederlanden mit diesen Rechtsformen und den sich daraus ergebenden Möglichkeiten für kommunale Zusammenarbeit vertraut (s. Beispiel EUREGIO).

3. Europäische Entwicklungen

Europarat

Der Europarat hat sich bereits Mitte der 60er Jahre intensiv den grenzüberschreitenden Fragen zugewandt. So hat er z.B. vier Europäische Konferenzen für Grenzregionen veranstaltet, die sich dieser speziellen Thematik und dieser Probleme gezielt angenommen haben.

Nach mehreren Anläufen kam 1980 die "Europäische Rahmenkonvention über die grenzüberschreitende Zusammenarbeit von Gebietskörperschaften" zustande. Dieser Vertrag stellt einen Rahmen dar, der von den vertragschließenden Ländern noch auszufüllen ist. Er enthält eine Anlage mit zwei Gruppen von Modellen, die nicht Bestandteil des Abkommens sind.

Die erste Gruppe enthält Modellverträge zwischen öffentlich-rechtlichen Behörden:
- zur grenzüberschreitenden Zusammenarbeit zwischen nationalen Behörden;
- zu regionalen grenzüberschreitenden Beratungen;
- zur vertraglich festgelegten grenzüberschreitenden Zusammenarbeit zwischen lokalen Behörden;
- zu Körperschaften für grenzüberschreitende Zusammenarbeit zwischen lokalen Behörden.

Die zweite Gruppe enthält Rahmenverträge, Satzungen und Verträge zwischen lokalen/ regionalen Behörden. Diese Gruppe umfaßt verschiedene Rahmenverträge:

- zur Gründung eines Beratungsgremiums zwischen lokalen Behörden;
- zur Zusammenarbeit von grenzüberschreitenden Vereinen im Rahmen des öffentlichen Rechts;
- zu Lieferungen oder der Erteilung von Dienstleistungen zwischen lokalen Behörden in Grenzregionen (Privatrecht);
- zur Gründung von Körperschaften für grenzüberschreitende Zusammenarbeit zwischen lokalen Behörden.

Diese Modelle waren Ausgangspunkt für die Verträge zwischen den Niederlanden und Belgien sowie zwischen den Niederlanden und den beiden deutschen Ländern gewesen. Probleme mit der Ausgestaltung dieses Rahmenabkommens durch nationale Verträge zur grenzüberschreitenden Zusammenarbeit entstehen dann, wenn ein Staat, der das Abkommen noch nicht ratifiziert hat, beteiligt werden soll. Ebenso verabschiedete der Europarat 1983 die Europäische Raumordnungscharta und die Europäische Charta für Umwelt. Beide Dokumente enthalten Vorschläge für die Verbesserung der grenzüberschreitenden Zusammenarbeit in diesen Bereichen, u.a. auch für die Organisation.

Nordischer Rat

Die skandinavischen Länder haben schon 1977 im Rahmen einer juristischen Körperschaft, nämlich dem Nordischen Rat, ein Abkommen über grenzüberschreitende Zusammenarbeit zwischen lokalen/regionalen Behörden abgeschlossen. Dieses Abkommen erlaubt eine Zusammenarbeit zwischen Gemeinden über die Grenze hinweg in der gleichen Art und Weise wie zwischen den Gemeinden desselben Landes. In den 70er Jahren gab es unter nordischer Regie vier regionale Zusammenarbeitsgebiete. Bis 1981 stieg die Zahl der Grenzregionen im Norden auf neun an, zu denen noch zwei vom "Nordischen Komitee hoher Verwaltungsbeamter für Regionalpolitik" initiierte Versuchsgebiete für kommunale grenzüberschreitende Zusammenarbeit hinzukamen.

Europäisches Parlament

Auch das Europäische Parlament hat Aktivitäten zugunsten der öffentlich-rechtlichen grenzüberschreitenden Zusammenarbeit entwickelt. Im Gerlach-Bericht (Dokument 1-353/76) wurde vorgeschlagen, daß die Kommission eine Regelung treffen solle, die die Gründung regionaler Vereine für grenzüberschreitende Zusammenarbeit, sogenannter Euroverbände, auf der Grundlage des Artikels 235 des EG-Vertrages möglich macht (Beispiel EUREGIO). Dieser Euroverband sollte sich wie folgt zusammensetzen:

- aus einem Regionalrat (bestehend aus Delegierten der Mitgliedskörperschaften des öffentlichen Rechts, Vertretern der aufsichtsführenden Regierungsinstitutionen und nötigenfalls aus Vertretern der EG);
- aus einem regionalen Verwaltungskomitee (hochrangige Beamte der Mitgliedskörperschaften des öffentlichen Rechts oder Managementexperten).

Die Kommission der EG war weder mit diesem Vorschlag einverstanden, noch legte sie dem Ministerrat andere Vorschläge vor, um zu etwas Ähnlichem wie einem Euroverband zu kommen.

Der Boot-Bericht (Dokument 1-1404/83) über die Intensivierung der grenzüberschreitenden Zusammenarbeit enthält den Vorschlag, daß die EG dem Rahmenabkommen des Europarats über die Zusammenarbeit der europäischen lokalen Behörden beitritt. Außerdem sollte es EG-Richtlinien für die Mitgliedsstaaten geben mit beiderseitigen Verpflichtungen, Informationen über Regierungsmaßnahmen auszutauschen, die direkte oder indirekte Auswirkungen für die Regionen der benachbarten Länder haben. Der nächste Schritt sollte die juristische Verbindlichkeit dieser vorherigen Absprachen sein. Auch dieser Richtlinienvorschlag wurde von der EG-Kommission nicht aufgegriffen.

Im Poetschki-Bericht (Dokument A2-170/86) an das EG-Parlament im Namen des Ausschusses für Regionalpolitik wird für die grenzüberschreitende Zusammenarbeit an den internen Grenzen der Europäischen Gemeinschaft vorgeschlagen, daß die EG-Kommission dem Rahmenabkommen des Europarats beitritt. Außerdem solle die EG-Kommission die Mitgliedsländer, die den Rahmenvertrag noch nicht unterzeichnet/ratifiziert haben, anhalten, dies so schnell wie möglich zu tun.

In einer entsprechenden Richtlinie der EG-Kommission, so empfahl der Poetschki-Bericht, sollte festgelegt werden, daß jedes Land gleichen Zugang zu Informationen und Aufsichts- und Einspruchsverfahren bezüglich der Regelungen über grenzüberschreitende Zusammenarbeit hat.

Ferner solle die EG-Kommission veranlaßt werden:

- interregionale Informationsstellen und Beschwerdestellen für Bürger in Grenzregionen zu unterstützen;
- eine Clearingstelle für die grenzüberschreitende Zusammenarbeit zusammen mit dem Europarat zu schaffen;
- regelmäßige Berichte über grenzüberschreitende Zusammenarbeit zu erstellen;
- die Herausgabe von Broschüren über Rechte und Pflichten der Grenzpendler in der EG zu fördern.

Auch nach dem Poetschki-Bericht unternahm die Kommission keine Aktivitäten in dieser Frage.

Zukünftige Entwicklungen auf europäischer Ebene

1990 wurde im Auftrag der EG-Kommission, Generaldirektion XVI, ein Bericht veröffentlicht über "Grenzüberschreitende Zusammenarbeit auf lokaler und regionaler Ebene". Er machte den Wunsch zur grenzüberschreitenden Zusammenarbeit in allen Grenzgebieten ebenso deutlich wie den unterschiedlichen Entwicklungsstand der grenzüberschreitenden Zusammenarbeit in Europa. Zwischen den sogenannten "alten EG-Mitgliedsstaaten", insbesondere zwischen der Bundesrepublik und den Niederlanden, wurde eine lange Tradition grenzüberschreitender Zusammenarbeit festgestellt, deren Erfahrungen es zu nutzen galt (EUREGIO).

Das Ende August 1990 offiziell den Mitgliedsstaaten der EG vorgestellte INTERREG-Programm zielt insbesondere darauf ab, den Grenzregionen an den Binnen- und Außengrenzen zu helfen. Zum einen gilt es, die Chancen des großen Binnenmarktes optimal zu nutzen, und zum ist auf die speziellen Bedürfnisse der Regionen an den Binnen- und Außengrenzen der Gemeinschaft zugeschnitten und soll dazu beitragen, die eigenen Entwicklungspotentiale in den Grenzregionen zu erkennen, zu fördern und optimal zu nutzen. Dazu sollen regionale Entwicklungskonzepte (möglichst grenzüberschreitend) entlang der Binnen- und Außengrenzen der Gemeinschaft erstellt werden.

In diesem Zusammenhang ist auch das EG-Pilotprojekt LACE zu sehen, das der Arbeitsgemeinschaft Europäischer Grenzregionen übertragen wurde. Diese Arbeitsgemeinschaft hat wiederum die EUREGIO mit der konkreten Abwicklung des Projektes beauftragt. Das LACE-Projekt sieht eine technische Beratung der Grenzgebiete in Europa und den Aufbau eines Informationsnetzes langfristig vor. Es soll Hilfestellung bei der Ausarbeitung der grenzüberschreitenden Entwicklungskonzepte, der Findung von Projekten, der konkreten Umsetzung und der langfristigen Strategie geleistet werden. Darüber hinaus ermöglichen eine Datenbank, eine Mailbox sowie eine gezielte Öffentlichkeitsarbeit langfristig ein enges Kooperationsnetz zwischen allen Grenzgebieten in Europa.

4.   Empfehlungen

1. Grenzüberschreitende Zusammenarbeit sollte möglichst bürgernah beginnen und nach dem Subsidiaritätsprinzip durchgeführt werden. Da sich viele Probleme Europas an seinen Binnen- und Außengrenzen wie in einem Brennglas spiegeln, sind die Bürger in den Grenzgebieten als erste betroffen und am ehesten daran interessiert, positive Entwicklungen in Gang zu setzen.

2. Langfristige und effektive grenzüberschreitende Zusammenarbeit bedarf einer Institutionalisierung, einer schrittweise wachsenden Organisation und vor allem eines Sekretariats als Kristallisationspunkt der Zusammenarbeit und als Motor der Entwicklung (als praktisches Beispiel siehe Organisationsschema der EUREGIO im nachfolgenden Beitrag Kap. IV.2).

3. Eine grenzüberschreitende Organisation mit einer Aufgabenverteilung, einer Geschäftsstelle etc. empfiehlt sich auch wegen der Kontinuität im personellen Bereich. Durch diese Kontinuität wird politisch, verwaltungsmäßig und organisatorisch ein Know-how und ein Netzwerk aufgebaut, das die Basis für eine langfristige grenzüberschreitende Kooperation bildet.

4. Mit der Institutionalisierung und Organisation hängt auch die Frage zusammen, welche Rechtsform für eine grenzüberschreitende Zusammenarbeit gewählt wird. Je nach Entwicklungsstand und nationalen Möglichkeiten wird eine privatrechtliche oder öffentlich-rechtliche Form der Zusammenarbeit empfohlen. Wichtig bleibt eine enge Abstimmung mit den zuständigen überregionalen und nationalen Instanzen. Schrittweises Vorgehen entsprechend den aktuellen Möglichkeiten ist einer perfekten Lösung, die vielleicht scheitern könnte, vorzuziehen.

5. Grenzüberschreitende Zusammenarbeit umfaßt in vielen Fällen Aufgaben, die öffentlich-rechtlich zu erledigen sind. Daher empfiehlt sich langfristig die Schaffung einer entsprechenden Rechtsform, die allerdings der Genehmigung der überregionalen und nationalen Behörden unterliegt. Solange dies nicht möglich ist, wird eine privatrechtliche Rechtsform empfohlen, wobei die Träger der grenzüberschreitenden Zusammenarbeit allerdings großen Wert darauf legen sollten, daß die politische Ebene eingebunden ist, eigene finanzielle Mittel zur

Verfügung stehen, eine demokratische Aufsicht gewährleistet ist, die Öffentlichkeit hergestellt wird und die finanziellen Fragen entsprechend den nationalen Gepflogenheiten einer Kontrolle unterliegen.

6. Die Grenzregionen selber und ihre politischen Vertreter auf kommunaler, regionaler, nationaler und europäischer Ebene sollten darauf drängen, daß die zuständigen Mitgliedsstaaten der EG oder des Europarates durch Abschluß von bilateralen oder mehrseitigen Verträgen die rechtlichen Grundlagen für eine öffentlich-rechtliche Form der grenzüberschreitenden Zusammenarbeit schaffen. Dabei kann auf das Beispiel der Verträge im BENELUX-Gebiet (noch nicht ratifiziert) und zwischen den Niederlanden/Bundesrepublik (Ratifizierung 1991) hingewiesen werden. Diese Verträge können als Beispiel dafür gelten, daß die Nationalstaaten grenzüberschreitende Zusammenarbeit auf juristischer Ebene ermöglichen können, ohne daß damit ein Souveränitätsverlust der Nationalstaaten gegenüber der EG verbunden ist.

7. Wenn weder eine privatrechtliche noch öffentlich-rechtliche Institutionalisierung oder Organisationsform zum gegenwärtigen Zeitpunkt möglich ist, sollte wenigstens ein Kristallisationspunkt für die grenzüberschreitende Zusammenarbeit geschaffen werden, der als Motor der Entwicklung kontinuierlich arbeitet. Es empfiehlt sich die Einrichtung eines Sekretariates oder einer ständigen Geschäftsstelle. Nach dem Privatrecht ergeben sich mehrere Möglichkeiten:

- Es bilden sich kommunale Arbeitsgemeinschaften beiderseits der Grenze, die auf Rechtsformen basieren, die in den einzelnen Staaten möglich sind. Diese kommunalen Zusammenschlüsse können ihrerseits wieder nach dem Privatrecht grenzüberschreitende Vereinbarungen treffen, Statuten beschließen etc. und so die Grundlage für eine grenzüberschreitende Kooperation legen (EUREGIO).

- Es kann die Rechtsform der Stiftung beiderseits der Grenze gewählt werden. In den Spitzengremien der Stiftungen beiderseits der Grenze sollte dann eine Personenidentität hergestellt werden, sofern dies das nationale Stiftungsrecht in den einzelnen Mitgliedsstaaten in Europa jeweils zuläßt (Regio Ems-Dollart).

- Es kann die private Rechtsform in einem Mitgliedsstaat der Europäischen Gemeinschaft gewählt werden, in dem eine Grenzregion ihren Sitz hat. Diese vorläufige Regelung würde die Einrichtung eines Sekretariats ermöglichen und dann schrittweise zu weiteren grenzüberschreitenden Verflechtungen beitragen.

- Nutzung der Rechtsform einer "Europäischen Wirtschaftlichen Interessenvereinigung", der "European Economic Interest Grouping", die von der Kommission der Europäischen Gemeinschaften ins Leben gerufen wurde. Durch die Nutzung dieser Rechtsform ist es möglich, die grenzüberschreitende Zusammenarbeit zwischen mindestens zwei Mitgliedern von mindestens zwei unterschiedlichen Mitgliedsstaaten der Europäischen Gemeinschaft zu beginnen. Diese Rechtsform beschränkt sich auf wirtschaftliche Zusammenarbeit, erlaubt die Kooperation von Privatpersonen mit Trägern öffentlich-rechtlicher Belange und ermöglicht eine einfache Gründung ohne notarielle Handlungen. Der Gründungsvertrag muß im Handelsregister eingetragen und die Gründung in Luxemburg veröffentlicht werden. Es bestehen zwei Gremien: eine allgemeine Mitgliederversammlung und ein Vorstand. Aufgaben können an den Manager weiterdelegiert werden. Eine hohe Zahl von Entscheidungen unterliegt allerdings der Einstimmigkeit, wenn der Gründungsvertrag nichts anderes vorsieht. Die Mitglieder haften unbeschränkt und gesamtschuldnerisch. Die notwendigen Finanzen können auf sehr vielfältige Art und Weise, u.a. durch Beiträge der Mitglieder, beschafft werden. Es besteht keine Möglichkeit, sich an den Kapitalmarkt zu wenden. Steuerlich ist diese Lösung transparent. Die Frage des Beginns und der Beendigung der Mitgliedschaft ist im Gründungsvertrag zu regeln. Mitglieder können nur nach gerichtlichen Entscheidungen ausgeschlossen werden.

Ein Problem besteht darin, daß sich diese wirtschaftliche Zusammenarbeit auf ganz konkrete Aufgaben beschränken muß. Die Beteiligung öffentlich-rechtlicher Träger ist zwar möglich, hängt aber jeweils von dem Recht in den einzelnen Nationalstaaten ab. Häufig ist eine Beschränkung der Mitarbeit von öffentlich-rechtlichen Instanzen, der Haftung, der Übertragung von Hoheitsrechten und Befugnissen in den jeweiligen Rechtssystemen der Nationalstaaten vorgesehen. Diese Form der wirtschaftlichen Zusammenarbeit, die sehr zweck- und projektorientiert ist, kann daher nur in Einzelfällen empfohlen werden. Sie ist aber als Ansatz bzw. für eine Übergangszeit zu nutzen, denn eine grundsätzliche Basis für grenzüberschreitende Zusammenarbeit in allen Bereichen ist dadurch nicht gegeben.

Diese Punkte zeigen deutlich, wie wichtig die Schaffung einer öffentlich-rechtlichen Grundlage und die Institutionalisierung für eine gut funktionierende grenzüberschreitende Zusammenarbeit sind.

Jens Gabbe

IV.2 EUREGIO - Regionale grenzüberschreitende Zusammenarbeit an der Basis

2.1 Name, Arbeitsgebiet, Bevölkerung und Wirtschaftsstruktur

Der Begriff "EUREGIO" - gebildet aus den Worten Europa und Region - versteht sich als Name, Gebiet und Auftrag zugleich. Man bezeichnet damit das Gebiet, das sich zwischen Rhein, Ems und Ijssel erstreckt. Auf niederländischer Seite gehören Twente, Oost-Gelderland und drei Gemeinden in Drenthe dazu. Auf deutscher Seite umfaßt es das Westmünsterland im Bundesland Nordrhein-Westfalen sowie die Grafschaft Bentheim und einige Gemeinden aus den Landkreisen Emsland und Osnabrück im Bundesland Niedersachsen.

Die Zusammenarbeit begann bereits in den 50er Jahren auf der Basis gleichartiger Probleme: gemeinsames geschichtliches Erbe, vergleichsweise hoher Besatz mit Landwirtschaft und vor allem mit der Textil- und Bekleidungsindustrie, schlechte Infrastruktur.

Die EUREGIO umfaßt das Arbeitsgebiet von drei Kommunalgemeinschaften, in denen sich 104 Gemeinden, Städte und Kreise zusammengeschlossen haben:

- die Kommunalgemeinschaft Rhein-Ems (KG Rhein-Ems),
- der Samenwerkingsverband Twente (ST) und
- der Samenwerkingsverband Oost-Gelderland (SOG).

Der juristische Sitz der EUREGIO ist Gronau/Enschede, seit 1985 in einer gemeinsamen Geschäftsstelle in eigenem Gebäude unmittelbar am Grenzübergang in Gronau.

Im Dezember 1990 wohnten im EUREGIO-Gebiet rd. 1,9 Mio. Menschen. Die Bevölkerung verteilt sich etwa je zur Hälfte auf den niederländischen und deutschen Teil. Von 1967-1987 wuchs die Bevölkerung um ca. 178 000 Personen.

Das Bild der Region hat sich in den letzten Jahren deutlich gewandelt. Während bis vor kurzem noch der industrielle Sektor eindeutig überwog, zeigen die Werte der Tabelle 1 heute ein Vorherrschen des Dienstleistungssektors. Dahinter verbergen sich zwei Entwicklungen: Zum einen ist der Dienstleistungssektor gewachsen; er erreicht zwar noch nicht die hohen Besatzziffern anderer Räume, hat jedoch im Vergleich aufgeholt. Zum anderen sind im industriellen Sektor, vor allem in der über lange Zeit dominierenden Textil- und Bekleidungsindustrie, sehr viele Arbeitsplätze verloren gegangen, ohne daß ein ausreichender Ausgleich geschaffen werden konnte.

Karte 1: EUREGIO

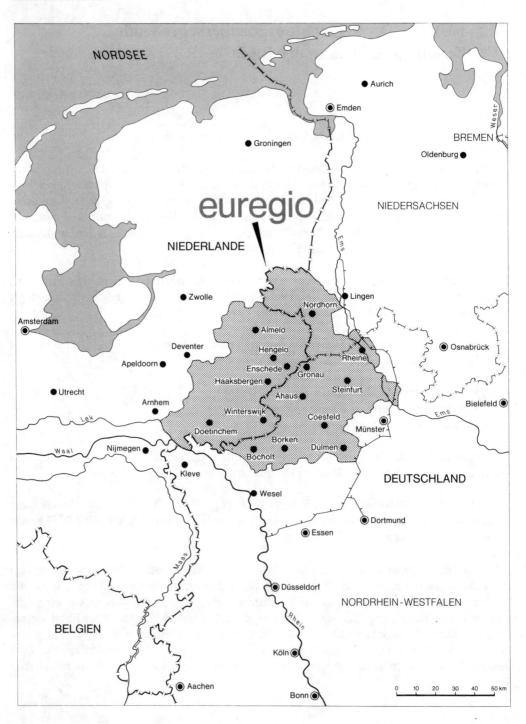

Karte: Erwin Butschan; Copyright: EG-Magazin

Tab. 1: Verteilung der Arbeitsplätze in der Region nach Sektoren 1960 und 1987

	1960	1987	1989
Landwirtschaft	18 %	10 %	9 %
Industrie	50 %	37 %	35 %
(darunter Textil)	(21 %)	(5 %)	(4 %)
Dienstleistung	32 %	53 %	56 %
Gesamt	100 %	100 %	100 %

In der EUREGIO gab es 1989 rd. 800 000 Erwerbspersonen. Sie verteilen sich wie die Bevölkerung etwa je zur Hälfte auf den deutschen und niederländischen Teilraum. Von 1983 - 1987 wuchs die Zahl der Erwerbspersonen im deutschen Teil der EUREGIO um etwa 1,4 % und im niederländischen Teil um ca. 1,2 % pro Jahr. Neben dem Bevölkerungswachstum liegt die Ursache hierfür auch bei der Zunahme der weiblichen Arbeitskräfte auf dem Arbeitsmarkt.

Tab. 2: Erwerbspersonen in der EUREGIO 1987
in Klammern die durchschnittliche Zunahme pro Jahr im Zeitraum 1983-1987 (%)

	Erwerbspersonen insgesamt	
Kreis Borken	133 800	(1,4)
Kreis Coesfeld a)	41 000	(1,6)
Kreis Steinfurt	162 400	(1,3)
Landkreis Grafschaft Bentheim	51 000	(1,4)
Twente	248 000	(1,6)
Achterhoek	142 300	(0,7)
Süd-Ost Drenthe	10 500	(0,5)
EUREGIO Bundesrepublik b)	388 200	(1,4)
EUREGIO Niederlande	400 800	(1,2)
EUREGIO insgesamt	789 000	(1,3)

Erwerbspersonen = Erwerbstätige und Arbeitslose a) nur EUREGIO-Gebiet, b) ohne Emsland-Gemeinden
Erwerbstätige: abhängig Beschäftigte und Selbständige

Tab. 3: Angestelltenquote im deutschen Teil der EUREGIO (1989)
in Klammern die Werte für 1982

Kreis Borken	26,6	(24,6)
Kreis Coesfeld	28,2	(25,5)
Kreis Steinfurt	27,6	(26,4)
Nordrhein-Westfalen	30,7	(29,5)
Grafschaft Bentheim (1987)	28,4	(23,0)
Niedersachsen (1987)	27,1	(23,3)
Bundesrepublik	32,3	(30,5)

Die Tabelle verdeutlicht, daß die Entwicklung im deutschen Teil der EUREGIO mit den Trends innerhalb der einzelnen Bundesländer übereinstimmt. Deutlich feststellbar ist, daß trotz einer positiven Entwicklung die Quoten der Kreise deutlich unter dem Bundesdurchschnitt liegen.

Tab. 4: Die prozentuale Verteilung der Berufsbevölkerung nach Bildungsebenen in Twente, Oost Gelderland und den Niederlanden, 1985

Ausbildungs-niveau	Basis-schule	Mittel-schule	höhere Schule	Fachhochschule Universität	andere1)
Twente	17,4	29,9	35,6	14,7	2,4
Oost-Gelderland	15,1	32,7	37,8	12,2	2,2
Niederlande	15,6	28,0	36,3	16,6	3,5

1) Kategorien mit unbekannter bzw. nicht zuzuordnender Ebene und Schüler und Studenten, die zur Berufsbevölkerung gezählt werden.

Arbeitslosigkeit

Seit Jahrzehnten verzeichnete die EUREGIO eine höhere durchschnittliche Arbeitslosigkeit als auf der jeweiligen nationalen Ebene.

Die Ursachen dafür liegen u.a. in der besonderen demographischen Situation (Geburtenüberschuß), in dem relativ hohen Agraranteil und in der wirtschaftlichen Struktur, die lange Zeit einseitig auf die Textil- und Bekleidungsindustrie ausgerichtet war. Diese Faktoren gemeinsam haben zu einer vergleichsweise hohen langfristigen Arbeitslosigkeit beiderseits der Grenze geführt (vor allem ältere Arbeitnehmer). Erst in jüngster Zeit ist eine leichte Besserung erkennbar. Diese Tendenz gilt es zu stabilisieren.

Die günstigen konjunkturellen Entwicklungen im deutschen und niederländischen Teilraum zwischen 1987 und 1989 verlaufen dabei parallel zu den jeweiligen positiven nationalen Entwicklungstendenzen. Sie überdecken kurzfristig die strukturellen Ursachen, die seit Jahrzehnten in der EUREGIO zu einer überdurchschnittlich hohen Arbeitslosigkeit geführt haben.

Auch wenn die Arbeitslosenstatistiken beiderseits der Grenze nicht unmittelbar vergleichbare Zahlen liefern, so beschreiben Arbeitslosenquoten von örtlich bis zu 18 % (1988/89) deutlich die Lage. Ein Großteil der Arbeitslosen (ältere Arbeitnehmer, nicht hinreichend qualifizierte Arbeitskräfte) ist nur schwer am Arbeitsmarkt zu vermitteln. Entsprechend hoch ist die Zahl derer, die sich in Qualifikationsmaßnahmen befinden und somit die Arbeitslosenstatistik entlasten.

2.2 Grenzüberschreitende Organisation

Da ein öffentlich-rechtlicher juristischer Rahmen grenzüberschreitend fehlt, benennen, entsenden oder wählen die drei Kommunalgemeinschaften mit den ihnen angeschlossenen Körperschaften die Mitglieder der Euregio-Organe: EUREGIO-Rat, EUREGIO-Arbeitsgruppe und EUREGIO-Sekretariat.

Am 15. April 1978 wurde der Euregio-Rat als erste grenzüberschreitende kommunale und parlamentarische Versammlung auf regionaler Ebene in Europa ins Leben gerufen. Er bringt den erklärten Willen zum Ausdruck, nach jahrelanger Zusammenarbeit auf kommunaler Ebene gemäß demokratischen Regeln eine grundsätzliche politische Verantwortung für die grenzüberschreitende Tätigkeit zu schaffen.

60 politische Vertreter, 31 von deutscher und 29 von niederländischer Seite, werden in diesen EUREGIO-Rat von den Parlamenten der Gemeinden, Städte und Kreise als Mandatsträger gewählt. Auf deutscher wie auf niederländischer Seite sind nur Mitglieder der Gemeinderäte und Kreistage wählbar. Ihre Wahlzeit entspricht der in den entsendenden Mitgliedskörperschaften.

Die Wahl der Ratsmitglieder und ihrer Stellvertreter erfolgt durch die Gemeindeparlamente, Kreistage und niederländischen Regionalgremien aufgrund eines Einwohnerschlüssels und unter Berücksichtigung der notwendigen regionalen Verteilung. Außerdem sind die politischen Mehrheitsverhältnisse zwischen den Parteien zu beachten. Das genaue Wahlverfahren regelt die gemeinsame EUREGIO-Satzung, die von jedem Rat der Mitgliedskörperschaften verabschiedet wurde.

Die Abgeordneten des Bundestages, des niederländischen Parlaments, der Landtage Nordrhein-Westfalen und Niedersachsen, der Provinzen Gelderland und Overijssel sowie Mitglieder des Europäischen Parlaments nehmen mit beratenden Stimmen an den Sitzungen des EUREGIO-Rates teil. Hierdurch ist die wichtige Verbindung zu den Länderparlamenten, den Provinzialgremien, den Parlamenten in Bonn und Den Haag und letztlich auch zum Europäischen Parlament und dem Europa-Rat unmittelbar hergestellt.

Ebenso wie im Europäischen Parlament haben sich die Mitglieder des EUREGIO-Rates entsprechend ihrer politischen Grundeinstellung zu grenzüberschreitenden Fraktionen zusammengeschlossen (32 CDU/CDA-Fraktion, 18 SPD/PvdA-Fraktion, 10 Liberale und Sonstige).

Mit qualifizierter Mehrheit wählt der Rat aus seiner Mitte einen Präsidenten und zwei Stellvertreter in der Reihenfolge ihrer Nominierung. Vorsitzender des EUREGIO-Rates ist zur Zeit Herr W.L.G. Schelberg, Bürgermeister von Weerselo. Während der Sitzungen wird deutsch, niederländisch oder Dialekt gesprochen. Ein Dolmetscher ist nicht anwesend.

Der EUREGIO-Rat ist das gemeinsame Beratungs- und Koordinationsorgan für Grundsatzfragen im Rahmen der regionalen grenzüberschreitenden Arbeit. Somit ist der Rat innerhalb der Organisation EUREGIO das höchste Gremium.

Die im EUREGIO-Rat entwickelte politische Arbeit übt in den politischen Gremien der Mitgliedskörperschaften Einfluß aus. Gegenüber den Gemeinden, Städten und Kreisen hat der EUREGIO-Rat dadurch indirekte Befugnisse. Gegenüber den staatlichen Instanzen (Bund, Länder, Provinzen) besteht eine solche Möglichkeit nicht. Der Rat kann aber deutliche Akzente setzen, Empfehlungen aussprechen, den grenzüberschreitenden Problemen in den nationalen Entscheidungsorganen Resonanz verschaffen und so Fortschritte erreichen (z.B. Straßenbau, Erhalt der Schienennetze, deutsch-niederländische Drogenpolitik, grenzüberschreitende Zusammenarbeit der Sicherheitskräfte und Polizei, Rettungsdienste, Feuerwehren, deutsch-niederländischer Staatsvertrag für kommunale Zusammenarbeit etc.).

Im Außenverhältnis führt der EUREGIO-Rat zu einer erhöhten Legitimation und gleichzeitig zu einer Kontrolle der Arbeit der EUREGIO. Mit der Wahl der EUREGIO-Ratsmitglieder wird dem Grundsatz der Demokratisierung - durch Wahl von Delegierten und Einschaltung der politischen Parteien bei voller Öffentlichkeit gegenüber dem Bürger -, soweit dies gegenwärtig möglich ist, Rechnung getragen.

Die EUREGIO-Arbeitsgruppe besteht aus 20 Vertretern (Hauptverwaltungsbeamte) des ST, der SOG und der KG Rhein-Ems. Sie bereitet die Sitzungen des Rates vor und führt zwischen den Ratssitzungen die laufenden Geschäfte und Beschlüsse aus. Die EUREGIO-Arbeitsgruppe tritt alle 6 - 8 Wochen, aus aktuellem Anlaß auch häufiger, zusammen.

Die EUREGIO-Geschäftsstelle betreibt alle laufenden Geschäfte. Sie wird von zwei gleichberechtigten Geschäftsführern geleitet, die beiderseits der Grenzen je nach Aufgabengebiet tätig werden. Eine wesentliche Vereinfachung der Arbeit und Organisation ergab sich Mitte 1985 durch die Zusammenlegung der beiden Sekretariate in einer gemeinsamen Geschäftsstelle in Gronau/Enschede unmittelbar an der Grenze. Das Gebäude wurde ausschließlich aus Geldern der Mitgliedskörperschaften bezahlt. Gegenwärtig arbeiten dort 9 feste Mitarbeiter und 6 Personen mit Zeitverträgen für bestimmte Aufgaben.

Organisationsschema EUREGIO

104 Mitgliedskörperschaften - Gemeinden und Kreise - Organisiert in regionalen Verbänden

| KG.RE. Kommunalgemeinschaft Rhein Ems | ST Samenwerkingsverband Twente | SOG Samenwerkingsverband Oost Gelderland |

EUREGIO-Rat

EURERGIO-Arbeitsgruppe

EUREGIO-Sekretariat   Gronau

Lenkungsausschuß
EG, Wirtschaftsministerien, Bund, Land, Rijk, Provinzen Gelderland, Overijssel, Regierungspräsidenten Münster und Weser-Ems, EUREGIO

Fachbereiche

| Economie Wirtschaft Economy | Sociale Zaken Soziales Social Affairs | Milieu Umwelt Environment | Kultur | Tourismus |

| | Verkeer Verkehr Transport | Landbouw Landwirtschaft Agriculture | Technologie Technologie Technology | Schule und Bildung |

Im Zusammenhang mit der Umsetzung von EG-Pilotprojekten und -programmen in den Jahren 1988 bis 1993 wird ein EUREGIO-Haus (3,3 Mio. DM, davon 50 % EG, 30 % Land Nordrhein-Westfalen) gebaut. Das EUREGIO-Haus arbeitet als Projektmanagement mit zusätzlichen 13 Arbeitsplätzen. Die Arbeitsfelder, die im EUREGIO-Haus gemanagt werden, sind:

- alltägliche Grenzprobleme einschließlich Pendlerberatung,
- grenzüberschreitendes Touristikpaket,
- Umwelt- und Abfallrecycling,
- agrarwirtschaftliches Netzwerk,
- Geschäftsstelle für die Arbeitsgemeinschaft Europäischer Grenzregionen,
- grenzüberschreitende Berufsausbildung und Arbeitsvermittlung,
- Zentrum für Europäische Grenzregionen,
- deutsch-niederländische Konsumentenberatung.

Zur Durchführung ihrer Aufgaben hat die EUREGIO mehrere Fachausschüsse und Arbeitskreise gebildet. Die wichtigsten sind:

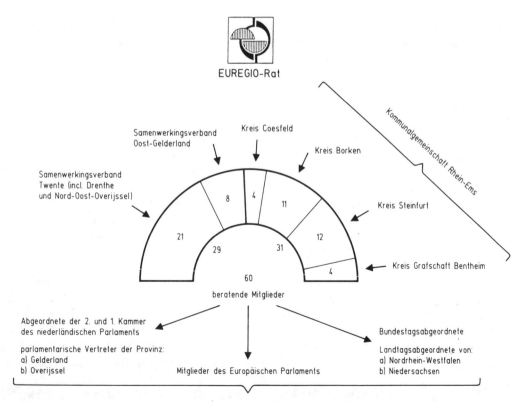

- Wirtschaft und Arbeit,
- Technologietransfer,
- Umwelt und Landwirtschaft,
- Verkehr,
- Schule und Bildung,
- Tourismus,
- alltägliche Grenzprobleme/Gesundheitswesen,
- deutsch-niederländischer Staatsvertrag/allgemeine juristische Fragen,
- Katastrophen- und Rettungswesen,
- Finanz- und Personalfragen.

In den Arbeitskreisen sind Fachleute von beiden Seiten der Grenze vertreten: Regierungspräsidenten, Provinzen, Industrie- und Handelskammern, Handwerkskammern, Landwirtschaftskammern, Gewerkschaften, Arbeitgeber (u.a. Textilverband), Arbeitsämter, Berufsausbildungsstätten, Verkehrsgesellschaften und -träger (auch Flughäfen, nationale Eisenbahngesellschaften), Landesstraßenbauämter, Rijkswaterstaat, Wirtschaftsförderungsinstitutionen, Universitäten, Fachhochschulen, landwirtschaftlichen Vereinigungen, Wasserverbände, Schulaufsichtsbehörden, Bundespost und PTT, Fremdenverkehrsvereine und -verbände, Umweltorganisationen, Sozialversicherungsträger, Krankenkassen usw.

Die EUREGIO entsendet Mitglieder aus dem Rat und der Arbeitsgruppe in diese Arbeitskreise und stellt jeweils den Vorsitzenden.

Die Arbeitskreise erarbeiten Projekte und Vorschläge. Sie können jedoch nicht selber nach außen hin tätig werden. Die Projektanträge und Voranfragen laufen über die EUREGIO-Arbeitsgruppe, den Lenkungsausschuß und den EUREGIO-Rat.

Finanzierung

Die Finanzierung der laufenden Tätigkeiten der EUREGIO erfolgt zu fast 100 % aus Eigenbeiträgen, die die drei EUREGIO-Gemeinschaften von den Gemeinden, Städten und Kreisen pro Jahr aufgrund satzungsmäßiger Regelungen erheben. Diese Beiträge werden seit Ende der 60er Jahre regelmäßig geleistet (1985 und 1991 einstimmige Erhöhung um 50 % auf heute DM 0,60 pro Einwohner). Die Eigenmittel belaufen sich für die laufenden Geschäfte auf rd. 1,2 Mio. Darüber hinaus hat die EUREGIO die satzungsmäßige Möglichkeit, Umlagen für konkrete Projekte zu erheben. Institutionelle Zuschüsse in einer Größenordnung von ca. 700 000 DM kommen von der EG, den betroffenen Bundesländern, der niederländischen Regierung und den beiden Provinzen.

Für die sozial-kulturelle Arbeit erhält die EUREGIO eine spezielle institutionelle Förderung von den Bundesländern Niedersachsen und Nordrhein-Westfalen sowie der Niederländischen Reichsregierung und den Provinzen Gelderland, Overijssel und Drenthe. 1990 beliefen sich diese Zuschüsse auf rd. 369 000 DM. Sie wurden für folgende Hauptaufgaben verwendet: EUREGIO-Begegnungen 160 000 DM; EUREGIO-Arbeit in den Schulen 110 000 DM; soziale Maßnahmen in der EUREGIO 55 000 DM; EUREGIO-Präsentation und Öffentlichkeitsarbeit 44 000 DM.

Als einzige grenzüberschreitende Organisation trägt die EUREGIO nicht nur ihre normalen Verwaltungskosten selber, sondern auch die mit diesen sozial-kulturellen Maßnahmen verbundenen Verwaltungskosten, was die Effektivität des Mitteleinsatzes und die Zahl der Projekte erhöht. Außerdem verdreifachen sich die sozial-kulturellen Mittel in der Region, weil die Gemeinden und Teilnehmer bei vielen Projekten jeweils ein Drittel der Kosten übernehmen; seitens der EUREGIO wird dann das restliche Drittel gezahlt.

Darüber hinaus erhält die EUREGIO seit Jahren eine Projektförderung in jährlich unterschiedlicher Höhe. Seit 1988 ist besonders die EG-Hilfe aus dem Europäischen Regionalfonds für grenzüberschreitende Pilotprojekte und Durchführungsprogramme zu nennen. Mit diesen Mitteln können maximal 50 % der Gesamtprojektkosten finanziert werden, so daß der EG-Förderung mindestens nochmals der gleiche Betrag an nationaler/regionaler Co-Finanzierung hinzuzurechnen ist.

1988 förderte die EG das Projekt der grenzüberschreitenden Vernetzung aller EUREGIO-Mitgliedskörperschaften durch die Mailbox bei Gesamtkosten von 1,6 Mio. DM mit 50 %.

1989/90 wurden 10 Pilotprojekte (siehe Anlage) mit einem Gesamtinvestitionsvolumen von 12 Mio. DM mit 4,6 Mio. DM gefördert.

Für die Jahre 1991 bis 1993 sind für Vorhaben in einer Größenordnung von 50 Mio. DM Strukturfondsmittel der EG in Höhe von 20 Mio. DM fest zugesagt (siehe beiliegende Liste). Die Reserveprojekte umfassen weitere 50 Mio. DM.

Kosten für andere Projekte entstehen nur indirekt, weil sie aufgefangen werden durch:

- Diplom- und Doktorarbeiten von Studenten der Universitäten, die in Absprache mit der EUREGIO tätig werden,
- Praktikanten,
- mit der EUREGIO abgesprochene gemeinsame Forschungsprogramme der Universitäten zu speziellen Grenzproblemen.

2.3 Grenzüberschreitende Strategie

Der EUREGIO-Gedanke lebte ursprünglich von der Überwindung der nationalen Grenze, vom Abbau der Staatsgrenze zugunsten einer Verwaltungsgrenze zwischen den beiden Grenzregionen. Zugleich stellt der Begriff EUREGIO seit vielen Jahren ein Programm dar: Die EUREGIO versteht sich als eine europäische Region, die geographisch beschrieben und organisatorisch gewachsen ist und außerdem einen Plan zur Entwicklung ihres Gebietes erarbeitet hat, lange bevor der große Binnenmarkt 1992 in den Blickpunkt rückte. Mit seiner Verwirklichung läßt sich ab 1993 voraussichtlich manches einfacher gestalten. Andere Probleme bleiben noch lange ungelöst.

Die Entwicklungsvorstellung EUREGIO basiert auf zwei Elementen:

1. der sozial-kulturellen und wirtschaftlichen Aufgabe der Grenzüberwindung, unter Nutzung der Chancen des Binnenmarktes 1992,

2. dem Regionsprinzip.

Diese Leitvorstellungen werden in der seit Jahrzehnten verfolgten und schrittweise verwirklichten EUREGIO-Konzeption deutlich:

- Gesamtschau der EUREGIO als funktionelle Einheit in allen Lebens- und Existenzbereichen: Wohnen, Arbeit, Bildung, Freizeit/Erholung, Kommunikation;

- Aufbau eines Raumbewußtseins in der Bevölkerung als Aufgabe im europäischen und deutschniederländischen Integrationsprozeß;

- eine möglichst breite und intensive Begegnung und Verschmelzung niederländischer und deutscher Erfahrungen, Kenntnisse und Vorstellungen im Sinne der europäischen Integration, ohne aus Niederländern Deutsche oder aus Deutschen Niederländer zu machen;

- Umwandlung der Randlage der nationalen Teilgebiete in einen Standort mit einer Zentrallage in Nordwesteuropa mit 20 Mio. Verbrauchern im 200-km-Umkreis (Ruhrgebiet, Randstad Holland, Seehäfen), dem Einzugsgebiet für kleine und mittlere Unternehmen;

- weitere Auflockerung der historisch bedingten, noch oft einseitigen Struktur (Textil- und Bekleidungsindustrie, Landwirtschaft);

- Stabilisierung der regionalen Arbeitsmärkte, Abbau der überdurchschnittlichen Arbeitslosigkeit, Belebung des vorhandenen Entwicklungspotentials;

- Entwicklungsplanung mit Vorrang für die regionalen Eigenaktivitäten;

- Nutzung der Einrichtungen der sozialen Dienste für Bewohner an beiden Seiten der Grenze;

- ständige Begegnungen der Menschen beiderseits der Grenze (jährlich ca. 150 000) in allen Lebensbereichen (Jugendliche, ältere Bürger, Familien, Schüler, Behinderte, Personal verschiedener Verwaltungen, Journalisten, Künstler usw.). In den Schulen und Volkshochschulen sind Themen zu behandeln, die für beide Seiten der Grenze wichtig sind; Gemeindepartnerschaften und -kontakte sind zu verstärken.

2.4 Bisherige Ergebnisse der EUREGIO-Arbeit

Die EUREGIO ist von der Arbeit als Grenzregion zu einer systematischen grenzüberschreitenden Zusammenarbeit übergegangen und nutzt hierfür die Kräfte, Ideen und Kreativität, die in der Region vorhanden sind. Dadurch öffnet sich für eine Grenzregion die vierte Himmelsrichtung. Das Halbkreisdenken wird überwunden. Die Bevölkerung, die bisher oft "Rücken an Rücken" lebte, kehrte sich in allen Bereichen des Zusammenlebens mit dem Gesicht zueinander.

Auf diesem Wege zur grenzüberschreitenden Integration hat die EUREGIO nicht den Ehrgeiz entwickelt, alles alleine zu machen, Erfolge für sich allein zu reklamieren und einen Ausschließlichkeitsanspruch zu vertreten. Vielmehr war die Arbeitsweise so, daß zwar als Drehscheibe ein zentraler Punkt durch die gemeinsame EUREGIO-Geschäftsstelle vorhanden ist, gleichzeitig aber möglichst viele verantwortliche Instanzen innerhalb und außerhalb der Region eingebunden werden. Darüber hinaus werden zahlreiche Ideen und Pläne, die in der EUREGIO geboren sind, den fachlich zuständigen Instanzen, Trägern und Personen zur Ausführung überlassen. Diese Arbeitsweise hat den Vorteil, daß möglichst viele Personen und Instanzen in die konkrete Arbeit eingebunden werden und Kosten gespart werden: der Sachverstand in den einzelnen Gemeinden, Städten und Kreisen, Behörden, Verbänden usw. kann genutzt werden, ohne daß ständige Kosten für eigenes Fachpersonal entstehen.

Viele für den Grenzraum wichtige Entwicklungen wurden von der EUREGIO in die Wege geleitet, an anderen war sie maßgeblich beteiligt oder hat sie in eigener Verantwortung durchgeführt. Dabei entwickelte sich die EUREGIO zu einer anerkannten Drehscheibe in der Region und für die Region.

In der EUREGIO-Arbeit sind zwei große Themenbereiche zu unterscheiden:

- die sozial-wirtschaftliche Zusammenarbeit,
- die sozial-kulturelle Zusammenarbeit.

a) Sozial-wirtschaftliche Zusammenarbeit

Dieser Bereich umfaßt Fragen der Planung, Wirtschaftsförderung, Verkehrsinfrastruktur und Dienstleistung. Oft besitzt die EUREGIO keine unmittelbare Zuständigkeit. Sie ist eher Sprachrohr der Region und entwickelt in vielen Fällen eine Meinungsführerschaft. Laut Satzung haben die 104 Gemeinden, Städte und Kreise der EUREGIO bzw. den 3 Kommunalgemeinschaften die Vertretung der gemeinsamen regionalen Interessen übertragen und sie beauftragt, Leitvorstellungen zu entwickeln. Die EUREGIO arbeitet in diesen Fällen als "grenzüberschreitende regionale Lobby" bei den nationalen Instanzen und Behörden, wo die Planungs- und Durchführungskompetenz liegt. Sie bringt dort das Gesamtgewicht der Region und der politischen Repräsentanz ein.

Einige Beispiele sollen verdeutlichen, daß die Schaffung einer regionalen Argumentationsbasis und die Addition der regionalen Kräfte mit einer grenzüberschreitenden Argumentation zu konkreten Ergebnissen führen. So wurden weite Bereiche des Arbeitsgebietes der EUREGIO auf deutscher Seite in die Gemeinschaftsaufgabe von Bund und Ländern und auf niederländischer Seite in die sogenannte IPR-Regelung aufgenommen. Entgegen den ursprünglichen Absichten der nationalen Ebene erhielten Teilgebiete beiderseits der Grenze die Anerkennung für das EG-Programm für Regionen, die vom Strukturwandel in der Textilindustrie besonders betroffen sind. Dies wirkte sich 1989/90 günstig aus auf die Berücksichtigung von speziellen Fördergebieten in den EG-Programmen zugunsten der Grenzregionen (z.B. INTERREG-Programm der EG).

Ohne offiziell juristisch anerkannt zu sein oder einen öffentlich-rechtlichen Status zu besitzen, wird die EUREGIO beiderseits der Grenze bei der Aufstellung von deutschen Gebietsentwicklungsplänen, von niederländischen Streekplänen, Landesentwicklungsplänen etc. beteiligt, offiziell angehört und angeschrieben wie eine öffentliche Instanz. In Fällen, wo eine grenzüberschreitende Beteiligung des deutschen und niederländischen Partners aus juristischen Gründen nicht möglich ist, erhält der zuständige nationale EUREGIO-Partner ein Schreiben. Dieser übergibt die Unterlagen dem EUREGIO-Partner auf der anderen Seite der Grenze, der dort für eine entsprechende öffentliche Beteiligung sorgt. Auf dem gleichen Wege gehen die Stellungnahmen über die Grenze zurück und werden, versehen mit entsprechenden nationalen Anschreiben, als gemeinsames Anliegen der Region den zuständigen Instanzen übermittelt.

Eine über Jahrzehnte dauernde Meinungsführerschaft erreichte die EUREGIO z.B. in der Verkehrsinfrastruktur durch Bündelung der regionalen Argumentationsbasis zugunsten des Schienennetzes und des Fernstraßennetzes. Es ist in der Region unumstritten, daß wichtige Bundesfernstraßen wie die E 30 von Rotterdam über die EUREGIO nach Osnabrück und Hannover oder die Emslandlinie zwischen Emden und dem Ruhrgebiet nicht zum gegenwärtigen Zeitpunkt weitestgehend fertiggestellt wären, wenn der entsprechende Druck aus der Region nicht erfolgt wäre. Dies war nur möglich durch die in der Region abgestimmten und durchgehaltenen Prioritäten und ein grenzüberschreitendes Argumentationsnetz. Besonders eindrucksvoll beweist dies der Bau der Emslandlinie in Nord-Süd-Richtung, der unter den verkehrspolitischen Gegebenheiten der 80er Jahre vermutlich nicht mehr stattgefunden hätte. Außerdem wurde die Planung von deutscher und niederländischer Seite so angelegt, daß diese Autobahn für den deutschen und niederländischen Grenzraum von gleich großem Nutzen ist: eine Nord-Süd-Autobahn auf niederländischer Seite zwischen Twente und Friesland blieb überflüssig.

Eine ähnliche Meinungsführerschaft erreichte die EUREGIO in den 70er Jahren anläßlich der Streckenstillegungspläne der Deutschen Bundesbahn. Als erste Testregion für die Bundesrepublik führte die EUREGIO Regionalgespräche über die Stillegungspläne der Bundesbahn durch. Die gemeinsame regionale Argumentationsbasis führte dazu, daß es trotz der umfassenden Stillegungspläne der Bahn bis heute gelungen ist, das Schienennetz für den Personen- und Güterverkehr in wesentlichen Bereichen zu erhalten. Dazu beigetragen hat auch, daß die EUREGIO regelmäßig in den Verkehrsausschüssen der nationalen Instanzen angehört wird.

In Kooperation mit den zuständigen Behörden und mit eigenen finanziellen Mitteln wurden grundsätzliche Schriften herausgegeben, die regional und überregional Beachtung gefunden haben, wie beispielsweise "Planung im Grenzraum" mit einer Gegenüberstellung der deutschen und niederländischen Verwaltungsstrukturen, "statistisches Handbuch für die EUREGIO" (ein erster grenzüberschreitender Vergleich der Statistiken) oder eine "Untersuchung über die unterschiedlichen Industrieansiedlungsfaktoren beiderseits der Grenze".

Durch den Bau des EUREGIO-Sekretariats 1985 unmittelbar an der Grenze, die Errichtung des EUREGIO-Hauses 1991 mit 27 Arbeitsplätzen, die Gründung öffentlicher Einrichtungen unter dem Namen EUREGIO (Volkshochschulen, Büchereien, Musikschulen, Sporthallen, Kunstkreise, Konzertgesellschaften, Gymnasien, Hotels etc.), die EG-Beratungsstelle EUREGIO für kleine und mittlere Unternehmen, grenzüberschreitende Datenbanken etc. wurden direkte Beiträge zur Verbesserung des Dienstleistungssektors geleistet.

b) sozial-kulturelle Zusammenarbeit

Dieser Arbeitsbereich war seit der Gründung der EUREGIO ein wesentliches Anliegen. Dahinter steht der Gedanke, daß die grenzüberschreitende Integration und die Akzeptanz von wirtschaftlichen, infrastrukturellen und planerischen Maßnahmen nicht möglich sein wird, ohne daß das Verständnis der Menschen beiderseits der Grenze füreinander schrittweise in allen Lebensbereichen verstärkt wird.

Die im Auftrage der Gemeinden, Städte und Kreise sowie mit Hilfe der Bundesländer, der niederländischen Regierung und der Provinzen durchgeführte grenzüberschreitende Arbeit auf sozial-kulturellem, wirtschaftlichem und infrastrukturellem Gebiet hat dazu geführt, daß die

EUREGIO von der Bevölkerung als Anlaufstelle für eine breite Palette von Problemen und Fragen genutzt wird. 1990 konnten über 12 000 Personen (keine Telefonate und Briefe) direkt beraten werden.

Die im Laufe der Jahre gesammelten Erfahrungen und Kenntnisse über immer wiederkehrende Schwierigkeiten haben zur Erarbeitung eines Memorandums über alltägliche Grenzprobleme geführt. Die EUREGIO organisierte mehrmals zu diesen Problemen Anhörungsverfahren im Beisein von Vertretern deutscher und niederländischer Ministerien. Ca. 2 000 Bürger unterstrichen dabei diese alltäglichen Grenzprobleme durch persönliche Erfahrungen.

Die wichtigsten Punkte des Memorandums beinhalten Probleme der Sozialversicherung, des Arbeitslosengeldes, der Arbeitsunfähigkeit und der Arbeitsförderung. Die Anwendung des Kriteriums "Wohnland und Arbeitsland" führt beispielsweise dazu, daß beim Hausbau steuerliche Vorteile, wie sie national üblich sind, von dem Grenzpendler nicht erlangt werden können. Eine Förderung der beruflichen Bildung ist grenzüberschreitend bei der Arbeitsaufnahme eines Niederländers in Deutschland nicht möglich. Bei Arbeitslosigkeit und Arbeitsunfähigkeit reichen die Schwierigkeiten für Pendler bis hin zur Existenzbedrohung, da die Abstimmung zwischen den Behörden über Auszahlungen nicht selten so lange dauert, daß Arbeitnehmer ihr Haus verkaufen müssen bzw. zum Sozialhilfeempfänger werden. Hier konnte die EUREGIO erreichen, daß durch einen ständigen Gedanken- und Informationsaustausch mit den nationalen Ministerien, den Krankenkassen usw. Schwierigkeiten schrittweise behoben wurden und eine Abstimmung zwischen den Sozialträgern über Abschlagzahlung u.ä. erfolgt.

Ein weiteres schwieriges Kapitel ist das grenzüberschreitende Rettungswesen. Feuerwehren, Krankenwagen und Rettungshubschrauber helfen einander gegenwärtig aufgrund privater Absprachen grenzüberschreitend. Eine öffentlich-rechtliche Vereinbarung über diesen grenzüberschreitenden Hilfeeinsatz besteht leider bisher nicht, was bei schwerwiegenden Verletzungen von Personen zu Schwierigkeiten mit den Versicherungsträgern führt. Gegenwärtig erarbeitet die EUREGIO deshalb ein grenzüberschreitendes Konzept für den Katastrophenschutz und das Rettungswesen mit einem Vertrag, an dem sich alle Gemeinden, Städte und Kreise beteiligen werden.

Als kleine historische Begebenheit sei hier erzählt, daß die erste gemeinsame Übung deutscher und niederländischer Feuerwehren im Jahre 1975 nach langen Vorbereitungen zustande kam. Die Bereitschaft zur Kooperation und die Begeisterung für diese Übung waren von beiden Seiten sehr groß. Nach Überwindung einiger Abstimmungsschwierigkeiten stellte sich dann heraus, daß der Durchmesser der Feuerwehrschläuche von deutscher und niederländischer Seite unterschiedlich war, so daß sie nicht aneinander angeschlossen werden konnten. Es mußte eine spezielle Kupplung geschaffen werden, die dieses Problem kurzfristig und zu geringen Kosten behob. Erst heute ist es möglich, daß Feuerwehren auf gleicher Funkfrequenz grenzüberschreitend miteinander Kontakt aufnehmen, obwohl dies juristisch immer noch unzulässig ist.

Als weiteres praktisches Beispiel sei erwähnt, daß nach Auffassung der niederländischen Krankenversicherungsträger Transportkosten für einen niederländischen Bürger, der im Nachbarland im Grenzbereich verunglückt, nur ab der Staatsgrenze übernommen werden können. Dies hat zu kuriosen Streitigkeiten über Kosten geführt. So sollten die Transportkosten im Rettungshubschrauber erst ab dem Punkt bezahlt werden, wo er die Staatsgrenze in der Luft überfliegt, und nicht ab dem Standort des Hubschraubers. Ein Verunglückter mit einem gebrochenen Bein müßte sozusagen humpelnd zur Grenze gehen, weil erst ab dort die Kosten für den Krankenwagentransport übernommen werden. Auch hier hat die EUREGIO vermittelnd eingreifen und die Probleme lösen können.

Diese Beispiele zeigen, daß trotz des Europäischen Binnenmarktes auch in Zukunft noch zahlreiche Probleme ungelöst bleiben: nicht weil die nationalen Instanzen gegeneinander arbeiten, sondern weil die nationalen Gesetze sich an der Grenze reiben und sich dort herausstellt, daß nationale Gesetze und Vorschriften, Versicherungssysteme etc. nicht zueinander passen. Der Grenzpendler ist derjenige, der ebenso wie Unternehmen und normale Bürger davon nachteilig betroffen ist.

So hat der deutsche Unternehmer keine Möglichkeit, Krankmeldungen auf niederländischer Seite zu kontrollieren. Es gibt mißbräuchliche Inanspruchnahme von Leistungen der Arbeitsämter, den illegalen Verleih von Arbeitnehmern (insbesondere im Baugewerbe) oder erschwerte Zulassungsbedingungen für Markthändler auf beiden Seiten der Grenze. Deutsche Busse, die ihre Leistungen billiger anbieten, können nicht in die Niederlande fahren, um eine niederländische Gruppe abzuholen.

Der Transport von Post- und Zeitungssendungen im Grenzgebiet gilt als unbefriedigend und zeitlich zu aufwendig. Selbst die Postzustellung zwischen benachbarten Städten mit wenigen Kilometern Entfernung dauert 3 Tage und länger, weil der Vertriebsweg über die nationalen Hauptverbindungslinien geleitet wird.

Über 10 Jahre hat es gedauert, bis die gemeinsame deutsch-niederländische Geschäftsstelle der EUREGIO, die unmittelbar an der Grenze auf deutscher Seite liegt, einen niederländischen Telefonanschluß erhielt. Dies war keineswegs ein technisches Problem, sondern eine Grundsatzfrage nach dem Hoheitsrecht, ob ein niederländisches Kabel in deutschen Boden verlegt werden darf. Nachdem sich zwei Staatssekretäre und zwei Minister mit dem Thema befaßt hatten, konnte endlich im Januar 1991 die Leitung geschaltet werden.

Die EUREGIO als Drehscheibe, Vermittler und Helfer in Notsituationen ist eine wichtige Ergänzung zu der oft trockenen und langfristigen Arbeit im sozial-wirtschaftlichen Bereich.

Die EUREGIO-Begegnungen mit mehr als 150 000 Bürgern von beiden Seiten der Grenze sind da schon eher im Alltag spürbar und wecken Aufmerksamkeit bei Politikern und in den Medien. Jugend-, Senioren-, Familien-, Sportbegegnungen und Seminarveranstaltungen (für arbeitslose Jugendliche, die Polizei von beiden Seiten der Grenze, die Drogenfachleute, die Jugendleiter, die Sozialarbeiter, die Leiter der Wasserwirtschaftsämter, der Arbeitsämter etc.) bringen praktische Ergebnisse für das grenzüberschreitende Zusammenleben. Ähnliches gilt für die Zusammenarbeit der Schulen durch Schulpartnerschaften, Projektwochen, Austauschwochen, Treffen der Schulaufsichtsbehörden. Die EUREGIO unterstützt diese Begegnungen mit erheblichen finanziellen Mitteln und stellt durch deutsch-niederländische Unterrichtsmaterialien für alle Schulformen und Lehrerfortbildungsveranstaltungen die Basis bereit für diese Kooperation der Schulen. Darüber hinaus unterstützt die EUREGIO das Verständnis für die Sprache des Nachbarlandes durch niederländische Sprachkurse in Schulen, in Verwaltungen und durch ein eigenes EUREGIO-Diplom.

Die grenzüberschreitende Berufsausbildung (4 Mio. DM) im Textil- und Metallbereich, in Zukunft auch im Hotel- und Gaststättengewerbe, in der Kunststoffindustrie, bei der Ausbildung des Krankenhauspersonals erfolgt zweisprachig mit gegenseitig anerkannten Abschlüssen. Sie kommt den Arbeitnehmern beiderseits der Grenze unmittelbar zugute.

Ebenso greifbar ist die Zusammenarbeit in den Bereichen Tourismus, Freizeit und Erholung, wo die EUREGIO als Drehscheibe und Schalterfunktion für alle deutsch-niederländischen Fremdenverkehrsämter und -verbände dient. Die Ausweisung eines abgestimmten regionalen Routenkonzeptes für grenzüberschreitende Rad- und Wanderwege, die Erarbeitung eines gemeinsamen Fremdenverkehrskonzeptes, die Abstimmung der Planungen für Erholungs- und Freizeiteinrichtungen, Landschafts- und Naturparks, die Herausgabe von Touristikführern (Museen, Radwanderwege, Tourismus-Vademecum etc.) wirken sich praktisch aus und tragen zur Verankerung des EUREGIO-Gedankens an der Basis bei.

2.5 Schlußfolgerungen

Die Zusammenarbeit hat sich soweit entwickelt, daß europäische Instanzen die EUREGIO als Modell für grenzüberschreitende Zusammenarbeit in Europa bezeichnen.

Als Hauptgründe werden genannt:

- bürgernahe Arbeit durch die kommunale Organisationsform,
- eigene Finanzmittel durch Beiträge der Kommunen,
- Einschaltung der Abgeordneten auf allen Ebenen,
- Arbeit auf allen Gebieten als grenzübergreifende Region, nicht nur als Grenzregion.

Bewährt haben sich die Einrichtung des EUREGIO-Rates als parlamentarische Versammlung (trotz aller bisher eingeschränkten Befugnisse), als höchstes Organ und die Arbeitsweise der EUREGIO-Arbeitsgruppe als eine Art Hauptausschuß. Die politische Ebene bezieht die Abgeordneten aller Ebenen ein. Die Mitarbeit der Hauptverwaltungsbeamten in der Arbeitsgruppe und den einzelnen Gremien der nationalen Zusammenschlüsse stellt sicher, daß die EUREGIO vor Ort eingebunden bleibt, vor allem wird dadurch das Fachwissen in den Gemeinde- und Kreisverwaltungen kostensparend nutzbar (z.B. Planer, Sozialämter, Jugendleiter usw.).

Die EUREGIO arbeitet grundsätzlich und in allen Bereichen grenzüberschreitend; d.h. nicht als Grenzregion, die sich bei aktuellem Anlaß den Partner jenseits der Grenze sucht. Dies ist ein grundsätzlicher Denkansatz im Arbeitsablauf und scheint ein wesentlicher Unterschied gegenüber der Arbeit von Grenzregionen zu sein.

Die relativ weit entwickelte Organisationsstruktur gewährleistet ein ständiges Verfolgen aller grenzüberschreitenden Probleme; die kommunale Struktur stellt die bürgernahe Arbeit vor Ort sicher. Damit wird die Tätigkeit für Politik und Bürger nachvollziehbar und einigermaßen greifbar. Da die EUREGIO schon sehr lange besteht und sich Verhaltensmaßregeln eingebürgert haben, besteht bis zu einem gewissen Umfang auch eine Durchsetzbarkeit von Beschlüssen bei den einzelnen Mitgliedskörperschaften, vor allem auch in kritischen Fragen (z.B. keine grenzüberschreitende Abwerbung von Betrieben, Drogenproblematik, Ansiedlung von kerntechnischen Anlagen im Grenzraum, Straßenbau, Beitragserhöhung usw.).

Die eigene Geschäftsstelle als Drehscheibe in der Region und nach außen ermöglicht es, Probleme frühzeitig zu erkennen und Entwicklungen rechtzeitig zu verfolgen. Die Mitgliedsbeiträge der kommunalen Ebene stellen die finanzielle Unabhängigkeit der Arbeit sicher: die EUREGIO ist aus eigener Kraft lebensfähig.

Gute bis ausgezeichnete Beziehungen bestehen zu den Regierungspräsidenten in Münster und Oldenburg, den Provinzen Drenthe, Gelderland und Overijssel sowie auch zu den Ländern Niedersachsen und Nordrhein-Westfalen, oft auch zu den nationalen Regierungen in Bonn und Den Haag sowie zu der EG. All diese staatlichen Instanzen sind in den verschiedensten Arbeitskreisen und Kommissionen vertreten und arbeiten (beratend) mit.

Die Art der Organisation und Arbeitsweise von unten her macht es vor allem im planerischen und wirtschaftlichen Bereich erforderlich, daß Vorstellungen der Region auf allen möglichen Kanälen und Wegen nach oben hin durchgesetzt werden müssen. Allerdings ist gleichzeitig als vorteilhaft anzusehen, daß an der Basis immer erst eine einheitliche Meinung gebildet werden muß. Dies hat sich gegenüber staatlichen Organen bewährt, z.B.: Aufrechterhaltung des Schienennetzes, Verbesserung des Fernstraßennetzes, grenzüberschreitende Rad- und Wanderwege, Aktionsprogramm, Prioritätenliste für die EG-Projekte etc.

Andere Organisationsformen der grenzüberschreitenden Zusammenarbeit besitzen die Möglichkeit, im wirtschaftlichen und planerischen Bereich auf der Ebene der zuständigen staatlichen Instanzen Absprachen treffen zu können. Da jedoch die kommunale Ebene erst nachträglich eingeschaltet wird und meistens an dieser Entscheidungsfindung nicht gleichzeitig beteiligt ist, ergeben sich auf kommunaler Ebene Widerstände (z.B. im Straßenbau, bei Energiestandorten, bei Ausweisung von Naturschutz- und Erholungsgebieten, selbst bei der kulturellen Zusammenarbeit).

Abzuwägen wäre, ob eine Mischung beider Arbeitsweisen unter Ausnutzung der Vorteile und Vermeidung jeweiliger Nachteile der grenzübergreifenden Zusammenarbeit insgesamt dienlich ist.

Anhang: Pilotprojekte der EUREGIO im Rahmen des EG-Strukturfonds

Pilotprojekte (Beträge in 1 000 ECU)	KOSTEN			FINANZIERUNG national/regional		EG		
	bis 1990	1991	ges.	bis 1990	1991	bis 1990	1991	ges.
1. Ausbau und verstärkte Nutzung des Eurecom-Mailbox-Projektes	600	-	609	300	-	300	-	600
2. Grenzüberschreitende touristische Entwicklung (Phase I a)								
2.1 Entwicklung und Nutzen von grenzüberschreitenden Routen - I. Abschnitt -	350	250	600	175	125	175	125	600
2.2 Grenzüberschr. Museumskonzept - Phase I -	230	200	430	115	100	115	100	430
2.3 Touristische EUREGIO-Broschüre	200	-	200	100	-	100	-	200
3. Landwirtschaft im Rahmen eines grenzüberschr. Feuchtwiesenprogramms (Phase I)	410	410	820	245	245	165	165	820
4. Landwirtschaftl. Leistungsschau in der EUREGIO 1990	170	-	170	86	-	84	-	170
5. Mobile Gülleverarbeitung	300	100	400	229	-	100	71	400
6. Eisenbahnverbindung 51	-	51	26	-	25	-	51	
Insgesamt	2311	960	3271	1276	470	1064	461	3271

Reserveprojekte, geordnet nach Prioritäten

	bis 1990	1991	ges.	bis 1990	1991	bis 1990	1991	ges.
7. Überbrückungsstrategie zur Bekämpfung des sauren Regens	115	100	215	69	60	46	40	215
8. Erstellung u. Koordination des integrierten Umweltprogramms	88	-	88	44	-	44	-	88
9. Integrales Abfallentsorgungsprogramm	84	-	84	42	-	42	-	84
10. Grenzüberschreitendes Museumskonzept - Phase II -	1023	900	1923	773	650	250	250	1923
Insgesamt	1311	1000	2310	928	710	382	290	2310

Weitere Pilotprojekte auf der Basis des grenzüberschreitenden Durchführungsprogramms 1989-92 für die EUREGIO kurzfristig möglich

Projecten / Projekte 1990 - 1991
Bedragen x 1 000 ECU / Beträge in x 1 000 ECU

Omschrijving/Beschreibung	Totale/ Gesamt- kosten	Regionale Bijdrage/ Beiträge	Nationale Bijdrage/ Beiträge	EG- INTER- REG	Waaran/davon: Doel/Ziel 2 Art. 10 Ziel 2	Art. 10	Co-financiers, opmerkingen/ Mitfinanciers, Bemerkungen
A. Netwerkvorming, informatieut- wisseling en communicatie/Netz- werkbildung, Informationsaus- tausch und Kommunikation							
A.1 Exportbevorderingsprogramm/ Exportaustauschprogramm	60	30	-	30 (50%)	-	30	Kamers van Koophandel/ IHK Bedrijfs- leven, Wirtsch.
A.2 Grensoverschrijdende/grenzüber- schreitende Datenbanken	600	300	?	300 (50%)	-	300	Kreise, Uni- versiteiten, Samenwerk- ingsverbanden
A.3 Euregio Managementschool/ Managementschule Coesfeld, Dülmen/Wintersw.	750	375	?	375 (50%)	-	375	Wirtsch.Förd.- gesellschaft
A.4 Uitbouw v. het Euro-Info-Centre, Euregio/Ausbau des Euro-Info- Centers, Euregio	200	100	-	100 (50%)	25	75	Euro-Info Centre Stein- furt/Enschede, Kreis Steinf.
A.5 Materiaal ten bevordering van het grensoverschrijdende bewustzi in/Materialien zur Förderung des grenzüberschr. Bewußtseins	700	350	?	350 (50%)	200	50	Kreise, Ge- meinden/ Städte, Schulen
A.6 Bau-Info Euregio	100	50	-	50 50%)	-	50	
Totaal/Insgesamt Thema A	2410	1205	-	1205 (50%)	225	980	
B. Verkeer, vervoer en infrastructuur Verkehr, Transport, Infrastruktur							
B.1 Onderzoek naar de verbetering kleine grensov. infrastructuur/ Untersuchung zur Verbesserung der grenzüberschreitenden kleinen Infrastruktur	150	75	-	75 (50%)	-	75	Samenwerk- ingsverb., Kreise, Gemeenten
B.2 Rondweg/Umfahrung Tbu Dinxperlo-Sunderwick	3400	2550	-	850 (25%)	-	850	Provincie Gelderland, Landsch.verb., Gemeente
B.3 Uitbouw spoorverbinding Hengelo-(Gronau)-Münster/ Ausbau der Schienenverbindung	p.m.	p.m.	p.m.	p.m.	p.m.	-	afhankelijk van uitkommst haalbaarheid- sonderzoete/ abhängig v.d. lfd. Machbar- keitsstudie

Omschrijving/Beschreibung	Totale/ Gesamt- kosten	Regionale Bijdrage/ Beiträge	Nationale Bijdrage/ Beiträge	EG- INTER- REG	Waaran/davon: Doel/Ziel 2 Art. 10 Ziel 2		Co-financiers, opmerkingen/ Mitfinanciers, Bemerkungen
					Ziel 2	Art. 10	
B.4 Haalbaarheidsstudie doortrekking Twentekanaal/Studie zur möglichen Weiterführung des Twentekanals	p.m.	p.m.	p.m.	p.m.	p.m.	p.m.	afstemming D-NL nodig/nähere Abstimmung notwendig
B.5 Grensov. afstemming openbaar vervoer/grenzüberschreitende Abstimmung des öffentlichen Personennahverkehrs	500	250	-	250 (50%)	-	250	Verkehrsbetriebe/openbaan vervoerbedrijven
Totaal/Insgesamt Thema B	4050 + p.m.	2875 + p.m.	p.m. +p.m.	1175 +p.m. (29%)	p.m.	1175	
C. Recreative en Toerisme/ Erholung und Tourismus							
C.1 Ontwikkeling toeristische routes/Entwicklung touristischer Routen	2300	1300	?	1000 (43 %)	850	150	Kreise, Samenwerkingsverb., Provincies, VVVs
C.2 Versterking toeristische Structuur/Verbesserung der tourist. Struktur	2500	995	500	1005 (40 %)	840	165	Gemeenten, Kreise, Provincies
Totaal/Insgesamt Thema C	4800	2295	500	2005 (42%)	1690	315	
D. Scholing en Arbeidsmarkt/ Schulung und Arbeitsmarkt							
D.1 Grensoverschrijdende beroepsopleiding/grenz- überschreitende Berufs- ausbildung	2300	700	600	1000 (43%)	1000	-	Arbeitsvoorziering/Arbeitsverwalt., Provincies, Länder, Rijk, Instituten
D.2 Europese milieuacademie/ Europ. Umweltakademie	400	200	?	200 (50%)	-	200	Kreis Borken, Instituten
Totaal/Insgesamt Thema D	2700	900	600	1200 (44%)	1000	200	
E.. Milieubeheen en Landbouw/ Umwelt u. Landwirtschaft							
E.1 Waterkwaliteitsmodel Vecht/ Wasserqualitätsmodell Vechte	240	120	?	120 (50%)	-	120	Staatliches Amt für Wasser u. Abfall, Provincie, Waterschappen
E.2 Landbouw en Landschapsprogramm/Landwirtschaft im Rahmen eines Feuchtwiesenprojektes	2000	400	800	800 (40%)	800	-	Landbouw/ Landw. Ministerien, Provincies, Kreise u.a.

Omschrijving/Beschreibung	Totale/ Gesamt- kosten	Regionale Bijdrage/ Beiträge	Nationale Bijdrage/ Beiträge	EG- INTER- REG	Waaran/davon: Doel/Ziel 2 Art. 10 Ziel 2		Co-financiers, opmerkingen/ Mitfinanciers, Bemerkungen
					Ziel 2	Art. 10	
E.3 Agibusiness-netwerk/agrar- wirtschaftliches Netzwerk	2000	500	500	1000 (50%)	1000	-	Provincies, Samenwerk- ingsverbanden, Kreise, Minist.
E.4 Vervolgprojecten milieu en Afvalprogramma/Folgepro- jekte Umwelt- und Abfall- programm	2000	500	500	1000 (50%)	1000	-	Gemeente, Kreise, Samen- werkingsverb., Bedrijfsleven/ Wirtschaft, Pro- vinzen, Minist.
Totaal/Insgesamt Thema E	6240	1520	1800	2920 (47%)	2800	120	
F. Innovatie en Technologie/ Innovation und Technologie							
F.1 Internationaal Transferpunt Monumentenzorg/Transfer- stelle Denkmaltechnologie	470	50	210	210 (45%)	-	210	Akad. Schloß Raesfeld, Land NRW/Bund
F.2 Instituut voor Lasertechnologie/ Institut für Lasertechnologie	1400	400	400	600 (43%)	-	600	FH Steinfurt, Land
Totaal/Insgesamt Thema F	1870	450	610	810 (43%)	-	810	
G. Onderzoete en Projectmanage- ment/Untersuchungen und Projektmanagement							
G.1 Samenwerking stedendriehoek Enschede/Hengelo-Münster Osnabrück/Zusammenarbeit der Oberzentren	240	130	50	60 (25%)	60	-	Städte, Minist./ Provinzen
G.2 Toeristische Studies/Touristische Studien	50	25	-	25 (50%)	25	-	Samenwer- kingsverb./ Fremdenver- kehrsverbände, Provincies
G.3 Projectmanagement/ Projektmanagement Euregio	200	50	50	100 (50%)	100	-	Gemeinden/ Gemeenten
Totaal/Insgesamt Thema G	490	255	50	185 (38%)	185	-	
Totalen projekten A - G/Insgesamt Projekte A - G	22560 (+p.m.)	9500 (+p.m.)	3560 (+p.m.)	9500 (+p.m.) (42%)	5900 (+p.m.)	3600 (+p.m.)	
A. Netwerkvorming, informatieuit- wisseling en communicatie Netzwerkbildung, Informations- austausch u. Kommunikation							

Omschrijving/Beschreibung	Totale/ Gesamt- kosten	Regionale Bijdrage/ Beiträge	Nationale Bijdrage/ Beiträge	EG- INTER- REG	Waaran/davon: Doel/Ziel 2 Art. 10 Ziel 2	Art. 10	Co-financiers, opmerkingen/ Mitfinanciers, Bemerkungen
A.7 Grensoverschrijdend gebruik van sociale voorzieningen/ Nutzung d. grenzüberschrei- tenden Sozialeinrichtungen	1000	250	250	500 (50%)	500	-	Ziekenhuizen/ Krankenhäuser, Ambulance- diensten/Ret- tungswesen, Bejaardente- huizen/Altersh.
B. Verkeer, vervoer en infra- structuur/Verkehr, Transport und Infrastruktur							
B.5 Ontwikkeling van transport- en overslagcentra/Entwicklung von Transport- und Verteil- zentren	3000	750	750	1500 (50%)	1500	-	Bijdrage in de ontsluiting en onderlinge sa- menwerking, co-financiering gemeente/Bei- trag in der Er- schließung bzw. Zusammenar- beit, Mitfinan- zierung Ge- meinde, Städte
C. Recreatie en Toerisme/ Erholung u. Tourismus							
C.2 (Vervolgproject/Folgeprojekt) Versterking toeristische structuur/Verbesserung touristischer Struktur	3000	2200	?	800	-	800	Gemeinden/ Städte,Be- drijfsleven/ Wirtschaft
C.3 Grensoverschrijdend museum- concept/Grenzüberschreitendes Museumskonzept	1900	790	300	810	410	400	Gemeinden/ Städte, Pro- vincie, Länder, particuliere fondsen/Pri- vatmittel
D. Scholing en Arbeidsmarkt/ Schulung und Arbeitsmarkt							
D.3 Europese Sportacademie/ Europäische Sportbildungs- stätte	1000	300	200	500	-	500	Kreis Borken, Sportorgani- saties/Sport- verbände (Na- tionale, Re- gionale)
E. Milieubeheer en Landbouw/ Umwelt u. Landwirtschaft							
E.4 Vervolgprojecten milieu/afval, weitere Projekte Umwelt/Abfall; waaronder/davon:							

Omschrijving/Beschreibung	Totale/ Gesamtkosten	Regionale Bijdrage/ Beiträge	Nationale Bijdrage/ Beiträge	EG-INTER-REG	Waaran/davon: Doel/Ziel 2 Art. 10 Ziel 2		Co-financiers, opmerkingen/ Mitfinanciers, Bemerkungen
					Ziel 2	Art. 10	
- Verbetering waterkwaliteit/ Verbesserung Wasserqualität	20000	12000	6000	2000	2000	-	Gemeinden/ Städte, Kreis, Land
- Natuur- en milieu-educatief centrum Haaksbergen/Zentrum für Natur- und Umwelterziehung Haaksbergen	4000	2800	600	600	600	-	Gemeente, Ministeries, provincies, bedrijsleven/ Wirtschaft
F. Innovatie en Technologie/ Innovation und Technologie							
F.3 Instituut voor Geotextiel/ Institut für Geotextilien	1500	450	450	600	-	600	Land, Kreis, Bedrijfsleven/ Wirtschaft
Totaal/Insgesamt Thema A - F (G)	35400	20990	7100	7310 (21%)	5010	2300	

VIKTOR FRHR. VON MALCHUS

V. Empfehlungen für die künftige grenzübergreifende Zusammenarbeit auf dem Gebiet der Raumplanung an den deutschen Staatsgrenzen

1. Neuer Stellenwert der grenzübergreifenden Zusammenarbeit

Durch die Entwicklung zum Europäischen Binnenmarkt, die Demokratisierung in Mittel- und Osteuropa und die deutsche Einheit hat die grenzübergreifende Zusammenarbeit an den deutschen Staatsgrenzen und darüber hinaus in Europa einen neuen Stellenwert erhalten. Hauptziel der grenzübergreifenden Zusammenarbeit ist nach wie vor die Förderung der gutnachbarlichen Beziehungen zwischen Gebietskörperschaften zweier oder mehrerer Staaten.

Das Zusammenwachsen Europas erfordert die Intensivierung der grenzübergreifenden Raumplanung, um die historisch bedingten Nachteile der Grenzgebiete - die "Narben der Geschichte Europas" - in angemessener Weise zu überwinden und so weit wie möglich in Standortvorteile zu verwandeln. Die staatlichen Grenzen sollen nicht verändert oder beseitigt werden, sondern es gilt, die für die in den Grenzgebieten lebende Bevölkerung benachteiligenden Wirkungen der Staatsgrenzen zu minimieren.

Die demokratischen Umwälzungen in Mittel- und Osteuropa und die Entwicklungen zum europäischen Binnenmarkt und zur Politischen Union in der EG bringen für die grenzüberschreitende Zusammenarbeit in Europa neue Probleme, aber eröffnen auch große Zukunftsperspektiven. Kulturelle, rechtliche und soziale Gegebenheiten beiderseits der Staatsgrenzen werden noch lange Zeit den Zielen zur Verwirklichung des Binnenmarktes: "Der Binnenmarkt umfaßt einen Raum ohne Binnengrenzen, in dem der freie Verkehr von Waren, Personen, Dienstleistungen und Kapital gemäß den Bestimmungen dieses Vertrages gewährleistet ist" (Art. 8a EWGV) entgegenstehen.

Fast alle internationalen und nationalen Institutionen und Regierungen haben im letzten Jahrzehnt erkannt, daß die grenzübergreifende überregionale und regionale Zusammenarbeit wesentlich mit dazu beitragen kann, die Ziele der europäischen Integration voranzutreiben. Dazu hat die grenzübergreifende Zusammenarbeit in den letzten Jahren mit ihren Fortschritten deutlich beigetragen. Insbesondere durch die Mithilfe grenzübergreifender Institutionen im Norden, im Rhein-, Alpen- und Pyrenäenbogen ist sie zu einem wichtigen Baustein eines geeinten und pluralistischen Europas geworden. Mittel- und längerfristige Probleme ergeben sich allerdings durch die Verschiebung der EG-Außengrenze nach Osten. Hier ist die Förderung der grenzübergreifenden raumordnerischen Zusammenarbeit durch Bund, Länder und Gebietskörperschaften derzeit und künftig von ganz besonderer Dringlichkeit.

Die in Klammern gesetzten Namen weisen auf die Verfasser der entsprechenden Beiträge und Empfehlungen in diesem Band hin, die Zahlen auf Anmerkungen am Schluß dieses Beitrages.

Die in diesem Forschungs- und Sitzungsbericht aufgezeigten historischen und aktuellen Entwicklungen in den einzelnen Beiträgen über die Grenzgebiete und die grenzübergreifende Zusammenarbeit lassen diesen neuen Stellenwert deutlich hervortreten. Die Berichte in diesem Band schließen regelmäßig mit Empfehlungen zur Verbesserung der künftigen grenzübergreifenden Zusammenarbeit ab. Diese Empfehlungen richten sich an sehr verschiedene Adressaten, so an die Internationalen Organisationen, die Bundesregierung und die Länderregierungen, die Grenzregionen und an die Gemeinden. Aus diesem Grunde ist es wünschenswert, diese Aussagen zu bündeln und adressatenbezogen zusammengefaßt aufzuzeigen.

2. Empfehlungen an den Europarat

2.1 Parlamentarische Versammlung

Die Parlamentarische Versammlung des Europarates hat die grenzüberschreitende Zusammenarbeit seit den 60er Jahren intensiv unterstützt. Im ständigen Dialog mit den Nationalstaaten und mit den Grenzregionen in Europa hat sie sich über die Probleme in den Grenzregionen berichten lassen, letztmalig auf der "5. Europäischen Konferenz der Grenzregionen", 18. bis 21. Juni 1991 in Rovaniemi/Finnland. Auf diesem Kongreß wurde eine Schlußresolution verabschiedet[1]). In dieser Schlußresolution werden die internationalen Organisationen gebeten, die grenzüberschreitende Zusammenarbeit durch die Schaffung geeigneter Rahmenbedingungen, wie etwa zweckdienlicher rechtlicher Grundlagen, zu stärken. Die Kommunen und Regionen müssen im Rahmen ihrer Kompetenzen zu selbständigen Außenkontakten ermächtigt werden.

Mangels genauerer völkerrechtlicher und verfassungsrechtlicher Vorgaben bestehen leider immer noch in der Praxis erhebliche Unsicherheiten bei der grenzüberschreitenden Zusammenarbeit im regionalen und kommunalen Bereich (G. Mudrich). Die Parlamentarische Versammlung des Europarates sollte mit darauf hinwirken, die erforderlichen rechtlichen Grundlagen zu schaffen. Dabei gilt es insbesondere, die "Europäische Rahmenkonvention zur Verbesserung der grenzüberschreitenden Zusammenarbeit der Gebietskörperschaften" durchzusetzen. Die Parlamentarische Versammlung sollte darüber hinaus das Ministerkomitee des Europarates auffordern, über ein Zusatzprotokoll zur Rahmenkonvention über die grenzüberschreitende Zusammenarbeit den Organen dieser Zusammenarbeit Rechtspersönlichkeit zu verleihen und ihren Maßnahmen auch im innerstaatlichen Bereich Rechtswirksamkeit zu gewährleisten. Die nationalen Regierungen der Mitgliedstaaten des Europarates sind darüber hinaus aufzufordern, entsprechend den deutsch-niederländischen Vereinbarungen (vgl. Anlage zu diesem Band) Anwendungsgesetze für die Rahmenkonvention zu schaffen.

Die Parlamentarische Versammlung sollte darüber hinaus darauf hinwirken, daß der Generalsekretär des Europarates nun endlich ein "Europäisches Zentrum für grenzüberschreitende Zusammenarbeit" beim Europarat, in enger Verbindung mit bereits bestehenden Einrichtungen, gründet (G. Mudrich), in dem u. a. die bestehenden Rechtsgrundlagen für die grenzüberschreitende Zusammenarbeit systematisch geordnet und den nationalen, regionalen und kommunalen Behörden in überschaubarer und praktisch anwendbarer Form als Handbuch zugänglich gemacht werden. Weiterhin wäre es wünschenswert, wenn die Parlamentarische Versammlung des Europarates die Nationalstaaten und die Grenzregionen in absehbarer Zeit zu einer "6. Europäischen Konferenz der Grenzregionen" einladen würde, vor allem um die Fortschritte in der

Anwendung der "Rahmenkonvention ..." und die grenzübergreifende raumordnerische Zusammenarbeit mit und in Mittel- und Osteuropa zu diskutieren. Der Europarat sollte weiterhin der Entwicklung in den Grenzregionen besondere Aufmerksamkeit schenken.

2.2   Europäische Raumordnungsministerkonferenz

Bund und Länder arbeiten seit 1970 beim Europarat in der "Europäischen Raumordnungsministerkonferenz" (ERMKO) mit. Diese Konferenz tagt alle zwei bis drei Jahre, hat die "Europäische Raumordnungscharta" 1983 verabschiedet[2]) und veröffentlicht 1991 ein "Europäisches Raumordnungsschema", in dem die wichtigsten Problemerkenntnisse und Ergebnisse der Konferenzen systematisch zusammengefaßt dargestellt werden, darunter auch die Empfehlungen zur grenzüberschreitenden Zusammenarbeit. Auf den letzten Tagungen hat sich die Konferenz leider überwiegend nur mit Fragen der Bodennutzung befaßt (G.Mudrich).

Vor dem Hintergrund der neueren Entwicklungen in Europa wäre es nun wünschenswert, wenn sich die Fachministerkonferenz der Europäischen Raumordnungsminister auf ihrer 9. Konferenz im November 1991 in Ankara/Türkei mit einer Intensivierung der Durchsetzung ihrer Empfehlungen und Arbeitsbeschlüsse befaßte. Darüber hinaus sollte sie sich im Rahmen der Behandlung neuer "Perspektiven der Raumordnung auf europäischer Ebene" wieder verstärkt der konzeptionellen Behandlung großräumiger Raumordnungsfragen in Europa zuwenden. Dabei sollten auf dem Hintergrund der 5. Europäischen Konferenz der Grenzregionen 1991 in Rovaniemi auch die Probleme der grenzüberschreitenden Zusammenarbeit mit Mittel- und Osteuropa besonders intensiv behandelt werden. Vor allem sollten die Fragen der rechtlichen und institutionellen Zusammenarbeit, die der kommunalen, regionalen und staatlichen grenzübergreifenden Raumplanung und die der strukturellen Förderung in den Bereichen der Regional- und Umweltpolitik behandelt werden, aus den Bereichen also, in denen die EG in den letzten Jahren bahnbrechende Arbeit geleistet hat. Leider sind die Grenzen zu Mittel- und Osteuropa Außengrenzen der EG, und die Gemeinschaft kann nur innerhalb der Regionen der EG fördern. Die ERMKO sollte deshalb darauf drängen, daß raumordnerische und regionalpolitische Fördermaßnahmen an den EG-Außengrenzen in besonderem Maße auch mit den Staaten abgestimmt werden, die nicht EG-Mitgliedstaaten sind.

3.   Empfehlungen an die Europäischen Gemeinschaften

3.1   Europäisches Parlament

Die Diskussion über die Zukunft der Europäischen Gemeinschaft (EG) wird voraussichtlich bis zum Jahresende 1991 abgeschlossen sein. Der neue EG-Vertrag zur Wirtschafts-, Währungs- und Politischen Union soll Ende 1991 beim EG-Gipfel in Maastricht/Niederlande unterzeichnet werden.

Wenn also die Aufgabe der Raumordnung, was von vielen Politikern im Europäischen Parlament gewünscht wird, im EWG-Vertrag stärker verankert werden soll, dann ist es jetzt höchste Zeit, um entsprechende Anträge im Parlament und gegenüber der EG-Kommission einzubringen. Die vorliegenden Entwürfe[3]) enthalten derartige Vorschläge noch nicht. Wünschenswert wäre eine Hereinnahme der Raumordnungsaufgabe im Sinne von § 1 ROG in den Art. 3 EWGV und eine Ausweitung des Art. 130 a EWGV als Abs. 3, vergleichbar in etwa mit dem Text des "Entwurfs eines Vertrages zur Gründung der Europäischen Union, Art. 55 und 58" von 1984[4]). Möglich wäre auch die Einführung eines neuen Artikels in den EWGV unter dem Titel V "Wirtschaftlicher und sozialer Zusammenhalt". Die Raumordnung könnte auch als eigener Titel in den EWGV eingebaut werden, dieses würde jedoch bei der Novellierung voraussichtlich auf größere Schwierigkeiten stoßen.

Der Parlamentsentwurf eines Vertrages zur Gründung der Europäischen Union von 1984 enthält neben der allgemeinen Aufgabenstellung der Regionalpolitik auch das Ziel: "Die Regionalpolitik der Union fördert ferner die grenzübergreifende regionale Zusammenarbeit". Auch heißt es dann u. a.: Die Regionalpolitik umfaßt "die Entwicklung eines europäischen Rahmens für die Raumordnungspolitiken der in jedem Mitgliedsstaat zuständigen Stellen".

Es wäre zu begrüßen, wenn es gelingen könnte, über das Europäische Parlament oder über die nationalen Regierungen derartige Formulierungen in eventuell abgeänderter Form in den EWGV hereinzubringen. Damit hätte dann auch die europäische Raumordnungspolitik endlich eine ausreichende rechtliche Grundlage. Dies ist vor allem deshalb von Bedeutung, weil der demokratische Aufbruch von unten in Mittel- und Osteuropa der EG eine neue Schlüsselrolle überträgt: als Modell für die Überwindung nationaler Grenzen und als Vorbild für die Marktwirtschaft in Europa.

3.2 EG-Kommission

3.2.1 Regionalpolitik

Nach langjährigen Verzögerungen hat die EG-Kommission im letzten Jahrzehnt die Probleme und die Bedeutung der Grenzregionen für die europäische Integration voll erkannt (G. Manthey). Sie ist mit den Vertretern der Grenzgebiete der Auffassung, daß die Aufhebung der Binnengrenzen in der EG erhebliche Auswirkungen auf die Raumordnung in den Grenzgebieten haben wird, die vor allem aus einer Reihe von Standortnachteilen, wie etwa mangelhaften Verkehrsverflechtungen, Zerschneidung der Einzugsbereiche kleinerer und größerer Zentren, mangelhafter öffentlicher Ver- und Entsorgung, sowie aus Rechts- und Spezialproblemen resultieren und sich vor allem negativ auf die grenzübergreifende Beschäftigung auswirken[5]).

In Erkenntnis dieser Problematik hat die EG 1989/90 die Gemeinschaftsinitiative INTERREG entwickelt und deren Durchführung mit Hilfe des LACE-Programms 1990/92 unterstützt (G. Manthey). Mit Hilfe von INTERREG soll die Integration der Binnengrenzgebiete in einen einheitlichen Binnenmarkt beschleunigt und die derzeitige Isolierung der Grenzräume an den EG-Außengrenzen verringert werden. Abgesehen von einigen Schwierigkeiten bei der regionalen Abstimmung der INTERREG-Regionalprogramme in einigen Grenzgebieten (z. B. im Raum Saar-Loir-Lux) hat sich das Programm insgesamt bewährt, ist für die Grenzgebiete von hohem Nutzen, hat der grenzüberschreitenden Zusammenarbeit wesentliche Impulse verliehen und erweist sich auch an den Außengrenzen zu Mittel- und Osteuropa als sehr nützlich, allerdings dort auch verbesserungsbedürftig. Die EG-Kommission muß hier - auf dem Hintergrund der positiven Auswirkungen der grenzübergreifenden Zusammenarbeit - ihre ganz besondere Aufmerksamkeit der Festlegung der Prioritäten für die Kooperations- und Hilfsprogramme zuwenden und dabei die Entwicklung der Grenzgebiete berücksichtigen.

Es wäre deshalb wünschenswert, wenn INTERREG und LACE weiterentwickelt und von der EG-Kommission als Gemeinschaftsinitiative auch nach 1993 fortgesetzt werden könnten. Im übrigen muß die Generaldirektion XVI der EG-Kommission künftig verstärkt darauf achten, daß ihre regionalpolitischen Maßnahmen nicht durch spezielle EG-Sonderförderprogramme anderer Direktionen konterkariert werden.

Weiterhin wäre es sehr zu begrüßen, wenn die EG die Ausarbeitung von Studien in Grenzgebieten wie bisher fördern würde, insbesondere die Aufstellung und Fortschreibung der "Grenzüberschreitenden Entwicklungs- und Handlungsprogramme". In enger Abstimmung mit diesen grenzübergreifenden Programmen und Planungen sollte die EG bei den Mitgliedstaaten auf Maßnahmen zur Förderung einer konzertierten Raumplanung in den Grenzgebieten drängen.

Generell müßte bei der Zusammenarbeit in den Grenzregionen und in EG-weiten grenzüberschreitenden Kooperationsprojekten neben der Planung, insbesondere der Umsetzung der Maßnahmen, ein entsprechendes Gewicht zugemessen werden. Dabei sollten Effizienzkontrolle, Subsidiarität und persönliche Verantwortung zur Erreichung der Ziele verstärkt werden.

Der grenzüberschreitenden Zusammenarbeit ist ein langfristiger strategischer Planungshorizont zugrunde zu legen. Das Zusammenwachsen unterschiedlicher Partner an europäischen Grenzen, insbesondere an den Grenzen zu den Staaten Mittel- und Osteuropas, erfordert Zeit und Geduld. Ein politischer Aktionismus mit kurzfristigen Scheinerfolgen wäre hier fehl am Platze. Dennoch ist es kurz- und mittelfristig zwingend erforderlich, daß die Staaten in Mitteleuropa, die den EG-Mitgliedstaaten benachbart sind, wie z. B. die CSFR und Polen, von den ihnen durch die EG gegebenen Fördermitteln zum Aufbau ihrer Wirtschaften einen Teil dieser Mittel für mit den EG-Nachbarn abgestimmte regionale Fördermaßnahmen in ihren Grenzgebieten zur EG verwenden. Dabei sollten ausschließlich Fördermaßnahmen bezuschußt werden, die im Rahmen von "Grenzüberschreitenden Entwicklungs- und Handlungsprogrammen" gemeinsam und unter Beteiligung aller gesellschaftlichen Gruppen von den Grenzregionen grenzübergreifend erarbeitet und mit den Gebietskörperschaften beiderseits der Grenze abgestimmt wurden.

Die Notwendigkeit einer engeren Zusammenarbeit zwischen dem Europarat und der EG zur Förderung der grenzüberschreitenden Zusammenarbeit besteht nach wie vor. Hier könnte z. B. ein Weg über die Raumordnung und über die Raumordnungsministerkonferenzen gefunden werden.

3.2.2 Raumordnungspolitik

Die seit 1989 tagende informelle Konferenz der für die Raumordnungs- und Regionalpolitik verantwortlichen Minister der EG-Mitgliedstaaten entwirft z. Zt. zusammen mit der EG-Generaldirektion XVI ein sogenanntes Strategiepapier "Europa 2000"[6]. Für die grenzüberschreitende Zusammenarbeit wäre es wünschenswert, wenn die Erkenntnisse und Erfahrungen aus dem INTERREG-Programm zusammen mit den Zielen der "Arbeitsgemeinschaft Europäischer Grenzregionen (AGEG)" in das Strategiepapier einfließen würden. Eine Abstimmung des Papiers mit den Grenzregionen wäre sicherlich zweckdienlich.

Darüber hinaus wäre es bedeutsam, wenn die EG-Generaldirektion XVI, wie von der ARL vorgeschlagen, die Leitbilder und Grundsätze des ROG in der EG-Strategie 2000 berücksichtigen würde. Die EG-Regionalpolitik benötigt für ihre grenzübergreifende Regionalpolitik raumordnerische Leitbilder.

Für die künftige Raumordnungspolitik der EG ist über die Art. 130 a ff. EWGV hinaus eine weitere rechtliche Grundlage erforderlich. Die Einführung der Raumordnungskompetenz sollte bei der nächsten Novellierung des EWGV berücksichtigt werden. In diesem Sinne wäre es wünschenswert, wenn - wie oben ausgeführt - die Raumordnungspolitik auch im "Vertragsentwurf für eine Europäische Union", der im Sommer 1991 vorgelegt wurde[7], eine verstärkte rechtliche Grundlage im Art. 3 und 130 a EWGV oder als ein neuer Artikel im Sinne des ROG bekommen würde. Die EG-Kommission sollte auf eine entsprechende Weiterentwicklung des Vertragsentwurfes durch das Europäische Parlament hinwirken.

Bei der Novellierung des EWG-Vertrages sollte auch geprüft werden, inwieweit künftig eine Mitwirkungsmöglichkeit der Regionen auf den verschiedenen Ebenen und der Gebietskörperschaften an der Willensbildung in europäischen Institutionen möglich ist. Aus der Sicht der Grenzregionen wäre eine stärkere Beteiligung in den beratenden Ausschüssen wünschenswert.

4. Empfehlungen an die Bundes- und Länderregierungen der Bundesrepublik Deutschland

4.1 Verbesserung der rechtlichen Grundlagen

Wichtige Grundlagen für die europäische grenzüberschreitende Zusammenarbeit des Bundes und der Länder sind die Ergebnisse der KSZE-Konferenzen, die "Europäische Raumordnungscharta" und die "Rahmenkonvention zur Verbesserung der grenzüberschreitenden Zusammenarbeit der Gebietskörperschaften" des Europarates, das ROG sowie die Landesplanungsgesetze. Wünschenswert wären darüber hinaus, wie oben bereits ausgeführt, verstärkte rechtliche Grundlagen im künftigen "Vertrag zur Europäischen Union" und im "EWG-Vertrag". Dringend ist der Einsatz für die stärkere Verankerung der grenzübergreifenden Raumordnung bei der anstehenden Novellierung des EG-Vertrages. Hierauf sollten Bund und Länder gemeinsam hinwirken.

Die Bundesrepublik Deutschland hat bereits 1964 in § 1 ROG als Aufgabe und seit der Novellierung 1989 als Aufgabe und Leitbild der Raumordnung festgelegt, daß sie "die räumlichen Voraussetzungen für die Zusammenarbeit im europäischen Raum zu schaffen und zu fördern" hat. Bei einer erneuten Novellierung des ROG sollte geprüft werden, ob der § 1 Abs. 3 ROG noch seiner Aufgabe im Hinblick auf die Verwirklichung einer "Europäischen Raumordnung" und einer entsprechenden grenzüberschreitenden Zusammenarbeit gerecht wird. Auch bei den anstehenden Änderungen unserer Verfassung wäre zu überlegen, ob die Verpflichtung zur europäischen und grenzüberschreitenden Zusammenarbeit eine stärkere rechtliche Grundlage erhalten sollte. Diese Prüfung müßte auch bei der Aufstellung und Novellierung der Landesplanungsgesetze in den Ländern erfolgen.

Die unzureichende grenzüberschreitende Zusammenarbeit an vielen Grenzen der Bundesrepublik Deutschland hat - wie übrigens auch an fast allen europäischen Grenzen - rechtliche Gründe (G. Mudrich). Solange die Gemeinden nicht im Rahmen öffentlich-rechtlicher Vereinbarungen

- auch ohne einen speziellen Staatsvertrag - intensiv zusammenarbeiten können, ist die grenzübergreifende Kooperation notleidend. Neben den BENELUX-Staaten haben die Niederlande und die Bundesrepublik eingesehen, daß es zur Anwendung der "Europäischen Rahmenkonvention zur Verbesserung der grenzüberschreitenden Zusammenarbeit der Gebietskörperschaften" des Europarates von 1981 eines bilateralen Anwendungsabkommens zwischen den jeweils benachbarten Staaten bedarf. Nordrhein-Westfalen und Niedersachsen haben mit den Niederländern am 23. Mai 1991 einen entsprechenden Vertrag geschlossen (v. Malchus). Es wäre zu wünschen, daß der Bund auf der Grundlage seiner Zusagen in der Rahmenkonvention des Europarates die deutschen Länder drängt, vergleichbare Verträge mit den anderen europäischen Nachbarstaaten abzuschließen, damit die Grenzgemeinden und Grenzregionen künftig in öffentlich-rechtlicher Form zusammenwirken können. Die Kommunen bedürfen Rahmenbedingungen für die unmittelbare und rechtlich bindende Zusammenarbeit in den Grenzräumen.

Die Bundesregierung sollte darüber hinaus darauf hinwirken, daß alle Mitgliedstaaten des Europarates die Rahmenkonvention für grenzüberschreitende Zusammenarbeit unterzeichnen, ratifizieren, gemachte Vorbehalte hinsichtlich ihrer Anwendung zurückziehen sowie alle notwendigen Maßnahmen zu ihrer schnellen Anwendung ergreifen. Bund und Länder müßten auch darauf hinwirken, daß ihre Gebietskörperschaften die Grundsätze der Europäischen Raumordnungscharta des Europarates und der Charta der Europäischen Grenzregionen der Arbeitsgemeinschaft Europäischer Grenzregionen (AGEG)[8]) in der grenzüberschreitenden Zusammenarbeit anwenden.

Es gilt, die grenzüberschreitende Zusammenarbeit auf allen Ebenen durch die Schaffung geeigneter rechtlicher Rahmenbedingungen zu stärken und die noch bestehenden erheblichen rechtlichen Unsicherheiten bei der grenzüberschreitenden Zusammenarbeit zu beseitigen. Die Kommunen und Regionen müssen im Rahmen ihrer Kompetenzen durch zwischenstaatliche Verträge zu selbständigen Außenkontakten ermächtigt werden. Die Länder sollten darüber hinaus gebeten werden, die bestehenden Rechtsgrundlagen für die grenzüberschreitende Zusammenarbeit systematisch zu ordnen und den in Betracht kommenden Behörden, insbesondere auf kommunaler Ebene, in übersichtlicher und praktisch anwendbarer Form zugänglich zu machen.

Die Länder sollten auch, wie z. B. in Baden-Württemberg (W. Braun, W. Maier), Nordrhein-Westfalen (H.-E. Reis; N. Verspohl) und Schleswig-Holstein (T. Koch) bereits vorbildlich geschehen, auf verstärkte Kontakte zu den Grenzregionen hinwirken. Die Grenzregionen können entweder direkt in die Arbeit der Raumordnungskommissionen eingebunden oder durch besondere Arbeitsgruppen mit Planergesprächen mit ihnen verbunden werden (H.-E. Reis). Für die Grenzregionen und die Gebietskörperschaften an den Grenzen sind diese gegenseitigen Informationen und Gespräche von unschätzbarem Wert. Sie dienen letztendlich aber auch der Arbeit der Raumordnungskommissionen, weil dadurch ein verstärkter Kontakt zur Basis und damit zu den konkreten Anliegen und Bedürfnissen der Bevölkerung in den Grenzgebieten hergestellt wird.

Bund und Länder müssen auch dringend gemeinsam für eine Harmonisierung des Umweltrechts beiderseits der Grenzen und für seine grenzübergreifende Durchsetzung Sorge tragen, um einheitliche Voraussetzungen für die Sicherung der natürlichen Lebensgrundlagen zu schaffen, die auch gleichzeitig zu vergleichbaren Wettbewerbsbedingungen führen.

Im April 1991 hat das Land Rheinland-Pfalz einen Entschließungsantrag zur Vorbereitung eines "Entwicklungskonzeptes für innergemeinschaftliche Grenzräume" im Bundesrat eingebracht, der gemeinsam mit den anderen Bundesländern ausgearbeitet werden soll[9]). Dieses Konzept sollte nach Absicht der Verfasser "sowohl bestehende Initiativen auf regionaler, nationaler und europäischer Ebene berücksichtigen als auch ein alle Lebensbereiche umfassender Ansatz sein." Der Antrag beinhaltet bereits eine Reihe von Zielsetzungen des Landes zur Verbesserung der grenzüberschreitenden Zusammenarbeit. Wenn der Antrag angenommen werden sollte, ist die Arbeitsgemeinschaft Europäischer Grenzregionen (AGEG) sicherlich bereit, die Bundesländer durch weitere Informationen zu unterstützen.

4.2 Schaffung institutioneller Voraussetzungen

Die grenzüberschreitende Zusammenarbeit könnte durch verbesserte institutionelle Voraussetzungen in vielen bundesdeutschen Grenzgebieten verbessert werden. Die Frage, ob für die grenzüberschreitende Zusammenarbeit des Staates Regierungskommissionen oder Raumordnungskommissionen besser sind, kann mit absoluter Sicherheit nicht beantwortet werden. Die Erfahrung lehrt jedoch, daß Regierungskommissionen dann von Vorteil sein können, wenn in den Unterkommissionen, in denen die tatsächliche Arbeit geleistet wird, die Federführung bei der Raumordnung liegt. Hierdurch wird die Umsetzung empfohlener Maßnahmen erleichtert. Die Umsetzung der Empfehlungen der Raumordnungskommissionen ist leider nicht immer gesichert. Hier sind Verbesserungen wünschenswert. Bei der grenzüberschreitenden Zusammenarbeit muß die Raumordnung ihren Koordinationsauftrag voll wahrnehmen können (P. Moll). Dringend erforderlich ist die Einsetzung einer Raumordnungskommission in den Grenzgebieten, wo es bisher derartige Kommissionen noch nicht gibt, so vor allem an den Grenzen zu Polen und zur CSFR (V. v. Malchus, K. Ruppert, H. Mayer). Gegenüber Polen wäre zu prüfen, ob die Probleme grenzübergreifender Raumplanung dort nicht eventuell besser in der bereits eingerichteten Regierungskommission (vgl. Kap. III.10) gelöst werden können.

Zur Förderung der räumlichen Voraussetzungen für die Zusammenarbeit im europäischen Raum (§ 1 Abs. 3 ROG) wäre es wünschenswert - soweit noch nicht geschehen -, wenn Bund und Länder kurzfristig Regierungsabkommen zum Zwecke der raumordnungspolitischen Zusammenarbeit mit den Nachbarstaaten, insbesondere mit Polen und der CSFR, abschließen würden, die dann mittel- oder langfristig zu völkerrechtlichen Übereinkommen ausgebaut werden könnten. Auf der Grundlage der Regierungsabkommen sollten bilaterale oder trilaterale Raumordnungskommissionen gebildet werden, die, falls erforderlich, Subkommissionen zum Beispiel auf Länderebene bilden. Wichtigste Aufgabe dieser Raumordnungskommissionen ist längerfristig die Festlegung festgefügter Formen der behördlichen grenzübergreifenden Zusammenarbeit (§ 4 Abs. 6 ROG) auf den jeweiligen Ebenen der Landes- und Regionalplanung, die darüber hinaus auch die Bauleitplanung der Grenzgemeinden mit umfassen. Die regionalen Räume für die grenzüberschreitende Zusammenarbeit sollten nicht zu groß gefaßt sein (P. Moll).

Die künftige grenzüberschreitende Raumordnungs- und Regionalpolitik in einem "Europa ohne Grenzen" erfordert eine ganzheitliche grenzübergreifende räumliche Entwicklung, die alle dafür bedeutsamen Gesellschafts-, Wirtschafts- und umweltpolitischen Gesichtspunkte einbezieht, die auf dem Hintergrund des Subsidiaritätsprinzips regionale Kompetenzen stärkt und das regionale Identitätsbewußtsein kräftigt. Eine derartige Entwicklung der Zusammenarbeit wird auch entsprechende Organisationsformen erfordern, durch die gemeinsame verbindliche grenzübergreifende Vereinbarungen ermöglicht werden (W. Braun, W. Maier; K. Ruppert, H. Mayer). In diesem

Zusammenhang ist die Zahl und Zusammensetzung der Kommissionen und Ausschüsse der Raumordnungskommissionen von besonderer Bedeutung. Darüber hinaus ist die Stärkung der politischen Verantwortlichkeit für eine kontinuierliche Entwicklung der Grenzräume eine Aufgabe, deren Lösung noch ansteht und die ohne Wahrung des Subsidiaritätsprinzips und der damit verbundenen Delegation von Kompetenzen nicht gefunden werden dürfte (H. Kistenmacher). Wünschenswert wäre eine gemeinsame, verbindliche, grenzübergreifende Raumplanung auf regionaler und gegebenenfalls auch auf örtlicher Ebene.

Auch bei der grenzübergreifenden Zusammenarbeit gilt die Erfahrung, daß die grenzübergreifende Kooperation auf niedriger Ebene, in Bürgernähe, d. h. in der Region und in der Gemeinde, erfahrungsgemäß zu den besten konkreten Ergebnissen führt. Staatliche Einflußnahmen (z. B. Enteignungspraxis) und Beteiligung der Nachbarn und der Bürger an den Grenzen bei Genehmigungs- und Planungsverfahren sollten grenzübergreifend in den Gebieten der Raumordnungskommissionen einheitlich geregelt werden (N. Verspohl).

Besonders bedeutsam für die Förderung der grenzüberschreitenden Zusammenarbeit wäre es, wenn Bund und Länder auf die Bildung kommunaler und regionaler grenzübergreifender Arbeitsgemeinschaften an allen Grenzen der Bundesrepublik hinwirken und dabei die in der Europäischen Rahmenkonvention des Europarates vorgesehenen Modelle nutzen würden.

Die Schaffung verbesserter institutioneller Voraussetzungen ist besonders für die multilaterale Zusammenarbeit im Alpenraum, im Donauraum (K. Ruppert, H. Mayer), in Nordwest-Europa oder im Ostseeraum (V. v. Malchus) wichtig. Wegen der besonderen Bedeutung der großräumigen grenzübergreifenden Zusammenarbeit in Europa für die europäische Integration wäre es wünschenswert, wenn Bund und Länder die großräumige Zusammenarbeit der europäischen Teilräume künftig stärker unterstützen würden. Derartige raumordnerische Anliegen sollten auch auf der Grundlage des § 1 Abs. 3 ROG in einem aufzustellenden Raumordnungskonzept für die Bundesrepublik Deutschland durch die MKRO berücksichtigt werden.

4.3 Grenzübergreifende Raumplanung

Bund und Länder haben sich im letzten Jahrzehnt zunehmend um die grenzübergreifende Raumplanung bemüht. Eine weitere Intensivierung, insbesondere auf der Grundlage der Raumordnungsüberlegungen bei der EG und beim Bund (P. Moll) ist jedoch erforderlich, vor allem auch an den Grenzen zu den Staaten Mitteleuropas. Hierbei sollte den Empfehlungen der Europäischen Raumordnungsministerkonferenz und der Europäischen Raumordnungscharta gefolgt und Raumordnungskommissionen eingesetzt werden.

Bei der Aufstellung des "Raumordnerischen Konzeptes für den Aufbau in den neuen Ländern"[10]) ist der grenzübergreifende Aspekt dieser Konzeption leider nur andeutungsweise berücksichtigt worden. Hier ist Nachbesserung zwingend erforderlich. Für eine verstärkte künftige Einflußnahme auf die Europäische Raumordnung, wie etwa auf das Strategiepapier der EG "Europa 2000", wäre ein noch aufzustellendes, die grenzübergreifenden Belange berücksichtigendes "Raumordnungskonzept Deutschland" sicherlich eine zweckdienliche Grundlage.

Grenzüberschreitende Raumplanung sollte auf qualifizierten Bestandsaufnahmen grenzübergreifender Probleme aufbauen (K. Ruppert, H. Mayer; H.-E. Reis; N. Verspohl). Ausgehend von der Problemanalyse und der damit verbundenen Prüfung der Begriffe, Instrumente und Wirkungsweisen der Raumordnung (P. Moll) sollte dort, wo es zweckdienlich und hilfreich ist (N. Verspohl), eine gemeinsame grenzübergreifende Raumplanung durchgeführt werden. Diese könnte zunächst aus einem gemeinsamen grenzüberschreitenden raumordnerischen Leitbild, einer Strukturskizze, bestehen (H.-E. Reis).

Ein intensiver Informationsaustausch über die Grenzen hinweg ist zwingend erforderlich (W. Braun; K. Ruppert; W. Mayer; H.-E. Reis). Gute persönliche Kontakte erleichtern die grenzüberschreitende Zusammenarbeit, der - wie am Bodensee, im Aachener Raum und an der deutsch-niederländischen Grenze praktiziert - längerfristige Ziele und Konzeptionen zugrunde gelegt werden sollten (H. Kistenmacher). Besonders wünschenswert ist für die Grenzgebiete eine enge Verknüpfung von Raumordnungs- und Regionalpolitik, insbesondere in Verbindung mit der Aufstellung von grenzübergreifenden Entwicklungsprogrammen (U.Brösse; H. Kistenmacher; V. v. Malchus). Auch ist ein Bedarf an zusätzlichen raumordnerischen Instrumenten bei der grenzüberschreitenden Raumplanung erforderlich (H. Kistenmacher). Dies wird besonders im Zusammenhang mit dem Abstimmungsbedarf bei der Festlegung von Schutzgebieten beiderseits der Staatsgrenzen und bei der Ausweisung grenzübergreifender Biotopvernetzung deutlich (K. Ruppert; H. Mayer; H.-E. Reis).

Bei der Erarbeitung grenzüberschreitender Raumordnungskonzeptionen ist der Verknüpfung von Raumordnung und Umweltschutz eine besondere Aufmerksamkeit zu schenken (N. Verspohl), wie dies beispielsweise bei der Erarbeitung des "Bodenseeleitbildes" (W. Braun, W. Maier), im Alpenraum (K. Ruppert, H. Mayer) oder an der deutsch-niederländischen Grenze (U. Brösse; H.-E. Reis; N. Verspohl) ansatzweise bereits geschehen ist. Bei der Abwägung von Umweltschutzmaßnahmen gegenüber anderen Erfordernissen im Rahmen der Raumplanung sollte dem Umweltschutz dann Vorrang eingeräumt werden, wenn damit Gefahr für Leib und Leben der Menschen verbunden ist.

Eine Annäherung der Instrumente und Wirkungsweise der Raumordnung beiderseits der Grenze ist generell an allen Grenzen erforderlich. Dies wird besonders deutlich bei der Anwendung grenzübergreifender Raumordnungsverfahren und bei der Beschäftigung mit der Umweltverträglichkeitsprüfung gem. EG-Richtlinie: Während dies z. B. in Luxemburg und Frankreich nur ein fachplanerisches Anliegen ist, muß sie in den Bundesländern als eine gestufte raumordnerisch/fachplanerische Aufgabe behandelt werden (P. Moll). Die praktische Anwendung muß hier zu grenzübergreifenden Lösungen führen, die den Gebieten beiderseits der Grenze gerecht wird.

Die Diskussion raumrelevanter Sachverhalte, wie etwa Verkehr und Bildung, darf gerade in Grenzgebieten nicht allein unter engen fachplanerischen Gesichtspunkten geführt werden (P. Moll). So sind vor allem in den Grenzgebieten die bestehenden Engpässe im Verkehr über die Grenzen hinweg zu beseitigen und vorhandene Lücken im Eisenbahn- und Straßennetz sowie der Seewege grenzübergreifend zu schließen. Auf einen entsprechenden Ausbau der Infrastruktur (z.B. Öffentlicher Personennahverkehr, Post- und Telekommunikationsdienste) und auf die Preisgünstigkeit grenzüberschreitender Dienste ist dabei hinzuwirken. Auch ist in den Grenzregionen, die eine gemeinsame Geschichte, Kultur, Sprache oder Tradition haben, eine Form des "kleinen Grenzverkehrs" einzurichten oder wieder herzustellen, der es der Grenzbevölkerung ermöglicht, ihre menschlichen oder wirtschaftlichen Beziehungen uneingeschränkt wieder aufzunehmen. Im Bildungsbereich sind alle Formen grenzübergreifender Zusammenarbeit zwischen Schulen und Universitäten sowie zwischen den geschriebenen, gesprochenen oder audiovisuellen Medien in Anbetracht der Notwendigkeit einer besseren gegenseitigen Information und Kenntnis zwischen Gebietskörperschaften und Bevölkerung beiderseits von Grenzen zu fördern und zu erleichtern (U. Brösse).

Es wäre für die grenzüberschreitende Tätigkeit sehr bedeutsam, wenn für diese Aufgaben in den Landeshaushalten ein eigener Titel geschaffen werden könnte, aus dem die besonderen Aufgaben und Maßnahmen der grenzübergreifenden Raumordnung (Studien, Planungen, Übersetzungskosten, Tagungen etc.) bezahlt werden könnten (P. Moll).

4.4 Grenzübergreifende Regionalpolitik

In vielen Grenzgebieten entlang der deutschen Grenze sind gezielte Maßnahmen zur Beseitigung der spezifischen Beschäftigungsprobleme in den Grenzgebieten zu ergreifen, vor allem im Hinblick auf den Verlust zahlreicher grenzgebundener Arbeitsplätze als Folge der Vollendung des Binnenmarktes. Alle rechtlichen und administrativen Hemmnisse, die einem grenzübergreifenden Arbeitsmarkt entgegenstehen, sind zu beseitigen. Hier kommt einer Verbesserung der Zusammenarbeit der Arbeitsverwaltungen in den Grenzgebieten große Bedeutung zu. Auch hier zeigt sich wieder, daß eine enge Verknüpfung von Raumordnung und Regionalpolitik sowie mit anderen raumrelevanten Politikbereichen sich als sehr sinnvoll herausstellt (H. Kistenmacher).

Als besonders bedeutsam für die raumordnerische und regionalpolitische Entwicklung in den Grenzgebieten hat sich die Aufstellung "grenzüberschreitender Entwicklungs- und Handlungsprogramme" erwiesen (V. v. Malchus), die in vielen Grenzgebieten zur Voraussetzung für eine Förderung in der EG-Regionalpolitik gemacht worden sind. In allen Grenzregionen sollten deshalb grenzübergreifende Entwicklungs- und Handlungsprogramme aufgestellt und Durchführungsprogramme erarbeitet werden, die dann kurz- und mittelfristig Grundlagen für die Regionalpolitik in den Grenzregionen sind. Diese Entwicklungsprogramme müssen in Zusammenarbeit mit allen gesellschaftlichen Gruppierungen in allen Grenzgebieten grenzübergreifend erarbeitet und im Planungsprozeß mit den regionalen Behörden beiderseits der Grenze abgestimmt werden. Im Zusammenhang mit der Erarbeitung dieser Programme muß auch eine Angleichung der Wirtschaftsförderung beiderseits der Grenzen erreicht werden. Wünschenswert ist die Verbindung von diesen regionalpolitischen Programmen mit grenzüberschreitenden Raumordnungsskizzen oder raumordnerischen Leitbildern für die Grenzregion (U. Brösse; V. v. Malchus; H.-E. Reis), die nicht zu groß geschnitten sein darf (P. Moll). In diesem Zusammenhang muß jedoch auch darauf geachtet werden, daß diese Programme nicht nur aufgestellt, sondern auch mit Durchführungsprogrammen versehen in die Wirklichkeit umgesetzt werden.

Gerade die Umsetzung der Entwicklungsprogramme läuft in einigen Räumen relativ gut, in anderen hingegen ist sie notleidend (H.-E. Reis; U. Brösse; H. Kistenmacher). Hier ist es in den Ländern gemeinsame Aufgabe von Raumordnung und Regionalpolitik, für eine Verbesserung der Situation zu sorgen. Im Rahmen der regionalen, grenzüberschreitenden Entwicklungsprogramme sollten auch die Möglichkeiten zur Lösung der Konversionsprobleme in militärisch belasteten Grenzräumen aufgezeigt werden.

Wegen der hohen Bedeutung, die die Öffnung des Binnenmarktes für die Grenzgebiete haben wird, muß künftig im Rahmen der grenzüberschreitenden Raumordnung und Regionalpolitik auch auf die Wirkungen geachtet werden, die eine Öffnung der Sozialversicherungssysteme im Hinblick auf verstärkte Wanderungen und Pendelwanderungen nach sich ziehen kann (T. Koch). Insbesondere für die Grenzpendler bedarf es der Einrichtung spezieller Informations- und Beratungsstellen in den Grenzgebieten.

Im Rahmen der grenzüberschreitenden Regionalpolitik werden künftig verstärkt auch Einrichtungen von Bedeutung sein, die die Technologie und den Informationsaustausch über technologische Entwicklungen in den Grenzgebieten voranbringen. Es wäre vor allem wünschenswert, wenn die Länder helfen würden, alle Barrieren für eine grenzübergreifende technologische Zusammenarbeit zu beseitigen, und durch Förderung von Technologietransferbüros, Technologiemessen, Wissenschaftszentren etc. helfen würden, die Technologie zum Nutzen der Regionalentwicklung in den Grenzgebieten voranzubringen.

Bund und Länder werden darüber hinaus gebeten, sich auf allen Ebenen für eine verbesserte Information grenzüberschreitender Art einzusetzen (U. Brösse; T. Koch; P. Moll; H.-E. Reis). Dies betrifft sowohl die kleinräumigen statistischen Daten, die kartographischen Unterlagen für grenzüberschreitende Planung als auch Informationen über die Tätigkeit der grenzüberschreitenden Zusammenarbeit und der grenzüberschreitenden Gremien im gesamten Medienbereich.

4.5 Verfahren zur Intensivierung der grenzübergreifenden Zusammenarbeit

Bund und Länder können in vielfältiger Art dazu beitragen, daß die Verfahren zur Intensivierung der grenzübergreifenden Zusammenarbeit verbessert werden. Die Verfahrensvorschrift des § 4 Abs. 6 ROG erfordert bei Planungen und Maßnahmen, die Auswirkungen auf die Nachbarstaaten haben, eine frühzeitige gegenseitige Unterrichtung und Abstimmung der geplanten Maßnahmen. Hierfür würden bei der neu zu schaffenden grenzübergreifenden Zusammenarbeit - z. B. mit Polen und mit der CSFR - zunächst einfache Verfahren des gegenseitigen Kennenlernens, der Information und der planerischen Abstimmung ausreichen. Mittel- und längerfristig wäre es allerdings wünschenswert, wenn die Regierungskommissionen für ihren Grenzraum einschlägige Verfahrensvorschriften erarbeiten würden - wie in vielen Grenzgebieten schon geschehen -, die sowohl die Information und Abstimmung für die Raumordnung und Landesplanung als auch für die Bauleitplanung für die Gemeinden festlegen (H.-E. Reis).

Auf Bundes- und Landesebene gilt es vor allem zu vermeiden, daß staatliche Fachplanungen grenzübergreifend ausschließlich unter sektoralen Aspekten abgestimmt werden. Auch die Fachplanungen auf der Grundlage der Maßnahmengesetze müssen sich nach den Zielen, Grundsätzen und Leitbildern der Raumordnung (§ 1 und § 2 ROG) sowie auch nach den Zielen in Plänen und Programmen ausrichten. Für die raumordnerische Koordination über die Grenze hinweg genügt oft die frühzeitige Information und Beteiligung des Nachbarn sowie die Abstimmung von Raumordnungsplänen, deren Verbindlichkeit an der Staatsgrenze endet. Wo allerdings die Selbstbindung der Raumordnungsbehörden an Beschlüsse einer grenzübergreifenden Raumordnungskommission nicht ausreicht, weil elementare Interessengegensätze die Entwicklung des Grenzraumes bedrohen, müssen die beteiligten Staaten bereit sein, eine grenzübergreifende Planung durch Staatsvertrag verbindlich zu machen.

Nach Auffassung des Bundes und einiger Länder fordert die staatsgrenzenübergreifende Zusammenarbeit eine besondere Intensivierung künftig insbesondere in folgenden Bereichen:

- Aufstellung grenzübergreifender Programme und Leitbilder für die räumliche Gesamtentwicklung von Grenzräumen und an die Nachbarstaaten angrenzender Regionen im europäischen Maßstab;
- Ausweisung grenzübergreifender Naturparks und grenzübergreifende Abstimmung der Landschaftsplanung;
- Aufstellung grenzübergreifender Sanierungsprogramme zur Verbesserung der Umweltsituation in Grenzgebieten;
- Aufstellung gemeinsamer grenzübergreifender Planungen für Grenzgebiete, die von den großen auszubauenden europäischen Verkehrstrassen besonders betroffen sind;
- regionale und lokale Zusammenarbeit in den grenzübergreifenden Verflechtungsbereichen größerer Zentren und zwischen durch Staatsgrenzen geteilten Städten.

5. Empfehlungen für die Gebietskörperschaften

5.1 Grenzübergreifende Kooperation - ein Gebot der Stunde

In einem "Europäischen Haus" müssen den Staatsgrenzen auch an den bundesdeutschen Grenzen ihren trennenden Charakter verlieren uie zu Brückenköpfen verbesserter überregionaler und zwischenstaatlicher Zusammenarbeit werden. Daher haben die in den Grenzgebieten liegenden Gemeinden eine herausgehobene Verantwortung[11]):

- für ein Aufeinanderzugehen und die Einleitung einer grenzübergreifenden Kooperation;
- zur Förderung eines Verständnisses für die Zusammenarbeit unter den Mitbürgern;
- zum Ausbau einer intensiven Kooperation auf kommunaler und regionaler Ebene mit dem Ziel einer dauerhaften grenzüberschreitenden Zusammenarbeit in allen Lebensbereichen.

Sie dienen so, insbesondere an den Grenzen zu Mitteleuropa, ihren Nationen und dem Frieden in Europa. Die Gebietskörperschaften haben die Möglichkeit und die Verpflichtung, die dafür erforderlichen Maßnahmen auf rechtlichen, institutionellen, wirtschaftlichen, infrastrukturellen, sozialen und kulturellen Gebieten umgehend in die Wege zu leiten. Sie können sich dabei auf Erfahrungen stützen, die viele Kommunen in den Grenzgebieten bereits gemacht haben. Auf der Grundlage der "Europäischen Charta der kommunalen Selbstverwaltung" des Europarates haben die kommunalen und regionalen Mandatsträger beiderseits der Bundesgrenzen nicht nur die Möglichkeit, sondern auch den Auftrag, selbständig Kontakte zu Kommunen und Regionen im Nachbarland aufzunehmen. Sie sind dabei nicht auf die Genehmigung staatlicher Stellen angewiesen, aber dennoch ist der Abschluß von bilateralen oder trilateralen Staatsverträgen zur Verbesserung der Möglichkeiten kommunaler Zusammenarbeit anzustreben.

5.2 Schaffung neuer rechtlicher Grundlagen zur Verbesserung der grenzübergreifenden Zusammenarbeit der Kreise und Gemeinden

Die grenzübergreifende Zusammenarbeit der Kreise und Gemeinden kann insbesondere dann erfolgreich durchgeführt werden, wie oben bereits angedeutet, wenn auf der Grundlage der "Europäischen Rahmenkonvention zur Verbesserung der grenzübergreifenden Zusammenarbeit der Gebietskörperschaften"[12]) im Rahmen besonderer zwischenstaatlicher Abkommen Anwendungsgesetze geschaffen werden, um auf öffentlich-rechtlicher Grundlage direkt grenzübergreifend zusammenarbeiten zu können (J. Gabbe). So sieht der Vertrag zwischen dem Königreich der Niederlande, der Bundesrepublik Deutschland, dem Land Niedersachsen und dem Land Nordrhein-Westfalen, der im Mai 1991 unterzeichnet wurde und voraussichtlich noch 1991 ratifiziert wird, z. B. vor, daß die im Abkommen benannten öffentlichen Stellen im Rahmen der ihnen nach innerstaatlichem Recht zustehenden Befugnisse auf der Grundlage dieses Abkommens zusammenarbeiten können, um eine wirtschaftliche und zweckmäßige Erfüllung ihrer Aufgaben im Wege der grenzübergreifenden Zusammenarbeit zu fördern (s. Anhang). Diese Zusammenarbeit kann unbeschadet der zivilrechtlich gegebenen Möglichkeiten erfolgen durch:

- Bildung von Zweckverbänden,
- Abschluß öffentlich-rechtlicher Vereinbarungen,
- Bildung kommunaler Arbeitsgemeinschaften.

Der Vertrag (vgl. Anhang) legt im einzelnen fest, wie in diesen Rechtsformen grenzübergreifend zusammengearbeitet werden kann. Darüber hinaus bestimmt er:

- die Wirksamkeitsvoraussetzungen für Maßnahmen der grenzübergreifenden Zusammenarbeit,
- die Aufsicht,
- den Rechtsweg und die Ansprüche Dritter sowie den
- Rechtsweg bei Streitigkeiten zwischen öffentlichen Stellen.

Es wäre wünschenswert, wenn alle Bundesländer derartige Anwendungsverträge zur "Europäischen Rahmenkonvention zur Verbesserung der grenzübergreifenden Zusammenarbeit der Gebietskörperschaften" mit ihren benachbarten Staaten bzw. Ländern abschließen würden, um den Gemeinden und Kreisen eine direkte grenzübergreifende Zusammenarbeit im Rahmen ihrer Kompetenzen zu ermöglichen. Die Kreise und Gemeinden selbst müssen bei den Ländern darauf hinwirken, daß Verhandlungen zum Abschluß derartiger Anwendungsverträge eingeleitet werden. Nur wenn die Gebietskörperschaften wirklich an einer engeren Zusammenarbeit interessiert sind, werden die Länder in diesem Bereich tätig werden. Der Abschluß derartiger Anwendungsverträge ist besonders bedeutsam für die beginnende grenzübergreifende Zusammenarbeit mit Polen und mit der CSFR. Solange die öffentlich-rechtliche Organisation als Rechtsgrundlage der kommunalen Zusammenarbeit nicht möglich ist, sollten die vielfältigen Möglichkeiten des Privatrechts genutzt werden (J. Gabbe).

5.3 Verbesserung der institutionellen Voraussetzungen

Grenzübergreifende Zusammenarbeit sollte an der Basis, beim Bürger, beginnen. Die Bürger in den Grenzgebieten sind von den Nachteilen der Grenze am ehesten betroffen und deshalb vor allem an der Beseitigung der Grenzprobleme im wirtschaftlichen, infrastrukturellen, soziokulturellen und administrativen Bereich interessiert. Deshalb soll die grenzübergreifende Zusammenarbeit an den Staatsgrenzen zunächst von den Gebietskörperschaften getragen werden.

Die Gebietskörperschaften in den Grenzregionen müssen sich deshalb in überschaubaren Verflechtungsbereichen zentraler Orte grenzüberschreitend organisieren, wie z. B. in den Grenzgebieten entlang der deutsch-niederländischen Grenze, und sich ein Sekretariat als Kristallisationspunkt und Motor der grenzübergreifenden Zusammenarbeit schaffen. Als rechtliche Organisationsform wird, wie oben bereits ausgeführt, eine privatrechtliche, wenn möglich eine öffentlich-rechtliche Form der Zusammenarbeit empfohlen (J. Gabbe). Den Trägern der grenzüberschreitenden Kooperation wird eine enge Abstimmung mit den regionalen und nationalen Instanzen, das Einbinden der politischen Ebene und eine demokratische Aufsicht nahegelegt. In den für die Zusammenarbeit zu bildenden fachlichen Arbeitskreisen zur Förderung der grenzüberschreitenden Zusammenarbeit müßte - wenn möglich - auch ein Vertreter der regionalen und nationalen Behörden mitwirken.

Die Gemeinden sollten die Zusammenarbeit durch Eigenbeiträge - z. B. Pro-Kopf-Beträge - finanzieren und die Ausgaben den nationalen Gegebenheiten entsprechend kontrollieren. Zur Förderung der Entwicklung in den Grenzregionen können, beim Vorliegen gewisser Voraussetzungen, finanzielle Hilfen im Rahmen der Gemeinschaftsaufgabe "Verbesserung der regionalen Wirtschaftsstruktur" beantragt werden, wobei Mittel des "Europäischen Regionalfonds" einbezogen werden.

Die Erfahrung in der grenzübergreifenden Zusammenarbeit der Gebietskörperschaften lehrt, daß überall dort, wo eine funktionierende Geschäftsstelle vorhanden und die Tätigkeit der kommunalen Institutionen und ihrer Unabhängigkeit durch Eigenfinanzierung gesichert ist, die Aufgaben der grenzübergreifenden Kooperation in vorzüglicher Form bewältigt werden können, wenn:

- bürgernahe Arbeit durch die kommunale Organisationsform sichergestellt ist;
- Abgeordnete auf allen Ebenen mitarbeiten und
- die Arbeit stets grenzübergreifend durchgeführt wird.

Die Ziele und Aufgaben der grenzübergreifenden kommunalen Arbeitsgemeinschaft oder Region müssen durch ein Gremium festgelegt werden, in dem Vertreter aller beteiligten Kommunen versammelt sind. Dieses Gremium muß durch ein gemeinsam getragenes Sekretariat technisch und organisatorisch unterstützt werden.

5.4 Förderung und Ausbau der grenzübergreifenden Zusammenarbeit

Nur eine relativ weit entwickelte Organisationsstruktur und eine bürgernahe Arbeit in den Grenzregionen gewährleistet ein ständiges Verfolgen aller grenzüberschreitenden Probleme. Erst dadurch wird diese Tätigkeit für den Bürger und für den Politiker nachvollziehbar. Die Grenzregionen müssen deshalb in ihrer Tätigkeit nach allen Seiten offen sein, den Gebietskörperschaften keine Kompetenzen streitig machen, sondern nur der Antrieb und das Öl im Getriebe der grenzüberschreitenden Zusammenarbeit sein und so den Gebietskörperschaften diese Arbeit abnehmen.

Sowohl für die Gemeinden und Kreise als auch für die Landes- und Bundesbehörden ist das ortsnahe, bürgerbezogene Aufdecken der Grenzprobleme von unschätzbarem Wert. Der Wille zur Beseitigung der Probleme und für eine zukunftsträchtige Entwicklung der grenzüberschreitenden Region erlaubt die Aufstellung von durchsetzbaren Regional- und Bauleitplanungen mit grenzübergreifenden Abstimmungen, die Erarbeitung von "Grenzübergreifenden Entwicklungs- und Handlungsprogrammen" einschließlich der dazugehörigen Durchführungsprogramme. Diese

Programme sind dann die Grundlage für eigene Maßnahmen, nationale Programme und Finanzierungen durch die Europäische Gemeinschaft.

Gerade in den dichtbesiedelten Gebieten an den Grenzen, wo große grenzüberschreitende Verflechtungen vorhanden sind, kommt es neuerdings auf dem Hintergrund der Entwicklungen zum europäischen Binnenmarkt zur Zusammenarbeit größerer Gemeinden (MHAL-Projekt)[13]) in städtebaulichen Fragen (H.-E. Reis; U. Brösse), aber auch in kleineren Gemeinden wie z. B. in "Eurode", wo die Gemeinden Kerkrade/Herzogenrath künftig unter diesem Namen grenzüberschreitend zusammenarbeiten werden[14]). In anderen Räumen, wie z. B. in Flensburg (T. Koch), in der EUREGIO (J. Gabbe), im Eurodistrict (P. Moll) oder am Südlichen Oberrhein (H. Kistenmacher) und an der Oder-Neiße-Grenze bahnt sich derartige städtische grenzübergreifende Zusammenarbeit auch in Fragen der grenzübergreifenden Bauleitplanung an.

Gefördert werden sollte überall in den Grenzgebieten das kommunale Interesse an Fragen der Raumordnung und raumrelevanten Fachplanungen, wie z. B. im Verkehr. Wegen der hohen Belastungen durch den Verkehr, z. B. in den Alpen (K. Ruppert, H. Mayer), am Ober- und Hochrhein (H. Kistenmacher; W. Braun, W. Maier), dem hohen Abstimmungsbedarf z. B. beim Ausbau der Güterverkehrszentren (H.-E. Reis; P. Moll), aber auch der Entwicklungsmöglichkeiten und Ausbaunotwendigkeiten z. B. im Verkehr nach Skandinavien (T. Koch), nach Frankreich (U. Brösse; P. Moll) und nach Polen (V. v. Malchus) sowie in die CSFR (K. Ruppert, H. Mayer) erhält die Verkehrsplanung für die Gebietskörperschaften zunehmende Bedeutung.

Kommunale und regionale Aktivitäten müssen in die überörtlichen Zielsetzungen der Landesplanung und der Raumordnung einbezogen werden. Dies sollte durch eine enge Zusammenarbeit der Gemeinden und Regionen mit den grenzüberschreitenden Raumordnungs- und Regierungskommissionen erfolgen. Diese Kommissionen müssen den gegenseitigen Informationsaustausch über raumbedeutsame Vorhaben sicherstellen und die Abstimmung raumbedeutsamer Planungen und Maßnahmen ermöglichen. Zwischen den staatlichen Kommissionen und den betroffenen kommunalen Gebietskörperschaften bzw. den regionalen Arbeitsgemeinschaften muß eine enge Zusammenarbeit und Mitwirkung sichergestellt werden.

Die frühzeitige Beteiligung der Gemeinden als Mitglieder der Grenzregionen bei der Entscheidungsfindung aller Planungen und Durchführungsprogramme behebt weitgehend nachträgliche kommunale Widerstände bei der Durchführung der Planungen und Programme (J. Gabbe). Gleichzeitig bilden sich auf diesem Wege frühzeitig und auf demokratische Weise eigenständige Entwicklungsvorstellungen der Gemeinden und der Grenzregionen, die sich zumeist relativ leicht oder mit geringen Abweichungen in übergeordnete Zielvorstellungen der Landes- und Regionalpolitik einordnen lassen. Auf diese Weise dienen die kommunalen Gebietskörperschaften zu ihrem eigenen Nutzen auch den übergeordneten Interessen nationaler und europäischer Raumordnungs- und Entwicklungspolitik.

Anmerkungen

1) Schlußerklärung der 5. Europäischen Konferenz der Grenzregionen - angenommen am 20. Juni 1991 in Rovaniemi (Finnland), Europaratsdokument AS/CPL/FRONT (91) 4.

2) Europäische Raumordnungsministerkonferenz: "Europäische Raumordnungscharta" vom 20. Mai 1983, abgedruckt in vier Sprachen, in: Malchus, V. Frhr. v.; Tech, J.: Europäische Raumordnungscharta, ILS-Schriftenreihe Bd. 0.028, Dortmund 1985.

3) Konferenz der Vertreter der Regierungen der Mitgliedstaaten - Politische Union - Wirtschafts- und Währungsunion -: Entwurf eines Vertrages über die Union und Bestimmungen zur Änderung des Vertrages zur Gründung der Europäischen Wirtschaftsgemeinschaft (EWGV), Brüssel, den 18.06.1991.

4) Entwurf eines Vertrages zur Gründung der Europäischen Union vom 14.02.1984, Art. 55 u. 58, abgedruckt in: Spiekermann, B., Malchus, V. Frhr. v., Ortmeyer, A., Schuster, F., Olbrich, J.: Europäische Regionalpolitik, Köln 1988, S. 63.

5) Kommission der Europäischen Gemeinschaften - Generaldirektion Regionalpolitik (Hrsg.): EUROPA 2000 - Perspektiven der künftigen Raumordnung der Gesellschaft, vorläufiger Überblick, Mitteilung der Kommission an den Rat und an das Europäische Parlament, Brüssel - Luxembourg 1991, S. 13.

6) Kommission der Europäischen Gemeinschaften - Generaldirektion Regionalpolitik (Hrsg.): EUROPA 2000 - Perspektiven der künftigen Raumordnung der Gesellschaft, a.a.O.

7) Entwurf eines Vertrages zur Gründung der Europäischen Union vom 14.02.1984, Art. 55 u. 58, a.a.O.

8) Gabbe, J.: Europäische Charta der Grenz- und grenzübergreifenden Regionen, hrsg. von der Arbeitsgemeinschaft Europäischer Grenzregionen (AGEG), Gronau 1988.

9) Entschließung des Bundesrates zur Vorbereitung eines "Entwicklungskonzeptes für innergemeinschaftliche Grenzräume", Antrag des Landes Rheinland-Pfalz vom 10.04.1991, Bundesratsdrucksache 218/91 vom 11.04.1991.

10) Bundesminister für Raumordnung, Bauwesen und Städtebau (Hrsg.): Raumordnerisches Konzept für den Aufbau der neuen Länder, Bonn, 4. Juni 1991.

11) Cottbuser Erklärung: "Gemeinden und Regionen an den Grenzen - Schrittmacher für Einigung, Verständnis und Kooperation der Völker!", Ergebnis einer Internationalen Tagung "Grenzüberschreitende Zusammenarbeit der Kommunen in Deutschland/Polen/CSFR, veranstaltet u. a. vom Rat der Gemeinden und Regionen Europas - Deutsche Sektion -, Cottbus 10./11. Juni 1991.

12) "Europäisches Rahmenübereinkommen über die grenzüberschreitende Zusammenarbeit zwischen Gebietskörperschaften" des Europarates vom 21. Mai 1980, abgedruckt in drei Sprachen in 3. Europäische Konferenz der Grenzregionen, herausgegeben vom Institut für Landes- und Stadtentwicklungsforschung des Landes Nordrhein-Westfalen (ILS), ILS-Schriftenreihe Bd. 0.032, Bearbeitung und Gestaltung: Hausmann, H., Malchus, V. Frhr.. v., Tech, J., Dortmund 1986, S. 208 - 218.

13) Internationale Vorbereitungskommission (Hrsg.): Auf dem Wege zu einer Raumentwicklungsperspektive für das städtische Kerngebiet der Euregio Maas-Rhein, Ergebnisbericht des Internationalen Vorbereitungsausschusses für den Internationalen Lenkungsausschuß des Projektes Maastricht/Heerlen, Aachen, Lüttich, Hasselt/Genk (MHAL), Ergebnis der Zusammenarbeit der Niederlande, Nordrhein-Westfalen, Flandern, Wallonien unter Mitarbeit des Generalsekretariats der Benelux-Wirtschaftsunion und des Beratungsbüros Heidemij BV, Echt, Juni 1991.

14) "Eurode" wird der Modellfall für Europa, Artikel der Aachener Nachrichten vom 15.07.1991, S. 3.

Anhang

Abkommen

zwischen dem Land Nordrhein-Westfalen, dem Land Niedersachsen, der Bundesrepublik Deutschland und dem Königreich der Niederlande über grenzüberschreitende Zusammenarbeit zwischen Gebietskörperschaften und anderen öffentlichen Stellen

Das Land Nordrhein-Westfalen, das Land Niedersachsen, die Bundesrepublik Deutschland und das Königreich der Niederlande -

im Bewußtsein der aus der grenzüberschreitenden Zusammenarbeit erwachsenden Vorteile, wie sie in dem am 21. Mai 1980 in Madrid geschlossenen Europäischen Rahmenübereinkommen über die grenzüberschreitende Zusammenarbeit zwischen Gebietskörperschaften aufgezeigt sind,

in dem Wunsch, diesen Körperschaften und anderen öffentlichen Stellen die Möglichkeit zu verschaffen, auf öffentlich-rechtlicher Grundlage zusammenzuarbeiten -

haben folgendes vereinbart:

Artikel 1

Anwendungsbereich

(1) Dieses Abkommen findet Anwendung:

1. im Königreich der Niederlande auf "provincies" und "gemeenten",

2. im Land Niedersachsen auf Gemeinden, Samtgemeinden und Landkreise,

3. im Land Nordrhein-Westfalen auf Gemeinden, Kreise, Landschaftsverbände und den Kommunalverband Ruhrgebiet.

(2) "Openbare lichamen" im Sinne von Artikel 8 des "Wet gemeenschappelijke regelingen" vom 20. Dezember 1984, zuletzt geändert durch Gesetz vom 13. Dezember 1990, und Zweckverbände können sich an der grenzüberschreitenden Zusammenarbeit beteiligen, wenn ihre innerstaatlichen Organisationsstatute dies zulassen.

(3) Im Einvernehmen mit den anderen Vertragsstaaten kann jeder Vertragsstaat andere kommunale Körperschaften benennen, auf die die Regelungen dieses Abkommens zusätzlich Anwendung finden sollen.

(4) Absatz 3 findet auf sonstige juristische Personen des öffentlichen Rechts entsprechende Anwendung, wenn ihre Beteiligung nach innerstaatlichem Recht zulässig ist und an den Formen der grenzüberschreitenden Zusammenarbeit auch innerstaatliche kommunale Körperschaften beteiligt sind. Unter diesen Voraussetzungen ist auch die Beteiligung von Personen des Privatrechts mit Ausnahme einer Zusammenarbeit nach Artikel 6 zulässig.

(5) Dieses Abkommen findet keine Anwendung auf Formen der Zusammenarbeit, an denen nur deutsche oder nur niederländische öffentliche Stellen beteiligt sind.

(6) Öffentliche Stellen im Sinne dieses Abkommens sind die in den Absätzen 1, 2 und 3 genannten sowie die in Absatz 4 einbezogenen Personen.

Artikel 2

Ziel und Formen der Zusammenarbeit

(1) Öffentliche Stellen können im Rahmen der ihnen nach innerstaatlichem Recht zustehenden Befugnisse auf der Grundlage dieses Abkommens zusammenarbeiten, um eine wirtschaftliche und zweckmäßige Erfüllung ihrer Aufgaben im Wege der grenzüberschreitenden Zusammenarbeit zu fördern.

(2) Die Zusammenarbeit kann unbeschadet der zivilrechtlich gegebenen Möglichkeiten erfolgen durch:

1. Bildung von Zweckverbänden,

2. Abschluß öffentlich-rechtlicher Vereinbarungen,

3. Bildung kommunaler Arbeitsgemeinschaften.

Artikel 3

Zweckverband

(1) Öffentliche Stellen können zur gemeinsamen Erfüllung von Aufgaben, die nach dem für sie jeweils geltenden innerstaatlichen Recht von einem öffentlich-rechtlichen Verband wahrgenommen werden dürfen, einen Zweckverband bilden.

(2) Der Zweckverband ist eine öffentlich-rechtliche Körperschaft. Er besitzt Rechtsfähigkeit.

(3) Soweit dieses Abkommen keine anderen Regelungen enthält, gelten für den Zweckverband die Rechtsvorschriften des Vertragsstaats, in dem der Zweckverband seinen Sitz hat.

Artikel 4

Satzung und innere Struktur des Zweckverbands

(1) Zur Bildung des Zweckverbands vereinbaren die beteiligten öffentlichen Stellen eine Verbandssatzung.

(2) Organe des Zweckverbands sind die Verbandsversammlung und der Verbandsvorstand. Die Verbandssatzung kann unter Beachtung des jeweils anzuwendenden innerstaatlichen Rechts weitere Organe vorsehen.

(3) Die Verbandssatzung muß Bestimmungen enthalten über:

1. die Verbandsmitglieder,

2. die Aufgaben und Befugnisse des Zweckverbands,

3. den Namen und den Sitz des Zweckverbands,

4. die Zuständigkeiten der Organe des Zweckverbands und die Zahl der Vertreter der öffentlichen Stellen in den Organen,

5. das Einladungsverfahren,

6. die zur Beschlußfassung erforderlichen Mehrheiten,

7. die Öffentlichkeit der Sitzungen,

8. Sprache und Form der Sitzungniederschriften,

9. die Art, in der die Vertreter der öffentlichen Stellen in der Verbandsversammlung den Organen der öffentlichen Stelle, die sie entsandt haben, Informationen erteilen,

10. die Art, in der ein Vertreter der öffentlichen Stelle in der Verbandsversammlung von der öffentlichen Stelle, die ihn entsandt hat, für seine Tätigkeit im Rahmen dieser Versammlung zur Rechenschaft gezogen werden kann,

11. die Art, in der die Verbandsversammlung den öffentlichen Stellen, die die Verbandssatzung vereinbart haben, Informationen erteilt,

12. die Art der Rechnungsführung,

13. die Festsetzung der Beiträge der Verbandsmitglieder,

14. Beitritt und Austritt von Verbandsmitgliedern,

15. die Auflösung des Zweckverbands und

16. die Abwicklung des Zweckverbands nach seiner Auflösung.

Sie kann weitere Bestimmungen vorsehen.

(4) Änderungen der Verbandssatzung bedürfen mindestens einer Zweidrittelmehrheit der satzungsgemäßen Zahl der Ver-

treter der öffentlichen Stellen in der Verbandsversammlung. Die Verbandssatzung kann zusätzliche Voraussetzungen vorsehen.

(5) Die Entsendung von Vertretern der öffentlichen Stellen in die Verbandsversammlung richtet sich nach dem innerstaatlichen Recht des jeweiligen Staates. Gleiches gilt für die Rechte und Pflichten dieser Vertreter im Verhältnis zu ihren entsendenden Stellen, soweit dieses Abkommen nichts anderes regelt.

Artikel 5

Befugnisse des Zweckverbands gegenüber Dritten

(1) Der Zweckverband ist nicht berechtigt, Dritten durch Rechtsnorm oder Verwaltungsakt Verpflichtungen aufzuerlegen.

(2) Die Mitglieder des Zweckverbands sind ihm gegenüber verpflichtet, im Rahmen ihrer innerstaatlichen Befugnisse die Maßnahmen zu ergreifen, die zur Erfüllung seiner Aufgaben erforderlich sind.

Artikel 6

Öffentlich-rechtliche Vereinbarung

(1) Öffentliche Stellen können miteinander eine öffentlich-rechtliche Vereinbarung abschließen, soweit der Abschluß nach dem innerstaatlichen Recht der beteiligten öffentlichen Stellen zulässig ist. Die Vereinbarung bedarf der Schriftform.

(2) Durch öffentlich-rechtliche Vereinbarung kann insbesondere geregelt werden, daß eine öffentliche Stelle Aufgaben

einer anderen öffentlichen Stelle in deren Namen und nach deren Weisung unter Beachtung des innerstaatlichen Rechts der weisungsbefugten öffentlichen Stelle wahrnimmt. Die Vereinbarung, Aufgaben einer anderen öffentlichen Stelle im eigenen Namen wahrzunehmen, kann nicht getroffen werden.

(3) Die öffentlich-rechtliche Vereinbarung muß eine Regelung darüber enthalten, ob und in welchem Umfang im Verhältnis zwischen den beteiligten öffentlichen Stellen eine Freistellung von der Haftung gegenüber Dritten erfolgt.

(4) Die öffentlich-rechtliche Vereinbarung muß eine Regelung über die Voraussetzungen für eine Beendigung der Zusammenarbeit enthalten.

(5) Soweit in diesem Abkommen keine anderweitige Regelung getroffen ist, ist das Recht des Vertragsstaats anwendbar, auf dessen Gebiet die jeweilige Verpflichtung aus der Vereinbarung erfüllt werden soll.

Artikel 7

Kommunale Arbeitsgemeinschaft

(1) Öffentliche Stellen können durch schriftliche Vereinbarung eine kommunale Arbeitsgemeinschaft bilden. Eine kommunale Arbeitsgemeinschaft berät nach Maßgabe der getroffenen Vereinbarung Angelegenheiten, die ihre Mitglieder gemeinsam berühren.

(2) Eine kommunale Arbeitsgemeinschaft kann keine die Mitglieder oder Dritte bindenden Beschlüsse fassen.

(3) Die Vereinbarung muß Bestimmungen enthalten über:

1. die Aufgabengebiete, auf denen sich die kommunale Arbeitsgemeinschaft betätigen soll,

2. die Durchführung der Arbeitsgemeinschaft,

3. den Sitz der Arbeitsgemeinschaft.

(4) Soweit in diesem Abkommen keine anderweitige Regelung getroffen ist, ist auf die kommunale Arbeitsgemeinschaft das Recht des Vertragsstaats anwendbar, in dem die Arbeitsgemeinschaft ihren Sitz hat.

Artikel 8

Wirksamkeitsvoraussetzungen für Maßnahmen der grenzüberschreitenden Zusammenarbeit

(1) Die in Artikel 2 Absatz 2 vorgesehenen Formen der Zusammenarbeit können nur rechtsverbindlich vereinbart und geändert werden, wenn die Vorschriften des innerstaatlichen Rechts der beteiligten öffentlichen Stellen über

1. Zuständigkeit und Beschlußfassung der Organe der öffentlichen Stellen,

2. Formerfordernisse,

3. Genehmigungen und

4. Bekanntmachungen

eingehalten worden sind.

(2) Öffentliche Stellen im Sinne von Artikel 1 haben die öffentlichen Stellen, die in anderen Vertragsstaaten gelegen sind, auf die Erfordernisse des Absatzes 1 hinzuweisen.

Artikel 9

Aufsicht

(1) Wenn das innerstaatliche Recht dies vorsieht, unterrichten die beteiligten öffentlichen Stellen ihre Aufsichtsbehörden über die Begründung, Änderung und Beendigung von Formen der Zusammenarbeit nach Artikel 2 Absatz 2, an denen sie beteiligt sind.

(2) Die Aufsichtsbefugnisse der zuständigen Behörden der Vertragsstaaten über öffentliche Stellen, die ihrer Aufsicht unterstehen, bleiben unberührt.

(3) Für die Aufsicht über aufgrund dieses Abkommens gebildete Zweckverbände und kommunale Arbeitsgemeinschaften sind nach Maßgabe des innerstaatlichen Rechts die Aufsichtsbehörden des Vertragsstaats zuständig, in dem diese ihren Sitz haben. Die Aufsichtsbehörde sorgt für die Wahrung der Interessen aller öffentlichen Stellen der anderen Vertragsstaaten, die jeweils dem Zweckverband oder der kommunalen Arbeitsgemeinschaft angehören.

(4) Die nach Absatz 3 zuständigen Aufsichtsbehörden und die für die Aufsicht über die beteiligten öffentlichen Stellen zuständigen Aufsichtsbehörden der anderen Vertragsstaaten stellen sich auf Verlangen alle Informationen zur Verfügung und unterrichten sich gegenseitig über die wesentlichen Maßnahmen und Ergebnisse ihrer Aufsichtstätigkeit, sofern dies Auswirkungen auf die Zusammenarbeit haben kann. Aufsichtsmaßnahmen, die Zweckverbände oder kommunale Arbeitsgemeinschaften betreffen, dürfen nur im Benehmen mit den zuständigen Aufsichtsbehörden der anderen Vertragsstaaten getroffen werden, es sei denn, diese Maßnahmen sind unaufschiebbar.

(5) Bevor eine Aufsichtsbehörde eines Vertragsstaats Maßnahmen ergreift, die sich auf die Zusammenarbeit nach Artikel 6 beziehen, unterrichtet sie die zuständige Aufsichtsbehörde des anderen Vertragsstaats mit dem Ziel, eine Abstimmung herbeizuführen, es sei denn, die Maßnahme ist unaufschiebbar.

Artikel 10

Rechtsweg und Ansprüche Dritter

(1) Dritte behalten gegenüber einer öffentlichen Stelle, zu deren Gunsten oder in deren Namen ein Zweckverband oder eine andere öffentliche Stelle Aufgaben wahrnehmen, alle Ansprüche, die ihnen zustehen würden, wenn diese Aufgaben nicht im Wege der grenzüberschreitenden Zusammenarbeit erfüllt worden wären. Der Rechtsweg richtet sich nach dem Recht des Vertragsstaats der öffentlichen Stelle, deren Aufgabe erfüllt worden ist.

(2) Neben der nach Absatz 1 verpflichteten öffentlichen Stelle haften auch der Zweckverband oder die öffentliche Stelle, die Aufgaben wahrnehmen. Ansprüche gegen sie richten sich nach dem Recht des Vertragsstaats, in dem sie ihren Sitz haben.

(3) Wird ein Anspruch nach Absatz 1 gegen eine öffentliche Stelle erhoben, für die ein Zweckverband gehandelt hat, so ist der Zweckverband gegenüber der öffentlichen Stelle verpflichtet, diese von der Haftung gegenüber Dritten freizustellen.

Richtet sich der Anspruch gegen eine öffentliche Stelle, die aufgrund einer Vereinbarung nach Artikel 6 gehandelt hat, so gilt für die Haftung im Verhältnis zwischen diesen

beiden öffentlichen Stellen die in der Vereinbarung nach
Artikel 6 Absatz 3 enthaltene Regelung.

Artikel 11

Rechtsweg bei Streitigkeiten zwischen öffentlichen Stellen

(1) Bei öffentlich-rechtlichen Streitigkeiten zwischen öffentlichen Stellen, Zweckverbänden oder kommunalen Arbeitsgemeinschaften aufgrund der grenzüberschreitenden Zusammenarbeit ist der Rechtsweg nach den Vorschriften des Vertragsstaats gegeben, in dem der Beklagte seinen Sitz hat.

(2) Die beteiligten öffentlichen Stellen können eine Schiedsvereinbarung treffen.

Artikel 12

Geltungsbereichsklausel

In bezug auf das Königreich der Niederlande gilt dieses Abkommen nur für das in Europa gelegene Hoheitsgebiet.

Artikel 13

Inkrafttreten

Das Abkommen tritt am ersten Tag des zweiten Monats nach dem Tag in Kraft, an dem der letzte Unterzeichnerstaat den anderen Unterzeichnerstaaten mitteilt, daß die erforderlichen innerstaatlichen Voraussetzungen für das Inkrafttreten des Abkommens erfüllt sind.

Artikel 14

Geltungsdauer und Kündigung

(1) Dieses Abkommen wird auf unbestimmte Zeit geschlossen.

(2) Jeder Vertragsstaat kann dieses Abkommen mit einer Frist von zwei Jahren zum Ablauf eines Kalenderjahrs gegenüber den anderen Vertragsstaaten schriftlich kündigen.

(3) Kündigt das Land Niedersachsen oder das Land Nordrhein-Westfalen, bleibt das Abkommen zwischen den übrigen Vertragsstaaten wirksam. Im Falle der Kündigung durch eines dieser Länder kann das jeweils andere Land innerhalb von drei Monaten nach Zugang der Kündigung erklären, daß es sich dieser anschließt.

(4) Wird das Abkommen gekündigt, so bleiben die vor dem Außerkrafttreten dieses Abkommens wirksam gewordenen Maßnahmen der Zusammenarbeit und die Bestimmungen des Abkommens, die sich unmittelbar auf die Formen der Zusammenarbeit beziehen, davon unberührt.

Zu Urkund dessen haben die hierzu gehörig befugten Bevollmächtigten dieses Abkommen unterschrieben.

Geschehen zu Isselburg-Anholt am 23. Mai 1991
in vier Urschriften, jede in deutscher und niederländischer
Sprache, wobei jeder Wortlaut gleichermaßen verbindlich
ist.

Für das Land Nordrhein-Westfalen

    gez. Johannes Rau   (Siegel)

Für das Land Niedersachsen

    gez. Gerhard Schröder   (Siegel)

Für die Bundesrepublik Deutschland

    gez. Hans-Dietrich Genscher   (Siegel)

Für das Königreich der Niederlande

    gez. van den Broek
    gez. Dales   (Siegel)

Protokoll

Bei Unterzeichnung des Abkommens zwischen dem Land Nordrhein-Westfalen, dem Land Niedersachsen, der Bundesrepublik Deutschland und dem Königreich der Niederlande über grenzüberschreitende Zusammenarbeit zwischen Gebietskörperschaften und anderen öffentlichen Stellen am 23. Mai 1991 in Isselburg haben die Vertragsparteien folgende Vereinbarungen getroffen, die als Bestandteile des Abkommens gelten:

Die Vertragsparteien werden um eine einheitliche Auslegung dieses Abkommens in seinem Geltungsbereich bemüht sein. Diesem Ziel dient bereits die von den Vertragsparteien gemeinsam erarbeitete Begründung zu dem Abkommen, die die Vertragsparteien dem Abkommen jeweils im Rahmen der innerstaatlichen Zustimmungsverfahren beifügen werden. Hält eine Vertragspartei Konsultationen über die Auslegung oder die Anwendung des Abkommens für erforderlich, werden sich die Vertragsparteien zu diesem Zweck auf der Ebene der zuständigen Ministerien treffen.

Geschehen zu Isselburg-Anholt am 23. Mai 1991 in vier Urschriften, jede in deutscher und niederländischer Sprache, wobei jeder Wortlaut gleichermaßen verbindlich ist.

Für das Land Nordrhein-Westfalen

  gez. Johannes Rau

Für das Land Niedersachsen

  gez. Gerhard Schröder

Für die Bundesrepublik Deutschland

  gez. Hans-Dietrich Genscher

Für das Königreich der Niederlande

  gez. van den Broek
  gez. Dales

FORSCHUNGS- UND SITZUNGSBERICHTE

*ARL-Veröffentlichungen,
in denen Fragen grenzübergreifender Raumplanung behandelt werden:*

Städtebau und Landesplanung im Wandel
Auftrag und Verantwortung in Rückschau und Ausblick

Ergebnisse der gemeinsamen Jahrestagung 1987
der Akademie für Raumforschung und Landesplanung und der
Deutschen Akademie für Städtebau und Landesplanung in Frankfurt

Forschungs- und Sitzungsberichte Band 174, 1988, 262 S., 38,- DM
ISBN 3-88838-802-3

Regionalentwicklung im föderalen Staat
Wissenschaftliche Plenarsitzung 1988

Forschungs- und Sitzungsberichte Band 181, 1989, 80 S., 18,- DM
ISBN 3-88838-007-3

Europäische Integration
Aufgaben für Raumforschung und Raumplanung

Wissenschaftliche Plenarsitzung 1989

Forschungs- und Sitzungsberichte Band 184, 1990, 165 S., 28,- DM
ISBN 3-88838-010-3

AKADEMIE FÜR RAUMFORSCHUNG UND LANDESPLANUNG